CAMILLE DESMOULINS

LUCILE DESMOULINS

ÉTUDE SUR LES DANTONISTES

D'APRÈS DES DOCUMENTS NOUVEAUX ET INÉDITS

PAR

JULES CLARETIE

PARIS

E. PLON et Cie, IMPRIMEURS-ÉDITEURS
RUE GARANCIÈRE, 10

1875

Tous droits réservés

CAMILLE DESMOULINS

LUCILE DESMOULINS

L'auteur et les éditeurs déclarent réserver leurs droits de traduction et de reproduction à l'étranger.

Ce volume a été déposé au ministère de l'intérieur (section de la librairie) en février 1875.

CAMILLE DESMOULINS

d'après une miniature appartenant à M. Jules Claretie.

E. Plon et Cie, Éditeurs.

… A LA MÉMOIRE DE J. MICHELET

MON MAÎTRE VÉNÉRÉ

J. C.

LUCILE DESMOULINS
(1793)

Fac-simile d'un dessin inédit fait d'après nature par G. M. Brune,
alors prote d'imprimerie, et depuis maréchal de France.

LUCILE DESMOULINS
(1793)

Fac-similé d'un dessin inédit fait d'après nature par G. M. Brune, alors prote d'imprimerie, et depuis maréchal de France.

a Monsieur
Monsieur Desmoulins
homme de loi

a Guise

a Monsieur
Monsieur Desmoulins
homme de loi

a Guise

Fac-similé d'un autographe de Camille Desmoulins

(Lettre à son père)

Mon très cher papa,

comment se peut il qu'en recevant ma dernière lettre contresignée du Garde des sceaux vous n'ayez pas envoyé chercher le notaire, pour me faire passer par le poste votre consentement et celui de ma chère mère, notarié et en bonne forme. par votre lenteur, mon mariage est retardé de huit jours, et songez que je compte les minutes et ne prolongez par votre veto suspensif. cet établissement fait mon bonheur et ma fortune et la vôtre, ainsi faites moi passer au plus tôt ce consentement et ne me désolez pas davantage.

C. Desmoulins.

votre fils marié si avantageusement, et vous commissaire du roi, c'est ce me semble, un assez grand sujet de vous réjouir.

1ᵉʳ Xbre 1790.

Fac-simile d'un autographe de Camille Desmoulins

(Lettre à son père)

Mon très cher papa,

comment se peut-il qu'en recevant ma dernière lettre contresignée du Garde des sceaux vous n'ayez pas envoyé Charles le notaire, pour me faire passer par la poste votre consentement et celui de ma chère mère, notarié et en bonne forme. par votre lenteur, mon mariage est retardé de huit jours, et songez que je compte les minutes et ne prolongez par votre Veto suspensif. Cet établissement fait mon bonheur et ma fortune et la vôtre, ainsi faites moi passer à la hâte ce consentement et ne me revolez pas cet avantage.

C. Desmoulins.

votre fils N... se avantageusement, et vous soumissait du roi, est ce me semble, un assez grand sujet de vous réjouir.

14 Xbre 1790.

Fac-similé d'un autographe de Lucile Desmoulins

(Billet adressé à Camille)

ô toi qui est au fond de mon cœur, toi que je n'ose aimer ou plus tôt que je n'ose dire que j'aime C. tu me crois insensible — ah cruel me juges-tu d'après ton cœur et ce cœur pourrait-il s'attacher à un être insensible ? eh bien, oui, j'aime mieux souffrir, j'aime mieux que tu m'oublie — ô dieu ! juge de mon courage — Lequel de nous deux a le plus à souffrir ! je n'ose me l'avouer à moi même ce que je sens pour toi, je ne m'occupe que le déguiser le sentre dis tu ah je souffre davantage ton image est sans cesse présente a ma pensée ; elle ne me quitte jamais, je te cherche des défauts, je les trouve et je les aime. Dis moi donc pour quoi tous ces combats ? pour quoi j'aime en faire un mystère même à ma mere ; je voudrais qu'elle le sut qu'elle le devinat, mais je ne voudrais pas le lui dire

Fac-similé d'un autographe de Lucile Desmoulins

(Billet adressé à Camille)

ô toi qui est au fond de mon cœur, toi que je n'ose aimer
ou plus tot que je n'ose dire que j'aime C. tu me crois
insensible — ah cruel me juge tu d'après ton cœur et
ce cœur pourrait-il s'attacher a un être insensible ? eh bien
oui, j'aime mieux souffrir, j'aime mieux que tu m'oublie
— ô dieu ! juge de mon courage — lequel de nous deux
a le plus à souffrir ! je n'ose me l'avouer a moi même
ce que je sens pour toi ; je ne m'occupe que le déguiser
lu sentira dis tu ah je souffre d'avantage ton image est
sans cesse présente a ma pensée ; elle ne me quitte jamais
je te cherche des défauts, je les trouves et je les aime. Dis
moi donc pour quoi tous ces combats ; pour quoi j'aime en
core un mystère même a ma mere ; je voudrais
... le seul qu'elle le devinat, mais je ne voudrais pas le lui dire

AVERTISSEMENT

Dans une histoire particulière du genre de celle qu'on va lire, ce que le lecteur recherche avant toutes choses, c'est le côté intime du personnage, l'inconnu et l'inédit. Nous avons donc, à dessein, négligé de nous appesantir sur les considérations générales ou sur les détails de certains événements, dont on trouvera le récit complet dans d'autres ouvrages. Nous avons préféré, le cadre de notre travail étant restreint à un volume, faire connaître des faits ou des écrits nouveaux, des morceaux inédits, des particularités curieuses, plutôt que de recommencer une histoire générale qui, admirablement traitée par des maîtres, ne pourra être reprise et faite que dans un certain nombre d'années, lorsque les études particulières auront apporté une somme suffisante de découvertes à l'écrivain capable de les grouper, de les discuter et d'en faire la synthèse.

PRÉFACE

Scribitur ad narrandum veritatem.

Cette histoire des plus dramatiques et des plus touchants épisodes de la Révolution française a coûté à l'auteur plusieurs années de travail, qu'il regarde jusqu'ici comme les mieux employées de sa vie. Au moment où il achevait ses recherches sur les hommes qu'il voulait juger, la dernière guerre éclatait, bientôt suivie des terribles journées qui ont poussé un moment la France au bord du gouffre. C'est au lendemain de ces cruelles épreuves que l'historien a repris son labeur interrompu. Il l'a repris avec un calme plus grand et une expérience plus certaine, car c'est, pour ainsi dire, à la lueur des événements dont nous avons été les témoins attristés qu'il a pu envisager les faits de ce passé qui ne date point encore d'un siècle.

Les périodes de douleurs patriotiques semblables à celles que nous traversons ont du moins cela de consolant dans leur amertume, qu'elles forcent à l'attention et à la pensée l'homme le moins enclin à réfléchir. Ce sont là, pour les peuples, les heures des examens de conscience. Les nations, et tout être qui pense dans les nations, se demandent par où est venue la ruine et par où l'on a péché. C'est surtout en comparant les orages du passé à ceux du présent qu'on apprend à les étudier scientifiquement et à en établir les causes et les résultats. Nulle étude n'est donc plus utile aujourd'hui que celle de la Révolution française, étude entreprise d'un esprit libre, dégagé de toute tradition de secte, de toute idolâtrie traditionnelle, et seulement animée d'un ardent amour de la liberté et de la justice. Le moment est venu, — ou il ne viendra jamais, — de faire servir les expériences d'hier aux réalisations de demain; le moment est venu de montrer tels qu'ils furent, avec leurs faiblesses et leurs grandeurs, les hommes qui, en trois ans, de 1792 à 1795, avaient accompli l'œuvre tentée par huit siècles de monarchie et restitué à notre patrie ses limites naturelles, les limites de l'ancienne Gaule; mais qui, pour maître à cette patrie agrandie, ont donné un César. Le moment est venu enfin de faire voir comment les Républiques périssent, pour montrer comment les Républiques peuvent se fonder.

C'est ce que l'auteur de ce livre a voulu tenter ici. Il sait à quoi s'expose l'imprudent qui ose dire *la vérité sans phrases,* dans un temps troublé comme celui-ci; où les partis combattent un peu au hasard, semblables à des tirailleurs au milieu de la nuit. Il sait qu'une œuvre de critique historique dans le genre de ce récit court le risque de déplaire également aux amis et aux adversaires. Peu importe. Il y a, pour l'écrivain, ce « juge intérieur » dont parle Fénelon, un souverain juge placé au-dessus de tous les autres juges, et c'est sa conscience; il y a une autre loi pour lui qui domine toutes les autres, c'est le respect de ce qu'il croit être la vérité. « Je ne m'incline pas plus devant le talon rouge que devant le bonnet rouge, » s'écriait un jour un des esprits les plus mâles et les plus indépendants de ce siècle, le patriote russe Alexandre Herzen. Nous avons comme lui le mépris de toute courtisanerie, quelles que soient la puissance et la force auxquelles la courtisanerie s'adresse.

Qu'on lise donc cette histoire en toute sécurité. Il n'y a rien là que de sincère; il n'y a même là, ce qui est mieux encore, rien que de contrôlé, d'assuré sur des faits, de basé sur un document, de prouvé par quelque écrit déjà connu ou encore inédit et mis au jour ici pour la première fois. Notre temps est celui de l'exactitude et de la patience en fait de recherches historiques. A défaut du vol superbe du génie, il a du moins cette vertu, le respect du vrai. Peut-être, en somme, cette qualité est-elle la plus louable de toutes, car elle conduit, à notre avis, à toutes les autres.

Ce n'est pas sans émotion que nous nous décidons à achever ce travail qui fut la joie et l'espoir de notre jeunesse. Que de beaux et lumineux rêves il nous donna! Que de voluptés intimes nous éprouvions à feuilleter les papiers jaunis des Archives! quelle émotion à ouvrir les cartons des tribunaux révolutionnaires! quelle tristesse à voir tomber, une à une, tant de têtes songeuses et chères! quelles ivresses aussi à retrouver, dans ces parchemins, dans ces pages à demi déchirées, le souvenir et comme l'écho de tant de grandes journées de gloire! Hélas! plus d'une fois, en lisant les chapitres qui vont suivre, on établira invinciblement une comparaison assombrie entre ce passé et le présent, ou plutôt entre le passé d'il y a quatre-vingts ans et le passé d'hier. Triste spectacle pour un Français! Que la France était grande alors, dominant le monde, et mieux encore, l'illuminant de son rayonnement, le domptant, l'étonnant plus encore par l'idée que par les armes, et offrant ce spectacle unique d'un peuple qui repousse l'invasion d'un monde, et donne pour bandeaux aux blessures de ses guerres civiles les drapeaux emportés dans les victoires de ses guerres extérieures!

Spectacle mâle et fier, après tout, même pour des vaincus, surtout pour des vaincus. Peut-être fera-t-il réfléchir plus sérieusement, plus profondément à notre abaissement passager. Oui, si la France doit être sauvée et refaite, — ce que j'espère de toute la puissance de mon être, — c'est par le tableau de ses grandeurs passées, de ses dévouements, de ses déchirements, de ses martyres, de ses douleurs, de ses gloires d'autrefois. Il y a là double profit, double enseignement. On apprend à la fois à éviter le fossé sanglant où sont tombés nos pères, et à imiter les exemples de sacrifices dont ils surent effacer leurs mesures de sévérité, leurs fautes et leurs erreurs. Puisse la lecture de ces pages fortifier, — dans quelques âmes qui sentent bien ce que doit être la vertu républicaine, — le culte de la liberté, le respect de la loi, l'amour de la justice, l'obéissance au devoir et l'amour de la patrie, cet amour sublime de la France qui soutient, qui engendre, qui réchauffe toutes les autres vertus.

Cette histoire n'a pas d'autre but. Et la longue tâche que l'auteur s'est imposée lui sera légère s'il a réussi par là à faire aimer, non pas seulement les hommes dont il conte la destinée tragique, mais ces nobles choses qui dominent les hommes : la liberté et la patrie.

Jules CLARETIE.

1er octobre 1874.

CAMILLE DESMOULINS

ET

LES DANTONISTES

CHAPITRE PREMIER

I. L'homme et le terroir. — Voyage à Guise. — La vieille et la nouvelle ville. — Maison natale de Camille Desmoulins. — La famille.

II. Naissance et éducation de Camille. — Le collége Louis-le-Grand. — L'abbé Bérardier. — Débuts de Camille au barreau.

III. La France en 1789. — Les *Cahiers* des États-Généraux. — Assemblée électorale à Guise. — M. Desmoulins le père. — Doléances de la paroisse de Chaillevois. — Le *Livre rouge*.

IV. Brochures et pamphlets. — La *Philosophie au peuple français* de Camille Desmoulins (1788). — L'*Ode aux États-Généraux*. — La jeunesse de Camille. — Chateaubriand. — Le Palais-Royal. — Momoro et la *France libre*. — Le 13 juillet. — La cocarde verte. — La prise de la Bastille.

C'est une vérité que l'homme garde toujours au fond de la poitrine un peu de l'air natal dont son enfance et sa jeunesse ont été nourries. Le sol, en plus d'un cas, explique le tempérament et la vie de l'être qu'il a produit. Pourquoi ne pas demander au village, au coin de rue, à la demeure paternelle, s'ils n'ont point gardé quelque secret souvenir du personnage célèbre dont ils ont entendu les premiers cris, surpris ou abrité les premiers rêves? Il semble que les choses ont leurs regrets, comme elles ont leurs larmes, et qu'on retrouve en elles trace des existences qu'elles virent naître, se développer et mourir. D'ailleurs, l'âpre besoin qu'on a de tout connaître aujourd'hui force l'historien à étudier, pour ainsi dire, le décor de son drame, avant d'en raconter les actes divers.

Ce fut un matin d'avril, pendant que grondait autour de Paris le canon de la guerre civile, que je voulus aller demander à Guise des souvenirs de Camille Desmoulins, le « gamin de génie » que Paris attira, séduisit et garda pour jamais.

J'éprouvais à faire ce voyage une émotion réelle. Il semble, encore un coup, que les spectres des morts célèbres et que leur ombre « reviennent » où demeure leur souvenir. La petite ville de Guise que Camille évoquait au plus fort de la tempête révolutionnaire, comme un asile trop tôt quitté, comme un humble paradis à jamais perdu, cette tranquille cité du Vermandois, j'avais hâte de la voir et de l'interroger. Avait-elle fidèlement conservé la mémoire d'un de ses plus célèbres enfants? Cette partie jadis si lettrée de la Picardie était-elle reconnaissante à Camille Desmoulins de la gloire littéraire qu'il fit rejaillir sur elle? L'esprit du terroir a changé depuis cinquante ans; cet esprit narquois, railleur, gouailleur, *littérateur* et conteur à la façon des fabliaux, cet esprit frondeur de Picardie s'est tu peu à peu devant l'esprit de spéculation, d'industrie, qui a envahi tout le pays. Il ne reste plus à Vervins, à Guise, que de rares exemplaires de ces vieux érudits de province, tous gens fort savants et laborieux, travaillant dans leur pénombre à quelque œuvre patiente, loin de la grande lumière, mais plus près peut-être de la vérité. Sans doute je marchais à une déception et je n'allais pas même, là-bas, retrouver le fantôme de Camille.

On ne devine point, on ne pressent pas de loin la

petite cité laborieuse de Guise lorsqu'on suit la route de Saint-Quentin à Guise, route peu accidentée, sans pittoresques surprises, mais riche, heureuse, avec des horizons de cultures et de blé. On aperçoit à peine, à l'horizon, lorsqu'on approche, la haute tour du château, puis, tout à coup, en descendant la côte par une sorte de faubourg aux maisons couvertes de chaume, on se trouve avec étonnement dans une ville curieuse d'aspect, calme, assoupie, vraie cité du temps jadis, dont les demeures qui, presque toutes, datent du dix-septième siècle, semblent reposer à l'abri du château fort, debout encore et solide au sommet d'une abrupte montée.

Il y a comme partout, au surplus, deux villes distinctes dans cette petite cité de Guise : la vieille et la nouvelle, mais la vieille domine encore. La vieille ville du quinzième et du seizième siècle, bâtie sur la colline, auprès du château ; la ville que nous montre, avec son vieux donjon et ses remparts aujourd'hui démolis, l'eau-forte de Joh. Peeters Delin (1572), n'existe plus, à vrai dire. Guise presque tout entière semble contemporaine de Desmoulins, des premières années de la Révolution. Mais cette demi-vétusté nous suffisait, à nous qui cherchions seulement la trace des mœurs et des souvenirs du dix-huitième siècle.

Les toits sont hauts, garnis d'ardoises ; les rues conservent encore l'aspect qu'elles avaient en 1750. Des crampons de fer, en formes de chiffres, incrustés dans les bâtiments, donnent la date de tous ces logis de petits bourgeois et de commerçants. On reconstitue, en longeant ces rues étroites mais régulières, la vie intime de jadis. On revoit dans les marchands et les débitants d'aujourd'hui les boutiquiers d'autrefois, les merciers, les drapiers. Le petit hôtel de ville au clocheton ardoisé n'entend plus, depuis des années, le tintement de son carillon, mais c'est bien là, on le devine, le timbre qui chantait toutes les joies et célébrait tous les deuils de la commune. Qu'il est humble et petit, cet hôtel de ville ainsi placé au pied du château fort, sous le regard de la citadelle et comme sous la menace de ses canons! Il ne subsiste, dirait-on, que par la condescendance de cette perpétuelle menace, et le château, d'un seul coup, pourrait l'écraser. Mais la grosse masse de pierre n'est que la force, la puissance brutale, et la masure où s'entassaient les papiers de la cité, les actes de naissance, de mariage, les registres, les parchemins, la vieille maison de tous représente la loi. Ceci dure, et cela meurt. Les herbes parasites, la joubarbe et le lierre, rampent autour de la citadelle ou s'incrustent dans les interstices de ses pierres. La haute tour lépreuse, rongée de plaques jaunâtres, se dresse formidable mais inutile, comme un géant dont la vieillesse aurait désarmé le bras. Cette colossale construction aux murailles épaisses n'aurait pas, en 1870, arrêté l'invasion allemande pendant deux heures. Ses voûtes sombres, ses portes aux blasons sculptés dans le roc, ses couloirs sinistres sont peu de chose devant l'acier des canons modernes. Lorsque nous y passâmes, les gardes mobiles du pays faisaient, à l'ombre, l'exercice, tandis que le vent soufflait sur cette hauteur, d'où l'on aperçoit au loin les champs, les rivières, l'Aisne, la Somme, les bouquets de bois, les villages cachés dans la verdure ou les replis de terrain; à l'horizon Wiége, où dorment les humbles aïeux de Camille, et au pied de la citadelle, Guise, avec ses toits élevés, ses promenades, ses arbres, les bâtiments du Familistère, son aspect heureux, doux et gai de petite ville laborieuse.

CHAPITRE PREMIER.

J'allais, je regardais, je cherchais, et je m'imaginais Camille allant et venant, lui aussi, dans la cité picarde, suivant le cours de la petite rivière, un livre à la main, lisant, rêvant, ou jetant au vent qui soufflait ses fièvres d'enthousiasme adolescent. Il me semblait le retrouver au coin de ces ruelles, dans une de ces maisons voisines, — toutes recueillies, pleines de causeries et de livres, — ou sur le chemin du château, montant la pente qui conduit à la citadelle, s'arrêtant en chemin pour écouter en souriant un chant sorti de l'église, récitant devant la chapelle quelques vers de Voltaire, et devant le château quelques citations de Tacite.

C'est dans la grande rue, « rue du Grand-Pont, vis-à-vis la place d'Armes », pour parler comme les actes du temps, qu'est située la maison natale de Camille [1]. La maison est petite, propre, avenante, avec ses toits d'ardoise et ses murs blancs, d'un blanc de chaux éblouissant. Maison de bourgeois, d'honnêtes et braves gens attachés au devoir, au labeur quotidien, supportant sans soupir les nécessités dures de la vie et souriant, chaque

---

[1] Nous avons relevé, sur des actes particuliers appartenant au propriétaire actuel de la maison, qui a bien voulu nous les communiquer, les renseignements suivants :

Dernier acte de vente (1852). Une maison sitée à Guise, Grande Rue, en face la place d'Armes, couverte en ardoises, consistant en trois corps de logis, dont le premier, donnant sur la rue, est élevé de deux étages avec plusieurs greniers au-dessus et cave au-dessous, écurie, remise, cour et jardin; le tout tenant par-devant à la Grand'Rue et par-derrière à la place Lesur.

Précédents propriétaires :

1º Jean-Joseph-Benoni Ducrot, ancien avocat à la Cour royale de Paris, et la dame Henriette-Florence Alix, son épouse ;

2º Pierre-Alexis Hennequierre, décédé, propriétaire à Guise, et la dame Geneviève-Laurence-Virginie Taffin, sa veuve ;

3º M. Philippe-François Hennequierre et madame Marie-Louise-Victoire Merlin, son épouse ;

4º Jean-Benoît-Nicolas Desmoulins.

soir, au repos heureux succédant à une journée bien remplie. Point riches, à coup sûr, mais contents de leur sort, satisfaits du lot échu et plus fiers de leur renommée de probité que de leur petite et médiocre fortune [1]. Ce n'était pas le repos avec dignité, l'*otium cum dignitate* des anciens, c'était mieux, c'était le travail avec dignité. Tout le logis sent l'occupation d'habitude; on devine, dans ces salles aux plafonds maintenus par des poutres, aux boiseries modestement sculptées, on revoit le cabinet de travail de l'homme de loi, la table encombrée de papiers du père, les rayons de la bibliothèque aux livres savants, aux gros traités de Droit, et il semble qu'on découvre le coin préféré de la ménagère, la table à ouvrage, la chaise où madame Desmoulins se tenait assise.

Le corps de logis donnant sur la rue a été abattu en partie; c'était là que logeaient les époux. La petite mai-

---

[1] M. Desmoulins le père avait le droit d'attacher plusieurs titres honorifiques à son nom, ainsi que le prouve la *copie conforme d'un sous seing privé entre les sieurs Desmoulins et Jorand*, relevés par nous sur les originaux inédits:

« Nous soussignés, Jean-Benoît-Nicolas Desmoulins, *seigneur du Buquoy, conseiller du Roi, lieutenant général civil, criminel et de police au bailliage de Vermandois*, siége royal de Guise, ressort et prévôté de Ribemont, y réunis, et *bailly général du duché et pairie de Guise*, y demeurant, d'une part,

» Et Charles-Louis Jorand, marchand au même lieu, sommes convenus de ce qui suit, savoir:

» Que moi, Desmoulins, m'engage de réédifier en totalité le mur qui sépare ma cour d'avec celle dudit sieur Jorand depuis le pied de sa maison jusqu'à celui de sa cave, etc. »

Le mur et les fruits deviennent alors mitoyens. (Acte du 28 décembre 1773.)

On remarquera que M. Desmoulins est désigné dans cet acte par ce titre: seigneur *du Buquoy*. C'est ce qui explique pourquoi un des frères de Camille portait ce nom de *Dubuquoy* qui a intrigué les biographes. Il n'est pas rare de voir, dans nos provinces, les propriétaires donner à leurs enfants le nom de l'une de leurs terres.

son située dans le jardin et qui porte ce millésime sur ses murs : 1772, fut bâtie sans doute lorsque les enfants nés et grandissant, la demeure parut un peu étroite. Là encore, dans ce bâtiment nouveau, élevé pendant l'enfance de Camille, on retrouve l'ombre de ces paisibles et tristes souvenirs d'autrefois, les escaliers que cette enfance devait rendre bruyants, la cuisine, un honnête et gai tableau de Chardin, toute flambante aux jours où le cousin de Viefville des Essarts rendait visite à la maison, ou encore lorsque le prince de Conti s'arrêtait sous le toit du lieutenant général. Le passé revit entre ces murailles blanches, dans ce petit jardin fleurissant, dans ce coin de terre qui semble avoir conservé le souvenir de ses hôtes d'autrefois, souvenir oublié des vivants, passé évanoui, humble et doux passé, honnête, calme, paisible, uni et sévère comme l'existence toute de probité de l'aïeul, triste et trempé de larmes comme la destinée d'un honnête homme.

Là, chose étrange, dans un des corps de logis de cette maison, aujourd'hui propriété de M. Bailly,—un homme vit, un aimable et curieux vieillard, ancien professeur de danse, petit, souriant, poli, et qui, depuis 1810, n'a pas quitté sa demeure toute pleine de vieilles gravures et de curiosités minéralogiques recueillies par lui. J'ai essayé de trouver dans la mémoire de ce charmant petit vieillard un écho du bruit que dut autrefois faire ici Desmoulins. Bruit évanoui, inutile écho. Doucement, finement, M. Feydeau (c'est le nom du nonagénaire) hochait sa tête spirituelle, narquoise et ridée comme un Holbein. «Je ne connais pas... je ne sais pas... La dernière fois qu'on a parlé de Camille Desmoulins à Guise,» et, se reprenant : «qu'on a parlé du *citoyen Camille Desmoulins*, ce fut lorsque notre préfet, M. de la Forge, vint ici pour passer les mobiles en revue... Je n'ai pas d'autre souvenir. » Ils sont un peu tous comme ce vieillard, les habitants de Guise. Ils ont oublié leur malheureux compatriote, — ce généreux fou, cet écervelé de génie, qui donna sa vie à la République, — ils l'ont oublié, après l'avoir méconnu et calomnié peut-être.

On m'avait dit qu'il existait, à l'hôtel de ville de Guise, dans la salle des délibérations du conseil municipal, un portrait intéressant de Camille. J'entre et le demande. Deux gardiens qui me suivaient, me montrent, pendus au mur de la petite salle, des portraits de grands seigneurs en costumes d'autrefois, avec la cuirasse et la perruque. « Ce doit être celui-là, » me dit l'un d'eux désignant un portrait du gros et gras M. de Beaulieu, qui défendit Guise au temps jadis. Évidemment on ne pouvait, songeait cet homme, s'inquiéter que des grands. Mais le portrait d'un petit avocat et d'un pauvre écrivain ! « Il est peut-être là, après tout », me dit l'homme ouvrant une sorte de placard sombre où juges et greffiers suspendaient dans la poussière, leurs toques et leurs robes de lustrine noire, et où l'on amasse en même temps le bois destiné à la cheminée municipale. Pêle-mêle, dans l'ombre, gisaient en effet des cadres dédorés, de vieux portraits, des bustes de personnages détrônés, rois ou reines. Là tous les détritus de nos révolutions, tout ce que notre pauvre et triste France a tour à tour acclamé et repoussé, porté avec aveuglement au Panthéon ou rejeté au ruisseau avec rage, toutes les royautés tombées et fanées, tous les battus, gisaient, rapprochés par le hasard d'une ironique communauté de destin. Le buste blanc du vaincu de Sedan faisait face au buste bronzé du roi Louis-Philippe. En prenant dans le tas des cadres, mon homme tira tour à tour une lithographie représentant le duc d'Orléans, et une gravure : le duc et la duchesse de Berry; Napoléon Ier en manteau impérial maculé par les mouches après un portrait de Cavaignac, dont le verre était cassé. Puis, tout à coup Camille Desmoulins, un portrait lithographié de Camille, d'après François Bonneville, sans aucune valeur artistique au surplus. Il était là, poudreux, sali, enfoui, oublié, exilé, et depuis des années il demeurait dans cette ombre et cette poussière du passé. « Né à Guise », lisait-on au-dessous de la figure. Mais qui le savait ou s'en inquiétait dans la petite ville picarde? Nul n'est prophète en son pays, paraît-il, pas même les martyrs.

II

Camille Desmoulins est en effet né à Guise le 2 mars 1760 et non en 1762, comme l'ont affirmé plusieurs historiens, et comme lui-même, en avril 1794, le laissait croire lorsqu'il répondait au président du tribunal révolutionnaire : « J'ai *trente-trois ans*, l'âge du sans-culotte Jésus. » En 1794, Camille Desmoulins achevait sa trente-quatrième année [1]. Il devait s'en souvenir au lendemain de son jugement. « *Je meurs à trente-quatre ans* », s'écriait-il dans sa dernière lettre à Lucile.

---

[1] 1760. — « Le deuxième jour du présent mois est né et a été baptisé le troisième jour de mars Lucie-Simplice-Camille-Benoist, fils de maistre Jean-Benoist-Nicolas Desmoulins, lieutenant-général civil et criminel au bailliage de Guise, et de dame Marie-Magdeleine Godart, son épouse. Le parrain, M. Joseph Godart, son oncle maternel, de la paroisse de Wiége; la marraine, dame Magdeleine-Élisabeth Lescarbotte, de cette paroisse, qui ont signé avec nous le présent acte. »
(*Registres de la paroisse de Guise.*)

C'est dans l'église de Saint-Pierre et Saint-Paul, à Guise (diocèse de Laon), que fut baptisé Camille. Il est assez curieux que Camille et Lucile Desmoulins se soient, l'un et l'autre, appelés *Lucie*.

La Picardie, terre puissante où la plante humaine pousse, pour ainsi dire, plus vigoureuse et plus emplie de séve qu'ailleurs, compte les hommes de combat par dizaine ; c'est la patrie de Condorcet, qui naquit à Ribemont ; de Babeuf, le rêveur égalitaire, fils de Saint-Quentin ; du vieux Calvin, des Saint-Simon, des Guise, et, pour remonter plus haut, du prêcheur de croisades, l'illuminé et ardent Pierre l'Ermite. La lutte violente de l'émancipation des communes s'était, au moyen âge, affirmée plus vive et plus décisive sur ce terrain que partout ailleurs. On jurerait que le sang picard s'échauffe et bat plus promptement ; les têtes y sont bouillantes, et le Picard M. Michelet a marqué d'un mot son pays : *la colérique Picardie*.

La Picardie est cependant aussi le pays de la raison droite, fortifiée par je ne sais quelle humeur narquoise et prudente qui devient finesse chez le paysan, sagesse chez l'homme qui pense. Dans cette famille Desmoulins, le chef même de la maison, M. Desmoulins, lieutenant général au bailliage de Guise, offre justement un exemple de cette calme raison opposée à l'humeur embrasée et à l'ardeur picarde. C'était, nous l'avons dit, un homme grave et laborieux, fort estimé de ses compatriotes, dont il administrait avec probité les intérêts, fidèle à ses devoirs publics, heureux de son bonheur privé, vivant, sans envie et sans trouble, dans ce calme intérieur où nous devions trouver, quand nous le visitâmes, les uniformes bleus des dragons saxons. M. Desmoulins nous apparaît ainsi, dans sa maison honnête et bien tenue, comme un de ces vieux légistes dont la province comptait jadis tant d'exemples et qui, retirés dans une sorte de pénombre, travaillaient là sans bruit à quelque œuvre profonde et forte. Souvent bien des renommées plus brillantes, des gloires du parlement parisien s'inclinaient devant la science de ces savants inconnus et leur demandaient avec respect le secours de leurs lumières. Ces laborieux chercheurs, silencieux et vivant face à face avec leurs propres travaux, ne se montraient ensuite pas plus fiers du suffrage de leurs glorieux émules, et la consultation donnée, reprenaient, assurés et tranquilles, leur travail interrompu. M. Desmoulins le père avait, de cette sorte, entrepris une Encyclopédie du Droit qui ne devait jamais voir le jour, et dont les manuscrits ont été dispersés.

M. Desmoulins n'était pas riche. Sa femme Madeleine Godart, du village de Wiége, lui avait cependant apporté une petite dot, qui servit, en partie, à l'éducation des enfants nés de cette union toute d'affection loyale et de calme bonheur. Les deux époux eurent cinq enfants : trois garçons, dont l'aîné fut Camille et les deux autres Dubuquoy et Sémery, qui vécurent en soldats, et deux filles, dont l'une se fit religieuse et dont l'autre existait encore en 1838, lorsque M. Matton aîné, parent de Camille Desmoulins, publia, au bénéfice de cette survivante de la famille, une édition des *OEuvres de Camille Desmoulins* [1].

---

[1] Paris, Ebrard, éditeur. 2 volumes in-8°. Cette édition Matton, faite par un sincère admirateur de Camille et par un homme excellent et savant, a servi de type à toutes celles qui ont suivi.

En 1807, le 6 mai, un des frères de Desmoulins vivait encore, ainsi qu'on peut le voir par un acte du 6 mai 1807 (prise d'hypothèque), où les parents de M. Desmoulins figurent, et qui sont :

Jean-Louis Deviefville des Essars, conservateur des eaux et forêts à la résidence d'Amiens, demeurant à Guise, fondé de pouvoirs;

Nicolas Semery Desmoulins, gendarme de la compagnie de la Stura, à la résidence de la Chiesa;

Dame Anne-Françoise-Marie Bosdeveiz (ou *veix*), veuve de M. Claude-Étienne Larridon Duplessis, tutrice de *Horace-Camille Desmoulins, fils*

Camille était le plus âgé des fils de M. Desmoulins et celui qui, par son intelligence, par le feu de ses yeux noirs ardents, par la précocité de ses reparties et l'éveil de son esprit, donnait à ses parents le plus d'espoir. Le lieutenant-général au bailliage était déjà fier de cet enfant dont il voulait développer, quitte à faire de lourds sacrifices pécuniaires pour arriver à ce résultat, les qualités évidentes. On en ferait un homme de loi, un avocat au Parlement de Paris, et cet enfant bouillant et résolu serait ce que M. Desmoulins le père avait renoncé à devenir jamais. Le malheur était que l'éducation complète à cette époque coûtait cher. Jamais, sans le concours d'un parent éloigné, la famille Desmoulins n'eût pu faire de Camille le lettré, l'érudit étonnant qu'il devint. M. de Viefville des Essarts, ancien avocat au Parlement parisien, plus tard député du Vermandois aux États-Généraux, obtint pour le jeune Camille une bourse

de Benoist-Camille Desmoulins, et de dame Anne-Lucile-Philippe Larridon Duplessis.

La maison fut hypothéquée pour deux mille et quelques cents francs. Elle l'était déjà, ainsi qu'on peut le voir par l'acte du 6 pluviôse an XII, (1804) :

« État des inscriptions hypothécaires prises au bureau des hypothèques de Cambrai, contre le sieur Clément Dumoulin ou Démoulin, propriétaire, demeurant à Busigny, arrondissement de Cambrai. » Elle fut vendue sept mille livres en 1807.

Jean-Benoist-Nicolas Desmoulins avait emprunté déjà sur hypothèques aux Soyers, cultivateurs. Dans l'acte de vente on rencontre les indications et noms suivants :

« Une maison composée de trois corps de logis, située à Guise, rue du Grand-Pont, vis-à-vis la place d'Armes.

Nicolas Semery, gendarme, demeurant à la Chiesa;

Horace-Camille Desmoulins, demeurant au bourg de l'Égalité;

Théodore Morey, garde forestier, et madame Élisabeth-Toussaint-Émélie Desmoulins, sa femme, demeurant à Étreux (Aisne);

François-Félix Favereau, officier de santé à Wiége. »

au collége Louis-le-Grand[1]. Là, dans ce vieux lycée où son souvenir survit encore, Camille Desmoulins étudia avec une ardeur superbe, se livrant tout entier, corps et âme, à cette antiquité qu'il devait toujours chérir, se nourrissant du miel athénien et de la moelle romaine, puisant dans ce passé l'amour juvénile de ce grand mot de République, dont il ne comprenait peut-être le sens qu'à demi. Il en était plus amoureux que conscient, mais toute son âme s'enthousiasmait à ce mot dont lui parlait avec charme une harangue de Cicéron, avec audace une tirade de Lucain, avec netteté un chapitre de Tacite. Plus tard, lorsqu'il allait se vanter d'avoir prononcé, le premier et tout haut, ce mot, il devait évoquer ces souvenirs lumineux du collége, ce temps d'incubation morale et intellectuelle où le germe républicain grandissait en lui, où, adolescent encore, il était déjà des *dix républicains* qu'on aurait eu, disait-il, de la peine à trouver dans Paris en 1788.

« Voilà ce qui nous couvre de gloire, dit Camille Desmoulins[2], d'avoir commencé l'entreprise de la République avec si peu de fonds! Ces républicains étaient pour la plupart des jeunes gens qui, nourris de la lecture de Cicéron dans les colléges, s'y étaient passionnés pour la liberté. On nous élevait dans les écoles de Rome et d'Athènes et dans la fierté de la république, pour vivre dans l'abjection de la monarchie et sous le règne des Claude et des Vitellius ; gouvernement insensé, qui croyait que nous pourrions nous passionner pour les pères

---

[1] La mensongère *Biographie* de Leipzig, dont nous aurons à redresser plus d'une erreur au courant de cette histoire, affirme contre toute vérité, que Camille Desmoulins fut élevé au collége Louis-le-Grand, *aux frais du chapitre de la cathédrale de Laon*. M. Édouard Fleury, auteur d'une très-sévère et souvent inexacte *Histoire de Camille Desmoulins*, n'ose pas affirmer l'authenticité de *cette tradition*.

[2] *Histoire secrète de la Révolution* (dite *Histoire des Brissotins*, 1793), page 11.

de la patrie, du Capitole, sans prendre en horreur les mangeurs d'hommes de Versailles, et admirer le passé sans condamner le présent, *ulteriora mirari, præsentia secuturos*[1]. »

Le secret de cet esprit indépendant, est déjà là tout entier. Évidemment Camille fut dès ses premières années et demeura toujours un politique littérateur, si je puis dire, et son admiration, en quelque sorte artistique, pour l'antiquité, détermina en grande partie l'affection qu'il porta à une forme de gouvernement où ses rêves de démocratie élégante et de liberté idéale prirent sans cesse le vêtement de l'Attique ou de Rome. En outre, il y aura toujours du lettré en lui, et il sera jusqu'à la dernière heure l'homme qu'on vit, un jour, transporté d'aise à la lecture d'un passage d'Ézéchiel, où il trouvait la révolution prédite mot pour mot.

Dans ce collége Louis-le-Grand, où il se trouvait avec plusieurs compatriotes, — Lesur (de Guise), le futur auteur de l'*Annuaire,* entre autres, — Camille Desmoulins, avait rencontré un adolescent de son âge, boursier comme lui et de trois classes en avant de Camille, entretenu à Paris par le collége d'Arras. Celui-là s'appelait Maximilien Robespierre. On s'imagine les causeries juvéniles de ces deux enfants aux fronts déjà pleins de pensées, les chocs de sentiments de ces deux caractères opposés, l'un ardent et exalté, l'autre méditatif et sévère[1]. Quelles

---

[1] M. Eugène Despois, dans une remarquable étude sur Camille Desmoulins, donne une décision assez curieuse extraite du recueil des délibérations du collége Louis-le-Grand, page 211 :

« Du 19 janvier 1781.

« Sur le compte rendu par M. le principal des talents éminents du *sieur de Robespierre,* boursier du collége d'Arras, lequel est sur le point de terminer son cours d'étude, de sa bonne conduite pendant douze années, et de ses succès dans le cours de ses classes, tant aux

confidences, quels espoirs, quelles chimères emporta le vent qui passait dans les arbres du jardin, et quels jeunes rêves vit croître cette *Chartreuse de Gresset,* petite chambre au quatrième étage, où Gresset, étant maître d'études, avait, en effet, rimé sa *Chartreuse* et où Camille parfois, seul, se mettait à composer des épîtres! « J'étais né pour écrire des vers, » disait plus tard, au pied de l'échafaud, le malheureux Camille, et il devait se rappeler alors, non sans émotion, l'*Épître* qu'il adressait à *MM. les administrateurs du collége Louis-le-Grand.* C'est là qu'on trouve, cité par lui avec une expression de reconnaissance que l'avenir ne démentit pas, le nom de son professeur aimé entre tous, le principal du collége, celui qu'il appelait *le bon abbé Bérardier,* cœur excellent, esprit d'élite, ami qui devait, après lui avoir servi de maître, le conseiller un jour et lui survivre.

On ne saurait d'ailleurs trouver de paroles plus émues et plus sincères. L'*Année littéraire* de 1784 cite avec éloges ces adieux de Camille à ses maîtres, et elle a raison : le ton en est fort touchant et fort juste (nous ne parlons pas bien entendu de la forme) :

> ... J'oserai faire entendre une voix
> Faible, mais qui, du moins, ne sera point vendue.
> Désormais, ô ma lyre, à jamais détendue,
> Tu ne charmeras plus mes maux et mon ennui!

distributions des prix de l'Université qu'aux examens de philosophie et de droit :

« Le bureau a unanimement accordé audit *sieur de Robespierre* une gratification de la somme de six cents livres; laquelle lui sera payée par M. le grand maître des deniers du collége d'Arras, et ladite somme sera allouée à M. le grand maître dans son compte en rapportant expédition de la présente délibération, et la quittance dudit *sieur de Robespierre.* »

Plus tard, sur ce même registre de délibérations on trouve « une bourse accordée à Horace-Camille Desmoulins *pour services rendus par son père.*

Mais, cher à l'innocence, et du faible l'appui,
Je pourrai quelquefois goûter ce bien suprême :
Je ferai des heureux. Eh! qui dans ce séjour,
Élevé près de toi, n'en veut faire à son tour,
Bérardier? Ce lieu même, où, sur les rives sombres,
Gresset, avant le temps, crut voir errer nos ombres,
Je l'ai vu sous tes lois, trop tard pour mon bonheur,
Retracer bien plus tôt le séjour enchanteur
Des bosquets d'Acadême ou l'heureux Élysée.
Que dis-je? Près de toi, doucement abusée,
L'enfance ici se croit sous le toit paternel.
O Bérardier, reçois cet adieu solennel [1] ! »

---

[1] Quelques biographes se sont demandé si Camille Desmoulins avait été ce qu'on appelle un *bon élève*. On ne saurait en douter. L'auteur d'un travail intitulé : *Aperçus littéraires et politiques sur Camille Desmoulins* nous donne ces renseignements sur lui :

« Au concours de l'Université, il eut, surtout dans les compositions latines, un succès qu'il dut à la vivacité de sa conception plus qu'à une application soutenue. Sa pétulance lui eût mérité, à bon droit, cette note portée sur les registres d'un collége des jésuites, à l'article Crébillon : *Puer ingeniosus, sed insignis nebulo.* Plein d'esprit, franc *polisson.* » — L'auteur se trompe. *Nebulo* veut simplement dire *gamin.*

L'abbé Bérardier, principal du collége Louis-le-Grand, et que Desmoulins aimait particulièrement, fut d'ailleurs vénéré et chéri de ses élèves. On peut lire dans le numéro du *Journal de Paris* du 13 mai 1788, une lettre signée *Brocas, curé de Saint-Benoît,* aux « auteurs du journal », lettre datée du 10 janvier, et qui raconte qu'au mois d'octobre 1787, les écoliers du collége, menacés de perdre l'abbé Bérardier et voulant lui donner une dernière marque publique de leur attachement, avaient résolu de devancer sa fête et de la célébrer avant qu'il quittât la place de principal. Ils avaient donc ramassé une somme de six cent quatre-vingt-seize livres. Mais l'abbé Bérardier refusa, et les invita, soit à reprendre leurs cotisations, soit à consacrer cette somme à « quelque bonne œuvre plus utile ». « Ils ont », dit le curé Brocas, « adopté volontiers le second moyen. En conséquence, ils m'ont fait remettre la somme de six cent quatre-vingt-seize livres pour être employée à procurer la liberté des pauvres et honnêtes citoyens de ma paroisse menacés de captivité ou déjà arrêtés pour dettes de mois de nourrice, et à d'autres bonnes œuvres suivant ma volonté. »

Je trouve encore dans un article de M. Despois cette curieuse indication, que Camille Desmoulins obtint au grand Concours, en 1778, un accessit d'*amplification française* (c'était le titre qu'on donnait au discours français dans l'ancienne Université). Le *Palmarès*, rédigé en latin, selon

Ce n'est pas cette *Épître,* dont on trouvera le compte rendu dans le numéro du *Journal de Paris* du 12 août 1784, qui peut nous assurer que Camille Desmoulins eût été poëte. Ses premiers vers sont ceux d'un rhétoricien, rien de plus, et ils n'ont de valeur qu'au point de vue psychologique; mais ils nous montrent bien l'état de cette jeune âme, au milieu de ce collége dont Camille fait un tableau idyllique, à la Gessner :

« Là, du patricien la hauteur est bannie,
Et la seule noblesse est celle du génie.
Tous cultivent les dons qu'en eux le ciel a mis;
En comptant leurs rivaux, ils comptent leurs amis;
Leurs talents nous sont chers, leurs succès sont les nôtres,
Et le laurier d'un seul couronne tous les autres.
Je vis avec ces Grecs et ces Romains fameux,
J'étudie une langue immortelle comme eux.
J'entends plaider encor dans le barreau d'Athènes :
Aujourd'hui c'est Eschine, et demain Démosthènes.
Combien de fois, avec Plancius et Milon,
Les yeux mouillés de pleurs, j'embrassai Cicéron[1]! »

Un tel enthousiaste, lorsqu'il quittait Paris et les salles du collége, devait paraître assez bizarre et excessif aux bonnes gens de Guise, dont l'accueil lui paraissait sans doute toujours assez étonné pour qu'il dût leur en garder quelque rancune. En maint endroit ses lettres en font foi. Il arrivait, bouillant, apportant dans la petite ville son humeur d'étudiant et de jeune fou; et ses espiègle-

---

l'usage du temps, cite : *Camilla Benedictus Desmoulins, Guisius, è Collegio Ludovici Magni.* Cette même année, le premier prix d'amplification était remporté par l'élève André Chénier, *Andreas Maria de Chénier, Constantinopolitanus, è Collegio Navarræo.* Voilà deux lauréats prédestinés. (Voir M. Despois sur Michelet, premier prix de discours français en 1816. *Revue politique* du 15 août 1874.)

[1] M. Ed. Fleury cite ces vers; mais sa citation contient deux fautes impardonnables que nous rectifions ici.

ries, en changeant de milieu, semblaient bientôt des inconvenances. C'est, du moins, le seul souvenir qu'il ait laissé dans sa ville natale, et c'est là ce qui arrive le plus communément, il faut l'avouer, à tout homme dont les idées sont en avance sur celles des compatriotes qui l'entourent et des amis d'autrefois. Un habitant de Guise [1], dans une lettre fort intéressante qu'il nous écrivait il y a quelques années, nous rappelait les souvenirs d'une très-vieille dame appartenant à l'une des familles les plus anciennes de Guise, et qui avait conservé jusqu'aux limites reculées de la vie humaine où elle était parvenue, une intelligence intacte et des souvenirs très-distincts de ces temps éloignés. Lorsque le nom de Camille Desmoulins venait sur ses lèvres, elle qualifiait assez sévèrement ce qu'elle appelait sa *légèreté* dans les relations de société. Elle avait encore sur le cœur, pour les avoir vues se produire dans son salon de jeune femme, quelques plaisanteries « risquées », disait-elle, et qui sentaient le bazochien.

Peut-être faut-il confondre cette tradition avec celle dont M. Édouard Fleury s'est fait l'écho dans son livre sur *Camille Desmoulins et Roch Marcandier,* et qui nous montre non-seulement un Desmoulins espiègle et railleur, léger, puisque le mot a été dit, mais violent encore et bondissant devant toute discussion :

« On raconte, au sujet de son enthousiasme, dit M. Fleury [2], une scène d'une étrange violence. Camille était en vacances. Il avait été passer quelques jours chez un parent de sa famille. En son honneur, on donnait un dîner où se trouvaient réunies les notabilités du pays. Quelqu'un de la société savait avec quelle facilité le jeune étudiant s'exaltait quand on lui offrait

---

[1] M. Chérubin.
[2] Tome I, p. 15 de son livre.

la discussion sur ses héros de prédilection, sur les perfections du gouvernement démocratique, sur les sublimités de la métaphysique républicaine. C'était un curieux spectacle à donner au dessert que celui d'un de ces accès de colère où tombait Camille, quand il rencontrait un contradicteur actif, pressant et convaincu. La bataille lui fut donc présentée. L'ardent jeune homme donna dans le piége, répliqua d'abord avec politesse, avec assez de calme. Lorsqu'il vit son adversaire secouer ironiquement la tête en l'entendant développer ce que Camille nommait de nouveaux principes, il se sentit saisi de pitié, essaya de railler, puis bientôt prit feu, puis s'irrita en se heurtant aux obstacles, aux arguments. Des sarcasmes le jetèrent hors de lui. Des hérésies, ce qu'il appelait des hérésies, lui firent perdre toute retenue. Les yeux en feu, l'injure à la bouche, tremblant de tous ses membres, il se leva, jeta la serviette à la tête de l'obstiné royaliste qui niait la république; d'un bond il s'élança sur la table qu'il inonda de débris, qu'il improvisa en tribune, préludant ainsi à ses triomphes futurs du café de Foi, et de là, au milieu des éclats de rire des uns, des reproches des autres, de l'émotion de ses parents, il parla longuement, chaleureusement, étalant ses convictions, maltraitant la tyrannie, portant aux nues son idole idéale, répétant les lieux communs jusque-là relégués dans le domaine de la théorie et qu'il se chargera bientôt de faire passer dans la pratique, dans la vie politique d'une nation qu'il contribuera si puissamment à pousser dans tant d'excès. Ruisselant de sueur, la figure enflammée, il descendit enfin au milieu du silence de stupéfaction chez ceux-ci, de colère chez ceux-là, chez tous le regret d'avoir amené une pareille scène. »

L'écrivain auquel nous empruntons cette anecdote tenait à prouver que la violence naturelle de Camille devait le conduire fatalement à un excès de plume dont nous ferons justice nous-même. Mais, certes, dans le soin qu'il apporte à peindre Camille sous des couleurs sombres, M. Fleury a mis vraiment trop de hâte; il s'est contenté de rendre, si je puis dire, plus écumante une simple scène d'exaltation juvénile que provoqua la taquinerie de madame Godart de Wiége, un jour des vacances de 1784 qu'elle avait Camille Desmoulins à dîner. M. Matton aîné, l'éditeur des *OEuvres de Camille Desmoulins,* a rapporté beaucoup plus simplement, et par conséquent avec plus de vérité, cette scène qui ne prouve rien qu'une vivacité en tous cas généreuse, chez l'étudiant dont le cerveau était tout plein des *Philippiques* de Cicéron et des *Révolutions* de l'abbé Vertot.

C'était là, en effet, ses épées de chevet. Les *Révolutions romaines* de Vertot l'avaient transporté d'admiration ; ces drames sanglants où apparaissent, tour à tour, les visages austères de Brutus et les têtes marquées pour la mort des Gracques, ce défilé saisissant et surhumain — inhumain aussi, pourrait-on dire — où Virginius tient son poignard, où Curtius éperonne son coursier et le pousse au gouffre, où les Fabiens combattent comme des Machabées de Rome, où Caton se frappe de son glaive pour ne point survivre à sa défaite; ce long martyrologe de héros avait habitué Camille, et bien d'autres, à ne plus voir dans la lutte éternelle de l'humanité, qu'une sorte de pompeuse tragédie. Cette Rome, cette louve antique dont nous avons tous sucé le lait, nourrit en effet dans l'homme un idéal de vertu sauvage, bien différent de l'humble et solide honnêteté de tous les jours. Aujourd'hui, l'humanité est lasse de l'héroïsme théâtral, elle est avide au contraire de labeur patient, de dévouement durable et de sacrifices civiques qui n'ont rien de sculptural. Et cela vaut mieux. Ce n'est pas nous qui demanderons jamais de ramener la vertu à des proportions bourgeoises; mais nous croyons qu'il est temps qu'on lui laisse des proportions humaines. C'est encore le moyen de l'atteindre et de la répandre plus sûrement.

Camille, enivré de ses lectures, en était encore à la vertu antique,—marmoréenne, si je puis dire,—romaine, en un mot. Il allait s'applaudir qu'on lui eût donné, à son baptême, trois prénoms de Romains, *Camillus-Sulpicius-Lucillus*. Il avait usé ou perdu au moins vingt exemplaires de ces *Révolutions romaines* de Vertot dont il avait toujours, dit M. Matton, un volume dans sa poche. On a conservé un exemplaire des *Philippiques* de Cicéron tout chargé de notes manuscrites, où Camille laisse échapper les impressions courantes de ses lectures. Ces deux livres, encore une fois, ne le quittaient jamais.

Ainsi, laborieux, passionné pour la science, Camille avait brillamment achevé ses études. Il quitta le collége Louis-le-Grand avec une certaine émotion, qu'il laissa échapper dans ses vers, commença son droit aussitôt, et bachelier en septembre 1784, licencié en mars 1785, il prêta serment, cette même année, comme avocat au Parlement de Paris. Il avait alors vingt-cinq ans.

Nous avons trouvé peu de traces des débuts de Camille Desmoulins au barreau. — Camille n'était point né orateur. Admirablement doué comme écrivain, d'une instantanéité de pensée et d'expression vraiment étonnante, hardi, aiguisé, primesautier, il était, à la tribune, bientôt décontenancé et médiocre. Il bégayait. Ce n'était point, il est vrai, le bégayement ordinaire, l'infirmité désagréable; c'était plutôt le balbutiement de l'homme troublé qui cherche à se remettre de son émotion; au début de la phrase et comme mise en train, si je puis dire, il laissait échapper des *hon, hon* multipliés (*Monsieur Hon*, c'était le nom que Lucile donnait à Camille). Le vieux M. Moreau de Jonnès, mort en 1870, à quatre-vingt-douze ans, nous a souvent conté qu'il avait entendu parler Camille Desmoulins. Tout d'abord la harangue était désagréable, la voix hésitante et dure, mais le bégayement disparaissait peu à peu, à mesure que l'orateur s'échauffait, et sans nul doute, lorsqu'il était fortement secoué et emporté par son inspiration, Camille ne devait plus bégayer. Il n'en est pas moins vrai, qu'il eût fait, à ce prix, un pitoyable avocat. Il ne plaida donc que rarement et sans éclat. Il avait d'ailleurs le feu sacré de l'écrivain, il ressentait cet invincible aiguillon qui met la plume à la main comme il y mettrait une épée; il jetait sur le papier ses projets, ses espoirs, et, vivant assez pauvrement du produit de copies ou de requêtes faites pour des procureurs, rimant parfois une chanson, forgeant un épigramme, errant çà et là, à travers ce grand Paris où il rêvait de se faire une place, aujourd'hui écoutant le *Figaro* de Beaumarchais du fond du parterre, demain, entrevoyant Ginguené ou Chamfort, il fourbissait ses armes, il se préparait à l'assaut prochain, il sentait déjà la poudre dans l'air, il se répétait peut-être déjà, dans son ombre, au haut de sa mansarde et comme du fond de sa vie ignorée : Et moi aussi je jetterai ma pensée au monde !

III

L'heure était déjà venue où ce monde agité, secoué, craquant de toutes parts, sentait sourdre en lui comme une germination nouvelle. L'œuvre si ardemment poursuivie des philosophes du dix-huitième siècle portait ses fruits avec le siècle vieillissant. La révolution, commencée dans les esprits, allait, pour ne plus s'arrêter, entrer dans les faits. Et vainement les partisans du passé allaient-ils entamer alors une lutte qui dure encore ; le mouvement, tour à tour accéléré et ralenti selon les temps, ne pouvait plus désormais être enrayé. Voltaire, Diderot, les Encyclopédistes, n'avaient point vainement jeté leur pensée à travers la terre. Le temps de la moisson approchait.

On eût souhaité alors, et tout ce qui portait une âme bien française espérait un dénoûment pacifique ; les événements devaient faire tourner ce beau rêve à la tragédie. Mais à l'aurore de cette année 1789, la nation n'en était qu'à l'espérance. Il y eut, en France, comme un grand soupir de soulagement lorsque Louis XVI convoqua les États-Généraux [1].

Cette convocation des États-Généraux, — demandée à l'Assemblée des notables, close le 25 mai 1787, — avait été formellement promise par Louis XVI dans le lit de justice qu'il avait tenu, le 24 novembre de cette même année, pour l'enregistrement de deux édits. Chose étrange, c'était pour l'année 1792 que le roi promettait cette convocation, et l'année 1792 devait justement emporter la monarchie. Mais la France avait soif de réformes ; elle ne pouvait attendre cinq ans encore : 1792 lui paraissait trop loin. La date de la convocation fut avancée. Le roi, cédant à la volonté nationale, résolut de réunir en janvier 1789 ces États-Généraux qui n'avaient pas été tenus depuis cent soixante-quinze ans (1614), si bien qu'en publiant, en 1771, un *Dictionnaire universel de la France*, R. de Hesseln, cité par M. L. Lalanne, avait pu dire à l'article *États* : « Les États-Généraux ne sont plus d'usage. » On juge donc,

[1] On consultera avec profit, sur la Picardie avant 1789, une *Notice sur les archives civiles de l'Aisne*, rédigée par M. A. Matton, archiviste du département.

lorsque la nation apprit que douze cent soixante-quatorze députés : trois cent huit du clergé, deux cent quatre-vingt-cinq de la noblesse et six cent quatre-vingt-un du tiers état, allaient discuter ses intérêts, régler la vie nouvelle à laquelle elle aspirait, si la joie et les illusions de bonheur furent grandes.

En Picardie, dans cette province si fort éprouvée (surtout dans le Soissonnais, réduit à la misère par le rigoureux hiver de cette année, et dans le Vermandois), l'espoir fut plus grand peut-être que partout ailleurs : les pauvres gens se croyaient déjà affranchis des poids écrasants que supportaient leurs épaules.

Les *cahiers* des provinces, ces voix éloquentes, ces doléances de la foule, allaient enfin frapper les oreilles du roi. Les paysans, courbés sous le faix comme le bûcheron de la Fontaine, allaient pouvoir appeler et se plaindre, sans redouter que la mort seule répondit à leurs appels. Qu'on s'imagine les songes heureux qu'on faisait, par tout le pays, dans les « chaumines enfumées » ! — « Le roi va savoir enfin ce que nous souf» frons! Nos *cahiers* le lui diront et nos députés, à Ver» sailles, ne manqueront pas de le lui redire! Le roi » instruit, c'est la nation sauvée. » Quels rêves!

Occupons-nous seulement, dans cette histoire, du coin de terre où Camille était né. La rédaction des cahiers et la nomination des députés à l'Assemblée des trois ordres devait avoir lieu le 16 mars à Laon.

A Guise, la première assemblée électorale eut lieu le 5 mars, en l'auditoire du siége, sous la présidence de M. Desmoulins, lieutenant général au bailliage de Vermandois, siége royal de Guise, ressort et prévôté de Ribemont : M. Saulce (Jean-Baptiste) étant procureur du Roi, et M. Mariage, greffier, secrétaire. L'appel des commissaires des paroisses démontra que deux cent quatre-vingt-douze étaient présents.

La deuxième assemblée eut lieu en l'église des Révérends Pères Minimes de Guise. Là furent nommés soixante-quinze députés pour l'assemblée des trois ordres à Laon. Le père de Desmoulins pouvait, s'il l'eût voulu, être de ceux qui devaient figurer bientôt à Versailles. « Le lieutenant général, disent les *Archives du greffe de Laon*, ayant été élu à l'unanimité, moins une voix de la paroisse de Bernot, *applaudit à cette voix comme au symbole de la liberté,* mais remercia pour cause de santé, après avoir témoigné sa sensibilité de l'honneur d'une telle confiance. » Ainsi, nous voyons, dès l'abord, cet homme modeste, libéral et sage, refuser ces honneurs qu'ambitionnera son fils et qui coûteront si cher, non-seulement à celui-ci, mais à tous les deux.

Dans la liste des soixante-quinze commissaires députés à Lyon, je trouve notés, par ordre d'élections :

N° 1. Jean-Louis Deviefville des Essarts, avocat et subdélégué à Guise.

N° 2. Adrien-Jean-Louis Deviefville, maire de Guise.

24. Lucie-Simplice-Camille-Benoit Desmoulins, avocat à Guise [1]. Puis, avec eux, des procureurs, des meuniers, des marchands de moutons, des laboureurs surtout. L'homme qui tient à la terre, l'homme du pays, le *paysan*, sort de son sillon pour la première fois.

Ce n'était là que les élections préparatoires aux élections décisives des députés aux États-Généraux. Le procès-verbal de l'assemblée du tiers état à Laon enregistre une lettre du marquis de Condorcet, qui « de-

---

[1] C'est pourquoi Camille signera bientôt son *Ode aux États-Généraux :* Camille Desmoulins, *avocat, député du bailliage de Guise.*

mande qu'on introduise dans *le Cahier* un vœu pour la suppression de la traite des noirs. » Le 16 mars 1789, cette assemblée eut lieu à Laon « en la salle destinée aux exercices publics du collége de Saint-Jean de l'Abbaye » ; elle était présidée par Caignart du Rotay, lieutenant général du bailliage de Vermandois. Déjà de nobles mouvements se montrent parmi ceux qui assistent à ces réunions. Dans son discours présidentiel, Caignart du Rotay, répondant à une députation du clergé au *tiers,* laissera deviner comme la première pensée de ce sacrifice passager, hélas! qui produira l'électrique et superbe séance de la nuit du 4 août : « Nous avions donc bien lu dans vos cœurs, disait-il, lorsqu'à l'assemblée du tiers état du 9 de ce mois, nous lui avons annoncé qu'il serait bientôt témoin de la grandeur d'âme des deux premiers ordres de l'État, qu'il les verrait infailliblement s'empresser de porter aux pieds du trône le tribut volontaire de leurs priviléges pécuniaires, qu'il les verrait en faire *une offrande honorable à la patrie!* » Ainsi, plusieurs, en partant, pouvaient espérer que de cette secousse décisive sortirait non-seulement la fin, mais l'abandon volontaire des priviléges.

Les 20, 21 et 22 mars eut enfin lieu la nomination des députés aux États-Généraux : l'assemblée élut MM. Le Carlier, maire de Laon; Viéville des Essarts, député de Guise; Devismes, avocat à Laon; Bailly, laboureur à Crécy-au-Mont; L'Eleu de La Ville-aux-Bois, conseiller du Roi, élu en l'élection de Laon; Leclerc, laboureur à Lannois.

Nous verrons bientôt Camille Desmoulins, qui regrettera que son père n'ait pas eu un petit grain d'ambition [1],

---

[1] Il reportera son souvenir sur ces journées : « Rappelez-vous, dira-t-il, ces larmes que j'ai vues couler de tous les yeux à votre discours, lors-

se consoler un peu en se disant que le député de Guise est Viéville ou plutôt Defiefville des Essarts, subdélégué du bailliage de Guise, et son cousin [1].

Ces députés une fois nommés, allait-on écouter leurs plaintes à Versailles? Les Cahiers de ce coin de terre française contiennent et répètent la plupart des doléances communes à la France tout entière, et lorsqu'on aura publié le recueil complet de ces *Cahiers* aux États-Généraux, on sera surpris de l'unanimité des réclamations dans les diverses parties de ce grand corps souffrant et accablé. C'est bien là vraiment le « *même cri* », le « *cri universel* » dont parlera Camille Desmoulins dans la *France libre* [2]. Les Cahiers des États-Généraux se ressemblent et demandent, par exemple : « A quoi sert la

qu'en qualité de président vous avez ouvert l'assemblée de votre bailliage secondaire : rappelez-vous ces deux cent quatre-vingt-dix-sept suffrages que vous avez recueillis pour la députation sur deux cent quatre-vingt-dix-huit électeurs. »

[1] Le bailliage de Vermandois comprenait en 1789 deux cent soixante-quatorze communes. (Voy. Malleville, *Histoire de Laon*.)

Le bailliage présidentiel était ainsi composé :

MM. CAIGNART DU ROTAY, lieutenant général;
DOGNY, lieutenant général de police;
PELÉE DE TRÉVILLE, lieutenant criminel;
L'ÉLEU, lieutenant particulier;
FRANÇOIS, lieutenant assesseur;
L'ÉLEU, doyen, ⎫
LAURENT, ⎪
DE MARTIGNY, ⎬ conseillers;
DE LA CAMPAGNE, ⎪
DAGNEAU, ⎪
ROMAIN, ⎭
FOUANT, procureur du Roi;
DELATTRE DE LA MOTTE, avocat du Roi;
DUMOUTIER, greffier.

Consultez la *Nomenclature sommaire des Archives du greffe de Laon*, par Amédée Combier, juge d'instruction au tribunal civil de Laon. (Laon, in-4°.)

[2] Dans chaque province, un érudit devrait publier ces cahiers. Déjà M. Antonin Proust a fait pour l'Anjou et M. Duval pour la Marche ce que je voudrais voir faire pour toute la France.

ferme? A ruiner la populace. » Ou encore, ils se plaignent : « La distribution des impôts se fait par faveur. L'état ecclésiastique a tous les biens de la France et la noblesse, et il ne paye aucun subside à l'État ny au Roy. » (*Plaintes et doléances que la commune et habitants de la paroisse de Wissignicourt ont à faire à nos seigneurs députés de Sa Majesté aux États-Généraux. A Laon le 16 mars* 1789.) « Si l'on réduisait le nombre des laquais et des employés des fermes, l'agriculture y gagnerait », dit une voix du district de Monaigu. On remarquera d'ailleurs le ton résigné de ces réclamations presque soumises.

La petite paroisse de Berrieux se plaint d'avoir à payer quatre mille cinq cent quarante-cinq livres d'impôts, elle qui ne compte que *cent dix feux* [1]. Il y avait de ce écrasantes iniquités et qui, bien avant 1789, frappaient les esprits clairvoyants. « Je connais un village à trois lieues de Paris », écrivait déjà Grimm en juillet 1763, vingt-six ans avant ce mouvement général de la nation, « je connais un village composé de deux cents feux, dans un pays de vignoble, et par conséquent pauvre [2]; ce

---

[1] « Si, dans un temps de moisson, et le champ glané, disent les doléances de Berrieux, une pauvre personne qui aura une vache et qui n'aura plus de litière à lui donner, a le malheur d'être prise à ramasser des chaumes, on la punit sans miséricorde; si encore, dans un temps d'hiver, il arrive qu'un pauvre homme ait le malheur de tuer un corbeau, on le punit rigoureusement sous prétexte qu'on dit qu'en tirant avec un fusil il peut mettre le feu au village, et que le port des armes lui est défendu. Et un domestique de notre grande maison est-il parrain, cinq ou six coups de fusil se font entendre d'un bout du village à l'autre, et l'on ne prétexte point de danger. Nous savons que les gentilshommes ont droit de chasse, mais nous doutons si leurs domestiques ont le même privilége ! »

[2] C'était le temps où, le vin ne pouvant toujours être consommé sur place et les transports faisant défaut, on vidait les tonneaux par les champs pour conserver les fûts. Nous avons pu voir encore pareille

village paye au Roi, tous les ans, quinze mille livres de taille et de capitation ; les vingtièmes, les aides, le contrôle et tout le grimoire des autres impositions, montent à une autre somme de quinze mille livres. Voilà donc le Roi qui tire d'un chétif village trente mille livres par an. Il y a beaucoup de princes en Allemagne qui tirent à peine cette somme de tout un bailliage [1]. »

Mais, de toute la France peut-être, la plainte la plus tragique, la plus douloureuse et la plus profonde, est celle que font entendre les habitants de la paroisse de Chaillevois. C'est une page lugubre qu'il faut citer tout entière dans sa forme et son orthographe. . *Ab unâ disce omnes.*

« La communauté de Chaillevois est composée d'environt deux cent personnes, père, mère, enfants et petits enfants. La plupart des abitants n'ont aucune propriété ; seux qui an onte cé cy peux de chose qu'il n'ent faut point parlé ; ils sonte presque tout vigneront, cè à dire qu'il cultive presque tout à la vigne comme mercenaire ; un vigneront peut cultivé un arpent de vigne tout oplus on, luy païe pour la culture d'une arpent de vigne de cent verges la somme de cinquante livres, an outre cinq livres pour l'entretien, jusqu'à la vandange, après la principal culture et cinq livres pour réfouir après la vendange, somme totalle soixante livres. Le vigneront et ocupé à cè culture depuis le 15 février jusqu'à la mi-novembre, neuf mois de lanné, il est vrai que celuy qui est capable de faire la moisson peut la faire dans cet interval ; s'il est bon ouvrier, sa moisson lui vaut une quarantaine de franc ; s'il trouve occasion de faire quelque journé dans les autres trois mois cè cy peut de chose que céla ne mérite point d'entrer en conte ; il est évident par cette expossé que tout le gain d'un vigneront ce réduit environ cent

---

chose dans notre enfance, en Périgord. Depuis, les chemins de fer ont fait des pays vignobles les pays riches. (J. C.)

[1] *Correspondance littéraire et philosophique*, t. III, p. 411, à propos d'une feuille intitulée : *la Richesse de l'État*, par M. Roussel, conseiller au Parlement.

franc par an ; en supposant que la femme gagne moitié, ce qu'on ne peut pourtant pas suppossé si elle a plusieurs enfans, le gain sera porté à cent cinquante livres ; avec cette modique somme il faut ce logé, ce nourire, sabillier insi que ce enfants. La nourriture ordinaire et du pain trampé dans de lau salée que ce n'est pas la peine de dire qu'on n'y mest du beurre ; pour de la chaire on n'ent mange le jour du mardy gras, le jour des Pasques et le jour de la fette patron ; lors qu'on va au préssoire pour le maître et lors qu'on va au noces. On peut aussy mangé quelque fois de fevres et des aricot lorsque le maître n'empêche pas d'en maitre dans cè vigne. Les frais du Roy en taille capitation ce monte à six livres non compry le frais de corvé ; pour celuy qui n'a absolument rien, il faut qu'il paie une livre de sel quatorze à quinze sols selon le nombre d'enfans.

» Il an faudra an un une livres chaque semaine an autre une livres par quinzaine an un plus an autre moins ; ce prix énormme et cause que plusieurs ne peuvent pas même mangé est qu'on apèle de la soupe ; que si par maleur les mary ou la femme et quelquefois l'une et l'autre a contractée l'abitude d'usé du tabac, ce n'est qu'en ce refusant le pain et an refusant au enfans qu'on peut en avoir un onces de tant en tant, un pauvre vigneront vien tils malade outre son bien cesse, sy il apele un chirurgien, ce chirurgien, pour un voiage, une petite seigné, une méchante médecine, luy demandera plus qu'il ne gangnes dans une sémaine, s'il est asigné de la part de quel'qun pour dettes ou pour quel autre sujet, un huissier lui fera payé plus qu'il ne gangnes dans deux sémaine, une santance pour le moindre objet possible le réuinera de fons en comble, ce les plus gran fléaux que céluy de la justice ; s'il dépouilles une piesse de vin, il n'est lui est point libre d'en vandre une bouteille en détaille, et il faut qu'il meurt de fin en antandant qu'il trouve à vandre en gros, et alors il faut donner sept ou huit franc à la fermé. Voilà comment le petit peuple et heureux sous les mélieurs des Roy, au milieu d'une nation convante comme la plus généreusse de toute les nations, dans un siècle où on ne parle que d'humanité et de bien fésances, et cépendant cè ce petit peuple qui est la portion la plus précieusse de la nations, puisque cè celle qui travaille le plus, le sort de jens de travaille est a peut près le même partout, ils onte apeine du pain à mangé, et de laux aboire et de la paille pour ce couché et un réduit pour ce logé. Leur état est pire que celuy des sauvages de l'Amérique. Si les Roy savoient ce que vale trois sols, et qu'il y a des millions d'abitants dans son royaume qui, en travaillant depuis le matin jusqu'au soir, non pas trois sols pour vivre, car enfin cela et évident d'après les calculle qu'on vien de faire.

» Telles sontes les doléances des abitants de Claillevois. Dieu veule qu'il touche le entrailles de Sa Majesté et des Etat Généraux qui vont être asemblé pour opérée à la régénération de la France.

» En foy de quoy nous avons signé :

» Joseph FLAMANT; BALIDOUX; FLAMANT; AUBIN; DRUET; Joseph PAYEN [1]. »

L'a-t-on lue, cette plainte touchante, cette lamentation du « petit peuple », bien faite pour « toucher les » entrailles de Sa Majesté » et pour donner à l'avenir une juste image du lamentable état de choses que la Révolution allait détruire? Nous parlons bien souvent, du fond de nos épreuves nationales, — et sans nous corriger pour y parvenir, — de la *régénération* de la France; mais ceux-là avaient plus que nous le droit d'en parler, qui, comme les pauvres gens de Chaillevois, avaient à peine « du pain à manger, de l'eau à boire » et de la paille pour dormir, et qui se contentaient de faire entendre à Louis XVI ces mots, aussi sombres qu'un glas : *Si les rois savaient ce que valent trois sols!*

Quand on a lu les *Mémoires du marquis d'Argenson*, on ne peut plus être étonné par des plaintes semblables. Depuis longtemps le gouvernement de la France était, selon le mot de d'Argenson en 1751, une *anarchie*

---

[1] (*Archives de Laon. — Bailliage de Vermandois et siége présidial de Laon.*)

dépensière. La cour était (l'expression est du marquis encore) le « tombeau de la nation », de ces pauvres gens dont parle la Bruyère, et qui se retirent la nuit dans leurs tanières, vivant de pain noir, d'eau et de racines.

La misère sévissait, épouvantable, incroyable, mortelle. Un curé de village portait, en 1709, sur le registre de sa paroisse : « Je certifie à tous qu'il appartiendra, que toutes les personnes qui sont nommées dans le présent registre *sont tous morts de famine*, (sic) à l'exception de M. Descrots et de sa fille. » Et en note : « On a mangé des charognes mortes depuis quinze jours (le blé manquait) ; les femmes ont étouffé leurs enfants de crainte de les nourrir [1]. »

Trente ans après, d'Argenson continue à écrire que la misère « avance au dedans du royaume à un degré inouï. les hommes *meurent*, dit-il, *dru comme des mouches*, de pauvreté, et en broutant l'herbe. » Le premier président de la cour des aides, Le Camus, haranguant le Roi, cette même année, ne craignit pas de mettre sous les yeux du monarque « ce peuple qui gémit dans la misère, sans pain et sans argent, obligé de disputer la nourriture aux bêtes qui sont dans les champs [2]. » D'Argenson dira encore, avec une sombre énergie, que les paysans « ne sont plus que de pauvres esclaves, des bêtes de trait attachées à un joug. » En dix ans, la peste venant en aide à la famine, la population de la France avait diminué d'un tiers, et les deux tiers restants demeuraient courbés sous le besoin. En 1752, le roi, la reine et la dauphine se rendant à Notre-Dame, un pauvre

---

[1] Voyez la *Famine de 1709 dans le val de la Loire* (*Mémoires de la Société d'émulation de Moulins*).

[2] Ed. Scherer (*Étude sur d'Argenson et la France sous Louis XV*).

homme montrant du pain noir s'accrocha à leur carrosse pour crier : « *Misère! famine! Voilà ce qu'on nous fait payer trois sous la livre!* » — N'est-ce pas là comme le prologue de ces journées où l'on allait chercher à Versailles le *boulanger*, la *boulangère* et le *petit mitron?* Ce peuple affamé était déjà exaspéré. D'Argenson s'écriait : « Quand le peuple ne craint rien, il est tout. » Et d'un ton réellement prophétique : « Toutes ces matières sont combustibles », ajoutait-il, dès 1751 ; « une émeute peut faire passer à la révolte, et la révolte à une totale révolution où l'on élirait de véritables tribuns du peuple, et où le roi et ses ministres seraient privés de leur *excessif pouvoir de nuire.* » Et plus loin : « La révolution est certaine ; il n'y a plus qu'à *se détacher de sa patrie* et à se préparer à passer sous d'autres maîtres. » Les révolutionnaires, du moins, au lieu de se détacher de la patrie, se rattachèrent au contraire à elle plus étroitement, plus énergiquement, et ils ne voulurent qu'elle seule, souveraine et maîtresse.

En attendant, la France agonisait et jetait ses plaintes poignantes.

Or, tandis que les pauvres gens, *les animaux à face humaine* de la Bruyère, vivaient ou plutôt agonisaient ainsi, une société frivole, insensible, affolée de plaisir, tourbillonnait au faîte d'un *monument* dont les souffrants formaient la base. Le temps n'était pas loin où la publication du *Livre rouge* allait apprendre en quelles mains passait le Trésor public, et pour qui travaillaient les malheureux[1]. Les maîtresses, les procu-

---

[1] *Le Livre rouge ou liste des pensions secrètes sur le Trésor public*, contenant les noms et qualités des pensionnaires, l'état de leurs services, et des observations sur les motifs qui leur ont mérité leur traitement, in-8º en rouge, de l'imprimerie royale, 1790. Ce livre, imprimé

reuses, des abbés, des prestolets, des maréchaux, des nourrices, des coureurs de ruelles, les lecteurs de la reine, des personnages crossés et mitrés, recevaient des pensions souvent énormes, dont beaucoup étaient réversibles, ou encore des pots-de-vin, des dons, de véritables richesses. « M. Ducrot, coiffeur », nous dit Camille, « touchait dix-sept cents livres de retraite pour avoir coiffé mademoiselle d'Artois, morte à l'âge de trois ans, avant d'avoir eu des cheveux, et mademoiselle X... jouissait de quinze cents livres de pension pour avoir blanchi une seule fois les manchettes de feu Mgr le Dauphin. » (*Révolutions de France et de Brabant*, n° 20, page 227.) Sans compter que le Roi, comme disait la *France libre*, faisait publiquement le *monopole des grains*[1]. « Ô le bon temps! ô le beau règne! » s'écriait l'annotateur. *Mais que dira la postérité?* »

en rouge, parut par livraisons, ou plutôt par fascicules, comme on dirait aujourd'hui. Il donna lieu à la publication d'un cahier in-8° portant pour titre : *Coup d'œil sévère mais juste sur le livre intitulé : le Livre rouge*. L'auteur de cette réponse écrivait : « Il y a des vengeances indignes d'une Assemblée nationale. » Ce n'est pourtant qu'en faisant la lumière sur toutes choses qu'on parvient à la vérité. *La vérité, voilà mon Dieu!* avait mis en exergue l'éditeur du *Livre rouge*.

[1] Ce n'est nullement là une calomnie de Camille, et tous les historiens qui comptent sont d'accord sur ce point (Lacretelle, *Histoire du dix-huitième siècle*, t. IV, p. 274 ; Droz, t. I, p. 66 ; Henri Martin, t. XVI, p. 298 de la 4e édition; Michelet, *Révolution française*, t. I, p. 76, 126, 270). Nous nous bornerons à citer Droz qui, certes, n'est pas suspect d'exagération :

« Terray défendait l'exportation dans telle province, les blés y tombaient de prix ; il en achetait et les revendait dans telle autre province, qu'il avait affamée en y excitant l'exportation. Louis XV faisait le même trafic pour grossir son trésor particulier. Louis XV, par une étrange aberration d'esprit, s'était habitué à distinguer en lui l'homme et le roi, et souvent l'homme spéculait, jouait, agiotait contre le roi et contre la France. Ce fut avec horreur qu'on vit, dans l'*Almanach national* de 1774, le nom d'un individu qualifié de *trésorier des grains pour le compte du Roi*. L'indiscrétion de l'imprimeur fut châtiée ; mais la feuille manuscrite avait été vue au contrôle général ; et sans doute un commis, digne

CHAPITRE PREMIER.

La postérité donnera un souvenir au roi, qui, en signant, le 5 juillet 1788, l'arrêt *concernant la convocation des États-Généraux du Royaume,* voulut essayer de donner une forme plus libérale au gouvernement de la France; mais, en reprochant à ce même monarque d'avoir cédé ensuite aux gens qui montrèrent pour les idées nouvelles une haine active et maladroite, elle déplorera que, dès 1789, la patrie, si déchirée, si unanime dans ses vœux, n'ait pas pu saluer l'avénement du règne définitif de la liberté! Ceux qui opposeront alors leurs répugnances et leurs résistances à ces vœux seront d'ailleurs bien coupables. Un des hommes les plus modérés de l'Assemblée nationale, celui dont Burke a dit qu'il fut le dernier « qui ait veillé au chevet de la monarchie mourante »; Malouet, si opposé à tout excès, traçait cependant aux ministres de Louis XVI, avant les élections, la règle de leur conduite à tenir : « Le vœu

---

de Terray, avait appris sans étonnement que Louis XV faisait commerce du pain de ses sujets. »

Dès 1781, Mirabeau flétrissait hautement cette infâme spéculation de Louis le *Bien-Aimé :* « Le roi, chose horrible à penser, le roi, non-seulement autorisant, mais faisant le monopole aux dépens de la subsistance de son peuple! » (*Lettres de cachet,* chap. XII, p. 303.)

Et dans la note 35, p. 317, il donne en preuve la mention expresse, officielle, qui est faite dans l'*Almanach royal* de 1773, du sieur Mirlavaud, comme *trésorier des grains au compte du Roi.* Sur cette indication de Mirabeau, des incrédules ont feuilleté l'*Almanach royal* de 1773, et, n'y ayant rien trouvé de tel, ils ont prétendu que le fait allégué par lui est faux. Ils ont eu raison de dire que l'almanach de 1773 ne contient pas l'imprudent article; mais ils n'avaient qu'à chercher dans celui de 1774, le dernier qui ait paru sous Louis XV, et ils l'y auraient découvert. Il est à la page 553, entre celui de la *Société royale d'agriculture* et celui des *Jurés-crieurs,* et il est ainsi conçu : *Trésorier des grains au compte du Roi.* M. Demirlavaud, rue Saint-Martin, vis-à-vis la fontaine Maubué. La table des matières contient aussi (p. 571 B) ce titre d'office : *Trésorier des grains au compte du Roi.* L'almanach de 1773, p. 541, ne le contient pas. (Voy. Prudhomme, introduction aux *Révolutions de Paris,* p. 34.)

» de la France », disait-il, « a appelé les États-Géné-
» raux ; il il est indispensable de lui obéir... Obligés
» d'invoquer les conseils et les secours de la nation,
» *vous ne pouvez plus marcher sans elle;* c'est dans sa
force qu'il faut » puiser la vôtre[1]. » La monarchie eût
été sauvée peut-être, ou du moins on eût conjuré les
périls qui la menaçaient, si les conseillers du Roi eussent compris que l'accord était désormais nécessaire
entre la nation et le roi, et que la force matérielle,
pas plus que la force morale, ne se trouvait du côté
du passé. Mais quoi! il était dit que le malheureux
Louis XVI se laisserait entraîner à sa perte, et par celle
que *Monsieur,* le comte de Provence, et les pamphlets
inspirés par lui appelaient déjà l'*Autrichienne* avant que
le peuple, imitant la cour, lui eût donné ce nom ; et
par des hommes qui, comme M. de Montmorin, semblaient prendre à tâche de précipiter une monarchie
qu'ils croyaient, — les aveugles! — peut-être servir.

IV

Le mouvement politique provoqué par la convocation
des États-Généraux avait été immense. Les brochures
sortaient de terre. L'arrêt même du 5 juillet 1788
n'avait-il pas dit : « Sa Majesté invite *tous les savants et*
» *personnes instruites de son royaume,* et particulière-
» ment ceux qui composent l'Académie des inscriptions
» et belles-lettres, à adresser à M. le garde des sceaux
» tous les renseignements et mémoires sur les objets
» contenus au présent arrêté » ? On eût dit que le feu

---

[1] Voyez la seconde édition des *Mémoires de Malouet,* publiés par
son petit-fils le baron Malouet (2 volumes, 1874, chez E. Plon et Cie).

était mis aux poudres et aux cervelles. Toutes les « têtes grosses d'in-folio », comme dit Camille Desmoulins, s'étaient mises à éclater. Mangourit, avec son *Tribun du peuple au peuple*, avait fait entendre le *premier coup de tambour*. Le comte Avenel d'Entraigues publiait un *Mémoire* quasi-républicain ; on réimprimait ou on relisait les écrits où Necker, Mirabeau, le marquis de Beauvau, mettaient en circulation ces idées communes à la grande masse de la nation : la répartition égale de l'impôt, l'anéantissement de toute exemption, etc. On discutait, depuis 1787, le travail où Linguet, l'adversaire de la Bastille, attaquait, à propos de l'*impôt territorial*, les priviléges et combattait avec énergie le système fiscal de l'ancien régime. La fameuse brochure de Sieyès, *Qu'est-ce que le tiers état ?* était, on peut le dire sans exagération, dans presque toutes les mains. Il s'en vendit en trois semaines trente mille exemplaires. Cérutti, Target, Rabaut Saint-Étienne, Servan, Thouret à Rouen, Volney en Bretagne, Clavière, Condorcet, Brissot, apportaient leur contingent de brochures militantes à la masse d'écrits lus et commentés partout avec fièvre. Déjà Carra osait écrire, dans l'*Orateur pour les États-Généraux* : « Le peuple est le véritable souverain et le Roi n'est que son premier commis. »

Que faisait Camille Desmoulins à cette heure, et son esprit ne s'était-il point embrasé devant un tel spectacle ? Dans la nomenclature des écrits politiques les plus influents qui ont précédé l'ouverture des États-Généraux, je trouve (voy. l'*Introduction historique au Moniteur*) une brochure signée de M. Desmoulins, « *la Philosophie au peuple français*, par M. Desmoulins. 1788. »

Une pensée de Sénèque sert d'épigraphe à cet écrit : « *Expergiscamur, ut errores nostros coarguere possimus.*

» *Sola autem nos philosophia excitabit, sola somnum excu-*
» *tiet gravem.* » (SENECA; *De philosophia*.)

Le *Moniteur* cite un fragment de ce travail, et le morceau suffit à donner l'idée du reste :

« Il est temps que vous leviez la tête, et que vous la leviez constamment; il est temps que vous rentriez dans vos droits, et que vous recouvriez votre liberté originelle (le mot est joli, il dénote bien le Desmoulins de la *France libre*); l'entreprise est formée, les premiers mouvements sont produits; mais ce n'est pas assez, il faut que vous résistiez jusqu'à ce que vous soyez sûrs du triomphe. Ah! que vous seriez à plaindre si vous veniez à mollir devant vos ennemis! Vous seriez cent fois plus malheureux que vous ne l'étiez avant d'avoir songé à secouer vos chaînes. Vous retomberiez dans cette honteuse et triste servitude de vos infortunés ancêtres, etc. »

« L'auteur », ajoute le *Moniteur*, « développe ensuite les principes d'un plan de Constitution. »

Cette brochure est-elle vraiment de Camille? A mon avis, on n'en peut douter. En 1788, Desmoulins avait vingt-huit ans; il était encore inconnu et « disponible »; actif d'ailleurs, la plume facile, comment supposer que la fièvre générale ne l'ait pas poussé à écrire et à donner, lui aussi, ses idées sur la Constitution future? C'eût été chose trop malaisée, pour un avocat homme de lettres, que de garder le silence en un moment où la parole était à la France tout entière. Presque à la même heure, mais un peu plus tard, l'enthousiasme de Camille pour ces États-Généraux qui devaient, — il le croyait avec la majorité de la nation, — faire le bonheur de la patrie, son admiration pour les « *tribuns* », lui dictait une *Ode* demeurée assez longtemps introuvable et que nous avons pu réimprimer, après bien des recherches, dans notre édition des *Œuvres* de Camille; ode assez médiocre sous le rapport de la facture, comme tous les vers que Desmoulins a signés, mais curieuse comme symptôme et qui montre bien où en étaient, en 1788, les rares esprits qu'une éducation toute classique avaient préparés à l'amour, sinon à la conception nette de la République.

Camille Desmoulins, dans cette *Ode,* célèbre le roi, qui veut mettre décidément la vérité à la place du mensonge :

> Cher prince, des rois le modèle,
> Eh bien, nous doutions de ta foi,
> Et qu'au-dessus de Marc-Aurèle
> La France dût placer son roi !

Mais la satire amère et attristée de l'état où se trouve la nation tient plus de place, dans cette ode, que les louanges au souverain qui a écouté la prière du peuple :

> Pour les nobles toutes les grâces ;
> Pour toi, peuple, tous les travaux,

dit Camille ; et sur ce ton, il continue :

> L'homme est estimé par les races
> Comme les chiens et les chevaux.
> Pourtant au banquet de la vie
> Les enfants qu'un père convie
> Au même rang sont tous assis :
> Le ciel nous fit de même argile,
> Et c'est un fil aussi fragile
> Que tourne pour eux Lachésis.
>
> L'impôt prend sa course incertaine :
> Dans le parc et dans le château
> Il ne pose son pied qu'à peine,
> Et foule vingt fois le hameau.
> Ton glaive trop longtemps repose :
> Du pauvre prends enfin la cause,
> Venge Naboth, Dieu protecteur !

Necker, cependant, « descend de la montagne », accompagné de la Raison, et, pareil à Moïse, les tables à la main, il va renverser le veau d'or :

> Le peuple sort de dessous l'herbe :
> Déjà, de ses mille cités,
> Il voit, plein d'un espoir superbe,
> Partir ses mille députés.
> La Prière lente et boiteuse
> De son succès n'est plus douteuse,
> Elle a monté devant Louis !

Et, s'adressant aux députés : *Tonnez,* leur dit en terminant Camille...

> Tonnez, et tribuns de la plèbe,
> De l'esclavage et de la glèbe
> Effacez les restes honteux !

Ce ne furent point là les seuls vers qu'ait alors tracés Desmoulins. Le recueil intitulé : *Satires* ou *Choix des meilleures pièces de vers qui ont précédé et suivi la Révolution* (32 p. in-8°, à Paris, l'an Ier de la Liberté, avec gravures), contient plusieurs pièces de vers signées du nom de Desmoulins. Il y en a d'infâmes. Son biographe, trop sévère, M. Ed. Fleury, n'hésite pas à l'en accuser, quoique Camille, dans le n° 29 de ses *Révolutions de France et de Brabant,* se soit vigoureusement défendu d'en être l'auteur. Il qualifie ces pièces de *cyniques* et de *dévergondées.* — « Quelques-unes sont même, ajoute-t-il, d'une grossièreté dégoûtante. » Et il conclut ainsi :

« Le libelliste a pris une épigraphe tirée de Voltaire. L'épigraphe qui lui convient le mieux est le mot de Desfontaines : *Il faut bien que tout le monde vive.* Quand aurons-nous une bonne loi sur la liberté de la presse ? Quelque indulgence que je professe pour la liberté, j'ai senti tout ce qu'elle avait de danger en voyant mon nom trois fois au bas des pièces de cet infâme recueil[1]. »

L'*Ode aux États-Généraux* fit peu de bruit, et Desmoulins dut s'en trouver légèrement piqué. Le moment approchait cependant où il allait avoir *son heure*. Je m'imagine Camille, errant à travers ce Paris, qui déjà sentait le salpêtre, allant, venant, courant à Versailles, où les députés se rassemblaient, s'exaltant au spectacle de la procession solennelle qu'éclairait le soleil de mai, la veille de l'ouverture des États-Généraux[2], retournant à Paris, où tout fermente, écoutant les propos de la rue et les paroles des politiques du café Procope, se glissant à travers les groupes qui, fiévreux, encombrent le Palais-Royal, et que domine de toute la tête le colossal marquis de Saint-Huruge ; puis, allant

---

[1] Il y a cependant là une pièce de vers où nous ne pouvons méconnaître la tournure d'esprit de Camille ; dégrisé de son amour pour Louis XVI, qu'il ne compare plus à Marc-Aurèle, Desmoulins rimera, deux ans après, en 1790, une satire contre le roi et contre la reine (Voyez aux Documents complémentaires). Ces vers ne contiennent que des aménités, comparés à ceux que le recueil des *Satires* attribue à Camille et à Marie-Joseph Chénier.

[2] « Ce fut hier pour moi un des beaux jours de ma vie, » écrit Camille à son père le 5 mai 1789. « Il auroit fallu être un bien mauvais citoyen pour ne pas prendre part à la fête de ce jour sacré. Je crois que quand je ne serois venu de Guise à Paris que pour voir cette procession des trois ordres, et l'ouverture de nos États-Généraux, je n'aurois pas regret de ce pèlerinage. Je n'ai qu'un chagrin, ç'a été de ne pas vous voir parmi nos députés. Un de mes camarades a été plus heureux que moi; c'est de Robespierre, député d'Arras. Il a eu le bon esprit de plaider dans sa province. »

Et plus loin :

« Je vous en ai beaucoup voulu à vous et à votre gravelle. Pourquoi avoir montré si peu d'empressement pour obtenir un si grand honneur ? Ç'a été le premier de mes chagrins. »

Camille ajoute :

« J'ai écrit hier à Mirabeau pour être, s'il y a moyen, un des coopérateurs de la fameuse gazette de tout ce qui va se passer aux États-Généraux, à laquelle on souscrit ici par mille, et qui va rapporter cent mille écus, dit-on, à l'auteur. Voulez-vous que j'aille souscrire pour vous ? ».

au club, au café, sur les places, entraîné par le plaisir d'entendre « *les plans admirables des zélés citoyens.* » Le sang devait faire battre à les rompre les artères de ce jeune homme, certain de sa puissance, pétillant d'esprit, embrasé d'ambition, *enflammant les autres,* selon son expression, et *s'enflammant lui-même.* Chateaubriand, qui le vit à cette époque, nous le dépeint sous des couleurs assez noires : râpé, jaune et besoigneux (Voy. les *Mémoires d'Outre-Tombe*). C'est, en effet, l'heure difficile pour Camille, l'heure d'obscurité, d'incertitude, d'espoirs soudain abattus, de défaillances, puis d'exaltations nerveuses. Il portait déjà dans sa tête sa première brochure à succès, *la France libre,* et il écrivait à son père qu'il en était « tout occupé ». Je le vois, à Versailles, dans ces journées des lundi et mardi 22 et 23 juin 1789, où, par la pluie battante, les députés, empêchés par les gardes d'entrer dans la salle des séances royales, couraient les rues sans savoir en quel endroit s'assembler. De quelle colère le Picard dut-il se sentir saisi lorsqu'il vit les représentants de la nation chassés ainsi, mais de quel enthousiasme aussi lorsqu'il les entendit jurer qu'ils ne se sépareraient pas avant d'avoir fondé la liberté !

« Tous ont montré, écrit-il (lettre à son père, 24 juin), une fermeté romaine et sont décidés à sceller de leur sang nos libertés. »

« Tout Paris est en combustion, ajoute-t-il. Le Palais-Royal est plein comme un œuf; on applaudit partout le duc d'Orléans avec transport. Le roi passe, personne ne dit mot; M. Bailly, président de l'Assemblée, paraît, tout le monde bat des mains; on crie : *Vive la nation !* »

On suit, pour ainsi dire, pas à pas, dans ces lettres, les progrès de la Révolution. On tâte le pouls à ce Paris enfiévré. Tout à l'heure Camille va dire : « L'incendie croît. *Jam proximus ardet Ucalegon.* » On a arraché de l'Abbaye les gardes-françaises qui ont fraternisé avec le peuple. Déjà, dès ce mois de juin, il est question de marcher sur la Bastille et sur Vincennes. Camille, entraîné par le courant, écrit à son père, ami du prince de Condé, qui même dînait souvent à Guise, chez M. Desmoulins : « *Votre prince de Condé* n'ose paraître. Il est honni, berné, hué, chansonné. »

Et, dans cette même lettre, le journaliste de demain trace, de sa plume alerte, pittoresque et française, le tableau de Paris en ces jours qu'il appellera lui-même, plus tard, des jours *caniculaires* :

« On a fouetté il y a quelques jours une comtesse dans le Palais-Royal, où elle tenoit des propos contre M. Necker. Au Palais-Royal, ceux qui ont la voix de Stentor se relaient tous les soirs. Ils montent sur une table; on fait troupe et on écoute la lecture. Ils lisent l'écrit du jour le plus fort sur les affaires du temps. Le silence n'est interrompu que par les *bravo* aux endroits les plus vigoureux. Alors les patriotes crient *Bis!* Il y a trois jours, un enfant de quatre ans, plein d'intelligence et bien appris, fit le tour du jardin, en plein jour, au moins vingt fois, porté sur l'épaule d'un crocheteur. Il crioit : « Arrêt du peuple français. La Polignac, exilée
» à cent lieues de Paris. Condé, *idem.* Conti, *idem.* D'Artois,
» *idem.* La Reine... je n'ose vous le répéter! »

Ces fièvres ont d'ailleurs leurs effets terribles. Tout à l'heure Camille racontera le *châtiment exemplaire* infligé, au Palais-Royal, à un espion de police :

« On l'a déshabillé, on a vu qu'il était fouetté, marqué; on a retrouvé sur lui un martinet; ce sont les menottes de corde dont se servent ces vils coquins. On l'a baigné dans le bassin, ensuite on l'a forcé comme on force un cerf, on l'a harassé, on lui jetoit des pierres, on lui donnoit des coups de canne, on

4.

lui a mis un œil hors de l'orbite; enfin, malgré ses prières et qu'il criât merci, on l'a jeté une seconde fois dans le bassin. Son supplice a duré depuis midi jusqu'à cinq heures et demie, et il avait bien dix mille bourreaux. »

Quelle folie furieuse s'empare donc des foules à de certaines heures, que Camille se sente gagné par la frénésie de ces « dix mille bourreaux » au point qu'il ne ressente pas, devant ce forfait anonyme, la fureur et le dégoût que doit éprouver un homme de cœur? Il verra plus tard que le *châtiment* infligé à l'espion de police n'est que le prologue d'autres crimes du même genre. Et qui sait s'il n'y avait pas déjà des massacreurs de septembre parmi les gens acharnés, durant cinq heures, contre un malheureux à demi mort?

Cependant la guerre continue et s'organise. D'un côté, on forme trois camps autour de Paris, des parcs d'artillerie comme au pont de Sèvres; de l'autre, on continue à faire des motions et des discours. « Il pleut des pamphlets tous plus gais les uns que les autres, écrit Desmoulins. » Les soldats se mêlent au peuple. *Vive le tiers état!* est le cri universel. Tout occupé de sa brochure, *la France libre*, qu'il vient d'achever, Camille en a remis le manuscrit à son libraire, Momoro, dès le 20 juin. Momoro se faisait déjà appeler *le premier imprimeur de la liberté nationale*. Il n'en était pas moins un imprimeur fort prudent, et cet homme, qui accusera plus tard Camille d'être un modéré, qui deviendra un *hébertiste* en 93, refuse en 89 de publier l'ouvrage de Desmoulins, le trouvant trop redoutable. Le pauvre Desmoulins en frémit de colère. « Si j'étais bien en
» fonds, dit-il à son père, j'achèterais une presse, tant
» je suis révolté du monopole de ces fripons! »

Mais si Momoro, — cet honnête négociant de Momoro

qui, au dire d'Arnault, chargeait des pistolets en disant : Voilà pour les porteurs de traites ! — hésite et tremble à la veille du 14 juillet, alors que les régiments suisses et allemands menacent les patriotes, il se montrera fort rassuré au lendemain de la prise de la Bastille, et la *France libre*, imprimée dès les premiers jours de juin 1789, sera mise en vente le 18 juillet, lorsque le peuple sera victorieux. Ce prudent Momoro était de ceux qui, selon le précepte de Mathurin Régnier, savent *naviger* selon le temps qu'il fait.

La prise de la Bastille allait d'ailleurs donner à Camille Desmoulins une popularité soudaine ; la table du jardin du Palais-Royal, sur laquelle il allait monter, devait être comme le piédestal de sa renommée. Le Palais-Royal, — nous l'avons vu, était le foyer ardent, le cœur même du Paris de 89. Nouvellistes et faiseurs de motions, discoureurs et agitateurs, tous se coudoyaient autour de l'arbre de Cracovie. Où Diderot conversait jadis avec le neveu de Rameau, Saint-Huruge maintenant discutait avec Fournier l'Américain, et la foule, bouillante, entraînée, formait autour de tout personnage porteur d'un renseignement quelconque un de ces groupes affairés, nerveux, facilement excitables, qu'on voit grossir aux jours d'orage.

La situation respective de la cour et de la nation était, en juillet 1789, fort tendue. Necker, populaire et dévoué alors aux intérêts du peuple[1], essayait d'arracher le roi à ce *bourdonnement de conseils, violents en*

---

[1] Necker, le favori de la nation, avait été celui des grands. L'engouement pour Necker datait de loin. Quelques jours après qu'il eut été pour la première fois, renvoyé du ministère Calonne (mai 1781), on vit la duchesse de Lauzun, de toutes les femmes la plus douce, et surtout la plus timide, attaquer, dans un jardin public, un inconnu qu'elle entendait mal parler de Necker.

projet, sans capacité dans l'exécution, dont parle Malouet. Louis XVI, au lieu de céder à la sagesse du Génevois, penchait sensiblement du côté de ceux qui parlaient de sévir, ou bien encore il était, selon le mot de son frère, le futur Louis XVIII, au comte de La Marck, semblable à *une boule d'ivoire huilée* qui glisserait dans la main.

« Le dédain avec lequel on parlait, à la cour, du parti » populaire, dit encore Malouet, persuadait aux princes » qu'il n'y avait qu'à enfoncer son chapeau pour le dis- » perser ; et, le moment venu, l'on ne savait pas même » enfoncer son chapeau. » Le roi, qui, pour dissimuler sa faiblesse, ses hésitations, feignait parfois de dormir tandis que ses conseillers parlaient, prit cependant, une fois, le parti le plus violent : il enfonça son chapeau. Necker fut sacrifié ; le ministre congédié devait, en outre, sortir de France.

Lorsque Paris apprit que son favori était exilé, le courroux fut grand. Au Palais-Royal, la fièvre redoubla. Ce n'était plus de la fermentation, c'était de la rage. Cette journée du dimanche 12 juillet devait coûter cher à la royauté.

Camille Desmoulins, irrité et résolu, fougueux au milieu d'un groupe, exaltant ses voisins, exalté par eux, saisissant dans la foule des symptômes de colère, poussé par ceux qui l'entourent, et se faisant comme le porte-voix de tous, monte sur une table, et, dans ce moment d'enthousiasme, domptant son léger bégayement d'habitude : « Citoyens, s'écrie-t-il, vous savez que la nation entière avait demandé que Necker lui fût conservé?... J'arrive de Versailles... Necker est renvoyé!... Ce renvoi est le tocsin d'une Saint-Barthélemy de patriotes. Ce soir, tous les bataillons suisses et allemands sortiront du Cham de Mars pour nous égorger... Il n'y a pas un moment à perdre ! Nous n'avons qu'une ressource, c'est de courir aux armes et de prendre des cocardes pour nous reconnaître ! » — « J'étouffais d'une multitude d'idées qui m'assiégeaient, écrit Desmoulins deux jours après, je parlais sans ordre, mais ces mots enflammés allaient droit au cœur de cette foule. » Ce jeune homme aux cheveux noirs, maigre, avec de grands yeux noirs pétillants de vie, cet inconnu de la veille, entrant ainsi dans l'histoire par une improvisation bouillante, exprimait avec sa véhémence ardente tout ce que ressentaient de colère les six mille citoyens qui l'entouraient. L'outrage était pour tous, mais un seul poussait le cri et protestait au nom de la nation entière.

« Quelles couleurs voulez-vous pour nous rallier ? continuait Desmoulins. Voulez-vous le vert, couleur de l'espérance, ou le bleu de Cincinnatus, couleur de la liberté d'Amérique et de la démocratie ? » La foule répond : « Le vert ! le vert ! Des cocardes vertes ! » Et cette révolution commence comme débute le printemps.

Camille attache, le premier, un ruban vert à son chapeau. Les arbres du jardin, dépouillés de leurs feuilles, fournissent des cocardes aux citoyens électrisés. C'est une pluie de verdure sous les branches des tilleuls ; le soleil joue sur ces étoffes joyeuses des modes d'été, et Camille, animé, brillant, toujours debout, dominant cette foule qui l'acclame, tire de dessous son habit deux pistolets, qu'il montre au peuple et s'écrie : « Amis, la
» police est ici ! Elle m'observe, elle m'espionne. Eh bien !
» oui, c'est moi qui appelle mes frères à la liberté ! Mais
» je ne tomberai pas vivant entre ses mains ! Que tous les
» bons citoyens m'imitent ! Aux armes ! »

L'étincelle avait jailli [1]. Elle venait de tomber de cette

---

[1] « Je descendis étouffé d'embrassements ; les uns me serraient contre

table de café que le citoyen Beaubourg, qui hissa dessus Desmoulins, appellera *la table magique*. La foule, maintenant, suit Camille, qui traverse le jardin; elle lui fait escorte, il l'entraîne, et ce flot humain ira où le conduira ce jeune homme de vingt-neuf ans, qui, le ruban vert au chapeau, incarne maintenant — et incarnera pour l'avenir — la Révolution et l'espérance.

Paris tout entier était debout. Le prince de Lambesc ajoutait à la fureur de tous en sabrant, au Pont-Tournant, la foule exaspérée. Les cavalcades et les charges du Royal-Allemand vont pousser le peuple à l'émeute. On les accueille aujourd'hui à coups de pierres, demain ce sera à coups de sabre. Camille a parcouru les boulevards, traînant après lui un torrent grossissant de furieux. En signe de deuil, on ferme les spectacles. La foule envahit l'Opéra et fait baisser le rideau du théâtre. D'autres ont l'idée d'aller arracher à la galerie de figures de cire du sculpteur Curtius le buste de Necker et celui du duc d'Orléans, et de les promener, voilés de noir, à travers Paris. Il faut toujours quelque mise en scène à ce peuple d'artistes.

La nuit venait. La grande ville, parcourue et gardée par des divisions de soldats du guet, de gardes-françaises et des corps de bourgeois armés, s'endormait à demi au bruit des coups de feu tirés par intervalles. — Qu'était-ce? Deux patrouilles ennemies qui, se rencontrant dans les ténèbres, en venaient aux mains. On entendait partout des bruits lugubres, de ces appels sinistres des nuits de guerre, des coups lourdement frappés sur les volets des boutiques. C'étaient des pa-

leurs cœurs; d'autres me baignaient de leurs larmes; un citoyen de Toulouse, craignant pour mes jours, ne voulut jamais m'abandonner. » Camille Desmoulins, *le Vieux Cordelier*, numéro 5.

triotes qui forçaient les arquebusiers à ouvrir leurs boutiques, afin d'armer les premiers bataillons de la garde urbaine. Camille était, avec le général-Danican, à la tête de ces veilleurs de nuit. « J'avais, disait-il dans le *Vieux Cordelier*, j'avais alors l'audace de la Révolution. »

Pendant ce temps, à Versailles, on s'organisait pour la lutte. Les gardes du corps passaient la nuit en bataille. Le pont de Sèvres était protégé par du canon. Ordre était donné de le faire sauter si on ne pouvait le défendre. Le lundi matin, 13 juillet, Paris fourmillait d'hommes armés de bâtons et de fusils, de piques, de sabres, de pistolets. Les armuriers avaient donné jusqu'à leurs vieilles hallebardes. Ce n'était pas assez : on devait aller, le 14 juillet, chercher des armes aux Invalides. Cette force armée, répandue dans Paris, pouvait être un danger terrible. Il y avait, parmi cette multitude affolée, des gens qui parlaient d'incendier les hôtels des aristocrates. L'hôtel de Breteuil et le Palais-Bourbon étaient déjà menacés. Les Électeurs, assemblés à l'Hôtel de ville, préservèrent la cité de ce danger, et faisant, eux aussi, de l'ordre avec du désordre, créèrent un corps de milice bourgeoise de soixante-dix-huit mille hommes, en seize légions. Le marquis de la Salle fut élu pour commander en chef et M. le chevalier de Saudray pour commander en second cette milice qui devint la garde nationale.

Ce fut cette garde bourgeoise qui, comprenant aussitôt son rôle, désarma, dès le soir même, une quarantaine de gens sans aveu dont la plupart, le matin, avaient pillé la maison des Lazaristes, et, sous prétexte d'y trouver du blé, y avaient enfoncé les caves et s'étaient gorgés de vin [1].

[1] Une trentaine de ces forcenés, tant hommes que femmes, furent

Bientôt les citoyens « de tout rang, de tout ordre, de tout âge » se font inscrire sur la liste des « soldats de la patrie » et se décorent de la cocarde verte que Camille Desmoulins vient d'inventer, comme s'il était le poëte de la Révolution. Bientôt, car elle rappelle les couleurs du comte d'Artois, cette cocarde sera remplacée par des cocardes ou des rubans rose et bleu, — couleurs de la ville, — et lorsqu'on y ajoutera le blanc, couleur du roi, on aura inventé cette cocarde tricolore qui fera le tour du monde avec nos drapeaux, et, intimement liée au sort de notre chère France, connaîtra comme elle toutes nos gloires, comme elle supportera toutes nos humiliations. Les drapeaux de la ville sont déployés, on sonne le tocsin, on tire des salves d'artillerie, on barricade les faubourgs (d'Argenson n'avait-il pas prévu dès longtemps ces barricades futures?); trois mille gardes-françaises se mêlent hardiment au peuple; tout ce qu'il y a de fer dans Paris devient une arme; le plomb est fondu et se change en balles, et le comité permanent des Électeurs continue à veiller sur la ville que remplit le tumulte et le bruit des armes.

Il y eut, dans le fracas de ces terribles jours, de magnifiques traits d'héroïsme aujourd'hui oubliés. A deux heures du matin, dans la nuit du 13 au 14 juillet, on vient annoncer à l'Hôtel de ville que quinze mille faubouriens descendent du faubourg Saint-Antoine vers la place de Grève pour s'emparer de l'Hôtel de ville.

— Ils ne le prendront pas, répond un des électeurs, Le Grand de Saint-René, car je le ferai sauter à temps !

Il fait rouler par les gardes de la ville six barils de poudre jusqu'au cabinet voisin de la salle commune et

---

trouvés le lendemain noyés pêle-mêle ou expirants dans des flots de vin. (Narration du *Moniteur* (du 17 au 20 juillet 1789).

attend là qu'on veuille forcer l'Hôtel de ville. Devant une telle résolution, nul de ces furieux n'osa tenter d'enlever la maison commune.

Le mardi 14 juillet devait voir tomber la Bastille.

> Un beau soleil a fêté ce grand jour,

dit Béranger, qui, tout enfant, marcha sur les débris des tours. La vérité est que le temps fut couvert et nuageux durant une grande partie de la journée [1]. Il y avait eu, la veille, des averses considérables et un coup de vent violent, avec tonnerre le soir, ce qui eût dû faire rentrer chez eux les Parisiens, si le mot de Pétion était toujours vrai. Mais il ne s'agissait pas d'une émeute, c'était une révolution que Paris allait voir passer.

La Bastille n'était, on l'a dit, défendue que par une poignée d'hommes : quatre-vingt-deux soldats invalides, dont deux canonniers de la compagnie de Monsigny, et trente-deux Suisses du régiment de Salis-Samade, commandés par un lieutenant de grenadiers, Louis de Flue, qui fit jurer à ses soldats de faire feu sur les invalides si ces vétérans refusaient d'obéir au gouverneur. En tout moins de cent hommes. Mais, derrière les murailles de la forteresse, ces quelques gens, avec leurs quinze pièces de canon braquées sur les remparts, trois pièces de campagne dans la grande cour, quatre cents biscaïens, quatorze coffrets de boulets sabotés (c'est-à-dire portant avec eux leur cartouche), quinze cents cartouches, des boulets de calibre et deux cent cinquante barils de poudre de cent vingt-cinq livres chacun, cette garnison pouvait résister avec avantage à l'attaque d'une foule. M. de

---

[1] Voyez le *Journal de Paris*. Les réverbères allumés à huit heures cinquante-cinq minutes devaient, à ce moment de l'année, être éteints à minuit.

Launey, le gouverneur, avait fait retirer du magasin d'armes douze fusils de rempart, de ces *amusettes de Saxe* qui portaient chacune une livre et demie de balles. En outre, le large fossé de la forteresse et le chemin de ronde défendaient suffisamment l'approche de ce château « qui, sans être bien fort », écrivait Saint-Foix, « est un des plus redoutables de l'Europe. »

N'exagérons point cependant l'importance militaire de la forteresse. En 1578, la garnison du duc de Guise y avait capitulé assez rapidement devant Henri IV. En 1649, les canonniers de la Fronde envoient un boulet aux troupes royales, un seul, et les vingt-deux hommes de la garnison se rendent aussitôt sans riposter. Les canons de la Bastille avaient été mieux servis en 1651, lorsque mademoiselle de Montpensier avait mis de ses blanches mains le feu aux pièces pour dégager Condé serré de près dans le faubourg. Mais ce ne sont point là de bien grands faits de guerre. La journée du 14 juillet devait marquer la date la plus fameuse de l'histoire de cette Bastille dont la démolition commençait deux jours après.

Dès le matin, le cri de Paris était celui-ci : *A la Bastille!* La population voulait en finir. Les canons de Launey, braqués sur le faubourg, lui paraissaient une provocation. Thuriot de la Rosière, député par le district de Saint-Louis de la Culture, demande au gouverneur de les faire descendre. De Launey refuse, mais ses officiers jurent qu'ils ne feront aucun usage de leurs armes si on ne les attaque pas. Cependant, le peuple et les gardes-françaises s'amassaient en grondant devant la Bastille. Lorsque Thuriot sortit, un assez grand nombre de citoyens désarmés se présentèrent réclamant des armes et des munitions. Le gouverneur fait baisser le pont-levis; la foule entre, mais aussitôt (qui avait donné cet ordre?) le pont se relève, et les citoyens qui ont pénétré jusque dans la première cour sont accueillis par un feu roulant de mousqueterie. On les fusille littéralement, et ceux du dehors, exaspérés, courent aussitôt à l'Hôtel de ville en criant vengeance.

Désormais la multitude est déchaînée. Armés de sabres, d'épées, de haches, des milliers d'hommes se précipitent vers la Bastille avec l'élan de la rage. Les femmes et les enfants se joignent à ce torrent humain, qui roule du côté de la forteresse une foule de soldats, d'ouvriers, de pompiers, d'officiers, d'*abbés*, dit le *Moniteur*, « tous mus par une impulsion commune. » Le combat s'engage bientôt. Un ancien soldat au régiment Dauphin, Louis Tournay, et un ex-soldat de Royal-Comtois, Aubin Bonnemère, enfoncent les portes de l'avancée, et le combat s'engage autour du pont-levis. Un assaillant nommé Bernard, tombe foudroyé de trente-deux coups, sans doute d'une *amusette* chargée à mitraille. Un autre, qu'on emporte, dit à ses compagnons : « Tenez bon, mes amis, je meurs, mais vous la prendrez ! »

Un moment on put croire que la lutte allait cesser; des députés de l'Hôtel de ville arrivaient, portant un drapeau blanc. Ce ne fut qu'une éclaircie dans cet orage populaire. La forteresse, par trois fois, refusait de parlementer et continuait le feu. De cette lutte énergique et qui s'exaspérait en durant, nous ne citerons que quelques traits consolants qui témoignent à la fois de la fureur et de l'héroïsme des assaillants. La foule saisit, dans la cour de la Bastille, une jeune fille qu'on entraîne près du premier pont, tandis que des furieux s'écrient : « A mort ! c'est la fille de Launey ! Qu'il rende la place ou qu'on tue sa fille ! » Des misérables la couchent sur une paillasse et vont y mettre le feu, lorsque Aubin Bonnemère se précipite, arrache la pauvre enfant à ces forcenés, la remet à des soldats et retourne au combat. Moins d'un an après, le 5 février 1790, Aubin Bonnemère recevait un sabre d'honneur, et, de la main même de cette enfant (c'était mademoiselle de Monsigny), une couronne civique que la jeune fille posa en pleurant sur la tête de son sauveur [1].

La relation du *Moniteur*, la plus complète et la plus impartiale de toutes les relations de cette rude journée, donne bien la physionomie même de ce combat violent, obstiné, héroïque en somme. On y voit le gouverneur de Launey, attendant le secours promis par M. de Bezenval, et M. de Flesselles hésiter, temporiser, et « prendre le parti le plus dangereux de tous, celui de n'en prendre aucun. » Un moment, lorsque décidément la forteresse appartenait aux assaillants (le premier qui monta sur les tours était J.-B. Humbert; Hérault de Séchelles le suivit), M. de Launey, éperdu de colère et de douleur, voulut faire sauter la Bastille. Un officier l'empêcha de descendre jusqu'à la sainte-barbe et d'y mettre le feu. Le gouverneur, exaspéré, allait et venait, cherchant un baril de poudre, répétant à ses soldats qu'il fallait s'ensevelir sous les débris de la forteresse; mais on battait déjà la chamade et on arborait le drapeau blanc sur la tour de la *Bazinière*. Bientôt les assiégeants allaient sauter au cou des invalides et des Suisses qui, les voyant entrer, criaient *Bravo!* Malheureusement cette fraternisation dura peu; des décharges nouvelles, une panique farouche rendent à la foule qui s'engouffre dans la Bas-

---

[1] « Un citoyen, M. Binot, qui avait été témoin de la bravoure de Bonnemère, offrit à ce héros une rente viagère réversible, dit le *Moniteur*, sur la tête de son épouse. »

tille toute sa furie. Elle ne combat plus, elle massacre. Béquart, ce même officier qui, tout à l'heure, avait empêché le gouverneur de faire sauter la forteresse, est percé de coups d'épée ; un coup de sabre lui abat le poignet, et cette main, cette « même main à qui tant de citoyens doivent leur salut », la foule la porte en triomphe dans les rues de Paris, tandis que le malheureux Béquart est attaché à un gibet où il meurt, à côté d'un nommé Asselin, son compagnon d'armes et de supplice.

M. de Launey, lui, résolu à ne pas survivre, veut se percer le cœur avec sa canne à épée (il n'était point en uniforme, mais vêtu d'un frac gris avec un ruban ponceau) ; le grenadier Arné, un des vainqueurs de la Bastille, lui arrache son arme. Et tandis que la foule arrachait les cheveux au gouverneur et le menaçait de ses épées, M. de Launey se tournait vers Arné et vers Hullin, qui le tenaient et le protégeaient, en leur disant : « Est-ce là ce que vous m'aviez promis? Ne m'abandonnez pas ! »

Peu de temps après (mais l'agonie fut trop longue et trop douloureuse encore), M. de Launey allait être égorgé sur les marches de l'Hôtel de ville, où on le conduisait. Nous avons retrouvé le nom de son principal meurtrier (car bien des bras frappèrent à la fois). C'était un nommé Dénot, cuisinier de son état, venu là par hasard, et qui, dit-il, « voyant passer un homme qu'on entraînait sur les marches de l'Hôtel de ville et qu'on lardait de coups de sabre et de baïonnette, le frappa dans le dos et lui coupa la tête avec son couteau[1] ». Une férocité

---

[1] *Documents inédits.* Interrogatoire de ce Dénot : « A lui demandé si c'étoit avec ce couteau qu'il avoit travaillé la tête du sieur de Launey, il a répondu que c'étoit avec un couteau noir plus petit ; que lui ayant

latente se révélait tout à coup, — comme il arrive, hélas ! trop souvent, — chez ce comparse d'un grand drame.

La fureur du peuple était terrible. On tuait le major de Launey, M. de Losme, et l'on portait sa tête au bout d'une pique. On égorgeait M. de Méray, aide-major, dans la rue des Tournelles; on assommait M. de Persan, lieutenant des invalides, sur le Port-au-Blé; M. de Montbarey, ancien ministre de la guerre, devait périr aussi. Cependant, un cri sortait déjà de ces milliers de poitrines, — un grand cri de clémence et de pitié : *Grâce!* Les gardes-françaises répétaient : *Grâce ! grâce !* Un des héros de la journée, héros par le courage et par la bonté, Élie, trouva le véritable mot, et qui fit cesser les massacres : *Grâce aux enfants !* dit-il à ceux qui traînaient des adolescents parmi les captifs. Superbe, les cheveux hérissés sur son front en sueur, tenant à la main une épée tordue, cet homme fit courir dans la foule un frisson de pitié : « Point de sang sur nos lauriers, dit-il, avant que les créneaux de la Bastille ne s'écroulent, car le soleil les verra tomber demain. Que tous ces prisonniers, plus malheureux que coupables, jurent ici d'être fidèles à la nation ! » Et tandis que cette multitude, qui sentait la poudre, applaudissait à ce serment, les prisonniers de la Bastille, désormais sauvés, juraient devant Élie de donner leur sang dans l'avenir non plus au roi, mais à la France.

Pendant ce temps, la foule pénétrait dans les cachots, touchait avec terreur les vieux instruments de torture, les engins fantastiques et les corselets de fer;—Louis XVI

---

observé qu'il étoit impossible de couper des têtes avec un si petit et si foible instrument, il a répondu qu'en sa qualité de cuisinier il savoit travailler les viandes... » Plus loin : « Que s'il a agi ainsi, il a cru faire un acte patriotique et mériter une médaille en détruisant un monstre. » Dénot accuse aussi Launey de lui avoir donné un coup de pied. »

au surplus n'en avait-il pas aboli l'usage en abolissant la torture? — elle délivrait les sept prisonniers qui se trouvaient encore enfermés dans la forteresse : l'un d'eux, M. de Solages, enfermé là en 1782, à la réquisition de son père pour dérangement d'affaires, n'avait, depuis sept ans, reçu une seule lettre ni de sa famille ni de ses amis ; il ignorait tout ce qui s'était passé en France depuis son arrestation, et que son père était mort, et que M. Lenoir n'était plus lieutenant de police, et que le Roi avait assemblé à Versailles les États-Généraux. « Ayant demandé à son porte-clefs, dit le *Moniteur,* la cause des coups de fusil qu'il entendait de sa chambre, on lui dit que le peuple était révolté à cause de la cherté du pain. » M. de Solages put voir bientôt que ce n'était pas une révolte, mais bien, nous le répétons, comme on le disait au Roi, une *révolution*.

Un autre prisonnier, Tavernier, fils naturel de Pâris Duverney, était détenu à la Bastille depuis le 4 août 1759. Il commençait à croire, après ces trente ans, « qu'il n'existait sur la terre d'autres humains que ses geôliers. » Un autre enfin, du nom de Whyte, apparaissait à la lumière sans qu'on sût d'où il venait ni qui il était au juste. On l'avait un jour transféré du donjon de Vincennes à la Bastille. Depuis combien d'années était-il là? On l'ignorait ; et lui-même, devenu aliéné, ne pouvait donner aucun renseignement sur sa vie. Il regardait sans les voir ceux qui venaient d'emporter la Bastille ; il les écoutait sans les comprendre. L'insensé passait, inconscient, à travers la grande ville en fête. Il n'échangea son cachot que contre un cabanon. On le mena peu de jours après à Charenton, parmi les fous.

Cette journée avait coûté la vie à quatre-vingt-dix-huit assiégeants ; quatre-vingt-trois restèrent sur place, quinze périrent de leurs blessures, soixante-treize furent blessés ou estropiés. « Les assiégés, » dit le *Moniteur*, « ne perdirent qu'un homme pendant le combat; quatre officiers et quatre soldats furent pendus ou égorgés après l'action. »

Deux jours après, le 16 juillet, le Comité permanent de l'Hôtel de ville arrêta que la Bastille serait démolie, *sans perdre de temps* et *jusque dans ses fondements*, sous la direction de deux architectes. Les *Mémoires* de Bailly nous apprennent que l'assemblée générale des Électeurs approuva et confirma bientôt cet arrêté, qui fut proclamé par les trompettes de la ville, dans la cour de l'Hôtel, au nom de Lafayette, commandant général. Un homme qui devait tour à tour célébrer tous les gouvernements[1], et qui allait se décerner à lui-même le surnom de *Patriote*, Palloy, le *patriote Palloy*, faisait tailler des réductions du modèle de la Bastille dans les pierres du monument, forgeait des épées avec le fer des chaînes et fabriquait avec le plomb des gouttières des cadres représentant la journée du 14 juillet. Un an après, sur l'emplacement de la vieille citadelle, une inscription disait, joyeuse et ironique : *Ici l'on danse !*

Mais ce n'était pas seulement un monument de pierre que les Parisiens venaient de détruire, c'était tout un passé qu'ils venaient de renverser. Le fait matériel fut déjà considérable dans la mêlée du 14 juillet; mais le fait moral, que ne voient pas ceux-là qui s'attachent à diminuer la portée du combat, le fait moral fut immense. Tout ce que les hautes tours de la Bastille représentaient d'arbitraire et de mauvais souvenirs, — lettres de cachet, violation de la liberté individuelle, constante menace

---

[1] Nous avons trouvé dans ses papiers encore inédits des vers à Napoléon Ier et à Louis XVIII.

aux libertés publiques, — tout ce qui se dressait de vieux abus sous cette colossale forme pétrifiée, s'était écroulé subitement. Les horreurs de la lutte disparaissaient devant cette réalité inespérée, « inconcevable », dit Desmoulins, et, pour ainsi dire, rayonnante : *La Bastille est prise!*

Désormais la nation, ayant prouvé sa force, pouvait espérer qu'on ne lui contesterait pas son droit. Dès le lendemain, Louis XVI, sur le conseil du duc de Liancourt, se rendait à l'Assemblée, et, sans escorte, seulement suivi de ses deux frères, il s'adressait aux députés « debout et découvert ». Pour la première fois, le Roi, au lieu de parler des *États-Généraux,* nomma l'Assemblée de son vrai nom, du nom qu'elle tenait d'elle-même, l'*Assemblée nationale.* « Nos députés », écrit Desmoulins, le reconduisirent en triomphe au château. Il pleura beaucoup, à ce qu'on assure. Il retourna à pied, n'ayant pour garde que nos députés qui le ramenaient. » Tous, confondus, mêlés, sans distinction d'ordres, formaient de leurs bras une vivante chaîne qui le protégeait contre la foule accourue. Pourquoi Louis XVI ne comprit-il point, dès ce jour, que son véritable, son unique appui consistait dans cette réunion d'hommes, dont la plupart ne lui demandaient qu'à faire le pays libre ?

Mais quoi ! le soir de cette journée terrible de la prise de la Bastille, Louis XVI se contentait d'écrire sur le *Journal* où il notait ses impressions quotidiennes, ce mot étrange, incroyable, impossible, qu'on trouve inscrit à la date du 14 juillet : *Rien* [1]. — Rien, lorsque tout était commencé!

Camille Desmoulins, dans ces journées tumultueuses,

---

[1] Voyez la publication de ce journal par M. Nicolardot.

avait eu la fièvre, comme Paris. Il avait donné le signal de la tempête; on le vit, marchant à côté de Target, l'épée nue, tout joyeux du triomphe populaire, et il était sur la brèche de la Bastille à côté de ceux qui arboraient le pavillon des gardes françaises. C'est dans ses lettres embrasées qu'il faut retrouver l'élan et l'éclat de ces heures ardentes. Tandis que, déjà effarés, le comte d'Artois et ses deux fils, le prince de Condé, le duc de Bourbon, le duc d'Enghien, le prince de Conti, le duc et la duchesse Jules de Polignac, les princes de Lambesc et de Vaudemont, le vieux maréchal de Broglie, le duc de la Vauguyon, le baron de Breteuil, etc., abandonnaient le Roi et commençaient l'émigration dès le 16 juillet, la nation au contraire se sentait maîtresse d'elle-même, et on eût pu dire, devant la Bastille livrée à la pioche des démolisseurs, comme Gœthe devant les soldats de Valmy : « De ce lieu et de ce jour date une nouvelle ère dans l'histoire du monde. »

Camille raconte que, le soir, la patrouille de miliciens et de gardes françaises dont il faisait partie rencontra, un peu avant minuit, un détachement de hussards qui entrait par la porte Saint-Jacques. — *Qui vive?* s'écria le gendarme qui commandait la patrouille. L'officier de hussards répondit : *France! Nation française!*

La France! voilà ce qui venait de naître : la France nouvelle, éprise de liberté, ivre d'espérance, demandant sa régénération à la démocratie; la France, cette chose qui s'incarnait la veille dans le Roi et qui désormais allait être composée de la nation tout entière groupée sous le drapeau tricolore, né dans le feu du combat, et ses vierges couleurs toutes saturées déjà de l'odeur de la poudre!

CHAPITRE DEUXIÈME.

I. Analyse de la *France libre*. — Camille et la République. — Le *Discours de la Lanterne aux Parisiens*.

II. Lettres de Camille à son père. — Liaison avec Mirabeau. — Les *Révolutions de France et de Brabant*. — Fréron. — Un pamphlet républicain et un pamphlet royaliste. — Les *Actes des Apôtres*. — Combats à coups de plume. — Camille et la fête de la Fédération en 1790. — Attaques contre Mirabeau. — Mort de Mirabeau.

III. Polémiques et procès. — Mirabeau-Tonneau, Talon, Malouet. — Les duellistes. — Le comédien Desessarts et Sanson le bourreau. — Attitude de Camille.

I.

Le 12 juillet 1789, on peut dire que Camille Desmoulins était entré dans l'histoire. Il n'en sortira plus. Il appartient désormais, corps et âme, à la Révolution triomphante. Il en sera, jusqu'au mois d'avril 1794, le journaliste le plus étincelant et le plus personnel. Avec son tempérament nerveux, féminin, facilement excitable, emporté vers tous les excès, capable cependant de ce second mouvement qui n'est pas toujours le plus mauvais, quoi qu'en ait dit une parole trop illustre, il reflétera, avec une éloquence passionnée et un irrésistible esprit, toutes les pensées, tous les espoirs, toutes les chimères de la foule. Il sera le scribe au jour le jour de tout ce qu'entraînera ce mouvement prodigieux, le chroniqueur ironique et exquis de tout ce que ces années volcaniques verront naître et mourir. Dès le lendemain de la prise de la Bastille, Camille publia cette *France libre* qu'il avait composée dans les derniers jours de mai et de juin 1789. L'opposition seule de son libraire l'avait, nous l'avons vu, empêché de mettre au jour ce travail, et il est donc souverainement injuste d'accuser, comme le fait M. Éd. Fleury, Camille d'avoir *profité du moment* pour publier une œuvre courageuse la veille, beaucoup moins téméraire le lendemain. Rendons, encore un coup, à Momoro le reproche que mérite Momoro.

La *France libre*, « cet ouvrage patriotique », comme l'appelle Desmoulins, devait, malgré le retard, avoir dans le pays un véritable retentissement. Chacun la lut; c'était une critique alerte et savante du passé, une œuvre de combat et d'aspiration vers l'avenir. Les *politiques* du Palais-Royal y applaudirent, comme, quelques jours auparavant, aux paroles de l'ardent jeune homme. Mirabeau, dont la brochure nouvelle s'inspirait parfois, prit l'opuscule sous sa protection. Et ces pages nouvelles en valaient la peine. C'était là le premier cri de liberté; c'était pour rappeler un mot de M. Louis Combes, comme le « chant de l'alouette gauloise » saluant l'aurore de l'affranchissement. Le ton en était si alerte et si entraînant, que, dès l'abord, Camille Desmoulins se vit en butte aux attaques de ceux qu'effrayaient sa verve et sa juvénile audace. Non-seulement les gens qui voulaient, comme Malouet, par exemple, ou Mallet du Pan, — que Camille appellera bientôt, sans trop d'atticisme, *Mallet pendu,* — essayer de transformer, de réformer, et non de renverser la monarchie, mais surtout les plus acharnés royalistes s'en prirent à la brochure, ne pouvant attaquer l'auteur. Des moines, à Oléron, pillèrent la boutique d'un libraire coupable d'avoir mis en montre la *France libre*. Une rixe s'ensuivit, et le pauvre diable de marchand en demeura « estropié pour le reste de sa vie [1]. » Le parlement de Toulouse fit mieux ; il censura la brochure de Camille et la condamna à être brûlée par la main du bourreau. Camille s'en vengea en dédiant son second écrit, le *Discours de la Lanterne*, à « Nosseigneurs du parlement de Toulouse ». — « Et puisse ma chère *Lanterne* obtenir de vous la même faveur! Je doute que ce cadet fasse autant fortune que son aîné; mais je vous prie de ne point mettre de jalousie dans ma famille. »

La *France libre* ne méritait certes pas la condamnation du parlement toulousain ; et Pascal eût dit sans doute que le courroux des moines d'Oléron n'était pas une raison. Camille, analysant dans cet opuscule les diverses questions à l'ordre du jour, en ces premiers mois de 1789, discutait tour à tour « la délibération par tête et par Ordre », opposait, avec un rare talent et une étonnante prestesse de style, les droits de la nation à ceux de la noblesse, guerroyait contre le clergé devenu corps politique, et cela avec une érudition et un esprit dignes des *Provinciales;* puis, après avoir montré qu'une démocratie n'est pas incompatible avec une certaine noblesse, celle de la valeur personnelle et non celle du rang, il passait en revue, avec un parti pris de dénigrement qui n'était pas toujours très-loin de la vérité, la longue galerie des rois, traçant d'une plume vigoureuse le tableau trop souvent sinistre de ce qu'on appelle « le bon vieux temps ». On a comparé ce tableau satirique au livre sans valeur de Lavicomterie : *Les crimes des rois de France;* mais le style de Camille, son esprit, sa verve, son ironie, sont autrement fins, alertes et attiques.

Au surplus, le chapitre le plus caractéristique de cette

---

[1] Ed. Fleury, *Camille Desmoulins et Roch Marcandier*, t. I, p. 50.

France libre, celui qui en marquait le sens et en déterminait la portée, c'était le chapitre VI, où Desmoulins se demandait *Quelle constitution convient le mieux à la France.* « Je m'attends aux clameurs que ce paragraphe va exciter », disait-il. En effet, après avoir intenté un procès aux rois, il concluait, citant Dioclétien, contre la royauté elle-même : « Comment les peuples ont-ils pu placer leurs espérances dans un seul homme ! » C'était implicitement proclamer que la constitution que Desmoulins souhaitait à la France et réclamait pour elle, était une constitution républicaine. « Ce sera la nation qui se régira elle-même, à l'exemple de l'Amérique, à l'exemple de la Grèce. Voilà le seul gouvernement qui convienne à des hommes, aux Français, et aux Français de ce siècle. » — « Quelle parité y a-t-il entre un roi et une nation ? » ajoutait-il. « Mettez d'un côté Louis XVI, et de l'autre côté l'Assemblée nationale. De quel côté seront les lumières et l'expérience ? » Quant à cette République même, Desmoulins la veut *une,* comme on la proclamera plus tard : « Pourquoi vouloir être des Bretons, des Béarnais, des Flamands ? Y aurait-il alors sous le ciel un nom plus beau que celui de Français ? C'est à ce nom déjà si célèbre qu'il faut tous sacrifier le nôtre. »

Ainsi, comme tous les hommes de cette rude époque, Camille est essentiellement *patriote.* Ce mot, dont le seul duc de Saint-Simon se servait sous Louis XIV, tout le monde s'en fait gloire en 1789. Mais tout le monde n'est pas républicain. Camille, sur ce point, est un précurseur, et il a peut-être, le premier de tous les écrivains de la Révolution, réclamé l'avènement de la République. Je me trompe. Le comte d'Entraigues, dans son *Mémoire sur les États-Généraux, leurs droits et la manière de les convoquer,* avait dit, dès 1788 : « Ce *fut sans doute pour donner aux plus héroïques vertus une patrie digne d'elles, que le ciel voulut qu'il existât des républiques; et peut-être pour punir l'ambition des hommes, il permit qu'il s'élevât de grands empires, des rois et des maîtres.* » D'Entraigues avait donc précédé Camille. Mais la brochure du comte fut bien vite oubliée. La *France libre*, au contraire, mit littéralement le feu aux poudres.

Aussi, comme Camille Desmoulins se fera gloire plus tard d'avoir, un des premiers, et le premier, demandé une constitution républicaine :

« Nous n'étions peut-être pas, écrit-il dans son *Fragment de l'Histoire secrète de la Révolution* (page 8), nous n'étions peut-être pas à Paris dix républicains le 12 juillet 1789, et voilà ce qui couvre de gloire les vieux cordeliers, d'avoir commencé l'entreprise de la République avec si peu de fonds ! »

Et Camille ajoute en note :

« Ces républicains étaient la plupart des jeunes gens qui, nourris de la lecture de Cicéron dans les colléges, s'y étaient passionnés pour la liberté. On nous élevait dans les écoles de Rome et d'Athènes, et dans la fierté de la république, pour vivre dans l'abjection de la monarchie et sous le règne des Claude et des Vitellius. Gouvernement insensé qui croyait que nous pouvions nous enthousiasmer pour les pères de la patrie, du Capitole, sans prendre en horreur les mangeurs d'hommes de Versailles et admirer le passé sans condamner le présent, *ulteriora mirari, præsentia secuturos!* »

Ce fut d'ailleurs ce fameux chapitre VI de la *France libre* qui déchaîna contre Camille la foule des écrivains royalistes. Le vicomte de Mirabeau, *Mirabeau-Tonneau*, répondit vertement à Desmoulins, et le futur auteur des

Révolutions de France et de Brabant, devait lui faire payer cher cette réponse [1].

Camille, né pour le tapage et enchanté de son succès, se grisait déjà, si je puis dire, de sa popularité naissante et de l'ardeur joyeuse qui animait aussi toute la nation. Ses lettres à son père se ressentent de cet enthousiasme et de cette ivresse :

« Vous ne vous faites pas, écrit-il, une idée, de la joie que me donne notre régénération. C'était une belle chose que la liberté, puisque Caton se déchirait les entrailles plutôt que d'avoir un maître. »

Puis, le jeune homme, à qui du moins on ne reprochera jamais de ne point se *livrer*, ajoute avec franchise :

« Mais, hélas! je voudrais bien me régénérer moi-même, et je me trouve toujours les mêmes faiblesses, le dirai-je, les

---

[1] Témoin ce morceau rimé où Camille s'est attaqué à la fois aux deux Mirabeau :

La question difficile à résoudre.

Mes amis, des deux Mirabeau,
Ou du pendart ou de l'ivrogne,
Décidez quel est le plus beau
Et lequel a moins de vergogne.
Le colonel, brave à trois poils,
Surpasse, d'estoc et de taille,
Les vieux preux de la langue d'oils
Et ceux du quai de la Ferraille.
On admire dans le combat
Ce Laridon et ce Paillasse;
Coclès, aux portes du sabbat,
Brave, lui seul, la populace,
Et présente sa large face
Aux pistolets comme aux crachats.
Mais pour son frère Barabas,
Celui-là n'est rien moins que brave;
Bien qu'aidé d'un manche à balai,
Sans cesse il rosse son valet.
Présentez-lui le pistolet,
De rouge comme une *betrave*,
Il devient plus blanc qu'un navet.

mêmes vices! Ce n'est pas celui du moins de ne pas aimer mon père!... »

Non certes; mais, parmi ces vices, il faut reconnaître qu'il y en a un fort dangereux, la vanité. Camille, affamé de gloire, se contente trop facilement d'une renommée secondaire. Il avait écrit la *France libre*, malgré sa forme agressive et ironique, pour les esprits lettrés et les penseurs; il va bientôt écrire le *Discours de la Lanterne* pour cette partie du public qui donne la popularité bruyante, mais non la réputation solide et respectée.

Quel pamphlet cependant, et quel prodige de malice et d'élan que ce *Discours de la Lanterne aux Parisiens,* qui forme dans l'œuvre de Camille Desmoulins comme l'antithèse du *Vieux Cordelier!* C'est en effet un Camille au rire terrible que nous montre ce *Discours*, et c'était déjà un sinistre projet que de mettre un écrit sous l'invocation de cette lanterne, à laquelle on pendait, le 14 juillet, un invalide à cheveux blancs, qui servait d'espion à M. de Launey, puis, trois mois après, Foullon et le boulanger François. Oui, il y eut, là au coin de la place de Grève et de la rue de la Vannerie, surmontant une boutique d'épicerie, une branche de fer, sans réverbère, au-dessous de laquelle le peuple traînait en hurlant ceux qu'il voulait pendre. Le cri lugubre : *A la lanterne!* retentissait ainsi sous une enseigne portant ces mots : *Au coin du Roi.* Il y a de ces ironies dans les choses humaines. Eh bien, ce fut ce réverbère, cette branche de fer, cette lanterne, que Desmoulins rendit célèbre; ce fut elle à laquelle il donna la première place dans un pamphlet, dont l'épigraphe, par un sarcasme nouveau, était tirée de saint Matthieu : *Qui malè agit odit lucem.* — Ce que Desmoulins traduisait par : *Les fripons ne veulent pas de lanterne.*

Rien de plus tragique, en somme, que ce pamphlet dont Camille Desmoulins se repentira plus tard, et qui lui valut (hélas! il le réclama lui-même) le surnom de *procureur général de la lanterne*. Rien de plus éloquent aussi. L'esprit même qui nous paraît si mal employé aux personnalités meurtrières nous éblouit[1]. L'écrivain

---

[1] Déjà Camille Desmoulins avait laissé entendre dans la *France libre* cette note agressive, lorsque, dans une page d'ailleurs si entraînante, il disait :

« Le retour de la liberté chez les Français était réservé à nos jours. Oui, elle est déjà ramenée parmi nous; elle n'y a point encore un temple pour les États-Généraux, comme celui de Delphes, chez les Grecs, pour les assemblées des amphictyons; celui de la Concorde chez les Romains pour les assemblées du Sénat; mais déjà ce n'est plus tout bas qu'on l'adore, et elle a partout un culte public. Depuis quarante ans, la philosophie a miné de toutes parts sous les fondements du despotisme; et comme Rome avant César était déjà asservie par ses vices, la France avant Necker était déjà affranchie par ses lumières.

» Écoutez Paris et Lyon, Rouen et Bordeaux, Calais et Marseille; d'un bout de la France à l'autre, le même cri, un cri universel se fait entendre. Quel plaisir pour un bon citoyen de parcourir les cahiers des provinces! Et comme cette lecture doit porter la rage dans le sein de nos oppresseurs! Que je te remercie, ô Ciel, d'avoir placé ma naissance avant la fin de ce siècle! Je la verrai donc s'élever dans toutes les places, cette colonne de bronze que demande le cahier de Paris, où seront écrits nos droits et l'histoire de la Révolution, et j'apprendrai à lire à mes enfants dans ce catéchisme du citoyen que demande un autre cahier. La nation a partout exprimé le même vœu. Tous veulent être libres. Oui, mes chers concitoyens, oui, nous serons libres, et qui pourrait nous empêcher de l'être? Les provinces du Nord demandent-elles autre chose que celles du Midi? et les pays d'élection sont-ils donc en opposition avec les pays d'états, pour que nous ayons à craindre un schisme et une guerre civile?

» Non, il n'y aura point de guerre civile. Nous sommes plus nombreux, nous serons les plus forts. Voyez la capitale même, ce foyer de corruption, où la monarchie, ennemie-née des mœurs, ne cherche qu'à nous dépraver, qu'à énerver le caractère national, à nous abâtardir en multipliant autour de la jeunesse les pièges de la séduction, les facilités de la débauche, et en nous assiégeant de prostituées; la capitale même a plus de trente mille hommes prêts à en quitter les délices pour se réunir aux cohortes sacrées de la patrie, au premier signal, dès que la liberté aura levé son étendard dans une province et rallié autour d'elle les bons citoyens. Paris, comme le reste de la France, appelle à grands

érudit multiplie avec un bonheur achevé les citations, les rapprochements, les anecdotes. C'est un modèle d'alacrité belliqueuse. Mais quelle guerre! Camille a beau dire, en faisant parler la *Lanterne* elle-même : « Non que j'aime une justice trop expéditive, vous savez » que j'ai donné des signes de mécontentement lors de » l'ascension de Foullon et Bertier; j'ai cassé deux fois » le lacet fatal », — la vérité est qu'il pousse à des mesures de rigueur. Il dénonce, le malheureux! lui qui flétrira si rigoureusement les délateurs! Un an après, il se félicitera d'avoir « donné sa démission de procureur » général de la lanterne », et, songeant à ces fureurs des foules se proclamant justicières : « C'est un grand mal, » dira-t-il, que le peuple se familiarise avec ces jeux. » Et c'est à Marat qu'il répondra alors (dans ses *Révolutions de France et de Brabant*), c'est à Marat qu'il dira : « Les exécutions du peuple sont atroces, alors qu'il en- » voie le cordon avec autant de facilité que le fait Sa » Hautesse à ceux qu'elle disgracie. Marat, vous nous » ferez faire de mauvaises affaires! » Soit, le remords viendra vite. Mais que Desmoulins ait exercé, comme il le dit, un seul jour, cette « grande charge » de pro-

---

cris la liberté. L'infâme police, ce monstre à dix mille têtes, semble enfin paralysée dans tous ses membres. Ses yeux ne voient plus, ses oreilles n'entendent plus. Les patriotes élèvent seuls la voix. Les ennemis du bien public se taisent, ou s'ils n'osent parler, ils portent à l'instant la peine de leur félonie ou de leur trahison. Ils sont forcés de demander pardon à genoux. Linguet est chassé par les députés du milieu d'eux, où l'impudent s'était glissé; Maury est chassé par son hôte; Desprémesnil hué jusque par ses laquais; le garde des sceaux honni, conspué au milieu de ses masses; l'archevêque de Paris lapidé; un Condé, un Conti, un d'Artois, sont publiquement dévoués aux dieux infernaux. Le patriotisme s'étend chaque jour dans la progression accélérée d'un grand incendie. La jeunesse s'enflamme, les vieillards, pour la première fois, ne regrettent plus le temps passé; ils en rougissent. Enfin, on se lie par des serments, et on s'engage à mourir pour la patrie. »

cureur du réverbère, c'est en effet beaucoup trop, et il versera plus tard des larmes amères, sur ces pages que ses pleurs n'effaceront pas.

Disons-le bien vite aussi, il y a autre chose dans ce *Discours de la Lanterne* que des personnalités et des dénonciations, il y a un véritable souffle patriotique et une verve bien française. Déjà, cette République qu'il a présentée dans sa *France libre,* il la fait connaître telle qu'il la souhaite, élégante, spirituelle, accessible, telle qu'eût pu l'imaginer le *Mondain* de Voltaire, et aussi éloignée de l'écrasement du despotisme que de l'austérité glacée et de la règle farouche d'une République jacobine. Il souhaite des fêtes et des plaisirs, les repas libres des cités antiques, une sorte de fédération immense et d'embrassement, une République où le bruit des baisers tiendrait plus de place que les cris de haine : une République fraternelle, toute d'amour et de plaisir. Ce Gaulois, en effet, a devant les yeux la vision d'Athènes. « Ce qui me console de ne pouvoir faire rire mes lecteurs autant que Molière, dit-il quelque part, c'est que Molière était triste..... Je ne suis pas aussi mélancolique et taciturne. » Il réclame donc un peu de gaieté dans l'État. « J'avais rêvé, dira-t-il plus tard, d'une *République que tout le monde eût aimée.* » Retenons ce mot : c'est le véritable testament de Camille.

En somme, Desmoulins, à l'examiner de près, n'est point satisfait de ce *Discours de la Lanterne* comme il l'était de la *France libre.* Un secret instinct de lettré l'avertit qu'il a, comme on dit, forcé la note et dépassé le but. Il a publié tout d'abord cet écrit anonyme de crainte de « déchoir dans l'opinion ». La brochure s'étant vendue, il hésite un moment à en donner une seconde édition ; car on est « las de toutes ces feuilles ». Comme on reconnaît bien là, dans ces hésitations et ces mécontentements, l'homme mal pondéré, d'une nature si fébrile, qui écrira à son père : « Dans un moment, je trouve la vie » une chose délicieuse, et le moment d'après je la trouve » presque insupportable, et cela dix fois dans un jour. » Natures dangereuses à autrui et à elles-mêmes, lorsqu'elles sont engagées dans les luttes d'une révolution, et qui sont faites pour vivre de l'existence plus libre de l'homme de lettres, existence où leurs hésitations mêmes donnent chaque jour des faces nouvelles et comme des coups de fouet quotidiens à leur talent.

II

A cette époque de sa vie (septembre 1789), Camille Desmoulins, matériellement et moralement, n'était pas heureux. Logé à l'*hôtel de Pologne,* en face de l'*hôtel de Nivernais,* il était besoigneux, et nous le voyons plus d'une fois demander à ses parents, aux braves gens de Guise, de lui venir en aide : « Vous m'obligerez de » m'envoyer des chemises et deux paires de draps, le » plus promptement possible », écrit-il le 20 septembre. Il est fatigué d'habiter ces petits hôtels parisiens : « Je » compte être dans mes meubles à la Saint-Remy. » — « Envoyez-moi six louis, dit-il bientôt encore à son père. » Ses premières brochures lui ont sans doute rapporté peu de chose. Mais du moins il a la gloire : « Je » me suis fait un nom, et je commence à entendre dire : » *Il y a une brochure de Desmoulins;* on ne dit plus : » *D'un auteur appelé Desmoulins,* mais : *Desmoulins vient*

» *de défendre le marquis de Saint-Huruge*[1]. » Ce « nom » qu'il s'est fait console évidemment quelque peu Desmoulins de la gêne où il est encore. C'est à peine maintenant s'il regrette que son père, n'acceptant point le mandat de député, n'ait pas du moins prêté son influence à l'élection de son fils :

« Vous avez manqué de politique, lui écrit Camille, quand, l'année dernière, vous n'avez pas voulu venir à Laon et me recommander aux personnes de la campagne qui auraient pu me faire nommer. Je m'en moque aujourd'hui. J'ai écrit mon nom en plus grosses lettres dans l'histoire de la Révolution que celui de tous nos députés de Picardie. »

Il revient cependant plus d'une fois sur l'espèce d'abdication de son père, et, incapable de bien comprendre l'amour du calme qui satisfait cet homme laborieux[2] : « L'activité vous manque, dit-il, vous restez dans votre » cabinet, et il faut se montrer dans les démocraties. » M. Desmoulins, le père, devait tristement sourire en recevant ces lettres, et la gloire nouvelle de son fils ne lui montait pas au cerveau. Au contraire, il continuait plus résolûment, dans sa petite cité de Guise, son œuvre modeste et lentement poursuivie.

---

[1] Victor-Amédée, marquis de Saint-Huruge, l'agitateur populaire, venait d'être arrêté et conduit au Châtelet. Desmoulins prit sa défense (septembre 1789) dans une brochure intitulée : *Réclamation en faveur du marquis de Saint-Huruge*, qui a perdu aujourd'hui beaucoup de son intérêt. « Je ne dirai pas, écrivait Camille, pour le défendre : Il est gentilhomme, il est filleul du roi de Sardaigne ; je dis : Il est citoyen français. » Le marquis de Saint-Huruge, né à Mâcon en 1750, mourut oublié en 1810, après avoir été un des plus fougueux orateurs de la foule.

[2] Les ennemis de Camille ont voulu faire croire qu'il haïssait son père. « Sa première cause », dit la *Biographie de Leipzig*, « fut contre son père, qui *lui refusait une pension*. — Tu vises à l'échafaud, lui répondit alors M. Desmoulins le père. » Toutes les lettres du père à son fils démentent victorieusement ces infâmes calomnies.

Pendant ce temps, Camille, après un nom, se faisait des amis. L'auteur du *Tableau de Paris,* Mercier, l'avait présenté dans plusieurs maisons. Mirabeau s'était constitué son hôte. Là, chez Mirabeau, à Versailles, Camille se trouvait à l'aise et il écrivait gaiement : « Je sens que sa table trop délicate et trop chargée me corrompt. Les vins de Bordeaux et son marasquin ont leur prix que je cherche vainement à me dissimuler, et j'ai toutes les peines du monde à reprendre ensuite mon austérité républicaine et à détester les aristocrates, dont le crime est de tenir à ces excellents dîners. »

Pour le moment, Desmoulins suit évidemment l'inspiration de Mirabeau, comme il suivra plus tard celle de Danton. A ces natures faibles, il faut des mâles pour conseils, comme au lierre il faut un appui.

Camille, plus ou moins satisfait de sa renommée grandissante, — au fond mécontent encore et troublé, — se soucie toujours du *qu'en dira-t-on* de sa ville natale et des propos que peuvent recueillir ses parents :

« Si vous entendez dire du mal de moi, dit-il, consolez-vous par le souvenir du témoignage que m'ont rendu MM. de Mirabeau, Target, M. de Robespierre, Gleizal et plus de deux cents députés. Pensez qu'une grande partie de la capitale me nomme parmi les principaux auteurs de la Révolution. Beaucoup même vont jusqu'à dire que j'en suis l'auteur. »

Ici, Camille force un peu la note. Mais son amour-propre a bientôt de quoi se sentir légèrement rabattu lorsque l'hôte de Mirabeau, revenant de Versailles, songe qu'il n'a pour gîte, dans ce grand Paris, qu'une hôtellerie de second ou de troisième ordre. — « *Et voilà que j'ai trente ans!* » dit-il alors avec une sorte d'amertume effrayée. Trente ans, le premier pas vers la maturité décisive ; l'âge où le sourire devient moins confiant sur les lèvres plus contractées, l'heure où l'on s'aperçoit que tout ce qui s'aplanissait devant vous, lors de la vingtième année, se hérisse en obstacles ; l'âge où, après avoir compté ses amis, on ne compte plus que ses rivaux ; Camille avait trente ans et il végétait ! On lui rendra cette justice, que, laborieux, inspiré, plein de l'amour de son œuvre, il fit, dès que cette pensée l'assaillit, un effort violent pour l'étouffer. Il résolut de ne plus seulement se contenter de quelques pages imprimées sous forme de brochure, il voulut fonder un journal, un de ces journaux personnels comme il en existait tant à cette heure ; et, dès le mois de novembre 1789, Camille hardiment se mettait à l'œuvre. Le premier numéro des *Révolutions de France et de Brabant* apparaissait bientôt (28 novembre). Le journal de Desmoulins devait durer ainsi jusqu'au mois de juillet 1792 (n° 86), époque à laquelle Camille, menacé à la suite de l'affaire du Champ de Mars, envoya, comme il le dit, à la Fayette sa *démission de journaliste*.

Camille Desmoulins avait, suivant en cela la mode, emprunté le mot de *Révolutions* à des journaux déjà en faveur, et il ajouta au nom de la France celui du Brabant, qui venait de se mettre si vaillamment en rébellion contre l'empire [1]. Ce *journal*, le monument le plus incisif, le plus étincelant, le plus cruel souvent, le plus inspiré toujours, de la Révolution française, consistait en une brochure hebdomadaire, recouverte de papier gris et ornée d'une gravure, la plupart du temps caricaturale, dont Camille laissait (il revient volontiers sur ce détail) la responsabilité à son libraire Garnéry. Com-

[1] Bientôt il effaça le mot de *Brabant*, déclarant qu'il abandonnait *un peuple assez stupide pour baiser la botte de Bender.*

bien de fois Desmoulins répétera-t-il, en effet : « Je
» proteste contre les gravures placées en tête de mes
» numéros. L'Assemblée n'a point aboli toutes les
servitudes. »

Il faut regretter, en dehors de toute préoccupation
politique, qu'un éditeur n'ait pas encore osé réimprimer
intégralement ces *Révolutions de France et de Brabant*, un
chef-d'œuvre de langue, de curiosité, de polémique, un
répertoire de science et une merveille d'esprit. Je ne
connais point, je ne dirai pas seulement dans le journalisme, mais dans la littérature de notre pays, un pamphlet plus étincelant et plus varié, où le sarcasme, la
passion, l'esprit, l'émotion, la colère et l'ironie tiennent
à la fois plus de place, se succédant les uns aux autres,
se complétant et se renouvelant sans cesse. On peut dire
de Camille, de ses pamphlets, ce que Suétone dit des soldats de Jules César : « Qu'ils savaient combattre, tout parfumés qu'ils étaient, *etiam unguentati pugnare !* » Avec
quelle verve inouïe il poursuit ses ennemis, les crible
sans pitié de ses traits légers et barbelés comme des
flèches! Tout imprégné d'une solide éducation classique,
il appelait à son aide tous les souvenirs de cette antiquité qui lui était familière et où il puisait à pleines
mains des souvenirs et des arguments[1]. Nous possédons

---

[1] Sans pédantisme, Camille appelle à chaque page l'antiquité à son
secours. C'est ainsi que dans un de ses écrits, il trouvera l'idée du *progrès* marquée dans ces inscriptions ou plutôt dans ces chansons ou
refrains des fêtes lacédémoniennes dont parle Plutarque :

> LES VIEILLARDS.
> Nous avons été jadis
> Jeunes, vaillants et hardis.
> LES ENFANTS.
> Et nous bientôt le serons,
> *Qui tous vous surpasserons.*

(*Révolutions de France et de Brabant*, n° 35; t. III, p. 515.)

tout un cahier de citations curieuses amassées par Camille au courant de ses lectures, classées par ordre de matières, et auquel il se reportait évidemment dans ses alertes polémiques[1].

« L'univers et toutes ses folies, avait-il dit, seront » enclavés dans le ressort de ce journal hypercritique. » Il allait donc, après Mangourit, faire entendre le *second coup de tambour*. Journaliste! le temps n'était pas loin où ce *malheureux gazetier de Hollande,* comme dit la *France libre,* était enfermé sous la cage du Mont-Saint-Michel[2]. Mais une ère nouvelle commençait, et la parole était libre!

Durant les premiers mois de la publication de ces *Révolutions de France et de Brabant,* dont le succès fut rapide, Camille Desmoulins demeura seul occupé de cette tâche laborieuse : il suffit à tenir le public en haleine; mais plus tard, en juillet 1790, Camille se déchargea en partie de ce travail sur Stanislas Fréron, son ami, qui devait plus tard devenir à la fois et son collaborateur nominal pour la *Tribune des Patriotes* et son collègue à la Convention nationale.

Fréron, esprit alerte, le fils du critique Fréron si bien flagellé par Voltaire, était homme à *doubler,* comme on dit, Camille Desmoulins. C'était un écrivain instruit, spirituel, lisant et traduisant Pétrarque, « ni méchant, ni ambitieux, a dit de lui Arnault, mais indolent et insouciant. » Voici le traité passé entre lui, Camille et le libraire Laffrey, et cette pièce inédite donnera, je

---

[1] Voyez *Documents complémentaires,* à la fin de ce volume.
[2] Nicolas Foucault parle dans ses *Mémoires* de ce Chauvigny qui mourut au Mont-Saint-Michel, après une captivité de *vingt ans.* On le tenait enfermé dans une cage de bois. Son crime était d'avoir rédigé l'une de ces gazettes qu'on appelait *lardon d'Hollande.* On en était là sous Louis XIV.

pense, une curieuse idée des prix alors payés aux journalistes et de leurs rapports avec les libraires :

« Nous soussignés Camille Desmoulins et Stanislas Fréron, le premier demeurant rue du Théâtre-François, le second rue de la Lune, porte Saint-Denys, d'une part, et Jean-Jacques Laffrey, demeurant rue du Théâtre-François, de l'autre, sommes convenus de ce qui suit :

» 1° Moi, Camille Desmoulins, m'engage à déléguer à Stanislas Fréron la somme de trois mille livres sur celle de dix mille livres que Jean-Jacques Laffrey s'est engagé, par acte entre nous, à me payer annuellement pour le prix de la rédaction de mon journal intitulé *Révolutions de France et de Brabant*, de trois feuilles d'impression, sous la condition expresse qu'il sera fourni par mondit Stanislas Fréron une feuille et demie d'impression à chaque numéro, et ce pendant tout le tems de mon traité avec mondit Laffrey.

» 2° Moi, Stanislas Fréron, m'engage à fournir pour chaque numéro dudit journal des *Révolutions de France et de Brabant*, composé de trois feuilles, une feuille et demie, à la décharge de mondit Camille Desmoulins, bien entendu que cette feuille et demie formera moitié des trois feuilles dont est composé chaque numéro, de laquelle feuille et demie d'impression je m'engage à livrer la copie le mercredi de chaque semaine et le reste dans la journée du jeudi, et ce à compter inclusivement du trente-troisième numéro jusqu'à la fin du traité passé entre Camille Desmoulins et Jean-Jacques Laffrey.

» 3° Moi, Jean-Jacques Laffrey, accepte la délégation faite par Camille Desmoulins de la somme de trois mille livres payables, en payemens égaux, à l'émission de chaque numéro, à Stanislas Fréron, aux clauses et conditions que dessus, et m'engage en outre à payer au dit Stanislas Fréron la somme de mille livres, également payables en payemens égaux à l'émission de chaque numéro, lesquelles mille livres seront en sus dudit traitement de trois mille livres, à la charge par mondit Stanislas Fréron de fournir pour le dit journal une feuille de plus par semaine, laquelle sera consacrée aux nouvelles, à commencer au trente-neuvième numéro, époque du prochain trimestre.

» Et moi, Stanislas Fréron, m'engage à fournir aux époques convenues ladite feuille d'impression, moyennant la somme de mille livres, en sus des trois mille livres déléguées par Camille Desmoulins.

» Fait triple entre nous, à Paris, ce quatre juillet mil sept cent quatre-vingt-dix.

» Signé : Stanislas Fréron.

» Approuvé ce que dessus. Signé : Laffrey.

C. Desmoulins [1]. »

Il y avait alors à peine un an que les *Révolutions de France et de Brabant* duraient, et Camille, on le voit, avait déjà cessé d'être besoigneux. « On a trouvé mon » premier numéro parfait, écrivait-il à son père, en no- » vembre 89, mais soutiendrai-je ce ton? » Il le soutint certes, et vaillamment.

Les *Révolutions de France et de Brabant* sont, encore un coup, l'ouvrage le moins connu et le plus profondément personnel de Camille. C'est là que sa verve élégante, son esprit, ses sarcasmes se jouent le plus à l'aise. C'est là aussi, disons-le bien vite, que son talent est le plus redoutable et trop souvent le plus cruel. Il aiguise le trait pour en faire comme une lame d'acier, lame travaillée par une main d'artiste, ciselée comme une orfèvrerie, mais qui n'en va fouiller que plus vite la poitrine de l'ennemi. Journaliste dans l'âme, poussé par cette sorte d'impérieux besoin qui porte les hommes de ce tempérament à jeter, toutes chaudes, leurs idées sur le papier et à donner à l'imprimeur les rapides feuillets dont l'encre n'est pas encore séchée, Camille Desmoulins se proposait comme programme l'éternel *Quid novi?* des gazetiers. *Quid novi?* C'est l'épigraphe même de son

---

[1] *Inédit.* Communiqué par M. de Lescure.

prospectus. Et, cette nouveauté, cette *actualité,* comme nous dirions aujourd'hui, il la cherche et la saisit partout, à l'Assemblée, à Paris, à Versailles, dans les sociétés populaires, dans les réunions de lettrés, dans la rue. Son recueil est la chronique vivante du mouvement de Paris en ces jours d'orage.

Et en réalité, les *Révolutions de France et de Brabant* offrent à la postérité le tableau le plus éclatant de ces mois troublés qui s'écoulent entre le 28 novembre 1789 et le mois de juillet 1792. La collection de ces quatre-vingt-six numéros est unique dans l'histoire du journalisme ; cette véritable succession de pamphlets, où l'ironie, l'enthousiasme, le rire et la colère alternent avec un bonheur d'expressions, un tour, un ton d'une audace infinie, cette suite de satires, de harangues, de personnalités, de bons mots, de persiflages, tantôt semblables à l'invective de la haine, tantôt pareilles au coup de clairon sonnant la diane de la liberté, ces pages étincelantes et mordantes, tour à tour attiques et féroces, resteront comme la *Satire Ménippée* de la Révolution française. Elles ont la jeunesse et l'élan, la fougue, l'alacrité joyeuse, la gaieté de séve gauloise, acidulée parfois d'un rictus plus amer ; Lucien et Aristophane n'eussent pas inventé des railleries plus mordantes[1]. Les traits

---

[1] Un poëte d'un talent rare et qui a étudié de près l'époque révolutionnaire, M. Emmanuel des Essarts, a peint en vers ce portrait de Camille :

CAMILLE DESMOULINS.

Effroi des Feuillants à l'œil terne,
Qu'il joue et qu'il déjoue, et qu'il bat et qu'il berne,
C'est l'Horace de la Lanterne ;

Mieux encor, c'est Camille, un accord singulier
De poëte et de cordelier,
Pour aimer sans égal, sans pareil pour railler ;

partent semblables à des flèches légères dont la pointe s'enfonce et déchire plus profond que l'épiderme. Camille est un implacable adversaire. Ce Picard athénien ne connaît pas encore cette vertu suprême, la pitié.

Il s'amuse de tout, de cette aurore d'affranchissement qui semble se lever sur le monde. Il « boit du punch à » la santé des Anglais qui boivent du vin à la santé de » la France. » Il jette, peut-être pour légitimer le titre

> Riant d'un rire qui m'effare,
> Jetant sur l'avenir les lueurs d'un grand phare,
> Tour à tour sifflet ou fanfare.
>
> Souvent au fer de lance aiguisant ses chansons,
> Trempant de venin les soupçons,
> Il enfonce ses mots comme autant de poinçons.
>
> Il tue alors tous ceux qu'il blesse :
> Le Maury, le Veto, la cour et la noblesse,
> La force et même la faiblesse.
>
> Sa verve meurtrière est toujours à l'assaut ;
> Gare au méchant et gare au sot,
> A l'honnête homme aussi... Gare à toi, cher Brissot.
>
> Tel un dieu d'Orient, funeste
> Et bon, fait alterner l'abondance et la peste,
> Fécondant ou broyant d'un geste.
>
> Tour à tour c'est Ménippe aboyant au passant,
> Aristophane éblouissant,
> Diogène parfois éclaboussé de sang.
>
> Mais bientôt par une éclaircie
> La Liberté visible à sa verve associe
> L'âpre accent de la Boëtie.
>
> Il lance un *fiat lux* impérieux et fier,
> Rêvant sur les débris d'hier
> Une Lutèce aux pieds caressés par la mer ;
>
> Une Grèce parisienne,
> Sous nos brumes du Nord, lumineuse et païenne,
> La république athénienne.
>
> Et tous heureux, et tous ravis, et tous chantants,
> La pompe des arts éclatants,
> Et les Muses faisant abdiquer les Titans,
>
> Voilà le vrai Camille, une âme
> Enfantine, et mobile, et folle ; oiseau de flamme,
> Esprit de faune et cœur de femme !

(*Poëmes inédits sur la Révolution.*)

de sa gazette, des accents pleins d'espoir aux patriotes du Brabant soulevés contre Joseph II : « Courage, Bra-
» bançons, songez que les Français vous regardent ! »
Chaque semaine, sa brochure *enrichie* ou plutôt, je le répète, alourdie d'une gravure contre laquelle Camille protestera plus d'une fois, sa causerie hebdomadaire passe en revue les hommes et les choses [1]. Il attaque, avec une verve infinie, les abus à peine déracinés et les courtisans encore puissants. Que de traits, dans ses pages, qui viennent grossir l'acte d'accusation contre la vieille monarchie :

« Jusqu'où n'avait-on pas poussé l'art d'inventer des pensions? dit, par exemple, Desmoulins. L'incomparable Pierre Lenoir s'était créé des pensions sur les huiles et sur les suifs, sur les boues et sur les latrines : toutes les compagnies d'escrocs, tous les vices et toutes les ordures étaient tributaires de notre lieutenant de police, qui, par sa place, aurait dû être *magister morum*, le gardien des mœurs. Enfin, il avait su mettre la lune à contribution et assigner à une de ses femmes une pension connue sous le nom de *pension de la Lune*. Je sais un ministre qui a assigné à sa maîtresse une pension de 12,000 livres, dont elle jouit encore, sur l'entreprise du pain des galériens. ».

Et encore :

« Dans la liste des pensions, je vois un prince allemand qui en a quatre : la première et la seconde pour services comme

---

[1] « Je proteste, dit-il dans son numéro 17, contre la gravure en tête de mon dernier numéro. J'ai déjà observé que je ne me mêlois point du frontispice et des figures, à l'exception de trois ou quatre dont j'ai donné l'idée. Mais je n'en dois pas moins à mon caractère et à mon principe de déclarer que je ne suis point complice de l'insolence et de l'outrage fait à la nation assemblée dans l'estampe du numéro 16. C'est un véritable délit, un crime de lèse-nation dans le graveur, et je le dénonce au Châtelet pour avoir représenté, dans la séance du 4 février, le roi son chapeau sur la tête au milieu de l'Assemblée nationale. » (*Révolutions de France et de Brabant.*)

colonel, la troisième et la quatrième pour ses services comme non-colonel. Total des pensions du prince allemand : 48,000 livres. »

Camille ne laisse rien passer, ni palinodie, ni sottise. Il relève tout avec une adresse et une vivacité étonnantes. M. de Boufflers fait-il un discours où, parlant au roi et à la reine, il vante la « grâce presque divine » de Marie-Antoinette :

« Boileau, écrit aussitôt Camille, disait à Louis XIV :

L'univers sous ton règne a-t-il des malheureux?

» Mais il était de l'Académie française. Ce qui est bien plus étonnant, c'est que le chancelier de l'Hôpital, dans son poëme des états généraux, disait à François II : « A-t-il jamais existé » une femme plus douce et plus indulgente que sa respectable » mère (Catherine de Médicis)? *Tous les rois et les reines sont » comme le malheureux François second qu'on empoisonna par » l'oreille.* »

Le « *détestables flatteurs* » de Racine est-il plus éloquent que ces deux lignes de Camille contre les courtisans?

Lorsqu'il discute une loi proposée, une doctrine politique, on retrouve chez Desmoulins le légiste, et sa science évidente se double d'une véritable éloquence. Lorsque l'Assemblée parle « du marc d'argent et du cens » qu'elle veut exiger des citoyens éligibles : « Alors, » dit Camille, Jean-Jacques Rousseau, Corneille, Mably, » n'auraient pas été éligibles. » — « Prêtres d'un Dieu » prolétaire, ajoute-t-il en s'adressant plus particuliè- » rement aux députés du clergé, respectez la pauvreté » qu'il a ennoblie! » Ces vaillants mouvements, dignes de la tribune, ne sont pas rares dans les numéros de Desmoulins; mais, à vrai dire, sa personnalité même nous apparaît mieux lorsqu'il livre bataille directement à quelque ennemi et face à face. L'abbé Maury, le vicomte de Mirabeau, celui qu'on appelait *Mirabeau-Tonneau*, la reine aussi, cette reine à laquelle il ne reconnaît d'autre puissance que « le pouvoir génératif », fournissent à ses traits des cibles incessantes. Il se repentira plus tard, sans nul doute, d'avoir attaqué une femme, lorsque la persécution dont la roue tourne, comme celle de la fortune, atteindra à son tour celle qu'il aimera, mais on peut être certain qu'il ne regrettera rien des épigrammes aiguisées contre Mirabeau l'énorme ou J. F. Maury.

« Duclos, écrit Desmoulins, a dit dans ses *Caractères* : Il y a des sociétés où l'on distribue les rôles comme à la comédie : l'un se fait cynique, l'autre grave; l'un bon homme, l'autre caustique; l'un mélancolique, l'autre rieur; l'un philosophe, l'autre roué; tel s'est fait bouffon qui pensait d'abord à prendre le grand rôle; mais il a trouvé le cothurne occupé : voilà exactement notre vicomte de Mirabeau : son frère ne lui a laissé que le brodequin. »

C'est là la plus anodine de ces attaques continuelles contre le frère du grand orateur, que Camille louera et attaquera aussi tour à tour. Le vicomte de Mirabeau est le point de mire des facéties armées en guerre de Desmoulins. Tandis qu'il célèbre « M. de Robespierre, son » cher camarade de collége, l'ornement de la députation » septentrionale », il accable Mirabeau-Tonneau, et non-seulement de son style, mais de ses gravures. Encore un coup, Desmoulins n'était pour rien dans l'*illustration* de ses numéros; mais la caricature soulignant le pamphlet est terrible contre ses ennemis. Le burin s'allie à la plume pour l'œuvre mordante, pis que cela, meurtrière.

Camille Desmoulins est plus cruel encore, et lorsqu'il pensera plus tard, dans sa prison, à ses écrits qu'il qualifiera de *trop nombreux*, nul doute qu'il ne songe à ces pages où il aura trouvé je ne sais quels sophismes pour approuver le meurtre de Favras. Favras avait été « jugé, condamné légalement par trente-huit juges ».

« Sur ces trente-huit voix, dit Camille, trente-deux avoient conclu à la mort. Quand on se rappelle que le nommé Adrien, gagne-denier, avoit été jugé et pendu dans les vingt-quatre heures, pour avoir colporté dans différentes maisons un billet séditieux, quoiqu'il ne sût pas lire, on doit trouver étrange de voir quelques personnes se récrier sur la condamnation de Favras, convaincu sur cette multitude de chefs d'accusation bien plus graves. Tant il est difficile de déraciner certains préjugés aristocratiques, tels que celui de la différence de pesanteur spécifique d'un gagne-denier et d'un marquis dans les balances de la justice[1] ! »

Certes, mais est-ce bien une raison pour tracer les lignes qui suivent :

« Je n'accuserai point d'être barbare la joie du peuple à cette exécution. Quoi! parce que tel étoit le bon plaisir du prince, une armée de cent mille Français alloit sabrer, fusiller, éventrer des Anglais, des Hanovriens tout aussi sots qu'eux et qui ne savoient pas davantage pourquoi ils s'assassinoient en rase campagne et par milliers! Il ne venoit dans l'idée à personne de taxer de cruauté ces soldats qui, de sang-froid, enfonçoient respectivement la bayonnette dans le sein de leur vis-à-vis qu'ils ne connoissoient pas et qui ne leur avoit fait aucun mal, et j'entendrai accuser de barbarie un peuple qui se réjouit que la justice humaine supplée quelquefois à la vengeance divine[2] !... »

---

[1] *Révolutions de France et de Brabant*, t. 11, p. 7.
[2] *Révolutions de France et de Brabant*, p. 9.
Camille ajoutera bientôt, répondant à un article qui, à propos de la mort de Favras, disait *que le peuple s'est conduit en tigre :*
« Le tigre, c'est le despote et non le peuple. Jamais il n'y a eu de peuple Néron, de peuple Caligula, si je puis parler ainsi. Sans citer ces monstres, qu'on me montre un peuple qui ait retenu son ennemi pendant onze ans dans une cage de fer, comme Louis XI fit le cardinal de la Balue; Louis XIV, le gazetier de Hollande; qu'on me montre

« Nous étions perdus, dit-il encore, si le peuple avoit pu contempler avec indifférence le supplice des Launay, des Berthier, des Favras. Pour moi, malgré les cris de rage qu'ont poussés les aristocrates contre le mot du jeune Barnave[1], orateur aussi éloquent qu'excellent citoyen, je répéterai avec lui : Brutus étoit-il un barbare quand, montrant au peuple le poignard encore dégouttant du sang de son bienfaiteur, il se félicitoit d'avoir délivré sa patrie? Cicéron étoit-il un barbare lorsque, après avoir fait étrangler Lentulus et Céthégus entre les deux guichets, il serroit la main de Caton et venoit assister au sénat avec une joie qu'il dissimulait mal, en disant : *Ils ont vécu?* Aristogiston étoit-il un barbare quand il disoit avec tant de plaisir d'Hipparque : *Tyran, plût à Dieu que tous tes esclaves fussent morts! mais du moins j'aurai fait mourir tes meilleurs amis?* »

Maudite soit l'antiquité si elle ne doit faire naître en nous que l'idéal d'une vertu extrahumaine! Les souvenirs classiques de Camille l'égaraient. Il ajoutait à cette page un dernier trait, et disant que la contenance de Favras mourant n'était que feinte et de parade, il osait écrire : « C'étoit celle d'un gladiateur qui, blessé

---

un peuple qui ait eu des Bastilles, qui ait commandé une Saint-Barthélemi. Qu'on me montre un peuple qui, comme ont fait tant de tyrans, ait condamné à mort ceux qui l'outrageaient par des libelles. C'est dans le code criminel qu'est empreint le caractère du gouvernement : voyez la cruauté des supplices dans les monarchies. C'est dans les monarchies qu'on trouve les roues, les bûchers, les lames ardentes, le supplice des anges, qu'on scie, qu'on empale : le peuple fait boire la ciguë, comme à Athènes; il précipite de la roche Tarpéienne comme à Rome; il lapide, comme chez les Juifs; mais quand il crie : *Crucifige,* c'est que les préteurs de Rome ont corrompu son naturel en lui apportant le supplice de la croix inventé par l'aristocratie pour les esclaves. C'est donc une calomnie absurde d'appeler le peuple tigre. Le peuple est doux quand il est maître; et comment ne serait-il pas compatissant? il souffre trop pour n'être pas sensible; aussi est-ce bien plus contre sa compassion qu'il faut le prémunir que contre sa sévérité. (N° 15, p. 88.)

[1] « *Le sang qui coule est-il donc si pur?* » Lorsque Barnave ira au supplice, un royaliste lui jettera ce même cri en le voyant passer.

[2] *Révolutions de France et de Brabant,* t. II, p. 10.

d'un coup mortel, s'occupe encore de tomber avec bienséance et dignité. »

Eh bien, n'est-ce pas aussi quelque chose que de savoir mourir? Camille l'apprendra un jour. Il n'est pas facile de bien tomber.

Que je préfère à ces pages sanglantes les pages enthousiastes où Desmoulins raconte son entrée dans ce *district des Cordeliers,* dont il disait que « quand même les sept sages de la Grèce en eussent été membres, la logique n'y eût pas été plus saine. »

« Depuis que j'étois venu habiter dans cette terre de liberté, dit-il, il me tardoit de prendre possession de mon titre d'honorable membre de l'illustre district. J'allai donc ces jours derniers faire mon serment civique et saluer les pères de la patrie, mes voisins. Avec quel plaisir j'écrivis mon nom, non pas sur ces vains registres de baptême qui ne pouvoient nous défendre ni du despotisme royal, ni du despotisme sacerdotal, ni du despotisme prévôtal, ni du despotisme féodal, et d'où les ministres et Pierre Lenoir, les robins et les catins, vous effaçoient si aisément, et sans laisser de trace de votre existence; mais sur les tablettes de ma tribu, sur le registre de Pierre Duplain, sur ce véritable livre de vie, fidèle et incorruptible dépositaire de tous ces noms et qui en rendroit compte au vigilant district ! »

« Je ne pus me défendre, ajoute-t-il, d'un sentiment religieux ; je croyois renaître une seconde fois[1]. »

---

[1] Camille Desmoulins, que M. E. Rebold ne cite point dans son *Histoire générale de la Franc-Maçonnerie,* parmi les maçons célèbres, était franc-maçon, comme Voltaire, Helvétius, d'Alembert, Gustave III de Suède, Roucher, Chamfort, Parny, Delille, Lalande, Joseph Bonaparte le futur roi d'Espagne, Eugène de Beauharnais, Bernadotte, Augereau, Fichte, Condorcet, Masséna, Oudinot, etc., etc. La franc-maçonnerie était puissante, on le voit, au dix-huitième siècle. Elle a perdu depuis son influence. Nous possédons la décoration de rose-croix (petit bijou triangulaire au milieu duquel figure un pélican se déchirant le flanc) que Desmoulins portait à toutes les cérémonies de sa loge. Cette curiosité historique nous vient de M. Armingaud, qui la tenait de son beau-père,

Et comme la cérémonie, très-simple d'ailleurs, et seulement émouvante pour l'initié, était terminée :

« ... J'allois, dit encore Camille, me retirer en remerciant Dieu, sinon comme Pangloss d'être dans le meilleur des mondes possibles, au moins d'être dans le meilleur des districts possibles, quand la sentinelle appelle l'huissier de service, et l'huissier de service annonce au président qu'une jeune dame veut absolument entrer au sénat.

» C'étoit la célèbre mademoiselle Théroigne qui venoit demander la parole et faire une motion. »

Motion bizarre, on l'avouera. Théroigne allait proposer simplement de construire un temple à l'Assemblée nationale.

— C'est la reine de Saba qui vient voir le Salomon des districts! s'écrie Desmoulins, ébloui par l'étrange beauté de cette femme dont quelques écrivains ont voulu faire sa maîtresse.

Anne Terwagne, *la belle Liégeoise*, que le journal de la Cour, le *Petit Gauthier*, confond, dans sa haine, avec madame de Staël (sans doute pour plaire à la reine, qui haïssait la fille de Necker au point, nous raconte Malouet, qu'elle ne voulut pas être sauvée par elle), Théroigne avait alors vingt ans à peine. Plutôt artiste et déclassée que courtisane, victime d'un séducteur (un baron allemand) qui l'avait lâchement délaissée, exaltée, puisant une colère violente dans la douleur de l'abandon, Théroigne de Méricourt, ou plutôt de Marcourt (Luxembourg), attirait rue du Bouloi, à l'hôtel de Grenoble, où elle logeait, un certain nombre de députés à l'Assemblée nationale, et comparable à ces courtisanes grecques qui, comme Aspasie, s'entouraient volontiers de philosophes,

---

à qui Horace Desmoulins, le fils de Camille, l'avait offerte. Elle est donc parfaitement authentique.

elle aimait à avoir pour familiers les penseurs et les politiques armés pour le combat.

« Ses principes sont ceux du Portique », disait d'elle Champcenetz dans les *Actes des Apôtres*, « elle aurait, au » besoin, ceux des *Arcades*. » Ces défenseurs du trône ne respectaient pas non plus les femmes; l'allusion aux *Arcades* rappelait le Palais-Royal et les filles. Était-ce tout? Les *Apôtres* inventaient un mariage entre Théroigne et *Populus*, flétrissaient la pauvre fille, l'insultaient dans son malheur passé, dans sa vie présente, dans son amour, dans son corps [1]. Ils allaient affoler la malheureuse qui apparaîtra plus tard, au 10 août, comme la furie de la guerre civile, sur l'affût d'un canon, et que les muscadins fouetteront ensuite lâchement sur la terrasse des Feuillants, l'humiliant au point qu'ils la rendront folle.

J'ai nommé l'adversaire le plus direct de Desmoulins, les *Actes des Apôtres*. C'était l'officine royaliste des calomnies et des injures. On peut reprocher aux *Révolutions de France et de Brabant* leur cruauté, il faut montrer la vilenie du journal de Peltier. C'est chez le libraire Gattey, au Palais-Royal, que Peltier avait publié tout d'abord ce journal destiné, — l'ironie du titre est assez claire, — à tourner en dérision les actes des « apôtres de la liberté ». Tous les rédacteurs de cette feuille agressive ne sont pas connus; ils étaient, si on les en croit, quarante-cinq. Plus d'une fois ils se nomment les quarante-cinq apôtres. Camille les appelle des « disciples de Jérôme Vadé. » Leurs plaisanteries de boudoir sentent en effet la halle. « Les *Actes des Apôtres* sont, dit Camille, le plus bel éloge de la tolérance de l'Assemblée nationale, comme les blasphèmes des athées sont le plus bel éloge de

---

[1] Voyez la monographie de M. Marcellin Pellet : *les Actes des Apôtres* (1789-1791), 1 vol. in-18. 1873.

la clémence de l'Être suprême. » (*Révolutions de France et de Brabant*, n° 17, p. 148.) Des lettrés voltairiens, des nobles irrités, des abbés défroqués, des beaux esprits sans emploi, Rivarol, Champcenetz, Suleau, Bergasse, Montlosier, le comte de Lauraguais, l'abbé de La Bintinaie, le chanoine Turménie, bien d'autres encore, s'étaient associés pour mener contre la Révolution naissante la guerre des petites épigrammes badines et des grosses calomnies. Il semble, à les lire, qu'on assiste au dernier soupir furieux d'un siècle qui s'en va. Le vers licencieux se fait attaque virulente ; la chanson court-vêtue montre les dents en voulant sourire. L'esprit aigri devient du fiel, la plaisanterie est trempée de venin. Le bon goût des quolibets d'autrefois est remplacé par une rage qui enlève à ces aimables contempteurs des temps nouveaux leur liberté d'allures et de style.

Pourtant, dans le déluge de leurs lourdes insolences, çà et là, quelque homme d'un véritable esprit verse sa goutte parfumée et acide. On remarque plus d'une fois, dans ces pages, trace de la griffe d'un Rivarol. A propos du mauvais temps qu'il fait, tandis qu'on célèbre au Champ de Mars la fête de la Fédération, les *Actes des Apôtres* aiguisent un quatrain qui n'est point sans finesse :

> Toujours de l'eau ! quel temps maudit !
> Disait, au Champ de Mars, Damis le démocrate.
> C'est fait exprès, je l'avais bien prédit,
> Que le Père Éternel était aristocrate !

Ils défendent l'autel, d'ailleurs, ces apôtres, en hommes qui pratiquent galamment l'impiété. Leur dieu, en somme, c'est Voltaire, qui se fût très-bien passé de leur adoration. Champions de la royauté par contenance, ils habituaient la nation à manquer de respect pour cette Assemblée nationale qui représentait alors la France. Le bruit de la sonnette du président — la sonnette, ce *sceptre jacobite* — leur inspirait des traits comme celui-ci :

> Encor ce bruit original,
> « *Gredin, gredin* », dont toute l'Assemblée
> A, comme moi, la cervelle fêlée;
> Que dit-il donc? — C'est l'appel nominal!

« *Liberté, gaieté, démocratie royale* », écrivaient-ils sur leur programme. Ils eussent pu ajouter : *Licence et injure*. Robespierre est-il nommé juge à Marseille, lors de la nouvelle organisation des tribunaux :

> Juger vaut mieux qu'être pendu,
> Je le crois bien, mon bon apôtre;
> Mais différé n'est pas perdu,
> Et l'un n'empêchera pas l'autre.

Mirabeau, qu'ils appellent ce « magnifique scélérat », n'est pas plus épargné :

> De forfaits, de crapule, exécrable assemblage,
> L'enfer, qui le vomit pour l'horreur de notre âge,
> Aurait comblé nos maux, si de sa lâcheté
> L'excès n'était égal à sa férocité.
> C'est bien Catilina, mais c'est Thersite en outre,
> Et voici son vrai nom : Catilina J... F......

C'est là le ton. Et qu'on s'étonne ensuite de la violence de certains traits de Camille! Les serviteurs de la royauté donnaient le *la*.

On trouvait, dans les brochures royalistes, des attaques comme celle-ci contre Camille :

« Les journalistes ont du pain depuis que les honnêtes gens en manquent. C'est ainsi que le folliculaire Desmoulins, qui naguères couchait sur un lit de sangle, couche dans un lit de damas bleu. Alors il était condamné au régime de Thaler, valet de Strabon : fruits, oignon et bouteille d'eau; à présent il mange chez Méot à 9 fr. par tête. » (*Petit Dictionnaire des grands hommes et des grandes choses qui ont rapport à la Révolution,* composé par une société d'aristocrates, 1791 [1].)

Ne parlaient-ils point de lui *imposer silence?* Suleau [2] ne lui jetait-il pas au visage son « *dévergondage* qui sied bien à la liberté? » L'injure même ne se faisait-elle pas et plus lourde et plus niaise? On connaît ce sot calembour, cité tant de fois cependant, contre Camille : « *l'ânon des moulins* » ; il dut faire sourire de pitié, mais peut-être aussi bondir de colère le rédacteur des *Révolutions de France et de Brabant* :

« Aux moulins de Montmartre est un petit ânon,
    Sans force encor, mais aussi traître,
    Aussi têtu qu'un âne pourrait être;
En un mot, la terreur des enfants du canton.
    Sa manie est de toujours braire;
Mais quand le bruit qu'il fait étourdit les voisins,
    Cent coups de bâton dans les reins
    Le font cesser; c'est de cette manière
Qu'on impose silence à *l'ânon des moulins.* »

Ce n'est point par des coups de bâton, mais c'est par des épigrammes heureuses que Desmoulins répond à ces grossières attaques. Le clerc de la Basoche donne des leçons de politesse et de riposte élégante à ces gentils-hommes enragés. Il s'amuse de leur médiocre esprit, et

[1] A une date postérieure, je trouve dans le *Journal français* ce testament du comte Journiac Saint-Médard.
« Je lègue à Camille *une vipère en bocal*; à Billaud, la première coupe de mes foins; à A. Clootz, une gibecière et des gobelets; à Danton, un roitelet de la plus petite espèce empaillé avec le plus grand soin. »

[2] « Qui est-ce qui ne connoît pas le fameux Suleau, sorti du collége Louis-le-Grand, comme Robespierre, mais qui a mieux profité des leçons de son professeur Royou, et est devenu le Don Quichotte de l'aristocratie et, comme il nous apprend qu'on le nomme, *le chevalier de la difficulté?* » (*Révolutions de France et de Brabant,* numéro 68.)

7.

lui qui, trop souvent, se laisse aller à les imiter dans ses bouffonneries déplacées (il appelle Fontanes *Font âne* et Mallet du Pan *Mallet pendu*), il les raille la plupart du temps avec un ton de supériorité charmante lorsqu'il parle de « Rivarol, toujours *comte* comme devant et le » premier homme pour la parodie et le centon », et de « Peltier, si habile à saisir les rapprochements dif- » ficiles entre M. Perdrix et M. Choux[1]. » Un peu plus loin, il revient sur ce Peltier qui ne se relèvera pas de ces plaisanteries immortelles :

« Un district a investi l'imprimerie de M. Didot et y a saisi une grande quantité d'exemplaires des *Actes des Apôtres*. M. Didot a renvoyé à M. Manuel le manuscrit signé Pel-tier. L'Apôtre s'est rendu chez M. Manuel; il a invoqué la liberté indéfinie de la presse et a péroré par ces mots : *Que dira la reine, si elle ne lit pas demain matin le numéro?*

» Bienheureux Peltier, ce n'était donc pas assez pour toi qu'une charmante Grecque, qui a tenu dans ses mains l'urne d'Achille, fût venue exprès du promontoire de Sigée sur les bords de la Seine; il faut encore que ta lecture soit pour la femme du roi comme la rosée du matin! Je ne m'étonne plus

---

[1] *Révolutions de France et de Brabant*, n° 21, p. 358.

Camille parfois rimait ses épigrammes; par exemple à propos de d'Esprémesnil il dira (et la langue ici est fort curieuse) :

> Il aimait fort le bien *public*:
> En lui c'était vraiment un *tic*,
> Et nul n'entendait mieux le *chic*.

A propos de la flétrissure de madame de la Motte :

> Maintenant peut-on douter
> Que des Valois la Motte soit la fille?
> Un arrêt lui fait porter
> Les armes de sa famille!

Calonne aussi, celui qu'il appelait dans la *France libre* « ô mon cher Calonne », a sa part de railleries :

> Calonne a beau faire la chattemite,
> Puis-je croire à la poule au pot,
> Lorsque pour payer son impôt
> Il me faut vendre la marmite?

de ces merveilleux calembours, de cette gaieté inépuisable et de ces fictions divines des couches de Target et des amours de M. Populus [1] ! »

Mais le plus accablé, c'est Bergasse, et toute la partie du n° 23 des *Révolutions de France et de Brabant*, relative à Bergasse et à Guillaume Kornmann, est un chef-d'œuvre de fine raillerie. Camille affecte le lyrisme pour mieux se jouer de Bergasse, amoureux de Kornmann, et supposant Bergasse devenu fou par amour :

« Aujourd'hui, dit-il, nouveau Narcisse, Bergasse n'aime plus que lui seul. Ce n'est point comme ce berger, au bord d'une fontaine, en contemplant son image dans le miroir des eaux qu'il entre en passion : dans sa chaise à bras, à l'ombre d'un acacia, il lit sans cesse ses projets de lois; là il admire la beauté de son génie, il s'idolâtre lui-même et tombe dans de longues extases. »

Cela est achevé et exquis. Et combien cela vaut mieux, même au point de vue de la polémique engagée et du résultat final, que les pages où Desmoulins se vante encore d'être non pas substitut, mais *procureur général de la lanterne* [2] !

Cette idée de l'individu devenant justicier et de la foule se substituant à la loi fut une des coupables erreurs de Camille. Le fameux savetier de Messine, bourreau anonyme des pervers, était pour Desmoulins un idéal. A ce compte, il eût accepté une république surveillée par des francs-juges. Peut-on, je ne dis point souhai-

---

[1] N° 22, p. 417.
[2] *Révolutions de France et de Brabant*, n° 24. — Desmoulins avait dit de Bergasse qu'il touchait du parti du roi ses dix-huit livres par jour. « Voilà un impudent scélérat ! » s'écria Bergasse. Camille répondit en imprimant dans son journal : « Il faut faire grâce à Bergasse de la lanterne parce qu'il est fou. » Le malheureux Camille jouait là avec la mort comme un enfant avec un glaive.

ter, mais imaginer un tel état de choses? Et cependant Camille écrit :

« Ce peuple tant calomnié est mû par des principes d'équité; il a des notions saines à cet égard et rien ne le révolte autant que l'injustice. Qu'on se rappelle le savetier messinois : né avec un amour extraordinaire pour l'ordre et la justice et indigné des monopoles, des concussions, des vols publics, de l'impunité des grands coupables, il se mit sans façon à la place de la justice qui était impuissante et résolut de purger la société des criminels sans l'appareil ordinaire qui accompagne le châtiment public des forfaits. Dans ce dessein, son œil vigilant épia tous les délits; et après un procès criminel fait à huis clos, il joignait l'office d'exécuteur à celui de rapporteur et de juge. Il avait acheté à cet effet une de ces arquebuses courtes qui peuvent se porter et se cacher sous le manteau (peut-être n'y avait-il pas encore de lanterne à Messine), et quand ces malfaiteurs s'avisaient d'aller se promener dans des lieux écartés ou que, livrés à leurs brigandages, ils prolongeaient leurs courses nocturnes, alors notre ami de l'ordre leur déchargeait équitablement cinq ou six balles dans le corps. Après cette expédition, il passait son chemin, sans jamais toucher au cadavre et s'en retournait chez lui avec la satisfaction d'un homme qui aurait tué un loup ou un chien enragé [1]. »

Le chef-d'œuvre de Camille Desmoulins et le plus remarquable, à coup sûr, de ces numéros des *Révolutions de France et de Brabant*, c'est le n° 34, où il raconte cette fête de la Fédération au jour anniversaire de la prise de la Bastille (14 juillet 1790), fête qu'il appelait la *pâque* un mois auparavant, en s'écriant (n° 30, p. 285) : « C'est le jour de l'affranchissement de la servitude d'Égypte et du passage de la mer Rouge. C'est le premier jour de l'an premier de la liberté... C'est le jour prédit par le prophète Ézéchiel, c'est le jour des destinées, c'est la grande fête des lanternes. » J'aime peu ce

---

[1] *Révolutions de France et de Brabant*, n° 27, p. 21.

nouveau trait cruel terminant cette énumération biblique, et la nature profondément artistique de Camille se peint, à coup sûr, bien mieux lorsque, à propos des airs de musique dont on veut faire précéder la fête, il écrit avec une émotion d'ailleurs assez fréquente chez lui :

« J'aime fort cette idée de l'ouverture de la fête. Je me souviens, la première fois que je suivis la foule qui me portait ce jour-là aux Tuileries, avec quel plaisir j'entendis la sérénade, encore qu'elle fût donnée à un roi. J'étais loin des lumières, et le ciel était couvert de nuages. Seul, et par le recueillement à cent lieues de la foule, fermant les yeux pour mieux entendre, j'attendais le premier coup d'archet[1]. »

La fête venue et passée, Camille en retrace les péripéties avec un enthousiasme bien fait pour nous donner, après quatre-vingt-quatre ans, une sorte d'élan rétrospectif. O rêves de ces premiers jours de la Révolution française! Heures d'espoir où l'on pouvait croire que la liberté était enfin conquise! Échappées de joies patriotiques, sourires et enivrement d'un peuple qui ne prévoyait pas tant d'épreuves et tant de malheurs à venir!

Les gardes nationales des départements affluaient dans Paris. On construisait au Champ de Mars les tribunes pour les patriotes, lorsque le bruit se répand que quinze mille ouvriers ne peuvent assez hâter les travaux pour qu'ils soient terminés à temps. Aussitôt un même entraînement gagne la population tout entière, et Camille nous montre, au Champ de Mars, « une four-
» milière de cent cinquante mille travailleurs, roulant
» des brouettes et creusant la terre dans un atelier de
» quatre-vingt mille toises et à perte de vue. »

Toutes les familles, toutes les corporations, tous les

---

[1] N° 30, p. 293.

districts sont là, tambours en tête, musique sonnant, femmes, enfants, trois par trois, la pelle sur l'épaule, chantant la chanson nouvelle : *Ça ira!* Des vieux, des vieilles élèvent à l'envi l'autel de la patrie, du serment civique, du serment de la liberté et d'égalité! On raconte que Saint-Just, traînant la brouette, rencontra là madame du Barry elle-même, une pelle à la main. Légende ou vérité, ce souvenir donne le ton de l'enthousiasme parisien, enthousiasme qu'on retrouve tout entier dans ces pages ardentes, éloquentes, fébriles, les plus alertes de Desmoulins : « Un patriote arrache une brouette des mains d'un abbé dédaigneux et va jeter la terre à la voirie. » Les invalides, les paysans conduits par leurs maires en écharpe, accourent; un homme aux reins cassés est hissé sur les épaules de Charles Denis, un vieil invalide du temps de Louis XIV, qui travaillait malgré sa jambe de bois. Les collégiens, les pensionnaires, la montagne Sainte-Geneviève, les élèves de l'Académie de peinture, de l'École vétérinaire, la fleur de l'Auvergne, les porteurs d'eau, les forts de la halle « qui valent bien les forts d'Israël »; les imprimeurs, ceux de M. Prudhomme avec la couverture du journal les *Révolutions de Paris;* les charbonniers, les chartreux, conduits par M. Gerle, sortis de leurs sépulcres, égarés « parmi les oies de frère Philippe et » demandant quel est ce psaume : *Ça ira?* », tous accourent, pleins de griserie, d'entrain, et Camille, pour peindre leur venue, a fait passer dans son encre comme un rayon de soleil. Les femmes riaient, dansaient autour des Chartreux. Des Suisses, des gardes françaises, des dames de la halle et même de la Cour étaient là. Le Roi y vint; on l'applaudit, mais on applaudit la Fayette plus que le Roi. Confiance partout et fraternité. Quelles heures bénies! Point de vols : un jeune homme pose ses deux montres sur la terre et travaille. Un citoyen promène et donne pour rien une brouette chargée d'un tonneau de vin. Une marquise dégante sa main pour serrer celle d'un charbonnier. Tout cela a l'air d'un bal immense. *C'est le ballet de la réunion des ordres*, dit Camille. Onze cents Bretons sont venus tout exprès de Bretagne, à pied, avec leurs armes. Des inscriptions rappellent partout le but de cette fête et le rêve de ce peuple :

Les mortels sont égaux. Ce n'est pas la naissance,.
C'est la seule vertu qui fait la différence.

La loi dans tout État doit être universelle.

Et des mains délicates manient la pioche, des jeunes filles veulent se donner les calus patriotiques. « Ah! que du moins, s'écrie Camille, le lien trop dur du tombereau ne blesse pas le sein délicat de cette jeune fille! Qu'il ne mette pas ces deux témoins fidèles dans l'impuissance de déposer du vœu secret de son cœur! » Je ne sais pourquoi, mais il me semble que ce cri, poussé dans le style du temps, Camille le laisse échapper en songeant à Lucile, et lorsqu'il aperçoit parmi les travailleuses cette mademoiselle Duplessis qu'il aimait!

Dans son numéro 36, Camille continue avec le même éclat et le même bonheur de style la description de cette fête.

Un grand nombre de citoyens avaient passé la nuit au Champ de Mars. Six mille gardes nationaux étaient arrivés dès minuit. Les autres se trouvaient sur pied depuis cinq heures. Et Camille décrit le vent glacial, la pluie intermittente s'abattant sur un demi-million d'hommes. Cependant, sous les nuages et la pluie, les

Auvergnats dansaient leur bourrée, et les Provençaux leurs farandoles. Des rondes immenses s'étaient formées. « Voyez ces diables de Français qui dansent quand il pleut à verse ! » disaient les étrangers. Après le serment civique, les tambours qui battent, les salves qui éclatent, les épées agitées, les cris, les chapeaux en l'air, les quatre-vingt trois bannières blanches, les oriflammes et drapeaux des soixante districts qui s'agitent, tout cela est décrit merveilleusement par Desmoulins. Un même cri sortait de ces six cent mille poitrines : « La France est libre ! Nous le jurons ! » Les pères élevaient en l'air la main de leurs enfants. Un vieillard du faubourg Saint-Honoré, couché depuis deux ans, s'était fait traîner devant l'autel de la patrie. Un banquet de vingt-deux mille couverts avait été dressé dans les jardins de la Muette [1]. Les illuminations se jouaient dans la verdure des arbres. Un orchestre enlevait dix contre-danses à la fois. A la Bastille, dans un bois artificiel, de grands arbres illuminés, ornés d'une pique et d'un bonnet, et l'inscription fameuse : *Ici l'on danse !*

A Notre-Dame, le 13, six cents musiciens avaient exécuté la *Prise de la Bastille,* hiérodrame, « paroles du roi David, musique de M. Désaugiers. « La halle aux blés resplendissait. Les Champs-Élysées étaient illuminés en bougies.

A dix heures du matin, le mercredi 14, les veuves et les orphelins des vainqueurs de la Bastille avaient entendu les éloges funèbres de leurs morts. Et cette fête de la liberté française, on l'avait aussi célébrée à Londres. Dans le Strand, à la taverne de la *Couronne et de l'Ancre,* le club des Whigs, six cent cinquante-deux personnes,

---

[1] Il n'y eut là que cinq à six mille convives, tous en uniforme. On donna aux pauvres le reste des mets.

sous la présidence de lord Stanhope, buvaient « à la liberté du monde ! » Un domestique montait sur la table avec un fragment de la Bastille sur la tête, et proposait ce toast : « A l'extinction de toute jalousie entre la France et l'Angleterre, et puissent-elles ne chercher qu'à défendre la paix et la liberté ! »

Le docteur Price demandait une Ligue de la paix, première idée de l'utopie d'aujourd'hui, qui sera peut-être la réalité de demain.

Au milieu de ces descriptions faites par Desmoulins, on retrouve un nom déjà fameux, celui de Danton, qui, au Vaux-Hall d'été, à la fête spéciale des Cordeliers, protesta contre les santés par ordre. Il ne voulut boire qu'à la patrie.

Tel est, caractérisé par quelques citations qui ne donnent qu'une idée bien incomplète de ce prodigieux magasin d'idées, de faits et d'heureuses inventions de style, ce journal les *Révolutions de France et de Brabant* où l'on voit défiler le personnel tout entier de la Révolution, depuis Robespierre, « mon cher camarade de col» lége et l'ornement de la députation septentrionale », dit Camille, jusqu'à « Davoust, un jeune officier, bon » patriote. » Ici, c'est l'annonce de l'*Organt* de Saint-Just ; là, une lettre de Marat, ou de Merlin (de Douai), ou de Linguet appelant Desmoulins son « cher frère d'armes ». — « Votre pays s'enorgueillit de vous », lui écrit Saint-Just, qui est Picard aussi. Et il ajoute : « Gloire, paix et rage patriotique. » — « Je suis démocratiquement ton ami », dit Stanislas Fréron. Lafayette, Rewbell, Manuel, le futur procureur à la commune de Paris, lui écrivent. Mirabeau l'accable de compliments jusqu'au jour où il dira en parlant de lui : *Ce pauvre Camille !* « Eh bien ! » pauvre Camille, votre tête est-elle un peu remise ? On

» vous a boudé et l'on vous pardonne. » (Lettre de Mirabeau du 2 mai 1790.) — « Adieu, *bon fils;* vous méritez
» qu'on vous aime, malgré vos fougueux écarts ». Notons,
en passant, que c'est sur le même ton qu'au même moment à peu près Marat, dans l'*Ami du Peuple* (16 août
1790), *Cassandre-Marat* parle à Camille : « Malgré tout
» votre esprit, mon cher Camille, vous êtes bien neuf
» en politique. Peut-être cette aimable gaieté qui fait le
» fond de votre caractère, et qui perce sous votre plume
» dans les sujets les plus graves, s'oppose-t-elle au sé-
» rieux de la réflexion... mais vous vacillez dans vos
» jugements... vous paraissez n'avoir ni plan ni but. »
L'*Ami du peuple* et le fils de l'*ami des hommes* sont également sévères [1].

« Bon fils! pauvre Camille! » Peut-être est-ce un tel
mot qui détacha Camille de Mirabeau. Après avoir loué
en lui l'homme étonnant qui porta un moment la Révolution et sa fortune, il l'accablera de ses satires. Il était
sans mesure dans la louange, il sera sans raison dans
l'attaque. Il ne demeurera pas longtemps l'ami de celui
dont M. de la Marck a pu dire : « Mirabeau emporta dans
la tombe la consolation d'avoir eu beaucoup d'amis. »

---

[1] Marat n'en demandera pas moins des services à Camille. La lettre suivante de l'*Ami du peuple* à Desmoulins en témoigne :

« Les ennemis de la patrie m'ayant mis de nouveau sous le glaive de la tirannie, je vous fais passer deux lettres pour lesquelles je vous demande une place dans les premiers numéros de la *Tribune des Patriotes*. Comme c'est un point important à la liberté que les journalistes qui trahissent la cause soient démasqués, je me flatte que vous y attacherés quelque prix. Elles sont signées de moi, pour vous mettre en règle dans tous les cas.

» Je vous salue patriotiquement, ainsi que Fréron, votre confrère et le mien.

» Marat, *l'ami du peuple.*

» Ce 19 may 1792. »

« — Un mot pour dire au porteur le jour où elles paraîtront. Il est chargé de vous demander trois numéros de ces deux lettres. » [*Inédit.*]

« J'ai varié souvent, s'écriera plus tard Camille, parce qu'il y a si peu d'hommes conséquents ; mais, je l'ai dit, ce n'est point la girouette, c'est le vent qui tourne! »

La *girouette* est pourtant bien sévère pour le *vent*. Tout le numéro 72 des *Révolutions*, intitulé *Mort de Mirabeau*, est violent et amer contre un homme dont La Fayette a dit si joliment : « Mirabeau ne s'est jamais fait payer que dans le sens de ses opinions [1] ! » et dont Camille avait écrit :

« La mort qui renoue tous les attachements m'a ramené chez lui bien avant elle comme auraient fait tous ses périls, et il n'y eut pas de ma faute si ses domestiques ne lui firent point part de la douleur où me jetait sa maladie. Mais je ne pouvais que m'inscrire à sa porte. J'avais préféré mon amour pour la vérité à l'amitié de Mirabeau. »

« Mirabeau! Le patriote, le tribun du peuple, le père de la Constitution, l'ami des noirs, qui exerce la seule dictature que souffre une nation libre, celle de la parole, et devant qui je crois voir marcher les faisceaux de l'éloquence et les vingt-quatre haches de Démosthènes! »

Puis il regrette de ne pas l'avoir vu mourir. C'est là le secret de son cœur. L'admiration subsiste, en dépit de tout et quoiqu'il écrive, par exemple, que Mirabeau partageait avec Buffon la puérilité de se faire appeler Monsieur le comte. « Mirabeau, ajoute-t-il méchamment, usa amplement de la permission qu'ont les mourants de dire du bien d'eux-mêmes : Soutiens ma tête, disait-il à son chasseur dans un moment de crise, tu n'en porteras pas une pareille! » N'est-ce pas un peu le mot de Danton mourant, ce Danton qui fût une sorte de Mirabeau bourgeois, aussi puissant, mais non dissolu et non vendu?

---

[1] Voici un mot plus méchant de Rivarol : « La cour comptait peu sur un homme avec lequel il fallait toujours compter. »

Camille, qui devrait ne rien ajouter à ce mot d'un journaliste assez outrageant, Marat : « Mirabeau fut patriote un jour et il est mort », Camille rapporte les bruits divers qui courent sur cette mort. Les uns prétendent que Mirabeau a été empoisonné ; Cabanis assure « qu'il est mort étouffé de truffes et brûlé de vin de Côte-Rotie ».

« Il me dit un jour, continue Desmoulins : J'ai la preuve que les Lameth ont fait écrire à M. La Croix la grande trahison du comte de Mirabeau, et je garde dans mon secrétaire le décret de prise de corps que j'ai obtenu contre M. La Croix ; je n'en fais point usage, parce que je crois qu'il fallait alors non-seulement la liberté, mais même la licence de la presse. — Il serait mieux encore, lui dit Danton, de n'avoir point demandé un décret de prise de corps. »

Racontant le défilé des funérailles, Desmoulins ne peut pourtant s'empêcher de constater que cette mort remue Paris de fond en comble :

« Dans la rue de Louis-le-Grand, quelqu'un s'écria d'une croisée à notre passage : « Voilà les 33. » Nous pouvions répondre : « Dites les 33 mille ! » En effet, la procession des Jacobins n'était guère moindre. »

« Pendant sa vie, ajoute-t-il, j'ai appelé Mirabeau le grand Mirabeau, Démosthènes Mirabeau, Mirabeau Tonnerre, Hercule Mirabeau, saint Mirabeau. Ces hyperboles étoient permises alors. Je savois qu'il aimoit la gloire : plus d'une fois il envoya son secrétaire à deux lieues me prier d'effacer de ma feuille telle page dont il craignoit la censure. Je n'avois que mes éloges à opposer à l'éclat de l'or par lequel les despotes l'attiroient [1]. »

Puis il revient sans cesse et avec une âpreté terrible, comme sur une victime tombée, à Mirabeau mort :

---

[1] Camille blâme chez les autres les exagérations auxquelles il s'abandonne lui-même. Cérutti ayant dit que Mirabeau a sauvé la France : « Non, dit Camille, *comme le Fils de Dieu, le peuple français s'est ressuscité lui-même !* »

« Mirabeau étoit éloquent, mais, fort de la raison, il dominoit dans la tribune plutôt par les talents du comédien que par les moyens de l'orateur. »

Et Camille, à qui on reprochera plus tard son amitié pour Dillon, parle — le malheureux ! — de l'*ubiquité* de Mirabeau « déjeunant avec les Jacobins, dînant avec 89 et soupant avec la Marck et les Monarchiens. Où il couchait n'est pas de mon récit ! » Cette question des dîners de Mirabeau revient fréquemment sous la plume de Camille, qui cependant (l'oubliait-il?) avait trouvé plaisir à déguster chez ce même Mirabeau le *marasquin de Zara*. « Mirabeau, dit-il dans son numéro 67, soupe chez Velloni, restaurateur italien, place des Victoires, avec l'ancien évêque d'Autun. » Ce que Desmoulins reproche aux autres, on le lui reprochera plus tard à lui-même :

« On me reproche, dira-t-il alors, d'avoir dîné ces jours derniers avec quelques-uns des grands pivots de l'aristocratie royale. Le mal n'est pas de dîner, mais d'opiner avec ces messieurs. J'ai cru que je valois bien un docteur de Sorbonne à qui il étoit permis de lire les livres à l'index, que de même je pouvais bien dîner avec les auteurs à l'index... »

Au moins Desmoulins se repentait-il alors d'avoir dénoncé Mirabeau *soupant* chez M. de la Marck ?

Dans le numéro 73 des *Révolutions de France et de Brabant*, l'attaque continue, acharnée.

Camille raconte qu'après le décret sur la paix et la guerre, il rencontra Mirabeau sortant de l'Assemblée au cloître des Feuillants : — « Vous êtes vendu cent mille écus », lui dit-il. Mirabeau sourit, lui prend le bras, le conduit jusqu'à la rue de l'Échelle et, amicalement : « Venez donc dîner », fit-il. Ce fut toute sa justification [1].

---

[1] C'est dans ce n° 73 que Desmoulins écrit :
« Je constitue mon journal en journal permanent. J'invite les sou-

Puis, supputant la fortune de Mirabeau, dont le père mourut « insolvable » :

« Quelques mois avant l'ouverture des États-Généraux, dit Camille, il mettait une boucle de col au Mont-de-Piété et, deux ans après, voilà qu'il laisse par testament :

A un enfant qui lui était cher...	24,000 l.
A son secrétaire............	24,000
A son médecin............	24,000
A chacune des demoiselles du Saillant............	2,800 de rente.
A chacune de ses autres nièces..	600 de rente.
A M. de la Marck sa bibliothèque qu'il a achetée.........	200,000

Il remet à madame de Jay tout ce qu'elle peut lui devoir. »

Et Camille parle encore « du faste de Lucullus, de l'orateur », des repas de quinze mille livres donnés à sa section. Puis, irrité, violent, oubliant décidément les repas et le marasquin du *comte* :

« Va donc, ô nation corrompue, ô peuple stupide, te prosterner devant le tombeau de cet honnête homme, véritable Mercure de son siècle, et le dieu des orateurs, des menteurs et des voleurs ! »

C'est dans une lettre à Brissot que Camille essayera ensuite d'expliquer ses opinions diverses sur ce même Mirabeau :

« Mirabeau m'avait fait habiter avec lui sous le même toit, à Versailles. Il me flattait par son estime; il me touchait par son amitié, il me maîtrisait par son génie et ses grandes qualités. Je l'aimais avec idolâtrie; ses amis savaient combien il redoutait ma censure, qui était lue de Marseille et qui le serait de la postérité. On sait que, plus d'une fois, il envoya son

scripteurs à ne plus renouveler au bureau, rue de Seine, 115, chez M. Caillot, mais chez moi, rue du Théâtre-Français, où je continuerai de cultiver une branche de commerce inconnue jusqu'à nos jours, *une manufacture de révolutions.* »

secrétaire à une campagne éloignée de deux lieues, me conjurer de retrancher une page, de faire ce sacrifice à l'amitié, à ses grands services, à l'espérance de ceux qu'il pouvait rendre encore. Dites si je me suis vendu à Mirabeau. Je ne savais pas que des traîtres, à une distance si immense de lui pour les talents, bientôt nouveaux parvenus à la tribune, nous conduiraient avec plus de perfidie à la ruine de la liberté, et me réduiraient à demander pardon à sa grande ombre, et à regretter tous les jours ses ressources pour la France dans son génie, et pour la liberté dans son amour pour la gloire. »

On sent bien là que Camille, quoi qu'il ait dit tout à l'heure, quoi qu'il ait écrit devant ce cadavre d'un homme qui voulut — c'est le mot de Mirabeau lui-même — l'*ordre*, mais non l'*ancien ordre*, on sent que Camille avait aimé Mirabeau. Et pourtant, ne s'était-il pas vanté, dans les *Révolutions de France et de Brabant,* d'avoir contemplé d'un œil sec le front superbe de ce grand mort, enveloppé de son suaire? Hélas! il était terriblement vrai, le mot du puissant orateur! Il allait devenir le mot véritable de la postérité sur cet homme d'un talent si grand, d'une faiblesse plus grande encore, d'une sensibilité qui déplorait bien vite, mais trop tard, des accès de malice meurtrière, et, pour l'avenir comme pour Mirabeau, Desmoulins allait demeurer : *Ce pauvre Camille!*

III

Cette physionomie de journaliste ne serait point complète, si nous ne parlions des polémiques auxquelles il fut mêlé. L'*Anon des Moulins,* pour rappeler le langage attique des *Apôtres,* devait être un des plus attaqués, des plus calomniés et des plus menacés de tous les journalistes de la Révolution. Tantôt on l'accusait de s'être

déguisé en femme pour suivre, à Versailles, aux journées d'octobre, derrière les basques de Maillart, le flot de celles que Carlyle appelle des *Ménades*. Tantôt on lui lançait des accusations indignes de vénalité et de corruption. L'argent, l'histoire le sait maintenant, n'a jamais souillé les mains de Camille pas plus que celles de Danton. « Je me félicite à chaque instant, dira plus
» tard Camille à son père (7 juillet 1793), de sortir de
» la Convention et de la Révolution comme j'y suis
» entré, et sans avoir arrondi mon patrimoine du bourg
» de l'Égalité. On ne pourra pas m'accuser d'avoir fait
» une spéculation de la République. »

Ces attaques ne faisaient donc qu'exacerber le ton des écrits de Camille. Il continuait à railler ses adversaires, et, avec causticité, il emportait souvent le morceau ! De quelle fureur devaient être saisis les hommes dont il se moquait, comme, par exemple, ce vicomte de Mirabeau, à qui il reproche une *pointe de gaieté de Vaugirard*, — et dont il trace ainsi le portrait, d'après une caricature :

« On le reconnaît à sa double épaulette où flottent des cervelas en guise de graines d'épinards. Ses bras sont passés dans deux brocs qui lui servent de brassarts. On lui a fait des cuissards ou des culottes avec deux petits tonneaux, et il n'y a pas jusqu'à ses jambes qu'on n'ait chaussées assez naturellement dans deux bouteilles de vin de Champagne renversées : la mousse en s'évasant forme les pieds qui ressemblent plus, il est vrai, à ceux d'un faune que d'un homme; enfin, de peur qu'on ne le reconnaisse pas, on lit sur le nombril, autour du bondon du tonneau principal, V. D. M. — *Vin de Malvoisie*, ou *Vicomte de Mirabeau*. »

Et Mirabeau-Tonneau n'était pas seul en butte à ses coups ! Camille raillait encore les *huit cents fermes* de cet abbé Maury, qu'il n'appelle jamais que J... F... Maury — et quelquefois *l'abbé Maudit;* il raillait Mounier, Malouet, Cazalès, et, s'interrompant tout à coup dans ses attaques :

« Mais j'ai tort, disait-il avec une ironie terrible, de vous en vouloir, Messieurs Cazalès, Mirabeau cadet, J. F. Maury et Malouet! Que deviendrait mon journal si vous vous donniez le mot de devenir honnêtes gens, ou si vous partiez avec d'Esprémesnil pour reconstruire vos châteaux flanqués de tours, avec le droit de cuissage et de colombier sur les bords du Scioto? Je frémis d'y penser! nous serions ruinés, mon libraire et moi [1]! »

---

[1] *Révolutions de France et de Brabant*, t. II, p. 56.

Voici, extraite du n° 24 des *Révolutions* (p. 507), une satire contre Maury, qui peut donner le ton de toutes les autres.

« On va représenter, dit Camille, aux *Grands Danseurs du roi*, une comédie en deux actes, *J. F. Maury.*

Dialogue entre Maury et Rosalie.

MAURY.
— Ah! j'ai bien du chagrin!
ROSALIE.
Qu'as-tu donc, petit cœur?
MAURY.
Un décret, ce matin...
ROSALIE.
Un décret? achevez...
MAURY.
Pour prix de nos services
Vient de nous dépouiller de tous nos bénéfices.
ROSALIE.
O ciel! à ce malheur qui se fût attendu!
MAURY.
De l'éloquence en vain j'ai déployé les charmes,
A tous les bons curés fait répandre des larmes,
Cité commentateurs, et docteurs, et robins,
Il a fallu céder le champ aux Jacobins...

Le vicomte de Mirabeau intervient.

MIRABEAU LE VICOMTE.
.... Pour moi, je vais à la cuisine
Voir si certain gigot commence à prendre mine.
Je vous ferai passer six flacons de bordeaux :
Mettez par là la tourte avec les fricandeaux;

On imagine quel *tolle* Camille attirait parfois sur lui. Un jour, raconte Regnault de Saint-Jean d'Angély, un certain Bonne-Carrère menace, à la tribune des Jacobins, Camille de cinq cents coups de canne. Une autre fois, le comte Fernand Nuñez, ambassadeur d'Espagne, se plaint à M. de Montmorin des hardiesses de Desmoulins. M. de Montmorin n'y pouvait rien. Un jour enfin, Malouet, impatient de tant d'injures, allait parler à la tribune des *Révolutions de France et de Brabant*.

Mais Camille tenait bon : « Je ne veux pas, disait-il, » qu'il soit dit qu'un Picard a cédé à un Auvergnat; — » je continuerai mon journal. »

Dans la séance du 31 juillet 1790, Malouet dénonçait Camille en disant : « Ce n'est point une injure particulière que j'ai voulu venger. Après un an de silence et de mépris, j'ai dû me rendre vengeur d'un crime public. » — « Saute, Malouet! » écrit alors Camille, « comme tu vas faire ta cour à la femme du roi! »

« On s'attendait, ajoute-t-il, que Malouet allait justi- » fier sa tirade par la lecture du numéro dénoncé, mais » après avoir injurié Desmoulins, c'est Marat qu'il a lu. » L'Assemblée, sur la proposition de Malouet, avait décrété que, séance tenante, le procureur du roi au Châtelet serait mandé et qu'on poursuivrait comme coupables de *lèse-nation* les écrits incendiaires. Deux jours après, le 2 août, lecture à l'Assemblée d'une adresse de

> Garnissez ce lieu-ci de cette matelotte.
> Le petit marmouzet a gâté ma culotte.
> Pour qu'il n'arrive plus un semblable malheur,
> Et montrer que je tiens la cuisine en honneur,
> Je m'en vais, mes enfants, endosser le costume.
> Otons le bel habit et le castor à plume ;
> Donnez le tablier, le bonnet de coton ;
> Eh bien, n'ai-je pas l'air d'un bon gros marmiton?

Tout cela est assez lourd et n'est pas digne de l'Athénien Camille.

Camille, qui se plaint que son dénonciateur n'ait pas lu son numéro. — « Il est bien question de ma plainte! dit Malouet. Camille Desmoulins est-il innocent? Il se justifiera. Est-il coupable? Je serai son accusateur, et de tous ceux qui prendront sa défense. Qu'il se justifie s'il l'ose! » « J'étouffais de toutes ces réponses, raconte Camille, qui assistait à la séance. La violence de ma situation était telle, que si j'avais été muet, je crois que j'aurais trouvé en ce moment une langue, comme le fils de Crésus à la prise de Sardes. »

Alors se levant tout droit et répondant au défi de Malouet :

— Oui, je l'ose, s'écria-t-il.

Ce fut un tumulte indescriptible.

— Qu'on l'arrête! criaient les représentants. Camille put croire un moment qu'il allait être traîné à la barre.

« Je m'étais flatté de paraître à la barre, et bien me prit d'avoir mis à cet effet ce que j'avais de linge plus honnête. » Mais il préféra s'enfuir. « Les alguazils qui couraient après un auteur famélique me laissèrent passer. » Pendant ce temps, Robespierre, à la tribune, prenait la défense de Camille et empêchait certainement son arrestation.

« Mon cher Robespierre ne m'abandonna point en ce moment », écrit Desmoulins en contant le fait. On a trouvé dans le *Portefeuille de Camille* (publié par M. Matton aîné) la lettre d'un anonyme, qui raconte avoir failli être arrêté à la place de Desmoulins. Sans la harangue de Robespierre, la vérité est, encore un coup, que Camille eût pu payer cher son exclamation. L'adresse de Maximilien le sauva.

---

[1] On sera peut-être curieux de connaître des extraits de la *Plainte de*

Nous ne saurions donner place ici à toutes les discussions et procès que s'attira Camille avec ses écarts de plume. « Il y a, disait-il avec saint Paul, un excès de bon sens et de sagesse qu'il faut éviter. » La vérité est

M. Malouet, député à l'Assemblée nationale, contre le sieur Camille Desmoulins, auteur des Révolutions de France et de Brabant.

« *A Monsieur le lieutenant criminel du Châtelet de Paris.*

» Supplie Victor-Pierre Malouet, intendant de la marine, député à l'Assemblée nationale, disant qu'il est, depuis un an, outragé par le sieur Camille Desmoulins, auteur des *Révolutions de France et de Brabant.* »

Malouet reproche à Camille « les excès et les violences d'une populace égarée par des libellistes incendiaires, et son titre de *procureur général de la lanterne* ». Il le représente comme un ennemi de l'ordre et de la paix publique, un calomniateur, un dénonciateur qui marque les victimes désignées à la justice du peuple.

» Si, dans un État policé, chaque citoyen suffit à la défense de son honneur, la société tout entière et les tribunaux doivent veiller à sa sûreté.

» En vain voudroit-on motiver le silence des tribunaux sur de tels attentats par le silence du Corps législatif sur la licence de la presse.

» La vie du suppliant a été en danger. Poursuivi à Versailles, insulté à la porte de l'Assemblée, accablé de lettres anonymes, réduit à porter des armes à feu pour sa défense, le suppliant attribue tout à Camille Desmoulins.

» Dans le n° 31 des *Révolutions de France et de Brabant,* le suppliant a cru voir des signes de démence.

» Il paroît évidemment que si l'auteur n'avoit l'esprit aliéné, il ne se seroit point avisé de menacer le suppliant d'*imprimer sur sa joue des caractères durables,* de le traiter d'*infâme,* et d'avancer qu'il avait été chassé *du bagne de Brest et rayé du tableau des galériens.* Un homme comme le sieur Desmoulins doit être plus accoutumé à recevoir qu'à imprimer des caractères durables, et les faits extravagants qu'il allègue ne peuvent être que l'effet d'une folie décidée.

» Conclut à ce que Camille Desmoulins soit vu et visité par le médecin du Châtelet et conduit dans une telle maison de force ou de santé, qui sera indiquée, comme fou, méchant et dangereux; autrement il sera tenu de se rétracter au greffe, devant témoin, avec défense de s'occuper du suppliant à l'avenir.

» *Signé* : Malouet et Lemit, procureur. »

Soit montré à M. le procureur du roi, le 7 juillet 1790.

Signé : Bachois.

« Je n'empêche pour le roi être donné acte au suppliant de la plainte qu'il rend des faits contenus en la présente requête, en conséquence lui

qu'il l'évitait un peu trop. Nous serions entraîné bien loin si nous racontions, dans leurs détails, les démêlés de l'auteur des *Révolutions de France et de Brabant* avec les ennemis qu'il s'attira. C'est d'ailleurs le sort du journaliste ; il ne saurait, pour parler le langage d'un pamphlet du temps, étriller sans que la bête crie. Mounier avait protesté autant que Malouet contre ce qu'il appelait les *infâmes libelles* de Camille. Une autre fois, c'est M. de Crillon que Desmoulins avait appelé un citoyen *douteux*, en parlant d'un *comité Crillon*. M. de Crillon lui réclame aussitôt cent mille livres de dommages-intérêts ou une rétractation. « Je me rétracte, répond Camille, mais je demande à M. de Crillon où est cette liberté de la presse qu'il a lui-même fait décréter? » Desmoulins avait dit que M. Antoine Talon, lieutenant

être permis de faire assigner avec moi à l'audience de la chambre criminelle le sieur Camille Desmoulins aux fins énoncées dans ladite requête. »
Fait le 7 juillet 1790.

Signé : FLANDRE DE BRUNVILLE.

Citons encore ces fragments d'une brochure du temps :

Lettre d'un Impartial à M. Camille Desmoulins, auteur des Révolutions de France et de Brabant.

« Monsieur,

» J'hésitois à vous écrire ; je me disois : Qu'y a-t-il, que peut-il y avoir entre Camille Desmoulins et la Société des Impartiaux ? Je me rappelais ce qu'a dit un de nos membres à Versailles : Il y a loin du fer de l'assassin au cœur de l'honnête homme ; mais puisque enfin vous avez franchi l'espace, puisque vos calomnies nous atteignent, il faut bien qu'on vous réponde.

» Indulgents pour les erreurs, nous sommes implacables pour les cabales ; nous haïssons les brigands qui font usage de la lanterne ; nous exécrons les ambitieux qui font usage des brigands, et nous méprisons les journalistes qui se vouent à louer les ambitieux, les brigands et la lanterne. »

L'auteur conclut en disant : Tout honnête homme peut être admis aux séances de la Société des Impartiaux présenté par un membre, « si vous ne pouvez trouver personne pour vous y présenter exceptionnellement. »

civil au Châtelet, était « vendu », qu'on lui avait offert une place dans la municipalité. (*Révolutions,* numéro 29.) Talon voulait le décréter de prise de corps, et Mirabeau apprit à Desmoulins que, depuis, La Fayette l'avait empêché. Antoine Talon l'assigne alors *en calomnie.* Il lui demande dix livres de dommages-intérêts pour les pauvres. Camille réplique et s'écrie : « Attends, Antoine Talon, je suis à toi dans l'instant! » C'est déjà, c'est, dès les *Révolutions de France et de Brabant,* le fameux mouvement de style, la menace célèbre, le cri : *Attends, Hébert!* du *Vieux Cordelier.* Au Châtelet, Camille Desmoulins fut condamné par défaut.

Après Talon, c'est Bergasse. Bergasse aussi, accusé par Camille d'être vendu. « Il touche dix-huit livres par jour », disait Desmoulins. Bergasse se mit en fureur : « Voilà, dit-il, un impudent scélérat! » Et Camille, ironique et implacable, hausse les épaules : « Il faut faire grâce de la lanterne à Bergasse, parce qu'il est fou! » Sans nul doute, c'était Mirabeau, justement jaloux de voir que la cour accordait quelque crédit à une médiocrité comme Bergasse — plus fait pour s'asseoir au banquet de Mesmer que pour diriger un mouvement politique, — c'était Mirabeau qui aiguisait la verve de Camille contre ce personnage. Mirabeau, plus d'une fois indiqua à Desmoulins, le but, la cible où il devait viser [1].

[1] Voici une particularité qui paraît avoir échappé à tous les biographes de Camille Desmoulins, même à M. Édouard Fleury :

Dans une lettre à son père, du 8 octobre 1789, il dit : « Pendant mon séjour à Versailles, Mirabeau m'a chargé de faire un mémoire pour la ville de Bellêsme contre son délégué et l'intendant d'Alençon ; je l'ai fait. »

Ce mémoire existe, nous écrivait, il y a quelques années, M. Léon de la Sicotière, aujourd'hui député à l'Assemblée nationale, et qui possède cette pièce : Le mémoire existe, et j'en ai signalé l'existence dans une note de l'*Orne archéologique et pittoresque,* p. 257.

« Il est intitulé : *Dénonciation à l'Assemblée nationale contre les sieurs*

Il ne faudrait pas oublier, dans la liste de ces démêlés de Camille avec ses contemporains, l'assignation que l'auteur des *Révolutions de France et de Brabant* reçut en même temps que Gorsas (Voyez les *Documents* à la fin du volume), et le procès que lui firent M. et madame de Carondelet, accusés par lui, sur les renseignements d'un certain Macdonagh et de Rutledge, d'être bigames. Curieuse affaire que celle-là, et tout à fait romanesque. L'Irlandais Macdonagh réclamait pour sa femme Rose Plunkett, devenue marquise de Carondelet. Camille prêta son journal à la réclamation, qui fit un beau

---

Jullien, intendant d'Alençon, et Bayard la Vingtrie, son subdélégué à Bélesme, et forme une brochure de 58 pages in-8°, Paris, Gattey et Blanchon, 1789.

» Voici à quelle occasion il fut publié :

» Une émeute avait eu lieu à Bellesme en juin précédent, par suite de la disette de grains; des mesures de répression avaient été prises par le subdélégué; des ordres donnés de balayer les rues; personne cependant n'avait été blessé; une assemblée de ville avait blâmé sa conduite, et nommé des commissaires pour rechercher et répartir entre les habitants les grains arrêtés, ceux qui passeraient à l'avenir et même ceux qui se trouveraient dans les greniers de la circonscription, pour arriver à l'approvisionnement des marchés.

» L'intendant avait approuvé la conduite de son subdélégué et réprouvé énergiquement la délibération.

» Plainte à l'Assemblée nationale par les habitants de Bellesme, en crime de *lèse-peuple* ou *lèse-nation,* et plainte par le subdélégué à la sénéchaussée du Mans du *fait de la plainte* des habitants.

» Intervention des députés du Perche, et transaction à leur médiation, chacune des parties abandonnant ses griefs.

» Le *mémoire* pour les habitants est signé THOUMIN, *avocat à Bélesme, député suppléant de la province du Perche à l'Assemblée nationale et député* AD HOC *de la ville de Bélesme.*

» Il est censé daté du 9 décembre.

» Mais il est bien certain qu'il est l'œuvre, en grande partie du moins, de Camille. La lettre du 8 octobre ne peut s'appliquer qu'à cet écrit : on y trouve d'ailleurs la verve mordante, la faconde un peu déclamatoire, le luxe de citations latines (Cicéron, Juvénal, Horace, Lucrèce, etc.) de l'auteur de la *France libre* et des *Révolutions*. Enfin, il est imprimé à Paris et publié chez les éditeurs. (Vérifiez toutefois ce dernier point.)

— Léon DE LA SICOTIÈRE. »

tapage. La procédure de cette étrange affaire est volumineuse, et on la trouvera tout entière aux *Archives nationales*. A la vérité, elle tient plus de la fiction que de l'histoire.

Camille devait soutenir encore un procès, cette fois, pour avoir appelé Sanson « le bourreau ».

J'appelle un *chat* un *chat* et Sanson le *bourreau !*

disait-il en riant.

« Malgré la prodigieuse gaieté des aristocrates chantants, écrit-il, je doute qu'ils fassent rire les aristocrates pleurants. On assure que leur journal est le recueil facétieux des couplets que chantait naguère la Table ronde des aristocrates, à ses petits soupers chez le *bourreau de Paris.* »

De là procès. L'assignation de l'exécuteur des jugements criminels est ainsi libellée :

« L'an 1790, le 15 janvier, avant midi, à la requête de Ch.-H. Sanson, exécuteur des jugements criminels, demeurant à Paris, rue Neuve-Saint-Jean, paroisse Saint-Laurent, Louis-Philippe Thévenin-Durozay assigne Camille Desmoulins, demeurant rue de Tournon, 42,

» A comparoir demain samedi, 10 heures du matin, avec le sieur Garnery, libraire, au tribunal de police sis à l'Hôtel de ville de Paris, et à payer 3,000 livres de dommages-intérêts applicables au pain des pauvres de la paroisse Saint-Laurent, et à faire réparation d'honneur.

» La sentence sera affichée au nombre de 3,000 exemplaires. »

Camille répliquait alors :

« Vous êtes un ingrat, Monsieur Sanson : j'ai cru que le sentiment intérieur de la bassesse du métier que vous faites vous empêchait de lever les yeux et d'oser écrire à un citoyen, même pour le remercier; car vous me deviez des remercîments pour vous avoir appelé dans mon prospectus le *représentant du pouvoir exécutif.* »

« Je ne m'abaisserai pas, ajoutait-il, jusqu'à me mesurer

avec Sanson, mais je vais apprendre à M. le bourreau, si délicat sur le point d'honneur, ce qu'il doit penser de son ministère. »

La sinistre logique de ces temps redoutables devait pourtant jeter, un jour, le satirique de 1790 sous le couperet du *représentant du pouvoir exécutif*. Il semble, au surplus, — rapprochements lugubres, — que Desmoulins, à de certaines heures, eût comme l'appréhension de ce dénoûment, lorsqu'il écrivait, dès ces années de lutte : « Je mourrais avec honneur de la main de Sanson, mais de la main d'un spadassin ce serait mourir piqué de la tarentule. » Quel spadassin menaçait donc Camille? Plus d'un, à coup sûr. Les gentilshommes partisans de la cour semblaient, un moment, avoir juré de débarrasser la monarchie de ses plus redoutables adversaires, les Barnave au Parlement, les Desmoulins dans la presse. Le duel de Charles Lameth avec M. de Castries avait exaspéré Paris. Il s'était même formé une association particulière dans le but de protéger les patriotes contre les spadassins, et d'habiles tireurs, tout prêts à dégaîner, se faisaient appeler alors les tueurs de spadassins, les *spadassanicides*. « J'ai fait serment de » défendre tous les députés contre leurs ennemis », écrivait à Prudhomme un M. Boyer, qui fit en effet reculer un certain matamore du nom de Sainte-Luce, et qui se trouvait à la tête de cinquante *spadassanicides*. Son adresse, qu'il faisait connaître, était passage du Bois-de-Boulogne, faubourg Saint-Denis. A la vérité, les patriotes avaient besoin d'être défendus. Un garde national disait tout haut, après l'incident de Malouet à la tribune : « Si je rencontre Desmoulins, je lui coupe la tête avec mon sabre! » — « Cet homme-là, écrit Ca- » mille, n'aime pas la plaisanterie. »

On pouvait mettre un tel bravache à côté de ce Bonne-

Carière qui tout à l'heure menaçait Desmoulins de « cinq cents coups de canne ou de bâton ». La bastonnade était, paraît-il, une raison au dix-huitième siècle; Voltaire lui-même en avait su quelque chose.

Au Palais-Royal, Camille faillit, certain jour, être assommé, dit-il, avec Danton, par « des souteneurs » hauts de six pieds de *Washington pot-au-feu* (La Fayette). » Carra ne venait-il pas d'être brutalement frappé par l'aide de camp Parisot?

Après ces royalistes, ce sont les acteurs qui cherchent querelle à Camille. Il avait assez vertement raillé dans ses numéros l'acteur Naudet, capitaine de grenadiers dans la garde nationale, et le gros Desessarts, sapeur des vétérans dans le même bataillon que Naudet.

La grosseur formidable de ce Desessarts était proverbiale, et Desmoulins s'en amusait. Ce Denis Dechanet, dit Desessarts, né à Langres, en 1738, et qui devait mourir à Baréges en octobre 1793, était le même qui avait fait suspendre durant un mois l'*Année littéraire,* de Fréron le père, et voulait faire mettre le critique au For-l'Évêque, parce que Fréron avait dit : « Si ce rôle (le marquis de Renneville) n'a pas réussi, ce n'est pas la faute de l'auteur, mais bien celle du *gros ventriloque* qui l'a cruellement défiguré. Oh! c'est qu'il faut voir ce M. Desessarts, quand il s'avise de jouer mal ou de lâcher la bride à la haine contre les hommes de lettres ; il ne laisse rien à désirer ! » Comédien quémandeur, Desessarts n'avait cessé, au temps jadis, de réclamer des gratifications au duc de Villequier. Or, ces gratifications, les comédiens les regrettaient. De là leur attachement à l'ancien régime. Michelet a remarqué (T. III, et ailleurs, de son *Histoire de la Révolution française*) que le perruquier était essentiellement contre-révolutionnaire, et il a dit pourquoi : parce que ce qui vit du luxe se préoccupe peu de la liberté. Je lis dans le Rapport de Camus, Bancal, Quinette, Lamarque (nivôse an IV, page 56) : « C'étaient gens de toute espèce : prêtres, moines, émigrés, filles publiques et perruquiers. »

Tout rapprochement fâcheux évité, on pourrait dire de même des comédiens, et en particulier de Desessarts, que les prébendes de l'ancien régime leur manquaient[1].

---

[1] Ce Desessarts a laissé sa légende. Denis Dechanet, dit Desessarts, ancien procureur, jouait, et jouait fort bien, les financiers, les *manteaux* et les *grimes*. Il était venu de Marseille à Paris pour remplacer Bonneval à la Comédie française. Il débuta, le 4 octobre 1772, par Lisimon du *Glorieux* et Lucas du *Tuteur*. Il fut reçu sociétaire le 1er avril 1773. « Une bonhomie mêlée de rudesse, de la franchise, de la gaieté et du mordant », telles étaient, d'après les contemporains, ses qualités. Il fut excellent dans les comédies de Molière. Mais lorsqu'il jouait Orgon, sa grosseur était telle qu'il lui fallait une table fabriquée tout exprès pour pouvoir se cacher dessous. Dans le rôle de Petit-Jean, des *Plaideurs*, il excitait une hilarité générale à ce vers :

> Pour moi, je ne dors plus, aussi je deviens maigre !

Dans la *Réduction de Paris* de Desfontaines, Desessarts jouait le prévôt des marchands *exténué par une longue famine*. On voit d'ici l'effet comique. Bien des anecdotes, dont on fit plus tard Lablache le héros, coururent sur Desessarts. Celui-ci ayant provoqué Dugazon en duel, Dugazon, au bois de Boulogne, tire un morceau de blanc d'Espagne, trace un rond sur le ventre de son adversaire et dit froidement : *Égalisons la partie, tout ce qui sera hors du rond ne comptera pas.* « Le moyen de se battre ! écrit Lemazurier. Le duel bouffon fut terminé par un déjeuner. » Desessarts mourut à Baréges, à cinquante-cinq ans (brumaire an II), suffoqué par l'annonce de la mort d'un camarade. On avait mis au bas du portrait de l'ancien procureur ces mots : « *J'aime mieux faire rire les hommes que de les ruiner.* » (Galerie historique des acteurs du Théâtre-Français, par P. D. Lemazurier; 1810; tome Ier, p. 227.) Dans le poëme de Saint-Just, *Organt*, on trouve ces vers relatifs à ce Desessarts que Loustallot appelle aussi un *monstre ridicule* :

> Organt vit là Molé dont le talent
> Est d'écorcher Molière impunément,
> Et Desessarts, *le Sancho de l'École*,
> Qui croit l'Olympe assis sur son épaule...

Desessarts, on le voit, eût dû se montrer cuirassé contre les plaisanteries de Camille. Il était habitué aux sarcasmes.

Le numéro 42 des *Révolutions de France et de Brabant* contenait l'annonce suivante :

« *Avis important aux femmes grosses.* Une lettre nous est parvenue, signée Parochel, accoucheur, qui dit qu'une femme est accouchée d'un éléphant parce qu'elle a été frappée de l'apparition du sieur Desessarts au moment où il sort de dessous la table au quatrième acte de *Tartuffe*.

» On invite Messieurs les comédiens français à vouloir bien, les jours où le sieur Desessarts jouera, en prévenir le public sur l'affiche, en très-gros caractères. »

Parochel réclame bientôt et déclare la lettre fausse. Desessarts se fâcha, et Desmoulins refusa son cartel[1]. « Il me faudroit, dit-il, passer ma vie au bois de Boulogne, si j'étois obligé de rendre raison à tous ceux à qui ma franchise déplaît. Patience !... Je crains bien que le temps ne soit pas loin où les occasions de périr plus utilement et plus glorieusement ne nous manqueront pas. » — « Autant, dit Loustallot, M. Desmoulins mérite d'être honoré, applaudi pour cette affaire, autant ces deux spadassins doivent être méprisés..... Si le préjugé du duel survit à l'abolition du régime féodal, il n'y aura jamais de vraie liberté. Le meilleur citoyen, le plus honnête homme sera toujours l'esclave du premier vaurien, du premier *valet-tueur* qu'on lâchera contre lui. »

---

[1] « M. Desmoulins, auteur des *Révolutions de France et de Brabant*, dînait, il y a quelques jours, chez le suisse du Luxembourg. Les sieurs Naudet et Desessarts, comédiens français, se trouvant dans la même salle, adressent les injures les plus grossières à l'écrivain ; et le sieur Desessarts, s'avançant vers lui, les poings tendus, lui propose un cartel. *Ce sera*, dit M. Desmoulins, *en continuant de harceler les noirs et les ministériels que je me vengerai. Il me faudrait passer ma vie au bois de Boulogne, si j'étais obligé de rendre raison à tous ceux à qui ma franchise déplaît. Qu'on m'accuse de lâcheté si l'on veut...* » (*Anecdotes curieuses et plaisantes relatives à la Révolution de France.* Paris, 1791, in-18.)

Talma s'entremit depuis pour obtenir de Camille qu'il pardonnât à Desessarts.

Une autre fois, Camille, au Palais-Royal, sort du cabinet de littérature de la dame Vaudefleury « avec mon *veni mecum* (une canne solide et des pistolets, notre *veto*) ». Le commis de la maison le suit, tenant à la main le numéro 74 des *Révolutions*. Il déclare qu'il veut assommer Desmoulins, lui couper la gorge, et il lui applique le numéro sur le visage. « Je pourrais vous brûler la cervelle », dit Camille froidement en montrant ses pistolets; et il se contente de lui donner des coups de canne. Mais il est entouré, menacé. Un seul garde national de l'Isère et un journaliste sortent du cabinet littéraire pour le défendre. Le marquis de Saint-Huruge, pour lequel il avait si chaudement plaidé, lisait tout près de là, tranquillement, sa gazette. Le marquis ne bougea pas. « Depuis deux ans, dit Camille, je traverse une forêt. »

Il avait dit déjà, numéro 34 :

« Je commence à douter si, pour éclairer des fédérés ingrats, que j'ai entendus faire au Palais-Royal la motion de me pendre, je dois aiguiser plus longtemps tant de poignards contre moi. Je commence à douter si un journaliste qui n'a point été mis en faction par le peuple, mais qui s'est constitué sentinelle de son propre mouvement, est obligé en conscience de mener la vie errante et souterraine de M. Marat. On peut bien se précipiter dans le gouffre comme Curtius, quand on croit que sa mort sauvera la patrie. Jésus de Nazareth marche à la croix parce qu'il est sûr d'opérer la rédemption du genre humain : encore eut-il une sueur de sang aux approches de M. Sanson. »

Peu importe. Camille continuera son métier de *journaliste volontaire* (le mot est de lui). Il bravera les injures; il laissera passer les calomnies. La boue ne tache point, quoi qu'on dise; elle ne salit que celui qui la manie. Du moins, lorsque Camille attaquait et persiflait, gardait-il une tenue de style et une allure littéraire. Mais les journalistes qui, pour le plaisir d'injurier, descendent jusqu'au langage de la halle, en y songeant, il avait raison de dire avec mépris :

« Pour moi, en voyant maints confrères qui font le métier de journaliste comme Pradon faisoit le métier de Corneille et qui se travaillent et suent pour me ridiculiser et miner le peu de crédit que me donnent ma franchise et mon patriotisme, je me félicite qu'on employe, à payer contre moi de mauvaises plaisanteries, l'argent de la liste civile, qui pourroit trouver un emploi plus dangereux à la liberté ! »

Desmoulins n'en devait pas moins réfléchir amèrement aux dangers qu'il courait; mais, songeant à ceux qui bravaient la mort chaque jour, il s'écriait dans une lettre à son père, et nous retenons ce cri de l'homme qui bravera plus tard la mort pour tracer le *Vieux Cordelier* : « Tant de gens vendent leur vie aux rois pour cinq sous ! Ne ferai-je rien pour l'amour de ma patrie, de la vérité et de la justice ? Je m'adresse ce vers qu'Achille dit à un soldat dans Homère :

« Et Patrocle est bien mort, qui valait mieux que moi ! »

CHAPITRE TROISIÈME.

I. Le roman de Camille. — Lucile Desmoulins. — Portrait de mademoiselle Duplessis. — Portrait de Camille. — Journal d'une jeune fille. — Rêveries. — Lucile et madame Roland. — Le *Cahier rouge*. — Romances du dix-huitième siècle. — Sylvain Maréchal. — Mariage de Camille. — Démêlés avec son curé. — Le contrat.
II. Les journées heureuses. — Calomnies des journaux royalistes. — L'abbé Terray. — Peltier et Rétif de la Bretonne. — Bourg-la-Reine.
III. Le club des Cordeliers. — Correspondance de Camille avec son père. — Loustallot. — La fuite de Louis XVI. — Varennes. — La pétition du Champ de Mars. — Desmoulins proscrit. — Il reparait à la tribune des Jacobins. — Une affiche de Camille. — Rupture avec Brissot. — Danton. — Naissance d'Horace Desmoulins.
III. La cour et la nation. — Ministère Roland. — Hésitations du Roi. — Le 20 juin. — *Fragment inédit de Camille*. — Lettre à Lucile. — Discours aux Jacobins sur la situation de la capitale. — Le 10 août.
IV. Camille au 10 août. — Journal de Lucile. — Camille secrétaire général du ministère de la justice. — Les conseils de Desmoulins le père.

I

Lorsque Desmoulins écrivait à son père pour lui expliquer l'état tourmenté de son âme, il y avait une cause à ses hésitations et à ses énervements : Camille souffrait. Un amour malheureux le rendait attristé, mécontent de lui-même et de la vie. Il avait rencontré sur son chemin une femme, et peu à peu, mais d'une affection profonde, il s'était donné à elle avec une tendresse absolue. Lucile Duplessis (elle écrivait souvent son nom *Lucille*) devait être, avec la liberté, la passion suprême de l'existence de Camille, et, — tant le sentiment est puissant même sur le jugement de l'histoire, — c'est à la séduisante image de Lucile que cet homme doit une partie de la sympathie que lui a gardée l'avenir. On dirait que la postérité aime à son tour ceux qui, vivants, ont su se faire aimer.

Le roman de Camille Desmoulins tient, dans la mémoire souvent si courte des hommes, plus de place que son histoire.

Ce roman fut long et traversé par les obstacles. Cette enfant (Lucile avait dix-huit ans), qu'il avait vue grandir, Camille l'aimait d'une passion irrésistible. Comment son amour était-il venu? Comment, un jour, avait-il aperçu une femme dans celle qu'il regardait comme une enfant? On sait quels progrès soudains se font parfois chez les jeunes filles : la chrysalide devient tout à coup papillon, étend ses ailes, bruit et charme. Il y a de ces transformations qui ressemblent à des métamorphoses. Évidemment, Camille se sentit, un jour, tout troublé et tout surpris par le regard de Lucile, par ce front de seize ans tout ombragé de cheveux blonds. Il l'aima. La *Biographie de Leipsig*, dont j'ai souvent relevé les mensonges, prétend que Camille, lié avec le duc d'Orléans, allait souvent à Mousseaux (Monceaux), et qu'il voulait épouser Paméla, l'élève de madame de Genlis [1]. Je n'en crois rien. Ce qui

---

[1] Camille alla en effet à Monceaux, aux fêtes du duc, et, sous ces arbres, auprès de ces colonnes, où le génie de Lamartine devait plus tard faire errer *Raphaël*, il laissait sans doute en liberté s'envoler sa verve. Robespierre, invité aux mêmes fêtes, répondait : « Je reste chez moi. *La tisane de Champagne est le poison de la liberté.* » A propos de l'affection de Camille pour le duc d'Orléans, on trouvera dans le n° 49 des *Révolutions de France et de Brabant*, une apostrophe comme celle-ci : « Cher Philippe... âme élevée et républicaine ! » (P. 441.) Lire aussi la défense du duc d'Orléans à propos des journées des 5 et 6 octobre dont Camille dira : Ce sont les *plus beaux jours de la France*. « Le 14 juillet ajoute-t-il, le peuple n'avait pris qu'une Bastille ; le 5 octobre, il a pris le Roi et sa femme. » Le fils du duc d'Orléans, le duc de Chartres, le futur soldat de Valmy et roi sous le nom de Louis-Philippe Ier, ayant

est sûr, c'est que Camille s'était senti attiré un moment par la grâce de sa cousine, mademoiselle Flore Godart (de Wiége), qui épousa plus tard M. Tarrieux de Tailland. Il la rechercha peut-être; et l'on veut que sa cousine se soit trouvée sur le passage de la charrette pour envoyer à Camille, d'un œil attendri, un dernier adieu. Mais, ce qui est plus certain encore, c'est que le grand, l'unique amour de Camille Desmoulins fut celui qu'il conçut pour Lucile.

C'était au Luxembourg qu'il l'avait rencontrée, dans les allées du jardin, à l'ombre de ce palais de Marie de Médicis, qui deviendra plus tard, — ironie des rapprochements! — la prison de Camille. Lui, étudiant affamé de gloire ; elle, enfant, tout ignorante de la vie, ils s'étaient vus et connus sous l'œil de madame Duplessis, la mère. Sans nul doute, une certaine sympathie était née dans l'esprit de madame Duplessis pour ce jeune homme ardent, confiant ses rêves à tout venant, et que la Révolution, depuis juillet 1789, avait fait célèbre. Desmoulins était connu de madame Duplessis; il avait rencontré la mère et sa jeune fille bien avant la prise de la Bastille, mais la vive lumière projetée depuis sur le front du jeune écrivain n'avait pas dû lui nuire auprès de madame Duplessis. Il y avait, dans l'aventure du Palais-Royal, dans cette distribution de feuilles vertes, couleur d'espérance, un reflet romanesque bien fait pour séduire une femme. Quant à Lucile, nul doute qu'elle ne se soit sentie conquise moins par le charme cepen-

---

visité, en temps d'épidémie, les malades de l'Hôtel-Dieu, Camille Desmoulins parle du dévouement de l'*excellent jacobin M. de Chartres*. Il faut ajouter que certains biographes n'ont pas craint de prétendre que, lors du mariage de Camille, le duc d'Orléans meubla, rue de l'Odéon, l'appartement des jeunes époux. Est-il besoin de relever la fausseté de l'assertion?

dant très-grand de Camille que par cette renommée soudaine venant illuminer son nom.

Lucile était une âme exaltée, et, à cette heure, légèrement souffrante, de ces souffrances vagues, mal définies, qui n'ont rien de réel, mais qui nous tourmentent en s'enracinant au profond de nous-mêmes. Mélancolies et inquiétudes de la jeunesse, défiances de soi-même et haine instinctive d'un monde qui attire par ses séductions et repousse par ses hideurs ; le siècle tout entier devait ressentir plus tard ce mal que quelques cœurs d'élite éprouvaient alors. Rousseau, le maladif Rousseau, l'esprit le plus faux et le plus trompeur, avait déjà répandu cette tristesse intérieure et ce mécontentement sans cause qui seront, quelques années après, le mal de René. Cet homme, qui n'éprouvait peut-être pas les douleurs qu'il faisait ressentir à d'autres, avait eu déjà une action profonde. Lucile Duplessis était une de ses victimes.

Au physique, petite plutôt que grande, gracieuse, de jolis cheveux blonds encadrant un visage souriant, quasi enfantin, une jeune fille de Greuze, Lucile ne semblait pas tourmentée de la sourde inquiétude que trahissent les pages arrachées à son journal de jeune fille. Le croquis que fera plus tard, d'après Lucile, celui qui sera un jour le maréchal Brune, ne peut donner une idée de l'irrésistible grâce de cette femme qui fut une héroïque enfant. Nous n'avons recueilli ce souvenir que parce qu'il constituait, à un double titre, un document historique. Mais Lucile avait un tout autre charme et une autre séduction. Un homme qui nous honora de son amitié, et qui avait assisté aux plus terribles journées de la Révolution, au 20 juin, au 10 août, le vénérable Moreau de Jonnès (de l'Institut), dont j'ai déjà invoqué plus haut le témoignage, me rappelait une séance du club des Cordeliers, où il vit entrer, un soir, tout souriants, tout jeunes, tout rayonnants d'amour heureux, Camille et Lucile Desmoulins. Et en trois mots il décrivait Lucile : « C'était une adorable petite blonde. »

Avait-elle aimé Camille dès que le jeune homme l'adora? Non, mais il était venu à l'heure dite, au moment où la jeune fille ressentait ce besoin d'aimer surexcité encore, j'imagine, par l'atmosphère de salpêtre qu'on respirait alors.

Camille, s'il faut en croire le témoignage de ses ennemis, n'était pas beau :

« Il avait, dit un écrivain qui diffame volontiers au physique comme au moral, le teint bilieux, comme Robespierre, l'œil dur et sinistre, et qui tenait plus de l'orfraie que de l'aigle. Je l'ai revu bien des fois, et il ne m'a pas semblé plus beau. Il y en a, je le sais, qui ont voulu faire de lui un joli garçon; mais ce sont des flatteurs, ou bien ils ne l'ont jamais vu [1]. »

Quelques lignes trouvées sur la garde d'un livre de la bibliothèque de M. de Sainte-Beuve, et attribuées au père de l'illustre critique [2], disent bien aussi que « Desmoulins avait un *extérieur désagréable.* » « Je ne suis point joli garçon, *tant s'en faut,* écrira Camille lui-même dans sa *Lettre à Arthur Dillon.* »

A ce témoignage de deux hommes, opposons celui

---

[1] *Souvenirs de la Terreur,* t. Ier, p. 51. « Il étoit d'une laideur atroce, dit la calomnieuse *Biographie* de Leipsig, le teint très-noir, avec quelque chose de sinistre dans le regard. »

[2] C'est une erreur qu'un remarquable écrivain, M. Ed. Schérer, a commise dans son article sur la *Bibliothèque de Sainte-Beuve,* et nous après lui, dans notre publication des *OEuvres de Camille Desmoulins,* éd. Charpentier, t. Ier, p. 48. Ces lignes sont tout simplement extraites de l'*Histoire de la conjuration de Maximilien Robespierre,* par Montjoie (Paris, 1801, t. II, p. 21), et Georges Duval et Montjoie se valent. *Arcades ambo.*

d'une femme : « Il était laid, dit en parlant de Camille l'auteur d'une très-curieuse brochure sur la famille Sainte-Amaranthe, il était laid, mais de cette laideur spirituelle *et qui plaît.* » La bouche, en effet, est sarcastique, les commissures des lèvres relevées ou tendues comme un arc prêt à lancer une flèche, le sourire est narquois, non point pensif comme celui d'Érasme, mais railleur comme celui de Sterne, ou plutôt voltairien. Il y a sur cette face quelque chose de démoniaque, l'esprit d'enfer, cette beauté du diable de l'homme. Le front est beau, large, bien modelé, les yeux pétillent, noirs et ardents. Tel est Camille dans la plupart des portraits connus, notamment dans celui que Boze exécuta à la Conciergerie, et dans la miniature que nous possédons, et qui a servi de modèle à la gravure mise en tête du présent volume [1].

[1] Nous connaissons une figure de Camille Desmoulins plus curieuse encore, et que nous a montrée M. Louis Ulbach : c'est Camille Desmoulins jeune et bazochien, Camille à la veille du Palais-Royal et du 14 juillet, le Camille du Luxembourg et des premières rencontres avec Lucile. La physionomie est éveillée, spirituelle, mais non railleuse, comme lorsque le jeune homme de vingt ans sera devenu, à trente ans, pamphlétaire. Cette miniature — tout à fait unique — d'après Camille Desmoulins provient du cabinet d'un savant collectionneur, M. Walferdin, le possesseur de tant de pages inédites de Diderot et éditeur de quelques-unes. M. Walferdin donna cette miniature à M. Emmanuel Arago, sachant que Camille était le cousin de la grand'mère maternelle du député.

Camille Desmoulins est encore adolescent sur cette miniature ; sa figure presque enfantine est encore encadrée de cheveux poudrés. Plus tard, Camille portera ses cheveux longs et noirs, tombant presque sur ses épaules. Deux inscriptions manuscrites existent encore, fort lisibles, derrière la miniature originale appartenant aujourd'hui à M. Arago. La première porte tout simplement :

« CAMILLE DESMOULINS. »

La seconde, assez étrange, est ainsi conçue :

« VENDU PAR LA MÈRE D'UNE MAÎTRESSE DE CAMILLE DESMOULINS, MADAME MONTBARNE, DEMEURANT RUE SAINTE-ANNE, 75. »

Cette mention, *la mère d'une maîtresse,* prouve évidemment, quand on sait la vie de Camille et de Lucile, que le portrait remonte à une

CHAPITRE TROISIÈME.

Ainsi donc, Camille, spirituel et capable de plaire, pouvait être aimé de Lucile. Lucile était quelque peu romanesque. Elle aimait la solitude. Cette enfant de seize ou dix-huit ans recherchait volontiers, et avec une amère volupté, dans ce grand Paris, non point la foule, mais sa propre pensée, son propre rêve. Elle n'avait d'autre confident que le cahier de papier rugueux et aujourd'hui jauni où elle jetait ses pensées, la nuit, dans sa petite chambre de jeune fille, lorsqu'elle était seule, et que ni son père ni sa mère, ni sa sœur Adèle, celle que Robespierre voulut épouser, n'étaient là. Je me figure la voir, tremblante d'être surprise, écrivant dans son lit, sur ses genoux repliés sous les draps, tandis que la lumière vacille à côté d'elle : elle écoute, inquiète d'être interrompue, et, avec cette volupté profonde qu'on éprouve à se livrer soi-même à soi-même, à s'étudier, à confier ses soupirs à un feuillet comme on jetterait ses soupirs au vent, elle écrit quelques pages rapides où l'indiscrète histoire ira chercher, plus de quatre-vingts ans après, le secret de ses pensées de jeune fille.

Elle aime la solitude, ai-je dit. Comme Rousseau, elle a horreur des hommes. A dix-sept ans! Elle n'aime le Luxembourg que lorsqu'il est désert, durant la semaine ou le soir, quand la nuit tombe :

« Il y aura des dames tous les dimanches, écrit-elle, et je ne pourrai plus venir rêver dans ces bosquets. Ils ne seront plus solitaires. Je fuirai cette joie bruillante (*sic*), souvent contraire aux situations où se trouve le cœur. Je sens que je suis née pour vivre loin des hommes. Hélas! plus je les examine, plus je cherche à les connaître, plus je vois qu'il faut

époque antérieure au mariage. Nous avons un moment voulu donner ce portrait en *fac-simile*; mais il eût semblé peut-être par trop inattendu, quoiqu'il soit absolument authentique. Nous nous en sommes donc tenu à la gravure de Rajon, exécutée d'après une miniature qui est à nous.

les fuir. Point de franchise, point de cordialité parmi eux...
Je vis comme une bête, je n'existe plus... Je n'ai plus que la
vie (matérielle?). Hier au soir j'avois peur de me trouver mal.
Je suis dans mon lit. Une lumière et un éteignoir sont sur mon
lit. Je l'éteins si j'entends du bruit[1]. »

Il y a là une souffrance évidemment, et cuisante. Certaines âmes sont aussi endolories et froissées par les appréhensions de la vie que d'autres par la vie elle-même. Cette vie a ses affres aussi, comme la mort. Lucile hait les hommes. Pourquoi? Sans doute parce qu'elle n'aime pas un homme.

« Je n'aime point, moi, dit-elle avec une sorte d'effroi. Quand est-ce donc que j'aimerai? On dit qu'il faut que tout le monde aime. Est-ce donc quand j'aurai quatre-vingts ans que j'aimerai?... Je suis de marbre. Ah! la singulière chose que la vie[2]! »

Je suis de marbre! Pauvre enfant qui se désole de ne point aimer à l'heure où elle ne sait rien autre chose qu'être aimée, adorée par son père, par cette sœur affectueuse, par sa mère qui *la gâte,* comme on dit volontiers aujourd'hui! Elle se console avec la nature, les arbres, le « *tilleul majestueux que Lucile vient souvent visiter dans la soirée lorsque, cherchant un doux repos, elle vient à la fraîcheur de l'ombrage attendre la nuit qui s'approche.* » Douleurs imaginaires, souffrances que j'appellerai volontiers littéraires, et qu'ont ressenties tous ceux-là qui ont beaucoup lu avant de beaucoup voir. Mais souffrances réelles, souffrances profondes, et qui s'exhalent, pour Lucile, tantôt en malédictions misanthropiques, tantôt en prières.

Et n'est-ce pas la plus ardente, la plus étrange, la plus

---

[1] Autographe inédit. Collect. J. Claretie.
[2] Autographe inédit. *Id., id.*

inattendue des prières que cette sorte de méditation écrite par Lucile, sur son lit encore et à la lueur d'une bougie, ainsi qu'elle le dit elle-même, le 6 juin 1789, à sept heures du soir? Elle appelle cette page sa *Prière à Dieu*. Les élans de foi d'une femme qui a lu Pascal s'y mêlent à un certain doute, à celui d'un esprit qui a étudié Fontenelle :

PRIÈRE A DIEU.

« Être des êtres, être indéfinissable! toi que toute la terre adore. Toi ma seule consolation. Dieu puissant, reçois l'offrande d'un cœur qui n'aime que toi; éclaire mon âme; apprends-moi à te connaître. Hélas! quel mortel a ce bonheur? Apprends-moi à connaître l'erreur, que je ne tombe pas dans l'abîme affreux qui l'environne. O mon Dieu! pourquoi abandonnes-tu tes créatures? Regarde-les d'un œil favorable. Hélas! que puis-je faire, moi, faible mortelle? Entends-tu ma voix dans l'immensité que tu occupes? Pénètre-t-elle jusqu'à toi?... Pardonne ce doute; c'est le seul qui sortira de mon cœur. Être céleste, éclaire mon esprit!

» Je hais le monde... Est-ce un mal?... Pourquoi souffres-tu qu'il soit si méchant?... Peux-tu laisser ton plus bel ouvrage imparfait? O mon Dieu! quand volerai-je dans ton sein? Quand pourrai-je lever une humble paupière sur toi? Quand pourrai-je, en contemplant ta gloire, me prosterner à tes pieds, les arroser de mes larmes et te demander le pardon que tu m'auras déjà accordé? Remplie de toi, sans cesse je pense à toi.

» Es-tu un esprit? es-tu une flamme? Ah! qu'elle paroisse cette flamme et me consume! Viens avec moi; ne me quitte plus... Vois, mon esprit s'égare... Sais-je ce que je suis? Mon Dieu, je ne connais pas quel ressort me fait agir. Est-ce une partie de toi? Oh! non, je serais parfaite. Tous les jours je demande qui tu es. Tout le monde me le dit et personne ne le sait... Qu'est-ce que le soleil? C'est du feu. Hélas! je le sais bien, mais qu'est-ce que le feu? On n'en sait rien. Je t'adore sans te comprendre; je te prie sans te connaître, tu es dans mon cœur, je te sens et ne puis te deviner. Tu es le secret de la nature, et c'est un secret qu'on ne pourra découvrir.

» A toi je puis parler. Tu es au-dessus de ce que l'homme appelle offense. Ce mot pour toi n'est rien. On ne peut point t'offenser. Ouvre les yeux de l'univers. Mon Dieu! nous sommes tous aveugles. Fais-nous voir ce jour pur qui t'environne. Fais encore un miracle. Fais-toi connaître. Mais non, c'est en vain que je t'implore. Je ne suis pas digne de tes bienfaits. Il nous faudra donc ramper éternellement!

» Ce bonheur que l'on cherche, où le trouver? L'homme s'éblouit. Alors, quand il s'oublie, il croit être heureux. Non, il n'y a point de bonheur sur la terre. En vain nous courons après; ce n'est qu'une chimère.

Quand le monde n'existera plus... Mais pourra-t-il s'anéantir?... On dit qu'il n'y aura plus rien... rien... Quel tableau!

» Quoi! rien?... rien du tout... Je m'y perds. Le soleil perdra donc sa clarté; il ne luira plus! Que deviendra-t-il? Comment fera-t-il pour n'être rien?

» Mon Dieu! ta puissance est bien grande; c'est à toi qu'il faut tout abandonner. Il faut donc t'aimer, te servir, et se taire [1]. »

Je parlais de Fontenelle. Eh bien, non, ces accents n'ont, en somme, rien qui sente le dix-huitième siècle. Ce sont là comme les cris altérés de foi, d'amour, de divine extase des prières des solitaires, ou plutôt ce sont les exaltations des heures de catéchisme, les fièvres habituelles aux communiantes : un pas encore et une telle âme, apeurée par le monde, déjà repliée sur elle-même, au seuil de la vie, comme une sensitive, un pas, un seul, et elle réclamera le cloître. Le *rien* de la jeune fille du dix-huitième siècle pourrait bien se fondre dans une de ces passions à la sainte Thérèse, où la terreur de l'amour humain fait jaillir comme un torrent d'amour divin.

Mais non, pour Lucile, cette phase de doute et de religiosité mêlés durera peu. Elle est femme et femme de son temps. Elle va aimer. Ces extatiques réflexions

---

[1] Copié sur l'original par M. Matton aîné (de Vervins).

feront bientôt place à des pensées plus humbles, mais dont l'objet sera plus rapproché. Toutes les pages du journal de Lucile n'auront pas d'ailleurs l'éloquence de cette *Prière à Dieu*, qui fait songer encore, si l'on veut, à un fragment d'*Young*, ce livre que plus tard Camille emportera avec lui dans sa prison. Lucile se rapprochera davantage de l'esprit même de son temps, de ce temps épris du naturalisme, d'une sorte de sentimentalité florale, de sensibilité botanique, s'il est permis d'ainsi parler. Chacun, à cette heure, pense plus ou moins à la *pervenche* de Rousseau. Chacun veut avoir sa pervenche. Robespierre respirera des fleurs en se rendant au Comité de sûreté générale. Plus d'un condamné montera à l'échafaud avec une rose entre les lèvres. Ce temps d'orage moral n'empêche pas les lilas de fleurir.

La *Violette* de Lucile Desmoulins, cette *violette* dont elle raconte le martyre dans la page qui suit, nous ramène du moins dans ce dix-huitième siècle, plein d'églogues factices, dont la *Prière à Dieu* nous avait éloigné.

C'est Lucile encore qui parle :

LA VIOLETTE.

« Étant allée me promener le premier jour de printemps, je descendis dans un vallon rempli de saules qui n'étoient pas encore verts, hélas! Je détournai mes yeux de ces tristes arbres dépouillés de leurs feuilles, et ne m'occupai qu'à chercher dans l'herbe naissante la première fleur de la plus belle saison. Je marchai longtemps pour rien trouver; cependant, de si loin que ma vue pouvait s'étendre, j'aperçus une violette! une seule violette! Oh! qu'elle étoit belle! Je vole aussitôt, et vais pour la cueillir, mais quelle fut ma surprise! Cette humble fleur s'agita et sembloit vouloir se retirer de dessous mes doigts! Craignant me tromper, j'avançai la main. Alors une voix aussi douce que son parfum se fit entendre. Que fais-tu, Lucile, me dit-elle, pourquoi m'arracher? Hélas! laisse-moi vivre encore, personne ici ne me foule sous ses pieds, dans peu tu en trouveras mille plus belles que moi; dans un bouquet je serai confondue, et je n'en augmenterai pas le volume; je t'en conjure, laisse-moi finir mes jours ici. Attendrie d'un si touchant langage : Ne crains rien, lui dis-je, aimable fleur; non, je ne serai jamais assez cruelle pour te détruire, laisse-moi seulement te respirer. Alors elle souleva sa tête odorante, et ses feuilles s'entr'ouvrirent... Émue jusqu'aux larmes, j'en laissai tomber une dans son calice. Elle me dit : Tes larmes raniment mes forces; je vivrai plus qu'une autre. — Eh bien, lui dis-je, je viendrai tous les jours, j'umecterai (sic), soir et matin, tes feuilles d'une eau douce et pure... — Oui, viens, me dit-elle, mais viens toujours seule. Je le lui promis, et j'allai tous les jours la cultiver et respirer son caressant parfum. Hélas! je ne verrai plus mon amie! Ma charmante violette, un soir... en vain je soutenois sa tige mourante, en vain pour la ranimer je lui jetai légèrement quelques gouttes d'eau; sa dernière heure étoit venue... Je ne retournerai plus dans ce vallon, mais je penserai toujours à ma douce violette[1]. »

L'éditeur de madame Roland, M. Dauban, qui cite encore quelques morceaux du journal de Lucile (entre autres un conte pastoral intitulé la *Volière*[2]), écrit à ce propos que Lucile Desmoulins « n'est pas une femme » de la Révolution comme la grande madame Roland », et pourtant il a publié lui-même, dans son édition des *Lettres de madame Roland*, un écrit tout à fait comparable à ces *Reliquiæ* de Lucile, une page tombée de la plume de celle qui n'était encore que mademoiselle Phlipon, et extraite de *Mes loisirs* : « Je me rendis au » pied de la colline, l'endroit était solitaire et sau- » vage, etc. » (*Appendice aux Lettres de mademoiselle Phlipon*, page 481.) On peut, certes, comparer les pensées de mademoiselle Phlipon à celles de made-

---

[1] INÉDIT. Communiqué par M. de Lescure.
[2] Voy. *Paris en 1794 et en 1795*, par M. Dauban. 1 vol. in-8°, Plon.

moiselle Duplessis. L'exaltation est la même ; la recherche de la vérité, à travers les sollicitations du doute, est poursuivie avec la même vivacité et la même passion. Il y a comme un point commun entre ces deux femmes, une sorte d'éréthisme philosophique qui se traduit, chez Lucile, par une prière à Dieu, chez Manon, par un dithyrambe en l'honneur de Diderot, « nouveau Prométhée. »

D'autres écrits de Lucile Desmoulins, des extraits de son petit cahier de jeune fille et de jeune femme, nous permettront d'ailleurs de pénétrer plus profondément dans cette âme. M. le baron de Girardot, ancien secrétaire général de la préfecture de Nantes, a conservé et confié à quelques curieux, un cahier d'extraits de poésies, de chansons, de quatrains, de pensées, ayant appartenu à Lucile. Précieux document, et d'un intérêt tout intime.

Ce petit cahier, — haut de douze centimètres et large de huit centimètres, cartonné de carton rouge, et contenant vingt-deux feuillets d'un papier solide, rugueux et jauni, dont treize seulement sont couverts de l'écriture de Lucile, — ce cahier de jeune fille contient des vers composés en l'honneur de mademoiselle Duplessis, ou copiés par elle sur des recueils qui paraissaient alors. A la première page, le baron de Girardot, à qui ce document unique appartenait[1], a tracé cette indication :

« *Cahier écrit de la main de Lucile Duplessis,*
   » *femme de Camille Desmoulins.*
» *M'a été donné par la sœur de Lucile, en 1834, à Paris.*
                » B. DE GIRARDOT. »

[1] Il est aujourd'hui la propriété de M. de Lescure, qui a bien voulu nous le communiquer.

Nous l'avons tenu entre les mains, parcouru et dépouillé, ce petit cahier rouge et ses feuillets nous ont permis de deviner ou de lire les pensées de Lucile, à la veille et au lendemain de son mariage. Lorsqu'elle commença à y noter les vers qui la frappaient ou lui plaisaient, elle était évidemment déjà éprise de Camille. Amour contrarié, car M. Duplessis le père n'avait pas vu d'un œil très-favorable naître et grandir l'amour de Desmoulins pour sa fille. Esprit pratique, fils d'un modeste maréchal-ferrant de village, devenu grâce à ses efforts, à une lutte patiente et constante, premier commis du Contrôle général des finances, M. Duplessis aimait la fortune en homme qui sait ce qu'elle coûte à conquérir. Il pouvait passer pour riche sans l'être trop. Peu enclin à l'aventure, il eût préféré donner sa fille à un autre homme qu'à un gazetier. L'avenir de Camille, quels que fussent et son talent, déjà reconnu, et sa renommée grandissante, ne lui paraissait pas assuré. Libéral, comme on eût dit plus tard, et non révolutionnaire, M. Duplessis devait, en outre, se sentir légèrement effrayé par l'attitude militante, le style provoquant du journaliste des *Révolutions de France et de Brabant.* S'il avait conquis la mère, Camille Desmoulins effrayait encore le père et beaucoup. Quant à Lucile, elle l'aimait, une telle raison valait toutes les autres. Ce *marbre,* pour rappeler ses préoccupations de tout à l'heure, ce marbre rose s'était animé. Celle qui tracera dans ses notes ce vers, qui correspond à l'unique pensée de sa vie :

Écris sur ma tombe : Elle aima,

l'épouse constante et passionnée de Camille, s'était sentie conquise par ce jeune homme pétulant, éloquent lorsqu'il ne parlait que dans l'intimité, et dont les grands yeux noirs jetaient des flammes. M. Duplessis, en véritable homme d'affaires, ne voulut d'abord rien entendre à ces choses de sentiment. Lorsque tout d'abord Camille s'ouvrit à lui sur ses projets, parla doucement, timidement d'union, il se heurta à un refus très-net de M. Duplessis, il put croire à une résolution inflexible. L'amoureux s'éloigna; madame Duplessis fut attristée, Lucile gémit. Et l'expression de cette tristesse, de cette intime douleur, on la retrouve dans les pièces de vers recueillies dans le petit *cahier rouge* de mademoiselle Duplessis.

Ce sont là des vers amoureux, attendris, qui tous chantent les malheurs de deux amants séparés par la volonté paternelle. Lucile prend plaisir à les recopier, à les apprendre. Elle leur trouve sans nul doute la saveur âcre de ces mets qui rendent parfois la souffrance plus lancinante et plus cruelle. Celui qui s'appelait le *berger Sylvain*, Sylvain Maréchal, a rimé pour les amoureux persécutés des romances qui peignaient les tourments de Lucile. Elle les transcrivait donc avec une volupté douloureuse sur son cahier de jeune fille, en leur donnant, comme Maréchal, ce titre : *Romance historique*.

C'est l'histoire de Sylvandre « *né dans l'indigence* » et gardant les troupeaux d'un « *laboureur orgueilleux* », qui lui refuse la main de Nice, sa fille. Le pauvre Sylvandre se laisse mourir de faim dans sa « *chaumière obscure* ». Découvert par les aboiements de son « *chien fidèle* », son cadavre frappe de désespoir la malheureuse Nice. Elle pleura, elle se lamenta,

> Puis, rassemblant tout son courage,
> Près de Sylvandre alla mourir.

Toute la poésie enfantinement élégiaque du temps se

retrouve dans ces extraits relus si souvent par Lucile, avec une naïveté sincère et profonde de sentiment et de souffrance.

D'autres fois, c'est le *Contrat de mariage par devant nature*. Le ressouvenir de Rousseau apparaît encore. Le jeune Hylas aime la jeune Hélène, mais leurs familles sont divisées par la haine, et le « *couple fidèle* » est aussi séparé que Juliette pouvait l'être de Roméo. Vont-ils donc mourir, eux aussi? Non, ils s'enfuient « d'un pied léger » vers une région sauvage

> Où les cœurs peuvent s'engager.

et bien différents de Nice et de Sylvandre, que chantait tout à l'heure le *berger Sylvain*,

> Là, sans prêtres et sans notaire,
> Sur un autel de gazon frais,
> Au milieu d'un bois solitaire,
> Ils s'unirent à peu de frais.

Sylvain Maréchal, l'ami de Lucile, et qui publiera un étrange projet de loi portant *Défense d'apprendre à lire aux femmes*[1], ajoute à l'historiette une conclusion et un conseil :

> Leurs travaux et leur industrie
> Embellissent ces lieux déserts.
> Ils oublièrent leur patrie
> Et furent pour eux l'univers.
> Vous qu'on persécute à la ville,
> Jeunes cœurs, accourez près d'eux.
> Leur toit de chaume sert d'asile
> A tous les amants malheureux.

Cette pièce est signée *le berger Sylvain* et datée du mois de septembre 1787. Camille alors avait vingt-sept

[1] Imprimé à Lille, 1841. In-8° à 100 exempl. seulement.

ans et Lucile dix-sept. Les jeunes gens s'adoraient déjà. Ils s'aimèrent ainsi, furtivement, à demi séparés, seulement réunis par la tendre faiblesse de madame Duplessis, jusqu'en 1790, époque où la volonté paternelle céda devant les conseils de la femme et les larmes de la jeune fille. Trois ans de tendresses comprimées et grandissantes, de rencontres souvent concertées sous les grands arbres du Luxembourg, de pensées échangées en hâte, de regards pour ainsi dire dérobés, trois ans de chastes, de profondes et de juvéniles amours! La mère, attendrie et séduite, gagnée, avons-nous dit, à la cause des jeunes gens, surveillait cet amour partagé, qu'elle voyait si vrai dans ces deux jeunes cœurs. Lucile en faisait cependant un mystère, témoin ce billet à Camille qu'elle n'envoya peut-être pas à celui qu'elle aimait, et où son âme tout entière apparaît et se livre avec sa passion et sa pudeur :

« O toi qui est au fond de mon cœur, toi que je nose aimer ou plus tot que je nose dire que jaime. Tu me crois insensible! Oh! cruel, me juge-tu daprès ton cœur, et ce cœur pourroit-il s'attacher à un être insensible? Eh bien! oui, j'aime mieux souffrir, j'aime mieux que tu m'oublie... O Dieu! juge de mon courage... lequel de nous deux a le plus à souffrir? Je n'ose me lavouer à moi-même ce que je sens pour toi; je ne moccupe qu'a le déguiser. Tu souffre, dis-tu, oh! je souffre davantage; ton image est sans cesse présente à ma pensée; elle ne me quitte jamais, je te cherche des défauts, je les trouve et je les aime. Dis-moi donc pourquoi tous ces combats? pourquoi j'aime en faire un mystère, même à ma mère: je voudrois quelle le scut, quelle le devinat, mais je ne voudrois pas le lui dire[1]. »

Quoi de plus charmant que cet aveu! Quoi de plus séduisant, de plus tendrement passionné, de plus exquis

---

[1] Voyez le *fac-simile* de ce billet.

que cette phrase : « *Je te cherche des défauts, je les trouve et je les aime.* » Toute l'affection dévouée, agenouillée de la femme est dans ces simples mots, d'une intime et pénétrante poésie. Camille le reçut-il jamais, ce billet où s'épanchait cette âme ardente? Ce qui est certain, c'est que tout en reprochant à Lucile son *insensibilité*, il avait deviné sans nul doute qu'il était aimé, car ce jeune homme nerveux, emporté, si prompt à se décourager, à passer de l'extrême enthousiasme à l'abattement complet, ne perdit point courage, puisa dans la vivacité de sa passion une constance imprévue, et attendit durant des années que M. Duplessis consentît enfin à céder.

Mais alors, en décembre 1790, lorsque le père s'attendrit, cède et donne sa fille à l'écrivain qui la demande, quelle joie chez Desmoulins, quel enivrement, avec quelle juvénile ardeur il annonce à ses parents ce bonheur inespéré :

« Aujourd'hui 11 décembre, je me vois enfin au comble de mes vœux. Le bonheur pour moi s'est fait longtemps attendre, mais enfin il est arrivé, et je suis heureux autant qu'on peut l'être sur la terre. Cette charmante Lucile, dont je vous ai tant parlé, que j'aime depuis huit ans, enfin ses parents me la donnent et elle ne me refuse pas. Tout à l'heure sa mère vient de m'apprendre cette nouvelle en pleurant de joie. L'inégalité de fortune, M. Duplessis ayant vingt mille livres de rente, avait jusqu'ici retardé mon bonheur; le père était ébloui par les offres qu'on lui faisait. Il a congédié un prétendant qui venait avec cent mille francs; Lucile, qui avait déjà refusé vingt-cinq mille livres de rente, n'a pas eu de peine à lui donner congé. Vous allez la connaître par ce seul trait. *Quand sa mère me l'a eu donnée il n'y a qu'un moment, elle m'a conduit dans sa chambre; je me jette aux genoux de Lucile; surpris de l'entendre rire, je lève les yeux, les siens n'étaient pas en meilleur état que les miens; elle était toute en*

*larmes, elle pleurait même abondamment et cependant elle riait
encore. Jamais je n'ai vu de spectacle aussi ravissant*, et je
n'aurais pas imaginé que la nature et la sensibilité pussent
réunir à ce point ces deux contrastes. Son père m'a dit
qu'il ne différait plus de nous marier que pour me donner
les cent mille francs qu'il a promis à sa fille, et que je pouvais venir avec lui chez le notaire quand je voudrais. Je lui
ai répondu : Vous êtes un capitaliste; vous avez remué de
l'espèce pendant toute votre vie, je ne me mêle pas du contrat
et tant d'argent m'embarrasserait; vous aimez trop votre fille
pour que je stipule pour elle. Vous ne me demandez rien,
ainsi dressez le contrat comme vous voudrez. Il me donne en
outre la moitié de la vaisselle d'argent, qui monte à dix mille
francs. »

Camille, comme s'il se doutait qu'un jour, pour le
pousser plus promptement à l'échafaud, on l'accusera
d'avoir *épousé une femme riche*, conjure ensuite ses
parents de « ne pas faire sonner tout cela trop haut »,
il les supplie ensuite d'envoyer « poste pour poste leur
» consentement. » Et, avec une affectation peut-être un
peu déplacée :

« Je suis maintenant, dit-il, en état de venir à votre secours,
et c'est là une grande partie de ma joie : ma maîtresse, ma
femme, votre fille et toute sa famille vous embrassent. »

Camille est fou de joie. Il attend le consentement
paternel avec fièvre. Trois fois il le demande, il le réclame; le 18 et le 20 décembre, il suppliera son père
de ne pas opposer à ce mariage un veto absolu :

« Mon très-cher père,

» Comment se peut-il qu'en recevant ma dernière lettre contresignée du garde des sceaux vous n'avez pas envoyé Charles
le notaire pour me faire passer votre consentement et celui de
ma chère mère, notarié et en bonne forme; par votre lenteur,
mon mariage est retardé de huit jours. Songez que je compte

les minutes, et ne prolongez pas votre veto suspensif. Cet établissement fait mon bonheur et ma fortune et la vôtre; ainsi, faites-moi passer à la hâte votre consentement et ne me désolez pas davantage.

» C. DESMOULINS.

» Votre fils marié si avantageusement, et vous commissaire du roi, c'est, ce me semble, un assez grand sujet de vous réjouir.

» 18 décembre 1790[1]. »

Camille est un étourdi. Il a oublié de donner « les noms de la future et de ses parents ». M. Desmoulins père, à son tour, les réclame :

« Guise, 15 décembre 1790, neuf heures du soir.

» Je reçois dans le moment votre lettre, et trop tard pour faire passer mon consentement et celui de votre mère en forme authentique avant la fermeture du paquet du courrier d'aujourd'hui, quand même vous n'auriez pas oublié de me donner les noms de votre future et de M. et Mme ses père et mère; en attendant ces désignations nécessaires que vous pouvez me donner poste pour poste, croyez que nous partageons tous toute votre joie, toute votre satisfaction, toute votre ivresse. Assurez-en toute cette charmante famille à laquelle vous paraissez depuis huit ans avoir attaché votre bonheur, si vous en obteniez celle qui faisait l'objet de tous vos vœux, mademoiselle Lucile; votre félicité fera toujours la nôtre. Je n'ai que le moment pour profiter de ce courrier, que de vous réitérer que je suis votre meilleur ami.

» Signé : DESMOULINS.

» Toute la famille vous embrasse et présente ses hommages à celle de M. Duplessis.

» Continuez-moi vos bons offices auprès de M. le garde des sceaux pour la ganse d'or de la thiérarche[2]. »

---

[1] INÉDITE. — Communiqué par M. de Lescure. Nous donnons le *fac-simile* de cet autographe.

[2] Lettre *inédite*.

CHAPITRE TROISIÈME.

Ce n'était pas la seule tribulation qui attendait Camille Desmoulins. Le mariage devant avoir lieu le 29 décembre, ne fallait-il pas obtenir une dispense de l'Avent? Camille va trouver un grand vicaire de l'archevêque de Paris, M. de Floirac, qui lui reproche son château brûlé, vingt mille livres de rente perdues, et refuse la dispense. Des députés s'entremettent, sollicitent; peine perdue. C'est le vénérable abbé Bérardier, le *principal* du collége Louis-le-Grand, qui l'obtient enfin, cette dispense, après combien démarches! Il aimait son ancien élève, ce Bérardier, il n'oubliait point le collégien rêvant dans la chartreuse de Gresset, et tous les ans, d'ailleurs, Camille souhaitait sa fête à son ancien maître; Bérardier voulut le marier lui-même, et M. de Pancemont, curé de Saint-Sulpice, consentit à n'être que l'assistant. L'entrevue préalable entre M. de Pancemont et Camille, arrivant à Saint-Sulpice suivi d'un notaire, vaut la peine d'être rapportée. On y voit nettement l'espèce de duel moral engagé entre le voltairien et le prêtre. Le curé tient dans une attitude non pas suppliante, mais polie, un libre penseur tendant le col au joug. Il n'aura garde de ne pas lui en faire sentir la pesanteur : le prêtre n'abdique jamais. La première question adressée à Camille par M. de Pancemont est celle-ci :

« Êtes-vous catholique? — Pourquoi cette question? — Parce que, si vous ne l'étiez pas, je ne pourrais vous conférer un sacrement de la religion catholique. — Eh bien, oui, je suis catholique. — Je ne puis croire celui qui a dit dans un de ses numéros que la religion de Mahomet était tout aussi évidente pour lui que celle de Jésus-Christ. — Vous lisez donc mes numéros? — Quelquefois. — Et vous ne voulez pas me marier, monsieur le curé? — Non, monsieur; je ne le puis, à moins que vous ne fassiez une profession de foi publique de la religion catholique. — J'aurai donc recours au comité ecclésiastique, répond Camille.

» L'entretien, recueilli par le notaire, est alors porté au comité.

» Camille va retrouver ensuite le curé avec une consultation de Mirabeau où celui-ci établissait « qu'on ne pouvait juger
» de la croyance que sur la profession de foi extérieure, et que
» le mariage ne pouvait être refusé au réclamant puisqu'il se
» disait catholique.

» — Depuis quand Mirabeau est-il un père de l'Église? fit M. de Pancemont.

» Camille, à ce mot, ne put s'empêcher de rire :

» — Ah! ah! fit-il. Mirabeau père de l'Église! Je le lui dirai; cela le divertira!

» — Mais, à ne vous juger que sur votre profession de foi extérieure, puisqu'elle est imprimée, reprit le curé de Saint-Sulpice, la consultation même vous condamne. J'exige donc une rétractation avant de vous marier. — Je ne compte pas faire de nouveaux numéros avant mon mariage. — Ce sera donc après? — Je le promets, dit Camille. (Il n'en fit rien). — « J'*exige* de plus, ajouta M. de Pancemont, que vous remplissiez tous les devoirs prescrits quand on se marie, et que vous vous confessiez. — A vous-même, monsieur le curé[1]. »

Et il se confessa. L'amour qu'il éprouvait pour Lucile était assez puissant pour contraindre le pamphlétaire à courber le front. Mais avec quelle vivacité et quelle

---

[1] Ces détails sont extraits de l'*Examen critique des dictionnaires historiques*, par M. Barbier, qui lui-même les aura extraits d'une brochure intitulée : *Histoire des événements arrivés sur la paroisse Saint-Sulpice pendant la Révolution*. Paris, imprimerie de Crapart, 1792, p. 23, 24 et 25. Plus tard, à propos du serment civique des prêtres, le curé « mon curé », ayant dit que l'*enfer avait dilaté le sein de la nation* : « Oh! monsieur le curé, vous qui êtes un homme d'esprit! » s'écriera Camille. Et il ajoutera dans ses *Révolutions* (n° 60) : « Je suis fâché pour le curé de Saint-Sulpice, qui avoit gagné mon affection, qu'il ait causé un si grand scandale. Il est très-vrai qu'il m'avoit dit (ce sont ses propres termes) : « Autrefois c'étoit le Roi qui avoit la puissance, aujourd'hui c'est la nation. Or, saint Paul nous apprend qu'il faut obéir aux puissances ; j'obéirai donc! »

colère il le relèvera ensuite ! A prêtre implacable dans son ministère, adversaire acharné dans le combat. Le mariage enfin fut célébré le mercredi 29 décembre, à Saint-Sulpice. Au nombre des témoins, on voit figurer Pétion et Robespierre. Mirabeau ne s'y trouva pas, comme il l'avait promis. L'abbé Bérardier fit aux époux une touchante exhortation, et Camille se sentit les yeux gros de larmes. « Pleure donc, lui dit Robespierre, si tu en as envie ! » Plus tard, Saint-Just et Robespierre lui-même, reprocheront à Camille les larmes qu'il était si prompt à verser.

L'acte authentique du mariage de Camille et de Lucile est ainsi libellé :

« Le 29 septembre 1790 a été célébré le mariage de Lucile-Simplice-Camille-Benoît Desmoulins, avocat, âgé de trente ans, fils de Jean-Benoist-Nicolas Desmoulins, lieutenant général au bailliage de Guise, et de Marie-Magdeleine Godard, consentants, avec Anne-Lucile-Philippe Laridon Duplessis, âgée de vingt ans, fille de Claude-Étienne Laridon Duplessis, pensionnaire du Roi, et d'Anne-Françoise-Marie Boisdeveix, présents et consentants, les deux parties de cette paroisse, l'époux depuis six ans rue du Théâtre-Français, l'épouse de fait et de droit depuis cinq ans avec ses père et mère présents.

> « Jérôme Pétion, député à l'Assemblée nationale, rue Neuve-des-Mathurins; Charles-Alexis Brulard, député à l'Assemblée nationale, rue Neuve-des-Mathurins; Maximilien-Marie-Isidore Robespierre, député à l'Assemblée nationale, rue Saintonge, paroisse Saint-Louis-en-l'Ile (sic); Signé : Camille Desmoulins, Laridon Duplessis (l'épouse) ; Laridon Duplessis, Boisdeveix, Pétion, Brulard, Robespierre, Mercier, J.-N. Brissot, député à l'Assemblée nationale; Gueudeville, vicaire à Saint-Sulpice [1]. »

---

[1] *Registres* de la paroisse de Saint-Sulpice. L'abbé Bérardier et le curé Pancemont n'ont point signé.

En lisant, en retrouvant côte à côte ces noms amis, qui deviendront, trois ans après, des noms ennemis ; en rencontrant au bas de cet acte de mariage la signature de Brissot, que dénonça Camille, et celle de Robespierre, qui n'empêcha pas son ami de monter à l'échafaud, on ne peut arrêter les réflexions amères, les douloureux rapprochements. Cruelles heures que celles-là, où le baiser de la veille devient la morsure du lendemain ! Fatalités sanglantes de ces luttes à mort ! L'ami tue l'ami ; Camille inventera, en 1793, contre Brissot qui lui serre la main en 1790, en lui disant : *Sois heureux,* — un néologisme meurtrier, le verbe *brissoter*, qui signifiera *voler*. Robespierre rédigera pour Saint-Just une note mortelle où Camille sera tour à tour traité de *dupe* et de *complice*. Mais qui prévoit ce dénoûment à cette heure ? Quels sourires confiants ! Quelles joies au moment où Camille, qui a trente ans, conduit à l'autel cette blonde Lucile, qui en a vingt à peine ! Il serre dans sa main droite la main gauche de la jeune fille, devant cet autel tendu de draperies ! Il écoute la voix connue et aimée de l'abbé Bérardier, qui évoque les souvenirs de l'enfance et retrace les devoirs de la maturité. Fou de bonheur, le cœur gonflé d'espoir, Camille pleure. Volupté des larmes heureuses, ne pourrait-on pas dire que c'était là comme le baptême de ces épreuves, sur lesquelles Camille, avant peu, versera des larmes sanglantes ?

II

Mais, à cette heure bénie, il n'y a encore pour les époux que la joie profonde, à la fois ivre et grave des premiers jours d'une telle félicité. Ils s'installent, heureux, dans cette maison de la cour du Commerce où

Danton habite. Les lettres amies pleuvent avec des compliments et des souhaits heureux. Luce de Lancival, celui qui écrira plus tard de ces tragédies d'un patriotisme glacé, que Napoléon Ier appellera cependant d'*excellentes pièces de quartier général,* le futur auteur de *Mucius Scævola,* d'*Archibal* et de *Fernandez,* écrit à Desmoulins en lui disant :

« Fidèle à la patrie, fidèle à l'amour, fidèle à l'amitié, tu méritais d'être le plus heureux des hommes. Tu as maintenant, outre ta plume, un moyen infaillible de faire des partisans à la Révolution ; si tu connais quelques mauvais citoyens, présente leur ta femme, et il n'en est aucun qui ne veuille imiter ton patriotisme en le voyant si bien récompensé. »

Des abonnés des *Révolutions de France et de Brabant* envoient à Camille des vers, et pourraient dire comme Lancival :

> A cent rivaux, ardents à la lui disputer,
> Camille enlève enfin cette femme accomplie
> Que je venais lui souhaiter !

Le *berger Sylvain* reparaît, et rime ses verselets en l'honneur des époux. Mais en même temps, la haine aiguise ses calomnies, le mensonge bave ses grossières insultes ; les gazetiers et pamphlétaires royalistes inventent cette infamie, atteignant à la fois un honnête homme et une honnête femme, que Camille n'a épousé qu'une bâtarde de l'abbé Terray. « Il voulait même » l'épouser sur l'autel de la patrie, au Champ de Mars, » dit un de ces libelles, mais la pluie qui survint le » força de se marier tout bonnement à l'Église. » — « Folie absurde, écrit Desmoulins à son père (3 janvier » 1791), madame Duplessis n'a jamais vu l'abbé » Terray ; son mari n'a été premier commis du contrôle

» général qu'après sa mort, et sous M. de Clugny;
» sans l'abbé Terray, il était au Trésor royal. »

Camille a bien envie de faire condamner le *Journal de la Cour et de la Ville,* qui publie de ces vilenies, à « de » grosses réparations », mais la famille Duplessis et M. Desmoulins le père, à son tour, lui conseillent de mépriser de telles calomnies. — « Qu'est-ce que la bave » et la sanie du folliculaire du jour et sa calomnie » éphémère? » écrit M. Desmoulins du fond de sa province. Camille ne pouvait-il songer du moins, cette fois, à la blessure profonde et éternellement douloureuse que peut faire la presse?

Lui, du moins, quand il enfonçait le dard, il l'aiguisait, il ne l'empoisonnait pas. Quelle odieuse fausseté, au contraire, dans les pamphlets dirigés contre lui! Le Peltier des *Actes des Apôtres* s'en fera plus tard l'attristant écho, dans son *Paris pendant l'année 1795* : voilà ce qu'il dira, et cette page pourra encore passer pour modérée à côté de celles qui accusent Camille de n'avoir « vécu que d'aumônes jusqu'à son mariage avec une » bâtarde ». Et quelle bâtarde! Une fille de l'abbé Terray, encore une fois, de cet abbé Terray qui se vantait de prendre si adroitement l'argent dans la poche des gens [1]!

---

[1] L'abbé Terray, avec Mazarin le plus effronté banqueroutier de notre histoire, a-t-on dit. Mirabeau l'appelait *un monstre*, en toutes lettres. Il était la créature de la Dubarry. Louis XVI, en montant sur le trône, l'avait rapidement — mais trop tard encore — écarté des affaires. Voltaire, écrivant son conte en vers intitulé *les Finances* le commençait ainsi :

« Quand Terray nous mangeait... »

Son prédécesseur, d'Invau, homme probe, ayant demandé des économies, les courtisans l'obligèrent de se retirer. « *L'abbé*, dit alors à Terray le chancelier Maupeou, *le contrôle général est vacant; c'est une bonne place où il y a de l'argent à gagner, je veux te la faire donner.*

« Camille Desmoulins, dit Peltier, avait épousé une bâtarde de l'abbé Terray. Ce mariage lui valut six mille livres de rente. L'anecdote que l'on va lire est connue de très-peu de personnes; cependant elle mérite d'être recueillie. Elle montrera à la postérité l'accord que certains novateurs mettaient entre leurs principes et leur conduite.

» Camille Desmoulins voulut être marié, non suivant les formes prescrites par le nouveau régime, mais suivant le rite romain, c'est-à-dire non par des officiers municipaux, mais par un prêtre catholique. Ce qui étonnera bien plus encore, *c'est qu'il ne voulut point d'un prêtre constitutionnel; il désira et chercha un prêtre non assermenté; il le trouva :* ce fut Bérardier, ci-devant principal du collége Louis-le-Grand, et membre de la première Assemblée constituante, qui donna à Camille Desmoulins et à son épouse la bénédiction nuptiale. Bérardier est mort de phthisie dans le mois d'avril 1794; il n'y a donc aucun inconvénient à ce que l'on apprenne au public que c'est lui qui célébra ce mariage.

» Cette orthodoxie dans Camille Desmoulins est certainement très-extraordinaire, mais ce qui mettra le comble à la surprise, c'est qu'il eut pour témoins, dans cet acte de religion, Robespierre et Saint-Just, tous deux parfaitement instruits que Bérardier n'avait voulu prêter ni le serment constitutionnel ni celui de l'égalité.

» On peut donner toute croyance à cette anecdote. J'y ajouterai que, dans tout le cours des fureurs de Robespierre contre les prêtres, tant assermentés que non assermentés, Bé-

---

(Montyon, p. 155, 156). Il avait toutes les qualités que la cour exigeait alors d'un contrôleur général. Il recourut au vol, et afficha dans la vie publique le même égoïsme que dans la vie privée. Sous son administration désastreuse, les *acquits de comptant* qui, sous Louis XIV, n'avaient pas dépassé *dix* millions par an, montèrent, dans une seule année, à cent quatre-vingts millions. Il prenait très-gaiement les pamphlets et les épigrammes des Parisiens : *On les écorche,* disait-il, *qu'on les laisse crier.* » (Droz, I, 60 et suiv.) Comme on lui reprochait sur une de ses opérations que *c'était prendre l'argent dans les poches,* il répondit gaillardement : *Et où voulez-vous donc que j'en prenne ?* Ce propos, qu'il répéta plusieurs fois, courut comme sa devise. (*Particularités et observations sur les ministres des finances de France les plus célèbres depuis 1660 jusqu'en 1791,* par M. de Montyon; Paris, 1812, p. 146 et suiv.)

rardier ne fut jamais inquiété, et c'est dans son lit qu'il mourut paisiblement. Pourquoi a-t-on respecté dans lui ce qu'on exécrait dans les autres? C'est une de ces bizarreries qui prouvent que Robespierre et les siens gouvernaient, non par des principes, mais par caprice : et cette manière de gouverner est la plus funeste pour les peuples[1]. »

A son tour, un conteur, un des chroniqueurs fantaisistes de cette époque, Restif de la Bretonne, dans le dernier volume de l'*Année des Dames nationales, ou le Kalendrier des Citoyennes*[2] (tome XII, décembre, *page* 3821), donne un portrait de Lucile et des détails calomnieux sur le ménage Duplessis :

« *La jeune Duplessis, femme de Camille Desmoulins.* Nous terminons ce *hors d'œuvre* par la plus à plaindre des femmes qui ont payé de leur vie. La jeune Duplessis n'était pas née dans le mariage. Mais le citoyen Duplessis devenu amoureux et mari de sa mère, l'avait adoptée. Camille Desmoulins avait eu entrée dans cette maison comme *Mercier, de Langle* et beaucoup d'autres. Camille devint amoureux de la petite Duplessis qu'elle n'était alors qu'une enfant. Malheureusement, le citoyen Duplessis était tombé dans un état d'insouciance qui approchait de l'imbécillité. Camille n'avait à gagner qu'une mère, encore jolie femme, et qui avait eu l'éducation la plus commune. Il persécuta cette mère pendant sept ans pour obtenir d'elle une des plus jolies personnes de Paris avec de la fortune. Nous avons vu la jeune et belle Duplessis aux *Italiens;* nous étions à côté d'elle, et nous fûmes ébloui de ses attraits. Camille, étourdi jusqu'à la folie, surtout très-entêté, obtint enfin, à l'aide de Mercier, la main de la jeune infortunée qu'il devait conduire

---

[1] *Paris pendant l'année* 1795, par M. Peltier (de l'imprimerie T. Baylis, Greeville street, Londres), t. I, p. 206. Est-il besoin de faire remarquer la fausseté de presque tous les détails donnés par Peltier? Camille ne refusa aucun prêtre, ne se piqua point, on l'a vu, d'*orthodoxie*, et Saint-Just n'assista pas à son mariage.

[2] A Genève, et se trouve à Paris, chez les citoyens Duchené, rue Saint-Jacques, Mérigot jeune, quai de la Vallée, et Louis, libraire, rue Saint-Séverin (in-18, 1794).

à l'échafaud avant l'âge de vingt-trois ans, car il est certain qu'avec tout autre mari, la jeune Duplessis n'aurait jamais songé à recevoir, à donner de l'argent pour faire assassiner les membres du tribunal révolutionnaire. On prétend qu'un homme du plus grand mérite était devenu amoureux de la jeune et belle Duplessis, mais qu'il ne voulait pas avoir pour rival un fou comme Camille. Il avait, dans ses connaissances, un vieillard de quatre-vingt-dix ans, attaqué d'une maladie mortelle qui ne pouvait lui permettre d'aller au delà d'un ou deux mois. Il alla le proposer pour gendre au citoyen Duplessis, père adoptant, en lui faisant entendre qu'il ne pouvait épouser la fille adoptive, mais qu'il pouvait épouser sans difficulté la veuve d'un homme célèbre par son mérite. Le père adoptant goûta ces raisons et proposa le mariage à sa femme. Mais celle-ci eut de la défiance ; elle consulta un de ses amis qui, malheureusement, l'était encore davantage de Camille. À cette nouvelle, celui-ci entra en fureur ; il trouva moyen de parler à sa maîtresse et de lui persuader qu'il s'ourdissait une trame pour la livrer au plus odieux, au plus dégoûtant des vieillards. Il lui donna une fausse idée des ruses qu'on devait employer, et cette fausse idée avoisinait la vérité. La jeune Duplessis se crut suffisamment prémunie par l'avertissement de son amant ; et lorsque sa mère, persuadée de la solidité des vues de l'homme de mérite, voulut le lui proposer avec le préambule convenu, la jeune personne, au désespoir, se jeta aux genoux d'une mère qui la chérissait, et lui déclara qu'elle préférait la mort à l'exécution de vues trompeuses et perfides qui, d'ailleurs, coûteraient la vie à son cher Camille. Cette femme eut la faiblesse de céder ; et, dans un moment d'effervescence excité par le fougueux Desmoulins, elle consentit. Le mariage fut célébré...

» Camille ne tarda pas longtemps à être rassasié de sa belle moitié. Il se jeta dans les grandes affaires ; il eut de basses intrigues. Il cessa même d'être aimé.

» .... O filles ! prenez garde qui vous épouse ! O mères, veillez pour vos filles, et connaissez pour elles ce qu'elles ne peuvent connaître ! »

Il n'est pas vrai que Camille se soit si vite *rassasié* de celle qu'il aimait. Nous le verrons, plus tard, chez les dames de Sainte-Amaranthe, parler de sa femme en homme que nulle séduction étrangère ne peut entamer. Quant à Lucile, elle a payé assez cher le droit de léguer son amour en exemple. Laissons donc les calomniateurs au fossé boueux où l'on devrait jeter à pleins tombereaux les « sanies » de l'histoire, et essayons de caractériser d'une façon absolue l'âme même et la personnalité de la jeune femme que Camille venait d'épouser.

C'est encore sur ce point le petit *cahier rouge* qui nous servira de guide. Le secret d'un esprit se lit clairement aux pensées qu'il préfère et qu'il formule, soit en les puisant en lui-même, soit en les empruntant à autrui. Lucile, que nous avons surprise tour à tour dans ses inquiétudes de jeune fille ignorante et dans ses chagrins d'amante séparée de celui qu'elle aime, nous apparaît, devenue femme, comme la compagne souhaitée, dévouée et charmante. Éprise de Camille, enthousiasmée par ses idées, entraînée par sa passion politique, elle partagea ses fièvres, ses espoirs, ses rêves, avant de lui demander une part dans ses dangers. Ils s'aimaient, non-seulement dans leur bonheur de coin du feu, dans cette intimité charmante de deux êtres réunis par une sympathie profonde; mais dans la vie même du dehors, dans cette existence tourmentée qui plaisait à Lucile et que Desmoulins s'était faite. Nous la verrons, au 10 août, frémir à la pensée des dangers qu'il peut courir. Nous le retrouverons plus d'une fois, revenant poser sur les genoux de Lucile son front brûlant, et dont les tempes battaient au sortir d'une redoutable séance de la Convention ou des Jacobins. Elle, enivrée et fière de cette vie pleine de périls, elle prenait plaisir à éperonner encore Camille, tout emporté et tout frémissant. Le secret de ses pensées se retrouve encore dans le carnet conservé par sa sœur. Je ne donnerais pas tout le cahier de Lucile, choix de poésies ou se peignent, sous les dehors mythologiques de l'époque, toutes les souffrances, toutes les tendresses d'une jeune àme. Bien des morceaux n'ont d'autre intérêt que celui d'une curiosité rétrospective, et la *Chanson du Saule* et celle de *la Rose*, — « d'après une esquisse de M. Fragonard, » dit Lucile, — ne sauraient ajouter un trait bien caractéristique à cette physionomie féminine, toute de charme, et d'une séduction qui deviendra, à l'heure voulue, de l'énergie.

Mais d'autres romances ont un intérêt plus intime, plus direct, comme celle qui suit, où l'on retrouverait, ce me semble, comme l'histoire même des amours de Lucile et de Camille, histoire poétisée et dramatisée sans doute, mais réelle encore et reflétant la vérité.

Ce morceau, dans le petit cahier rouge de Lucile, ne porte point de titre et s'appelle seulement

Romance.

Sur la pente de la colline
Qui borne d'ici l'horizon,
Distinguez-vous cette chaumine
Qu'accompagne un petit donjon?
Là, dans la paix et le silence,
Là, deux amans, enfin époux,
De leur tendre persévérance
Savourent les fruits les plus doux.

L'histoire en est des plus touchantes.
Vous qui gémissez sous la loi
De durs parents, jeunes amantes,
Approchez-vous, écoutez-moi.
Courageuse autant que fidèle,
Cécile ainsi que son amant

Peuvent vous servir de modèles
Pour un semblable événement.

De la nature et de sa mère
Cécile élève seulement
Possédoit une âme trop fière
Pour prendre d'autre enseignement.
Mais un jeune homme bon et sage
Sut lui plaire sans beaucoup d'art.
Heureux Alain ! Ce fut l'ouvrage
D'un seul moment, d'un seul regard.

Un autre que lui de Cécile
Poursuivoit ardemment le cœur,
Dans l'art d'écrire, maître habile,
Profond politique, orateur,
Il savoit tout — hors l'art de plaire.
Novice encore en fait d'amour,
Colmat n'avait pu que du père
Obtenir un tendre retour.

Mais Colmat, l'âme satisfaite,
Du consentement paternel,
Croit sa félicité parfaite,
Et déjà pense être à l'autel.
Déjà, dans sa vaste demeure,
Le lit nuptial, à grand frais
S'élève ; il n'attend plus que l'heure
De se voir heureux pour jamais.

Le père enfin dit à Cécile :
« Je ne vous donne qu'un moment,
» Tout subterfuge est inutile,
» Optez ! Colmat ou le couvent !
» — Une union mal assortie
» Plus qu'un cloître me ferait mal,
» Et mieux vaut sortir de la vie
» Que d'y traîner un joug fatal ! »

Cécile au couvent est menée ;
On l'y reçoit à bras ouverts,

Un peu d'or hâte la journée
Qui doit en priver l'univers.
Alain sait tout. Cécile en larmes
S'est concertée avec Alain,
Et l'amour prépare les armes
Pour combattre un père inhumain.

Le temple s'ouvre et la victime
S'avance, mais d'un pas tardif;
Alain la suit des yeux, l'anime,
Et n'attend qu'un regard furtif.
« Ma fille, dit alors le prêtre,
« Que venez-vous chercher ici?
« Venez-vous à Dieu vous soumettre?
« Que demandez-vous? — Un mari! »

A ce mot, malgré la présence
Et de Colmat et des parents,
Ardent et fier, Alain s'élance;
Cécile est dans ses bras tremblans.
Puis sans sortir de cet asile
L'un l'autre se donnant la main.
Dieu reçoit le vœu de Cécile,
Dieu reçoit le serment d'Alain.

Toutes les nonnes douairières
Prirent la fuite de dépit;
Le prêtre changea de prières,
Le père enfin y consentit.
Les deux époux, dès le soir même
De ce beau jour tant orageux,
Goûtèrent le bonheur suprême
Dans leur foyer, simple comme eux.

De qui est ce conte où l'impertinence agréable du dix-huitième siècle incrédule se mêle à une sentimentalité naïve? Est-il de Sylvain Maréchal, comme le *Trésor* ou comme le *Contrat de mariage devant la nature*, ces « romances historiques »? Est-il de Camille Desmoulins lui-même? Nous l'ignorons. Ce qui est certain, c'est que si Camille n'avait pas eu, comme Alain, à arracher Lucile aux froids arceaux d'un cloître, il l'avait cependant emportée un moment à Bourg-la-Reine, où madame Duplessis avait mis la maison qu'elle possédait à la disposition des deux époux.

Est-ce au seuil de la maison de campagne, est-ce sur la porte d'entrée du logis de la Cour du Commerce qu'un ami de Camille, S. Maréchal ou S. Fréron, inscrivit ces vers que Lucile recopie aussi sur son cahier :

> Qui que tu sois, quand tu serois l'Amour,
> Garde-toi de troubler la paix de cet asile,
> Respecte ce riant séjour
> De l'innocence et de Lucile.

Peu importe. Ces préoccupations constantes de la jeune femme nous font en quelque sorte pénétrer dans sa pensée. Elle aime, elle se plaît à s'entourer de tout ce qui lui parle le plus éloquemment de cet amour; elle s'abandonne à ce Camille qu'elle a choisi, préféré, le seul homme qu'elle aimera; elle sera une mère empressée, elle sera une épouse résolue, elle trouvera, cette fillette de Greuze, les énergies de la femme de Pœtus; pour le moment, elle est l'amante adorée et séduisante, et Camille, qui l'*idolâtrait* avant son mariage, se *prosterne* maintenant devant elle. Il ajoute à son nom, en écrivant à son père : *le plus heureux des hommes et qui ne désire plus rien au monde.*

III

Camille se trompait lui-même. Il désirait toujours la gloire, et aussi, hélas! cette décevante popularité à laquelle il avait trop sacrifié déjà.

CHAPITRE TROISIÈME.

Il avait fait partie, dès sa fondation, de ce club des Cordeliers qui devait un jour le regarder comme tiède et contribuer à sa perte.

Le club des Cordeliers était situé rue de l'Ecole-de-Médecine, en face la rue Hautefeuille, dans le réfectoire de ces moines qui furent, comme on sait, des moines démocratiques et mystiques, faisant vœu de pauvreté, communistes déguisés sous le froc.

C'est là qu'Étienne Marcel avait paru au quatorzième siècle, c'est là que Danton se montra au dix-huitième. A l'endroit où s'étalent aujourd'hui les hideurs du Musée Dupuytren, le club siégeait. Ces murailles ont entendu Marat, qui, dans l'église souterraine du couvent, un moment cacha son imprimerie.

Le club des Cordeliers naquit du district, de ce district des Cordeliers dont Camille disait : « Quand les sept sages de la Grèce en seraient membres, je défie que la logique y soit plus saine [1]. »

Les assemblées se tinrent d'abord dans le couvent; en 1792, elles émigrèrent dans l'église Saint-André des Arts, — maintenant disparue, — mais pour revenir bientôt, après une halte dans la salle du Musée de la rue Dauphine (alors rue de Thionville), au réfectoire où elles avaient pris naissance. Club vraiment populaire

---

[1] Une des délibérations du district où l'on trouve, dans les *Révolutions de France et de Brabant*, le nom de d'Anton, est celle-ci :

« Le district des Cordeliers, affecté de cette espèce de dérision que s'est permise le pouvoir exécutif de placer le pouvoir législatif tantôt dans une salle des menus-plaisirs, tantôt dans un manége, demande que le temple de la Liberté soit construit à la place où fut la Bastille. C'est une belle idée d'y bâtir le Capitole, comme autrefois les Grecs bâtirent le temple de Delphes, sur les lieux qui avoient servi de retraite au serpent Python. »

Commissaires pour la rédaction de l'Adresse : Paré, président; d'Anton, ex-président; Fabre d'Églantine, vice-président, Camille Desmoulins et Dufourny de Villiers.

où du dehors entrait qui voulait, où la foule débordait, poussant parfois au délire l'orateur à la tribune. On a comparé les Jacobins à un séminaire grave, prudent, casuistique [1]; les Cordeliers pourraient être comparés à un régiment toujours armé. La Révolution de la rue a rugi dans cet antre; aux Jacobins, discutait la Révolution du parlement. Danton, Desmoulins, Marat, Fréron, Chaumette, Hébert, Legendre, Robert qui rédigera la pétition du Champ de Mars demandant la déchéance de Louis XVI, Momoro, Anacharsis Cloots, Vincent, Gusman, le sans-culotte grand d'Espagne, faisaient partie des Cordeliers. Assemblage bizarre, fougueux et hostile, qui se déchirera et s'enverra mutuellement à la mort. La République naquit dans cette serre chaude. La devise *Liberté, égalité, fraternité* fut de l'invention des Cordeliers (juin 1791). Le 10 août y recruta ses plus énergiques acteurs. Malheureusement, lorsque cette Révolution eût envoyé à la Convention, au nom de Paris, les plus illustres Cordeliers en qualité de députés, Danton et Camille entre autres, l'influence appartint, dans le club, à l'élément purement hébertiste, au sans-culottisme effréné, au parti de la Commune. Tandis que les anciens, les vieux Cordeliers, ceux de la veille, devenaient les *indulgents* et réclamaient la clémence, les Collot-d'Herbois, les Ronsin, les Momoro et les Hébert se changeaient en *ultra-révolutionnaires* et rééditaient, au propre et au figuré, l'*Ami du Peuple*, jusqu'au moment où la hache du Comité de salut public les soumit à ce terrible *scrutin épuratoire* qui établit chez les Cordeliers la froide discipline de la mort.

Mais l'heure n'a pas encore sonné de ces luttes ar-

---

[1] Voy. les articles *Révolution*, du dictionnaire Larousse.

dentes. Camille est tout entier à la lutte par la plume et par la parole [1].

M. Desmoulins le père redoute bien pour son fils cette allure militante et cette gloire qui naît; il lui écrit (voyez le n° 7 des *Révolutions de France et de Brabant*, p. 321) :

« Au milieu des ruines qui m'entourent, et que l'Assemblée nationale semble avoir détachées de mon existence (mon office devenu précaire, mon syndicat qui m'échappe avant le terme, le fil de tous mes errements absolument coupé, toute ma société frappée des mêmes foudres), ce qui me console et allège beaucoup le mal de ma position, c'est l'espoir que mon fils, avec des principes plus modernes et qui me paraissent toujours bien hardis, sera un des premiers ouvriers de l'arche qui doit sauver ses frères et lui du naufrage de leur père commun. »

« ... On me parle de vos succès, ajoute cet homme sage et probe, et je n'y suis pas insensible; mais les dangers que vous courez m'affectent encore davantage. » Camille alors répond, sur le ton presque du triomphateur certain de lui-même :

« Vous ne vous moquerez donc plus de mes rêves, de ma république et de mes vieilles prédictions, de tout ce qu'enfin *vous avez vu, ce qui s'appelle vu, de vos propres yeux vu*.

---

[1] Je trouve dans une brochure : *Description du serment et de la Fête civiques célébrés au bois de Boulogne par la Société du serment du Jeu de Paume de Versailles, des 20 juin* 1789 *et* 1790, la mention suivante du nom de Camille :

« Une table de trois cents couverts préparée par des nymphes patriotes, couverte des fruits de la simple nature, flattait agréablement les sens...

« Danton porte le premier toast, puis Menou, Santonax, Charles Lameth, Barnave, Laborde.

« M. de Robespierre porte un toast à la santé des écrivains courageux qui ont couru tant de dangers, et qui en montrent encore en se livrant à la défense de la patrie. Pendant cette motion, un membre a désigné Camille Desmoulins, qui a été vivement applaudi. » (Broch. 8 p. in-8°. Garnery, libraire, 17, rue Serpente.)

Vous avez passé votre vie à écrire, à lutter contre les oppresseurs subalternes. C'était attaquer les branches : grâce au ciel nous venons de couper l'arbre. Ne craignez pas d'être vous-même écrasé dans sa chute. Cet arbre ne peut tomber que sur les oisifs, et non sur ceux qui ont bien mérité de la patrie. »

Le père alors travaillait à son Encyclopédie de jurisprudence, en huit volumes in-8°, commencée depuis trente ans :

« Ce qui me console pour vous, dit Camille, c'est qu'il vous reste le souvenir d'une vie toujours militante contre les oppressions de toute espèce qui désolaient notre province. »

Et il ajoute, après avoir parlé du labeur *inutile* de son père : « Déjà je vous ai vengé ! » Vengé de qui ? du ci-devant duc de Guise, si dur lorsqu'il fallait lui payer des amendes ! Singulières différences des tempéraments et des rêves ! Le père ne demandait point tant de vengeance : il souhaitait seulement plus de bonheur.

Quel que fût son amour pour Lucile, sa joie de se voir enfin heureux et aimé, d'avoir un foyer, une compagne, une famille, Camille Desmoulins continuait donc à lutter. Peut-être se rappelait-il ces vers, signés L. M. qu'il avait insérés dans le n° 62 de ses *Révolutions de France et de Brabant* :

> Tu dors, Camille, et Paris est esclave !
> D'autres tyrans usurpent le pouvoir
> Que s'arrogeoient et Breteuil et le Noir [1] !

---

[1] C'est justement dans cette pièce que se trouve ce vers, tant de fois cité :

> ... Quoi donc, Camille, ami de Robespierre,
> De Chartres même honoré comme un frère !

La *Nouvelle biographie générale* de Firmin Didot affirme que, lors du mariage de Camille, « le duc d'Orléans fit meubler à ses frais, avec magnificence, l'appartement que le nouveau couple devait occuper, rue de l'Odéon. » Cette allégation est complètement erronée, et le biographe ne saurait trouver nulle part une preuve du fait qu'il avance.

Camille luttait donc à la tribune et dans son journal. Sa polémique s'était d'ailleurs modifiée et accentuée, et maintenant c'était, par exemple, non plus contre Malouet, mais contre Lafayette qu'il portait ses coups les plus redoutables. Dès l'année 1790, Camille avait attaqué, au surplus, le « cheval blanc » de celui qu'il appelait *Blondinet;* mais en septembre 1790, lors de la mort du journaliste Loustalot — ou plutôt Loustallot comme M. Pellet a rectifié cette orthographe, — les attaques étaient devenues plus directes : « Cet hypocrite, disait Camille en parlant du général, cet hypocrite qui a sans cesse la loi sur les lèvres! » ou « ce tartuffe à double épaulette. »

Loustallot, âme ardente, vraiment républicaine, journaliste militant et plein d'une sensibilité attirante; jeune, courageux et rempli de pitié, *vierge de sang, même en pensée,* a dit de lui l'auteur des *Poëmes de la Révolution,* formait avec Camille un contraste frappant. En poursuivant le même but, ils se servaient d'armes différentes : Camille Desmoulins, d'une arme ciselée dont il faisait parfois un poignard; Loustallot, d'une épée sans ornements, mais bien trempée et bien loyale. Le rédacteur des *Révolutions de Paris,* fondées par le libraire Prudhomme, était un publiciste recherchant plutôt la clarté que l'élégance, l'argument qui convainc avant la fusée qui brille. Il n'avait point la verve aristophanesque de Camille, mais il avait plus de sérieux dans l'esprit et s'adressait, il est vrai, à un autre public. Si Camille parlait aux lettrés, Loustallot parlait au peuple. L'un et l'autre s'aimaient d'ailleurs, et lorsqu'arriva à Paris la nouvelle du massacre des Suisses à Nancy, Loustallot étant mort de douleur, le 19 septembre 1790, à vingt-huit ans, ce fut Camille Desmoulins qui prononça son oraison funèbre [1]. « Loustallot ne signait point ses articles, dit Camille, il savait que c'est en se montrant peu qu'on fait beaucoup. » Ailleurs, il l'appelle « l'écrivain qui a le plus servi la Révolution. »

[1] L'auteur des « *Pièces de la vie du fameux Loustalot*, auteur des *Révolutions de Paris,* sous le nom de Prudhomme. En réponse à l'oraison funèbre prononcée devant le club des Jacobins, par Camille Desmoulins, auteur des *Révolutions de France et de Brabant* (in-8° 15 p., de l'imprimerie C.-F. Perlet, rue Saint-André-des-Arts, hôtel du Château-Vieux), — appelle Élysée Loustalot, le *confrère en démagogie* de Camille. Il ajoutera bientôt que Loustallot avait plus de talent que Camille.

« Lorsque celui-ci, dira-t-il (le panégyriste de Loustallot — Camille), a parcouru le cercle éternel qu'il s'est prescrit, il y revient encore; et toujours le cheval blanc de M. de la Fayette, le ventre de Désessart et la femme du Roi, qu'il ne veut pas appeler la Reine, sont répétés jusqu'au dégoût. Il court après l'esprit, après les pointes, et n'approfondit rien, parce que cela est plus commode et moins pénible. Nous sommes loin cependant de penser que M. Desmoulins ne sache quelquefois manier l'arme redoutable de la plaisanterie et du ridicule. Il y a des numéros de son journal où il se trouve beaucoup d'esprit et de gaieté; mais ces qualités ne suffisent point pour avoir un succès complet. Il faut être juste, impartial, et ne point se laisser dominer par la fureur des partis. » On lit encore dans cette brochure que Loustallot aimait les liqueurs fortes, ce qui l'a tué. Ce n'est là qu'une calomnie.

Quant au discours de Camille prononcé au club des Jacobins, nous en citerons un fragment relatif à la dignité et au caractère du journaliste :

« Loustalot, dit Camille, méprisa toujours cette classe d'ennemis acharnés à sa diffamation; il ne pouvoit comprendre la bassesse d'une foule de journalistes qui, au lieu d'appeler les hommes à la liberté, à l'égalité, et l'homme de talent à sa place, qui est de la maintenir, ne rougissent point, pour un peu d'argent, de se faire les valets des aristocrates qu'ils méprisent, diffament, pour leur plaire, des écrivains qu'ils ne peuvent s'empêcher d'estimer, ravalent ainsi la littérature et les talents à un état de domesticité, et redevenant, autant qu'il est en eux, commes ces Grecs, esclaves, beaux esprits dont Rome était remplie dans les derniers temps de la République; où les artistes, les savants et les poëtes n'étaient, pour les riches orgueilleux et stupides, qu'une classe de valets, comme un cuisinier, un frotteur et un laquais. Loustalot savoit que sa vie et ses ouvrages étoient pour eux la plus amère censure. »

Camille ajoute :

« Malheureux ami de la constitution, a dit Legendre sur la tombe de Loustalot, va dans l'autre monde puisque c'est ta destinée; c'est la douleur du massacre de tant de nos frères à Nancy qui a causé ta mort;

Cette oraison funèbre d'un homme dont Regnauld de Saint-Jean-d'Angély, compatriote et ami de Loustallot, avait dit en apprenant cette mort : *Il a donc sucé sa plume!* avait été, pour Camille, l'occasion d'un succès de tribune : « J'ai reçu, dit-il, des applaudissements » qui, par leur vivacité, ne pouvaient s'adresser qu'au » mort, et j'ai recueilli comme sa succession de bien- » veillance publique. »

Puis il ajoutait, avec un accent terrible de menace : « Oui! c'est toi, La Fayette, qui l'as tué! » La lutte est donc commencée. Elle ne finira pas de sitôt.

Camille Desmoulins rédigeait encore les *Révolutions de France et de Brabant* lorsque, le 21 juin 1791, Louis XVI essaya de fuir et fut arrêté à Varennes par le maître de poste Drouet, le futur conventionnel et accusé de Vendôme.

« Le mardi 21 juin, dit Camille, on apprend que le Roi et toute la famille ont pris la fuite. C'est à onze heures qu'a eu lieu le *décampativos* général des Capètes et Capets, et ce n'est qu'à neuf heures du matin qu'on apprend cette nouvelle. Trahison! parjure! s'écrie-t-il. Le Barnave, le la Fayette abusent de notre confiance[1] ! »

Il raconte ensuite (et ses notes ne manquent pas d'un intérêt historique) comment, à son avis, l'évasion put avoir lieu.

« Je revenais à onze heures des Jacobins avec Danton et

va leur dire qu'au seul nom de Bouillé le patriotisme frémit; dis-leur que chez un peuple libre rien ne reste impuni; dis-leur que tôt ou tard ils seront vengés! »
Eût-il pu rien sortir de plus sublime de la bouche de Démosthènes lui-même[*]? — (Camille DESMOULINS.)

[1] *Révolutions de France et de Brabant*, n° 82.

[*] Camille dira d'une autre façon, dans ses *Révolutions de France et de Brabant* (n° 44 ; — Je n'ai rien vu de plus beau dans Démosthène et dans Cicéron que ce peu de paroles « que prononça ce maître boucher. »

d'autres patriotes; nous n'avons vu dans tout le chemin qu'une seule patrouille. Paris me parut cette nuit si abandonné, que je ne pus m'empêcher d'en faire la remarque. L'un de nous, qui avoit dans sa poche une lettre, laquelle le prévenoit que le Roi devoit partir cette nuit, voulut observer le château; il vit M. de la Fayette y entrer à onze heures. »

Et bientôt la fureur de Camille est telle qu'il réclame déjà, dans un style indigne de lui, la mort de celui qu'il appelle « l'animal-roi » :

« Cependant, dit-il, comme l'animal-roi est une partie aliquote de l'espèce humaine, et qu'on a eu la simplicité d'en faire une partie intégrante du corps politique, il faut qu'il soit soumis, et aux lois de la société qui ont déclaré que tout homme pris les armes à la main contre la nation seroit puni de mort, et aux lois de l'espèce humaine, au droit naturel qui me permet de tuer l'ennemi qui m'attaque. Or, le Roi a couché en joue la nation. Il est vrai qu'il a fait long feu, mais c'est à la nation à tirer (p. 158). »

Il faut, pour expliquer ces fureurs, comprendre quel effet avait produit la fuite du roi; la nation éperdue, menacée par les puissances, se voyait déjà livrée à l'étranger; le tocsin sonnait, la garde nationale était sur pied, tous les citoyens couraient aux armes. Des motions semblables à celle-ci se faisaient entendre dans les clubs :

« M. le président, si les traîtres (Bailly et les ministres) se présentent, je demande à parler. Je consens qu'on dresse deux échafauds; je consens de périr sur l'un si je ne leur prouve en face que leur tête doit rouler aux pieds de la nation contre laquelle ils n'ont cessé de conspirer ! »

Aux Cordeliers, Danton accusait Lafayette d'avoir fait arrêter soixante citoyens, et s'écriait :

« Vous avez juré que le Roi ne partirait pas; vous vous êtes fait sa caution. De deux choses l'une : ou vous êtes un traître qui avez livré votre patrie, où vous êtes stupide d'avoir répondu d'une personne dont vous ne pouviez pas répondre. Dans le cas le plus favorable, vous êtes déclaré incapable de nous commander. Je descends de la tribune ; j'en ai dit assez pour montrer que si je méprise les traîtres, je ne crains pas les assassins [1] ! »

Ce n'était pas seulement avec la plume que Camille voulait combattre le Roi. Il nous apprend lui-même que,

---

[1] Faut-il citer quelques extraits de la *Révolution de France et de Brabant*, relatifs à cette affaire de la fuite du Roi ? En voici quelques-uns :

« A quoi tiennent les grands événements ? A Sainte-Menehould ; ce nom rappelle à notre Sancho Pança couronné les fameux pieds de cochon. Il ne sera pas dit qu'il aura relayé à Sainte-Menehould sans avoir mangé sur les lieux des pieds de cochon. Il ne se souvient plus du proverbe : *Plures occidit gula quam gladius*. Le délai de les apprêter et sa face trop ressemblante sur un assignat lui fut fatale. Le maître des postes le reconnut. »

Dans son n° 83, Camille outre la note et tombe dans l'insulte, mais il donne encore des détails fort curieux :

« Lorsque Louis XVI fut rentré dans son appartement aux Thuileries, il se jetta dans un fauteuil en disant : « Il fait diablement chaud ! » Puis : « J'ai fait là un f.... voyage ! Enfin, cela me trottoit depuis long-temps » dans la cervelle. » Ensuite, regardant les gardes nationaux présens : « C'est une sottise que j'ai faite, j'en conviens ; *eh bien ! ne faut-il pas* » *que je fasse aussi mes farces comme un autre ?* Allons, qu'on m'apporte un poulet. » Un de ses valets de chambre paraît. « Ah ! te voilà, toi ? Et moi aussi, me voilà. » On apporte le poulet. Louis XVI boit et mange avec un appétit qui aurait fait honneur au roi de Cocagne. »

Parlant ensuite de la Reine et de son attitude à son arrivée :

« Elle étoit descendue de voiture, dit-il, en posture de suppliante et avec une contenance humiliée ; elle monta l'escalier le nez haut et en *dévergondée*. » La vérité est que Marie-Antoinette, revenant de Varennes, rentra aux Tuileries le front haut. Mirabeau avait raison de dire : « Le Roi n'a qu'un homme, c'est sa femme. » Quelques jours après elle écrivait : « Je ne puis rien vous dire sur l'état de mon âme. Nous existons, voilà tout. »

Plus loin (n° 84), Camille se plaint que l'Assemblée ait trop bien traité le Roi devenu accusé :

« Il ne falloit pas faire antichambre, souffrir qu'un criminel se mît aux bains à l'arrivée des commissaires, et attendu que dans sa baignoire il eût tiré sa sonnette pour admettre l'Assemblée nationale comme un garçon de bain. A-t-on vu des juges s'écrier chez le concierge des prisons pour demander humblement à l'accusé un rendez-vous et son heure pour l'interroger ? Il n'y eut jamais une telle bassesse. » (P. 241.)

le 16 juillet 1791, les Sociétés populaires ayant rédigé une pétition à l'Assemblée nationale pour demander la déchéance de Louis XVI, ce fut lui qu'on envoya, en qualité de chef de la députation, à la Municipalité pour l'avertir de ce projet. Ce jour-là, Paris grondait. Au milieu de cette place Vendôme, qui deviendra bientôt la place des Piques, un orateur applaudi s'écriait : *Plus de rois!* Le courroux grandissant, ce n'était plus seulement la déchéance, c'était le jugement de Louis XVI qu'on réclamait et l'arrestation de Lafayette et de Bailly. Le lendemain, 17 juillet, devait avoir lieu au Champ de Mars l'anniversaire de la fête de la Fédération. Ce jour-là, le drapeau rouge de la loi martiale fut déployé par l'ordre de Lafayette entraînant Bailly à des mesures de rigueur. Il y eut effusion de sang. Les harangues exaltées des orateurs populaires, provoquant les coups de pierres lancés par la foule surchauffée aux gardes nationaux (un énergumène, Fournier l'Américain, appuya même son pistolet sur la poitrine de Lafayette), reçurent pour réponse les roulements de tambour et les coups de feu de la garde nationale. La foule, venue là pour signer la pétition sur l'autel de la patrie, fut mitraillée et sabrée, et s'enfuit dans toutes les directions. Un nommé Provant se tua de désespoir [1]. Quelques biographes ont voulu que Desmoulins ait figuré ce jour-là parmi ceux qui poussèrent le peuple à la lutte ; d'autres affirment, au contraire, qu'au lieu de se rendre au Champ de Mars, Camille alla dîner à la campagne avec Danton, Legendre

---

[1] Arrêté de la commune de Paris, qui porte que la pétition du Champ de Mars du 17 juillet 1791 sera mise sous verre, et que le buste de Provant, qui se tua ce jour-là, en disant que la liberté était perdue, sera placé dans la salle de la Maison commune à côté de celui de Marat, assassiné le 13 juillet. (*Répertoire*, t. I, p. 154.)

et Fréron. Ce qui est certain, c'est que, le soir même, des mandats d'arrêt étaient lancés contre Danton et contre Camille. On empêchait les crieurs des journaux de débiter leurs feuilles dans les rues, et le drapeau rouge flotta pendant deux semaines encore au fronton de l'Hôtel de ville.

La fureur des gardes nationaux avait été grande contre les pétitionnaires. Prudhomme raconte dans ses *Révolutions de Paris* (et non dans la *Tribune des Patriotes,* comme le dit par une inexplicable erreur M. Ed. Fleury), qu'il faillit être assassiné sur le pont Neuf, à la place de Desmoulins. Fréron, foulé aux pieds sur le même pont Neuf, n'était dégagé que par des gardes nationaux de sa section. Danton, poursuivi, se réfugiait à Fontenay-sous-Bois, chez son beau-père, tandis que Camille, le soir même, reparaissait aux Jacobins pour tonner contre Lafayette et Bailly, qu'il appelait « deux » archi-tartuffes de civisme! » Il devait d'ailleurs se mettre promptement en sûreté, non dans une cave comme Marat, mais chez un ami, sans doute, ou chez un parent. Pendant ce temps, la force armée, chargée d'arrêter Camille, ne trouvait au bureau des *Révolutions de France et de Brabant* que le secrétaire de Desmoulins, son compatriote Roch Marcandier, sorte de journaliste de hasard, qui imprimera plus tard, dans son *Histoire des hommes de proie,* maintes calomnies infâmes sur celui qu'il sert aujourd'hui. Pour le moment, Marcandier, dont la tête échauffée sentait le *Guisard,* essaya de résister, fit feu d'un pistolet sur les soldats, et, battu, malmené, ne fut entraîné par eux que les vêtements en lambeaux.

Camille Desmoulins publia un dernier numéro encore, et, le signant de son titre d'*Électeur du département de*

Paris, il le dédia à Lafayette, « phénix des alguazils-majors », en le datant d'une prétendue terre de liberté, où il s'était, disait-il, exilé comme Camille, son patron. Il chargeait Prudhomme de fournir à ses abonnés des *Révolutions de France et de Brabant,* cinq numéros des *Révolutions de Paris* pour compléter le septième trimestre dû aux souscripteurs. Puis, laissant échapper cet aveu, qui sent le journaliste-né : *Il m'en coûte de quitter la plume,* il rentrait pour un moment dans l'oubli, dans le silence, jusqu'au jour où il allait, tout embrasé d'une ardeur nouvelle, ressaisir sa plume et recommencer l'éternel combat.

Il l'aimait, cette profession du journaliste, si indigne en de certaines mains, si noble lorsqu'elle est exercée par un honnête homme; et c'est lui qui disait naguère :

« Aujourd'hui, les journalistes exercent le ministère public; ils dénoncent, décrètent, règlent à l'extraordinaire, absolvent ou condamnent. Tous les jours ils montent à la tribune aux harangues, et il est parmi eux des poitrines de Stentor qui se font entendre des quatre-vingt trois départements. Les places pour entendre l'orateur ne coûtent que deux sous. Les journaux pleuvent tous les matins comme la manne du ciel, et cinquante feuilles, ainsi que le soleil, viennent tous les jours éclairer l'horizon [1]. »

Pour le moment, la *tribune aux harangues* de Camille était muette, et son soleil, ou plutôt sa lanterne, n'éclairait plus personne.

IV

Camille, du moins, fut-il heureux durant ces heures de répit, d'attente et de recueillement? Il était alors

---

[1] *Révolutions de France et de Brabant* (n° 17, p. 183).

dans toute la fièvre de son amour. Lucile allait devenir enceinte. On s'imagine la joie de cet être avide de sensations, d'émotions, d'affections nouvelles, à l'idée qu'il allait être père. Toutes les douloureuses épreuves auxquelles il était soumis durent être oubliées, et je ne doute pas que, dans la retraite qu'il se choisit pour un moment, il n'ait trouvé comme une ombre de cet *Otahiti* fortuné, qu'il rêvera plus tard, au fond de son cachot, alors qu'il laissera échapper le secret de son tempérament et de son âme : « J'étais né pour faire des vers ! »

Un tel homme n'était pas fait cependant pour se contenter longtemps de l'obscurité et de ce bonheur tranquille jusque dans sa crainte. Dès le 9 septembre 1791, Camille, frappé d'ajournement, demandait à l'Assemblée nationale s'il conservait, oui ou non, ses fonctions en même temps que son titre d'Électeur. L'Assemblée passa à l'ordre du jour. Un mois après, on retrouve Camille Desmoulins se présentant, un discours à la main, à la tribune du club des Jacobins. Les poursuites contre lui avaient évidemment cessé, et Camille reparaissait, non pas en orateur, mais en lecteur venant faire connaître son opinion sur *la situation politique de la nation*, à l'ouverture de la seconde session de l'Assemblée nationale. Camille croyait devoir répondre par ce discours à sa nomination toute récente de secrétaire de la Société des Amis de la Constitution. « J'ai regardé » ce choix comme une invitation à rompre le silence, » disait-il. Depuis trois mois d'ailleurs, la plume devait lui brûler les doigts.

C'est toujours un Desmoulins agressif et ami des personnalités qui nous apparaît dans ce discours, si fort applaudi. Bailly, Lafayette, Dandré, Chapelier, l'Assemblée elle-même, tout y est violemment attaqué, et Desmoulins s'écrie :

« Nous ne demandions donc pas que la royauté fût éteinte, mais qu'on n'établît point à sa place une tyrannie pire que la royauté; car, je le demande, quel fut jamais l'individu royal assez inviolable pour oser contre des sujets ce qu'on a osé contre des citoyens à Nancy et au Champ de Mars, sans s'exposer à périr tragiquement comme les Néron et les Caligula? »

Ce triomphe d'un soir, cette riposte violente au mandat d'arrêt lancé contre lui, ne devait pas suffire à Camille. Encore un coup, il regrettait son journal abandonné, ces *Révolutions de France et de Brabant,* dont avait exploité le titre un continuateur déloyal. « Mon » journal était une puissance », dit-il à son père. En songeant qu'il l'a laissé périr, il ajoute : « C'est une » grande sottise que j'ai faite. » Il y a, dans l'ordre des choses intellectuelles, une passion spéciale qu'on pourrait appeler la passion du journalisme. Tout homme qui a goûté, une fois, à cet attirant plaisir de lire toute chaude sa pensée imprimée, qui a senti la volupté de cette conversation quotidienne d'un individu isolé, parlant du fond de son cabinet à des milliers de gens, celui-là est éternellement condamné à cette tâche ingrate, écrasante, débilitante et délicieuse. Camille rêvait donc de refaire un journal. Il s'était lié, nous l'avons vu, avec Stanislas Fréron, son collaborateur, et des rapports fréquents qu'ils avaient entre eux était née une amitié vive. Fréron! Celui que Lucile appellera bientôt, en riant, *le Lapin,* ce Fréron qui fera plus tard de la réaction, après avoir demandé que Marie-Antoinette fût traînée, comme Frédégonde, dans les rues de Paris, à la queue d'un cheval entier (juin 1791), Fréron, le *sauveur du Midi,* l'homme de Toulon, que

Hébert traitait de *muscadin*, et qui devait en effet, plus tard, prendre pour collaborateur Martainville et pour soldats la *jeunesse dorée*, alors qu'il appelait Camille : *cet enfant si naïf et si spirituel*[1].

Au mois d'avril 1792, Camille et Fréron, l'*orateur du peuple*, président des Cordeliers, lancèrent donc le prospectus d'un nouveau journal destiné à faire suite au n° 86 des *Révolutions de France et de Brabant*, et qu'ils appelèrent la *Tribune des Patriotes*. Camille avait, cette fois, choisi pour imprimeur un voisin, Pierre-Jacques Duplain, qui demeurait comme lui cour du Commerce. Malgré les promesses alléchantes du prospectus, le journal ne réussit pas; il n'eut que quatre numéros. « Faire des livres, avait dit Camille, est un mé» tier qui s'apprend et s'oublie comme un autre. Deman» dez à Mercier. Mais c'est la paresse et la désuétude » qui m'ont rogné les ongles, et j'espère, mes bons » amis, mes chers confrères, qu'avec un peu d'exercice, » ils repousseront à la longueur des vôtres. » Les ongles, moins coupants qu'autrefois, n'eurent pas beaucoup le temps de pousser; à la fin de mai 1792 le journal n'existait plus. Il n'en avait pas moins eu son influence sur la foule, et Desmoulins avait reconquis sa situation et son autorité.

Une violente brochure l'avait d'ailleurs mis en évidence, une brochure contre Brissot, son ancien ami, celui qui lui avait servi de témoin lors de son mariage. Brissot — cette façon de quaker, ce Brissot dont Camille, disait-il, enviait autrefois le *patriotisme* — s'était déjà aliéné à demi l'affection de l'auteur de la *France libre*, lorsque le rédacteur du *Patriote français* avait traité Des-

---

[1] *Mémoire historique sur la réaction royaliste et les massacres du Midi*, par Fréron, ex-député (an IV, p. 38, in-8°).

moulins de « *jeune homme* [1] ». Camille ne pardonnait pas, on le sait, à ceux qui prétendaient le régenter. Marat, le redoutable Marat, l'avait lui-même appris à ses dépens, lorsque Desmoulins, ne voulant pas rompre absolument avec un si terrible adversaire, lui disait cependant : « Après tout, Marat, il faut défendre la République non-seulement avec des hommes, mais avec des chiens ! »

« Dépits fréquents, disait Hérault de Séchelles dans ses *Pensées*, dépits fréquents, signes de caractères vains. Ce sentiment est la colère de la vanité ; il est propre aux femmes et aux hommes féminins ; il enfante les petites et les grandes atrocités. » Le malheur est que Camille eut souvent, hélas ! de pareils dépits.

Depuis la disparition des *Révolutions de France et de Brabant*, Camille, d'ailleurs éperonné par des pertes d'argent assez considérables, — les rentes sur l'Hôtel de ville ayant subi une certaine dépréciation [2], — Camille avait repris sa profession d'avocat. « Je rentre, après la » révolution, dans le barreau », écrit-il à son père. Il plaide pour la Société des Amis de la Constitution de

---

[1] Voyez cette polémique dans les *Révolutions de Brabant* (mai 1791).

Camille Desmoulins à Jean-Pierre Brissot, salut.

« Jusqu'ici je n'avois été attaqué que par des injures honorables. Que je vous sais gré, Brissot, de m'attaquer dans les formes et de m'assigner au tribunal de l'opinion par trois grandes épîtres d'un ton grave, sentencieux, et bien libellées ! C'est mon élément que le genre polémique. Et puis l'accusation est le crible du patriotisme et l'épreuve du citoyen. Je ne saurois estimer parfaitement l'homme dont on ne dit point de mal.

«..... En vous voyant me dire : *jeune homme, prends et lis*, tous vos lecteurs ont compris que vous aviez une fort grande idée de vous-même ; c'est fort bien fait à vous de vous admirer ainsi, car je pense qu'il faut encore mieux s'aimer soi-même comme Narcisse que de ne se passionner pour rien, et, cette fois, je préfère à Horace le bon Sterne, qui pose pour le bonheur la maxime du *nil admirari*, et qui dit quelque part, si je ne me trompe : « Pour moi, j'ai toute ma vie été amoureux d'une princesse ou d'une autre, et je compte bien l'être jusqu'à ma mort. »

[2] Ed. Fleury, t. I, p. 235.

Marseille, contre d'André, et l'avocat continue ainsi la polémique personnelle commencée par le publiciste. En janvier 1792, il se présentait, devant le tribunal de police correctionnelle, pour une dame Beffroi et un certain Dithurbide, négociant, accusés, l'une de tenir une maison de jeu dans le passage Radziwill, l'autre d'être le complice de la *brelandière*. Condamnés l'un et l'autre à six mois de prison et enfermés, la femme à la Salpêtrière, l'homme à Bicêtre, malgré l'appel formé par eux, les offres de vérification, etc. Desmoulins protestait contre cet acte arbitraire par une affiche où, sur un ton semi-plaisant, il prenait la défense des jeux et prétendait que « dans les forêts de la Gaule et de la » Germanie, nos pères (c'est une vérité historique incon- » testable) jouaient au *trente et un* et même au *biribi* » leur liberté individuelle. » — Il s'élevait ensuite, à propos de l'incarcération de ses clients, contre une mesure qui confondait « les vices et les crimes » et « égalait le joueur au voleur [1] ».

Ce fut pourtant ce placard qui devait décidément faire naître la haine entre Camille et Brissot. Avec son austérité légèrement puritaine, Brissot ne pouvait laisser passer sans protester l'affiche de son ancien ami. Le *Patriote français* attaqua l'opinion de Desmoulins comme contraire à la morale : « Cet homme, s'écriait Brissot en parlant de Camille, ne se dit patriote que pour calomnier le patriotisme! » Il l'accusait d'avoir « *sali les murailles avec sa scandaleuse apologie des jeux de hasard.* » Camille en fut offensé, piqué au vif. Le dépit féminin dont parle Hérault s'empara de lui, et à la riposte de Brissot, il répliqua par une brochure enve-

---

[1] Voyez la reproduction de cette affiche à la fin de la brochure: *J. P. Brissot démasqué.*

nimée. *Jean-Pierre Brissot démasqué* alla frapper au front Brissot de Warville, comme le caillou aiguisé d'une fronde. Jamais Camille n'avait été plus violent, plus virulent. Il traita tout net J. P. Brissot de fripon, il cita contre lui les Prophètes : *Factus sum in proverbium;* « je suis devenu proverbe » (David. *Psal.*). Il inventa contre Brissot le verbe *brissoter*, comme Aristophane avait inventé contre Socrate le verbe *philosopher* [1]. Il compara celui qu'il appelait ironiquement l'*honnête Brissot* à ce misérable Morande qui avait osé signer de son nom la reconnaissance de son propre déshonneur. Il reprocha à Brissot — singulier reproche sous la plume de Camille! — d'avoir osé se déclarer *républicain* « lorsque le nom de république » effarouchait les neuf dixièmes de la nation », lorsque Robespierre, Carra, Loustallot, Danton, s'étaient « in- » terdit de prononcer ce mot. » Le malheur est, hélas! que cette brochure irritée et haineuse aura une suite, avant un an, une suite terrible, sinistre, et qu'après avoir écrit *Jean-Pierre Brissot démasqué*, Desmoulins publiera, en 1793, son *Fragment de l'histoire secrète de la Révolution*, où les « brissotins », les girondins, sont attaqués à la fois et déjà voués à la condamnation qui les attend. Ce sont là de ces douloureux écrits qu'on voudrait arracher de l'œuvre d'un tel homme, de ces pages chargées de sarcasmes que Desmoulins regrettera un jour amèrement, profondément, en jetant du fond de sa prison un dernier regard navré sur ses « écrits *trop nombreux.* »

---

[1] Philippide : Et ton manteau, on te l'a volé?
Strepsiade : On ne me l'a pas volé; on me l'a *philosophé!*
(Aristophane. *Les Nuées.*)
Camille, lui, fait dire à un gamin : « On m'a *brissoté* ma toupie. »

Camille avait cependant autour de lui, lorsqu'il écrivait son *Brissot démasqué*, une cause d'apaisement, de bonté et d'indulgence. Mais l'amour-propre irrité ne pardonne rien; il est implacable. Camille était heureux, il pouvait être déjà l'indulgent écrivain des dernières journées de sa vie. Son adorée Lucile allait lui donner un fils. Il y avait, autour de ce jeune ménage, comme un rayonnement de gaieté et d'amour. Logés au n° 1 de cette cour du Commerce-Saint-André-des-Arcs qui avait été formée, en 1776, sur l'emplacement d'un jeu de paume, les deux époux avaient pour voisins, à l'étage supérieur, M. et madame Danton. Que de fois Danton et Camille sortaient bras dessus, bras dessous, se rendant, tout près de là, au club des Cordeliers[1]! Les deux ménages se faisaient volontiers visite, quoique Desmoulins subît plutôt cependant, à cette époque, l'influence de Robespierre. Stanislas Fréron, *Fréron-Lapin*, venait fréquemment cour du Commerce, et Brune, le futur maréchal de France, alors membre des Cordeliers, instruit, ayant déjà publié, en 1788, un *Voyage pittoresque et sentimental dans plusieurs provinces occidentales de France,* mélange de vers et de prose, où Sterne semblait parfois se mêler à Chapelle et Bachaumont, travaillant à d'autres ouvrages littéraires, citant Horace comme Camille citait Cicéron; — d'autres encore, avec Brune, faisaient partie de ce cercle intime que brisera la mort. Madame Duplessis parfois s'y montrait avec sa seconde fille, Adèle, que Robespierre voulut, nous l'avons dit, un moment, épouser. Que de rires, que de joies, que de pro

---

[1] Le 3 avril 1792, Camille, écrivant à son père, parlait ainsi de Danton : « Un homme qui m'estime assez pour ne pas étendre jusqu'à moi » la haine qu'il porte à mes opinions. » Danton, mâle et fort, menaçant mais bon, devait, en effet, morigéner plus d'une fois le sarcastique Camille.

jets, que de rêves dans ce logis si plein d'affection et de tendresses! Il y avait ainsi, dans ces terribles années, plus d'un coin où se réfugiait, souriante, l'idylle fustigée et chassée à coups de canon. Il nous a fallu nos dernières épreuves pour nous montrer de ces antithèses profondes : des bruits de baisers répondant aux détonations de la foudre, des sourires illuminant les visages blêmis par la douleur, et les amoureux continuant à s'aimer en pleins désastres, comme des hirondelles qui nicheraient à l'angle d'une muraille à demi détruite par les obus.

Ils aimaient, ces êtres farouches. Ils souriaient au milieu de leurs préoccupations et de leurs épouvantes. Camille surveillait sa femme enceinte et se sentait déjà l'impatience d'avoir un fils. Il se blottissait, pour ainsi dire, dans la possession de son bonheur. A cette époque, M. Desmoulins le père lui demandait s'il ne pourrait pas acheter le petit bien patrimonial de Guise, la maison où Camille, ses frères et ses sœurs étaient nés. M. Desmoulins, en effet, se sentait légèrement pressé par le besoin, et il parlait de vendre la demeure, déjà hypothéquée.

« Comment voulez-vous, répondait Camille, que, dans un moment où tout est renchéri plutôt de la moitié que du tiers, avec quatre mille francs de rente je puisse acheter un bien de trente mille francs? Votre maison, la maison natale, m'est chère; personne ne connaît mieux que moi le plaisir qu'éprouva Ulysse en voyant de loin la fumée d'Ithaque; mais avec quatre mille francs, qui, dans la circonstance présente, ne valent guère plus de deux mille livres de rente, comment pourrais-je acheter une maison de trente mille livres? »

Il est forcé de « plaider des causes bourgeoises »; il faut qu'il songe aux « frais de layette. » Il aura un enfant dans peu de temps.

Celui qui devait rester éternellement, pour l'histoire, le *petit Horace*, le fils de Camille, que Robespierre allait tant de fois faire sauter sur ses genoux, Horace-Camille Desmoulins naquit le 6 juillet 1792. Le 8, Camille Desmoulins le présentait à la municipalité, suivi de Laurent Lecointre (de Versailles) et d'Antoine Merlin (de Thionville), députés à l'Assemblée nationale. Ce fut Horace Desmoulins qui figura sur le premier acte de l'état civil de la municipalité de Paris[1], le premier enfant qu'on présenta sur l'autel de la patrie. Bientôt, Camille écrira à son père, à propos d'Horace : « Il est allé aussitôt en nourrice à l'Ile-Adam (Seine-et-Oise), avec le petit Danton. » Lucile, sans doute, était trop frêle pour le nourrir. Elle eût, certes, éprise de Rousseau comme elle l'avait été, suivi les leçons de l'auteur d'*Émile*, mais il est probable que Camille, plus voltairien que disciple de Jean-Jacques, détourna sa femme du projet de devenir nourrice.

V

Il fallait cette intime joie pour arracher Camille à ces préoccupations pécuniaires qui l'atteignaient autant que ses parents de Guise. Il se voyait en effet à la veille de perdre une partie considérable de la dot de Lucile, placée, comme on disait alors, *sur le Roi*. Il se sentait, en outre, un peu atteint par l'insuccès de sa *Tribune des Pa-*

---

[1] Voyez le journal *la Presse* du 24 novembre 1847 : « Ce jourd'hui 8 juillet 1792, l'an IV de la liberté, Camille requiert la constatation de l'état *civil* de son fils, voulant s'épargner un jour, de sa part, le reproche de l'avoir lié par serment à des opinions religieuses qui ne pourraient pas encore être les siennes. » — Le secrétaire-greffier qui reçut cet acte était *Royer-Collard*.

triotes. Au moment où il eût voulu tenir en main une plume plus acérée, une arme plus militante encore, la caricature s'acharnait contre lui, et ses ennemis ne désarmaient pas devant son foyer. Une composition comique royaliste montrait, en juillet 1792, ce qu'elle appelait *le Dégel*. C'était la débâcle faisant craquer et fondre tout le nouveau monde démocratique, tandis qu'effarés, les révolutionnaires se changeaient en fuyards. Parmi ces derniers on remarquait, se sauvant en hâte, mais écrasé sous sa lanterne, *Janot Desmoulins,* Camille « coiffé, dit M. Fleury, du bonnet des esclaves phrygiens ». A coup sûr, il devait se sentir furieux, le pamphlétaire réduit au silence et qui n'avait point la force d'opposer tout simplement à ces attaques le spectacle d'une vie calme, doucement savourée dans la pénombre d'un ménage heureux! Si l'on devait se trouver atteint par les calomnies élaborées dans les bas-fonds de ce triste monde, tout serait empoisonné à la fois, — et quel homme serait assez épargné pour jouir d'un moment de repos?

Mais comment un tempérament pareil à celui de Camille eût-il pu demeurer maître de lui-même devant certaines attaques et en des heures semblables à celles que la France traversait alors? La lutte entre la monarchie et la Révolution était désormais engagée d'une façon implacable. Après avoir hésité, le Roi, qui n'avait pas voulu céder à de justes demandes pour ne pas être, disait-il, contraint de se rendre à de plus lourdes exigences, le Roi suivait décidément les déplorables avis de ceux qui le poussaient à la réaction. On allait à la Révolution par haine ou par peur de la liberté. « Il faut trancher le mot, écrivait un an auparavant M. de La Marck à M. de Mercy-Argenteau; *le Roi est incapable de régner.* » Quelques mois avant le 29 juin, le 11 mars 1792, Pellenc, à son tour, écrivait à La Marck : « On dit que le roi se conduit dans son intérieur comme un homme se prépare à la mort. » La cour, désolée de cette résignation, qui pouvait mener au martyre mais non au succès, se figurait qu'avec la garde suisse et quelques *chevaliers du poignard*, on aurait raison des mouvements populaires. Le 20 juin 1792 avait cependant montré que le danger était grand et que le peuple était fort. A la menace de voir fermer ses clubs et arrêter ses orateurs acclamés, Paris s'était soulevé. « *Persistez, Sire !* » écrivait à Louis XVI Lafayette, campé à Maubeuge. Lorsque Roland avait été nommé ministre de l'intérieur quelque temps auparavant, et qu'il s'était présenté aux Tuileries en chapeau rond à la Franklin et des cordons à ses souliers, le maître des cérémonies s'était montré scandalisé de cette apparition; et, s'approchant tout offensé de Dumouriez : « Eh ! quoi, Monsieur, avait-il dit, point de boucles à ses souliers ? — Ah ! Monsieur, avait fait alors Dumouriez avec un flegme ironique, tout est perdu ! »[1] Voilà où en était la cour au moment où les faubourgs grondaient, impatients, à peine contenus par Santerre, qui suivit plutôt qu'il ne dirigea les mouvements populaires ; à l'heure où la nation était encore irritée d'avoir vu un Bertrand de Molleville favoriser ouvertement l'émigration et où elle sentait que le Roi subissait et n'acceptait pas le bonhomme Roland. On répétait, on com-

---

[1] Voy. P.-J. Tissot, *Révolution*, t. III, p. 14. — Nous voyons la cour s'étonner de la tenue de Roland. Mais Camille lui-même ne s'écrie-t-il pas :

« Roland, dans son ministère, affectoit de porter des habits râpés et ses plus méchants pourpoints. Cela me rappelle cette pauvreté d'Octave qui, pour détourner l'envie de Jupiter, disent les historiens, affectoit de tomber dans l'indigence, et parut tous les ans sous l'habit de mendiant. »

(*Histoire Secrète.*)

mentait de tous côtés ce mot de la Reine : « Bientôt, tout le tapage cessera. »

Parler ainsi de *tapage*, c'était le déchaîner. La cour fit plus que de parler, au reste, elle agit. Le Roi congédia trois membres de son ministère, les trois girondins, qu'il désigna à Dumouriez comme « trois factieux insolents ». — Ma patience est à bout, dit-il.

La réponse de la Gironde ne se fit pas attendre : « La terreur, dit Vergniaud en montrant les Tuileries, est souvent sortie de ce palais; eh bien ! qu'elle y rentre au nom de la loi ! » Et Legendre, se faisant l'interprète de la grande voix de Danton : « C'est aux Tuileries, — dit-il dans la brasserie de Santerre, — qu'il faut aller demander le rappel des ministres patriotes ! » On alla donc aux Tuileries. Ceux qui s'y rendirent s'appelaient des « pétitionnaires ». Mais, pour porter cette pétition, ils étaient vingt mille. Cette foule armée, avec le colossal Saint-Huruge à sa tête, le marquis de Saint-Huruge costumé maintenant en fort de la halle, défilait d'abord dans l'Assemblée, puis bientôt pénétrait dans les Tuileries, emplissait les appartements et s'y roulait comme un fleuve. Des femmes hâves, décharnées, entouraient la Reine. Marie-Antoinette, pâle et impassible, opposait le dédain aux injures. Le Roi, flegmatique, disait : « Je n'ai pas peur, j'ai reçu les sacrements. »

Quelqu'un avait coiffé le front du petit Dauphin, pressé contre sa mère, d'un bonnet de laine rouge. Pétion, le maire de Paris, allait bientôt le lui enlever en disant : « Cet enfant étouffe. » Le roi aussi étouffait, et à son tour il se coiffait du bonnet phrygien. Les troupes fidèles au Roi n'osaient bouger, de peur d'atteindre le souverain, de changer le désordre en massacre. Isnard, Vergniaud, puis Merlin de Thionville, puis Pétion, vinrent enfin délivrer le Roi. A huit heures du soir, le palais était vide, et Louis XVI jetait à ses pieds avec indignation le bonnet rouge qu'il avait encore sur la tête.

Camille Desmoulins nous a laissé sur cette journée une page encore inédite [1] qu'il faut recueillir ici, et qui donnera le ton exact des dispositions du parti révolutionnaire à cette date :

« Tels pouvaient fort bien être les calculs; du moins, il est certain que tous les partis voulaient une insurrection; aussi ai-je vu que parmi les Jacobins ceux qui se sont le moins trompés jusqu'ici dans leurs opinions politiques sur les hommes et sur les événements appréhendaient tous les suites de cette insurrection. Nous voyions tous clairement que la violence ne pouvait tourner qu'au profit de Coblentz ou de la Fayette, ou d'autres ambitieux, et nullement au profit de la liberté. Aussi, après avoir applaudi dans le conseil général de la Commune aux pétitionnaires, lorsqu'ils vinrent prévenir cinq jours d'avance la municipalité qu'ils se proposaient de célébrer le 20 juin la commémoration du serment du Jeu de Paume, après y avoir présenté cette procession de piques défilant devant l'Assemblée nationale comme une bénédiction de drapeaux, comme une revue des patriotes, utile, en ce qu'elle pouvait en imposer aux contre-révolutionnaires et aux factieux, et les contenir par la terreur du grand nombre des amis de la Constitution, ai-je fait tous mes efforts aux Jacobins pour que cette levée de boucliers ne fût pas autre chose, pour que ce ne fût qu'une insurrection comminatoire. Quoique je demande rarement la parole aux Jacobins, j'y ai parlé dans trois séances consécutives sur ce texte : « Que rien n'était plus dan-
» gereux et plus propre à ruiner les affaires des Jacobins qu'une
» insurrection partielle; que l'Assemblée nationale, en décré-
» tant l'envoi au quatre-vingt-trois départements de l'adresse
» des Marseillais, venait de décréter l'insurrection générale
» pour le 14 juillet, et de convoquer pour ce jour-là la nation
» au Champ de Mars; qu'il fallait attendre cette grande Assem-

[1] Réflexions sur le 20 juin 1792. (Collection du baron de Girardot.)

» blée nationale armée comme nos ancêtres dans leur Champ
» de Mars ou de Mai; que les Jacobins devaient professer plus
» que jamais l'attachement à la Constitution; que, dans l'es-
» prit grossier de la multitude, il ne s'imprime jamais que des
» mots; que, puisque le mot Constitution était devenu, pour ral-
» lier la majorité, aussi magique dans le dix-huitième que le mot
» pape dans le douzième siècle; ceux-là seraient nécessaire-
» ment vainqueurs qui défendraient la Constitution, ceux-là
» vaincus qui l'attaqueraient; que la Constitution était comme
» un grand fossé sur les bords duquel étaient campés en pré-
» sence les deux partis; que les feuillants et les royalistes
» confédérés avaient plus d'envie que nous de la franchir;
» mais que celui des deux qui passerait le premier y tomberait
» et le comblerait de morts, et ferait un pont à l'autre; qu'il
» était aisé de voir que les nobles et les officiers et les riches,
» c'est-à-dire les coblentins et les feuillants, voulaient les deux
» Chambres, c'est-à-dire se loger, eux, dans le salon, et nous
» reléguer, nous peuple, dans l'antichambre; mais que, si les
» Jacobins avaient le bon sens de répéter sans cesse qu'ils ne
» voulaient point la République, mais la Constitution, toute la
» Constitution, rien que la Constitution, les deux plénipoten-
» tiaires de Coblentz et des feuillants, les deux cousins La-
» fayette et Bouillé seraient bien embarrassés sous peu sur les
» moyens de faire ratifier à la nation leur traité secret. »

« Voilà la substance de ce que j'ai dit aux Jacobins, en re-
» commandant surtout » que l'insurrection fût calme, et un
» grand amour de la Constitution, en observant que la royauté
» se pourrissait tous les jours, que les jours de Louis XVI étaient
» précieux aux Jacobins; que, s'il mourait, il nous faudrait
» l'empailler, comme disait Mirabeau; que ce qui pouvait nous
» arriver de plus heureux était qu'il eût renvoyé les ministres
» jacobins et qu'il en fît venir de Coblentz. »

Ainsi donc, Louis XVI faisait, comme on dit, le jeu
de ses ennemis en résistant à un courant devenu national. Il pouvait tout sauver en suivant le flot. Mais
le lendemain du 20 juin, tandis que Pétion, pour calmer
l'effervescence parisienne, affichait que la loi défendait

de se rassembler en armes, qu'elle réprouvait toutes violences, et disait nettement : « Souvenez-vous que les peuples les plus libres sont les plus esclaves de la loi », le Roi répondait, énergiquement sans doute, mais maladroitement et avec une complète ignorance de la situation, que la violence n'obtiendrait rien de lui, et il donna l'ordre de constater les délits de la journée du 20. Encore un coup, pour résister ainsi, il était trop tard. Le 20 juin pouvait être pour le Roi l'éclair de vérité qui montre brusquement la profondeur des abîmes ouverts; Louis XVI ne vit rien, ne voulut rien voir, et cet éclair fut simplement celui qui précède la foudre.

Nous ne saurions, dans cette histoire particulière, accorder aux événements, même les plus importants, la place qu'ils méritent. Ne faut-il pas nous souvenir que nous ne racontons point le drame lui-même, mais seulement l'existence et le rôle de quelques-uns de ses acteurs? On a accusé Camille et Danton, et Chabot et Santerre, d'avoir *préparé* l'envahissement des Tuileries et l'insurrection du 10 août, dont le 20 juin ne fut que le prélude. La cour seule, je le répète, en désarmant définitivement, pouvait prévenir un tel dénoûment. Mais ce n'était pas un baiser Lamourette qu'il fallait, c'était un embrassement sans arrière-pensée, une réconciliation générale devant l'ennemi, dont le canon tonnait sur le sol français.

Louis XVI oubliait, ignorait que le spectre — trop réel — de l'étranger enflammait alors toutes les âmes. Il s'efforçait de défendre, pied à pied, des prérogatives définitivement perdues. C'est ainsi que le 14 juillet, à la fête de la Fédération, il refusait de mettre le feu à l'*arbre de la féodalité,* « parce que, disait-il, il n'y a plus de féodalité. » Ce fut alors Jean Debry qui saisit la torche et s'en servit. Ce refus public, cette résistance devant tous, ne manque pas de courage ou d'entêtement, mais elle était peu faite, on l'avouera, pour ramener au Roi la sympathie de la foule.

Camille, à cette heure, était tout entier au mouvement, à la fièvre de Paris; il écrivait alors à Lucile, en ce moment à Bourg-la-Reine, chez madame Duplessis :

« Ma bonne Lucile, ne pleure pas, je t'en prie, de ne pas voir ton bon ami, monsieur *Hon*[1]. Il est dans la révolution jusqu'au col. Comme tu aurais été bien aise de me voir aujourd'hui dans la cavalcade de la municipalité ! C'est la première fois que je fais un rôle en public. J'étois fier comme don Quichotte. Cependant j'avois mis en croupe mon bon *Rouleau*[2], ma poule à Cachan[3]. Mon Dieu ! ne m'aime donc pas tant, chère amie, puisque cela te fait tant de mal ! J'ai dîné aujourd'hui chez Robespierre, où j'ai bien parlé de Rouleau, Rouleau, mon pauvre Rouleau, mon bon diable. Maintenant j'achève mon discours[4], car on me donne la parole pour le lire mardi à la municipalité. J'ai déjà effrayé furieusement les rentiers du conseil général par quelques mots que j'ai dit hier à la tribune, où j'ai été fort applaudi. Aujourd'hui j'ai consacré la journée à proclamer sur mon cheval, au milieu de trois mille gardes nationales et de vingt pièces de canon, le danger de la patrie. Demain, je. . . . . (lacune). . . . . Je n'ose te parler de ton petit, de peur de te faire venir les larmes aux yeux. Il est onze heures du soir. Je t'écris afin que tu aies demain la lettre; je vais me coucher, mais tu ne me tireras point par l'épaule; tu ne passeras point ton bras autour de mon col; je vais me dépêcher de faire mon discours pour voler dans tes pattes. Adieu, mon bon ange,

---

[1] Nom que Lucile donnait à Camille qui, nous l'avons dit, bégayait un peu et commençait ses phrases par un *hon, hon*.

[2] Petit nom que Camille donnait à Lucile.

[3] Allusion à une poule entourée de ses poussins, qu'ils avaient vue en passant à Cachan.

[4] Discours fait par Camille au conseil général de la Commune sur la situation de la capitale le 24 juillet 1792. Voyez plus loin.

ma Lolotte, mère du petit lézard. Embrasse pour moi *Daronne*[1] et Horace[2]. (*Copié sur l'original.*)

Ainsi, Camille ne complotait pas ténébreusement, comme on l'a dit, pas plus que Danton et ses amis. A cette heure, il n'y avait pas conjuration, il y avait guerre ouverte. Camille, dans ce discours dont il parle à Lucile, devait essayer d'ailleurs de rassurer Paris sur les suites d'une telle crise; et dans Paris, cette classe de petits commerçants, de boutiquiers qui, dit-il, — et on ne peut s'empêcher de se sentir navré maintenant au mot qu'il va écrire, — ont, « *plus peur des révolutionnaires que des hulans!* » Il y a du reste une éloquence vive en ce discours, et lorsque Desmoulins rêve l'agape qui réunirait fraternellement « nous, dédaigneux bourgeois », et le peuple, on est entraîné par le tableau qu'il trace d'une entente encore, hélas! et toujours rêvée :

« Si on ose nous attaquer, — dit-il en véritable Athénien de Paris, — c'est que nous ne buvons pas ensemble! Eh bien, faisons, pour affermir la liberté, ce que César, ce que Crassus ont fait pour affermir le despotisme. Nous ne pouvons pas traiter le peuple français comme César, qui traita le peuple romain sur vingt-deux mille tables, ou comme Crassus qui fit un festin au peuple romain et donna ensuite à chaque citoyen autant de blé qu'il en pouvait manger pendant trois mois. Il semble qu'il n'y ait de patriotisme et de vertu que dans la pauvreté, du moins dans une fortune médiocre. Mais dressons des tables devant nos portes, s'il est vrai que nous croyons à l'égalité ; traitons du moins un jour nos égaux comme les Romains traitaient leurs esclaves pendant une semaine entière; célébrons notre délivrance du despotisme et de l'aristocratie, comme les Juifs célébraient leur délivrance des Pharaons ; mangeons aussi, tous ensemble, devant nos portes, le gigot national,

---

[1] Petit nom qu'il donnait à sa belle-mère.
[2] Son fils.

ainsi qu'ils mangeaient leur gigot pascal. Viens, respectable artisan ; que tes mains durcies par le travail ne méprisent pas la mienne, qui n'est fatiguée que d'une plume ; viens, buvons tous ensemble ; embrassons-nous, et les ennemis seront vaincus[1]! »

La fin de la harangue est plus menaçante et sent la poudre. Le 10 août n'est pas loin.

« Si l'Assemblée nationale, conclut Desmoulins, ne croit pas pouvoir sauver la Constitution, qu'elle déclare donc, aux termes mêmes de la Constitution, et *comme chez les Romains* (éternels souvenirs classiques!), qu'elle en remet le dépôt à chacun des citoyens individuellement et collectivement, par le décret *ut quisque reipublicæ consulat*. Aussitôt on sonne le tocsin ; toute la nation s'assemble ; chacun, comme à Rome, est investi du droit de punir de mort les conspirateurs reconnus ; et, pour l'affermissement de la liberté et le salut de la patrie, un seul jour d'anarchie fera plus que quatre ans d'Assemblée nationale! »

Arrêtons-nous pour protester contre cette théorie, qui ne vise rien moins qu'à ériger les coups d'État en mode de gouvernement, et disons que la doctrine en est funeste, fatale à la liberté des nations autant qu'à leur moralité, à leur vie même.

Nous ne nous appesantirons pas d'ailleurs sur cette dernière phrase de Camille et sur ces invincibles souvenirs de la vieille Rome qui reviennent toujours sous sa plume et lui enlèvent, ainsi qu'à la plupart de ses contemporains, épris du tragique, le sens même, la compréhension de la liberté moderne, reposant formellement sur la loi. Ce qui est certain, c'est que le jour souhaité fut moins un jour d'anarchie qu'un jour de bataille.

Depuis le mercredi 11 juillet, la patrie, la chère

[1] Barère, le 28 messidor, an II, se plaindra que Camille ait *encouragé les repas libres* dans les journaux.

France envahie, mais qui, cette fois, plus heureuse qu'en 1814, 1815 et 1870, devait repousser l'invasion, la France était déclarée en danger. « *Citoyens, la patrie est en danger !* » c'étaient les termes du décret de l'Assemblée nationale. L'armée, qui n'en était pas encore à *l'amalgame* inventé par Bouchotte, amalgame qui fit la véritable armée française, se battait déjà vaillamment.

Une colonne d'émigrés, — des voltigeurs de l'armée de Condé, — se trouvait face à face avec les anciens régiments de la royauté devenus les régiments de la nation, et les émigrés leur criaient : « *Désertez ! venez à nous !* à nous, brave régiment Dauphin ! »

Et l'ex-régiment Dauphin répondait en courant au pas de charge, la baïonnette au fusil, sur les alliés de l'Autriche et de la Prusse.

Pendant ce temps, à Paris, on lisait tout haut dans les rues, dans les clubs, le manifeste insolent du duc de Brunswick (manifeste conservé aux Archives et signé *Brunsvig*). On se montrait les caricatures menaçantes confectionnées par les royalistes et qui représentaient les puissances étrangères faisant danser « aux députés enragés » et aux *Jacoquins* (Jacobins) le même « ballet que le sieur Nicolas faisait danser jadis à ses dindons. » Les sections s'agitaient, menaçantes. Camille Desmoulins parlait tout haut de la justice qui venait. Trente mille citoyens de la section des Gravilliers, la bouillante cuve révolutionnaire parisienne, tous ceux de la section Mauconseil, proclamaient la déchéance de Louis XVI. Et quarante-six sections après elles déclaraient que Louis XVI, qu'elles appelaient *Louis le Faux,* n'était plus roi des Français. Le pauvre Roi voyait la menace grossir.

Le duel se préparait ainsi. Autour de lui, le Roi groupait ses fidèles, les derniers combattants de la monarchie expirante, ses grenadiers des Filles-Saint-Thomas et ses Suisses. Il envoyait à ses gentilshommes des cartes bleues qui signifiaient : *Venez !* Il comptait et recomptait le nombre de gens dévoués dont il pouvait disposer. Pauvre Louis XVI ! Ce dernier combat était perdu d'avance. La force des choses était contre le Château.

Un soir, un soir d'orage, le crépuscule venu, tandis que Louis et la Reine songeaient, sous une atmosphère d'orage, lourde et pleine de soufre, un chant inconnu, superbe, effrayant, grandiose, — et que les parodies de 1870 n'ont pu ridiculiser, — avait éclaté dans la nuit. Le Roi était demeuré étonné, la Reine avait tressailli. Ce qu'ils entendaient là, ils ne l'avaient entendu jamais. C'était quelque chose d'inouï et d'irrésistible, une immense menace, le cri d'une nation poussée à bout, le coup de clairon d'un peuple qui s'arme, l'appel de la liberté et de la délivrance, le hennissement victorieux du coursier trop longtemps dompté qui se relève et secoue ses maîtres, c'était le grand refrain national, la grande chanson de la France libre, c'était *la Marseillaise*.

La Marseillaise, ce chant de la Révolution en armes, comme le *Chant du départ* en est l'hymne de gloire pompeux, comme le *Ça ira* en est le rugissement sinistre; *la Marseillaise* faite pour la frontière, le *Chant du départ* pour le Champ de Mars, et le *Ça ira* pour le ruisseau.

Que dut penser la Reine à ces accords farouches? Ce n'était plus, pour elle, le soupir du clavecin entendu à travers les pins de Schœnbrunn, ce n'étaient plus les doux airs suisses du *Pauvre Jacques* à Trianon, ce n'était plus la romance de Rousseau, le *Devin du village*, ou les hymnes royalistes de Grétry. C'était la marche militaire que chantaient en entrant à Paris les fédérés de Mar-

CHAPITRE TROISIÈME.

seille et qu'ils venaient lancer, en faisant trembler les vitres du château, sous les fenêtres des Tuileries :

> Allons, enfants de la patrie,
> Le jour de gloire est arrivé !

Et, farouches, menaçants, indomptables, les Marseillais, que les spadassins du comte d'Anglemont avaient juré de tuer un à un, à coups d'épée, chantaient la chanson nationale, éclatante comme un son de cuivre.

Marie-Antoinette et Louis XVI se sentirent perdus, dès ce soir d'août.

Et pourtant, chose incroyable, ce furent le Roi et les siens qui commencèrent l'attaque. Les gardes du corps insultaient les députés, menaçaient les tribuns du peuple. Ces gentilshommes, qui d'ailleurs avec le comte d'Hervilly à leur tête, devaient bien combattre et bien mourir, semblaient vouloir, de gaieté de cœur, exposer la royauté à une défaite.

Ce fut le rejet du décret d'accusation demandé contre la Fayette, accusé d'avoir voulu enlever l'Assemblée nationale, qui fit tout déborder. Dans la nuit du 9 août 1792, à minuit, le tocsin sonna. C'était le signal. Paris se soulevait en masse et marchait sur les Tuileries. Les faubourgs étaient illuminés. Aux municipalités, la foule se pressait, anxieuse. Pâles, mais résolus, les présidents des sections annonçaient au peuple que l'heure était venue de vaincre ou de périr.

La municipalité parisienne instituée par l'insurrection entrait à l'Hôtel de ville et prenait en main la direction de la bataille. La nuit était pleine d'étoiles. Nuit d'août pacifique et sereine. Des silhouettes s'agitaient dans l'ombre lumineuse des rues. Au château, on buvait, on attendait. L'insurrection victorieuse allait retrouver, dans quelques heures, les tessons des bouteilles que les Suisses vidaient en criant : *A bas la nation ! et vive le Roi!* Le Roi, certain maintenant que ses conseillers l'avaient perdu, songeait déjà à chercher un refuge dans l'Assemblée nationale. Il comprenait (trop tard) que la loi seule pouvait le protéger. A huit heures, il quitte son palais, se réfugie avec la reine dans la loge du logotachygraphe (*qui écrit vite la parole :* c'est notre sténographe).

Le peuple avait attaqué déjà le Carrousel. Repoussés d'abord par les Suisses, les assaillants étaient revenus en bon ordre, traînant des canons avec eux. La fusillade croisée qui part du château ne les fait point reculer, et les Tuileries sont emportées pièce par pièce, corridor par corridor. Les escaliers, les galeries, la chapelle voient des combats terribles. Les vainqueurs, maîtres du palais, jetaient par les fenêtres les cadavres des Suisses, et ceux de ces malheureux qui réussirent à s'échapper furent massacrés sous les marronniers. Groupés autour du petit bassin, ces pauvres et braves gens battaient en retraite en bon ordre. Décimés, égorgés, ils moururent intrépidement.

On raconte que, pendant cette lutte terrible, un homme, un maigre et jaune jeune homme, en habit militaire râpé, l'œil brillant, les traits contractés, regardait à la fois, en hochant la tête, et les Tuileries, où personne, disait-on ce soir-là, ne devait plus rentrer, et ce peuple, ivre de joie, qui — il le répétait et le criait lui-même — ne devait désormais plus avoir de maître.

Celui-là s'appelait Napoléon Bonaparte.

— Est-ce bien là, se disait-il, le *dégel de la nation?* (Les mots sont de lui.)

Et, tournant le regard vers l'Assemblée, là-bas, où Louis XVI, tandis que Vergniaud parlait de réunir une Convention nationale, mangeait doucement un poulet rôti :

— *Coglione,* murmurait-il, tu n'avais donc pas de canons pour balayer la populace [1] ?

L'homme qui devait profiter de la Révolution et succéder, dans ces Tuileries, à la Convention qui allait naître, se montrait déjà, comme un dompteur, derrière le peuple du 10 août.

VI

Quel avait été, pendant cette journée, le rôle de Camille et des siens? Nous avons, sur ce point, un document unique, fiévreux, tout palpitant de terreurs, d'angoisses, d'espérances, d'amour; c'est l'extrait du *Portefeuille* de Lucile Desmoulins, daté du 12 décembre, et où elle raconte, avec une éloquence poignante, tout ce qu'elle a éprouvé durant ces sombres heures. Le jeudi, 9 août, Lucile, revenue de la campagne depuis la veille, jetait sur son carnet les lignes suivantes, qui contrastent si fort, par la vérité de l'émotion, avec les rêveries vagues de ses années de jeune fille :

« Qu'allons-nous devenir? Je n'en puis plus. Camille, ô mon pauvre Camille, que vas-tu devenir? Je n'ai plus la force de respirer. C'est cette nuit, la nuit fatale. Mon Dieu! s'il est vrai que tu existes, sauve donc des hommes qui sont dignes de toi! Nous voulons être libres. O Dieu, qu'il en coûte! »

Personne, sans être ému, ne pourrait lire ces pages, où l'épouse, encore en proie à ses tourments, repasse les douleurs de la veille, les revit, pour ainsi dire, et

---

[1] Il avait dit la veille à Pozzo di Borgo qu'avec deux bataillons suisses et cent maîtres de cavalerie il se chargeait de donner une leçon à l'insurrection.

fait deux fois, les larmes aux yeux, le chemin du Calvaire.

« Le 8 août, dit Lucile, je suis revenue de la campagne. Déjà les esprits fermentaient bien fort. On avait voulu assassiner Robespierre. Le 9, j'eus des Marseillais à dîner; nous nous amusâmes assez. Après le dîner, nous fûmes tous chez M. Danton. La mère pleurait: elle était on ne peut plus triste, son petit avait l'air hébété; Danton était résolu. Moi je riais comme une folle. Ils craignaient que l'affaire n'eût pas lieu. — Mais peut-on rire ainsi! répétait madame Danton.—Hélas! répondit Lucile, cela me présage que je verserai bien des larmes ce soir. »

On la devine, on la voit nerveuse, dissimulant son inquiétude sous une gaieté feinte, avec des rires convulsifs. Tout à l'heure, en descendant dans la rue emplie de monde, traversée par des gens criant *Vive la nation!* Lucile aura peur. Elle entendra par avance le son terrible du tocsin, cette lamentation d'une ville en alarmes. En rentrant chez Danton, elle le trouve agité.

« Bientôt, dit-elle, je vis chacun s'armer. Camille, mon cher Camille, arriva avec un fusil. » — Cette fois, la tête cachée dans ses mains, la pauvre Lucile pleure. — « Cependant, ne voulant point montrer tant de faiblesse, et dire tout haut à Camille que je ne voulais pas qu'il se mêlât de tout cela, je guettai le moment où je pouvais lui parler sans être entendue, et lui dis toutes mes craintes. Il me rassura en disant qu'il ne quitterait pas Danton. J'ai su depuis, ajoute Lucile avec un certain orgueil conjugal et une crainte mal dissimulés, *j'ai su depuis qu'il s'était exposé.* »

Fréron, décidé à combattre ne demandait qu'à mourir. « Je suis las de la vie », disait-il. Chose étrange, c'est pourtant lui qui survivra de ce groupe d'hommes prêts à combattre. Vingt mois après, ils seront morts; lui sera sauf.

CHAPITRE TROISIÈME.

Danton, se couchant un moment, partit enfin dans la nuit pour l'Hôtel de ville. « Le tocsin des Cordeliers » sonna, dit Lucile; ils sonna longtemps. Seule, bai- » gnée de larmes, à genoux sur la fenêtre, cachée dans » mon mouchoir, j'écoutais le son de cette fatale cloche. » Madame Danton était là, près d'elle, accablée aussi et songeant. De temps à autre, dans la nuit, des messagers venaient donner aux pauvres femmes quelques nouvelles vagues, tantôt consolantes, tantôt alarmantes. Elles apprenaient ainsi (quel effroi!) qu'on parlait à la maison commune de marcher sur les Tuileries. A une heure du matin, Camille entra. Il s'endormit un moment sur l'épaule de Lucile. Le jour venu, madame Danton se sentant prise d'une fièvre, d'un appétit de mouvement, quitta son appartement, descendit chez Camille. Celui-ci se coucha. Lucile fit mettre dans le salon un lit de sangle pour madame Danton, et, « au son du tocsin » qui redoublait, ces trois êtres tâchèrent de prendre un moment de repos. Mais Camille repartit bien vite. Les deux femmes, demeurées seules, essayent alors de déjeuner, de lire, d'oublier. Tout à coup Lucile, écoutant, dit : « On tire le canon! » Madame Danton prête l'oreille, entend, pâlit, se laisse aller et s'évanouit. « Je » la déshabillai moi-même, dit Lucile ; j'étais prête à » tomber là, mais la nécessité où je me trouvai de la » secourir me donna des forces. Elle revint à elle. »

Que de traits encore dans ce récit palpitant de Lucile! La vérité humaine y est prise sur le fait. C'est une voisine, qui va hurlant que tout cela est la faute de Camille. C'est le boulanger qui ferme la porte au nez de Lucile lorsque les deux femmes veulent passer par sa boutique pour sortir de la cour du Commerce. Que de terreurs! que d'angoisses! Enfin Camille revient. Le peuple était victorieux. Camille avait vu tomber la tête du journaliste Suleau. « Suleau a eu la tête coupée, » écrit Lucile. On l'a promenée dans Paris. Camille » lui a dit : Mon cher, tu veux te battre pour le Roi » demain, tu seras pendu. Camille n'a dit que trop » vrai [1]. » Le 11, Camille et Lucile, par précaution, couchaient rue de Tournon, chez Robert, un ami. « Le » lendemain, 12, en rentrant, j'appris, dit Lucile, que » Danton était ministre..... »

Camille, qui, dans cette journée du 10, avait harangué et guidé les faubouriens, devint, comme dit Danton, secrétaire général du ministre de la justice *par la grâce du canon*. « Si j'eusse été vaincu, disait hautement » Danton à l'Assemblée nationale, je serais criminel. » Il triomphait. La section des Quinze-Vingts déclarait que, comme Gorsas, Prudhomme et Carra, Desmoulins avait bien mérité de la patrie. Camille, dès l'abord, prit au sérieux son rôle, et son premier mot est celui-ci : « Il nous reste à rendre la France heureuse et floris- » sante autant que libre. C'est à quoi je vais consacrer » mes veilles ! » Et, en effet, avec Danton, il s'occupait d'adresser à la magistrature de France une circulaire pour protester contre les abus, organiser la justice, c'est-à-dire fonder véritablement le droit en France. Il ne pense à lui-même et à la satisfaction de sa vanité qu'après s'être inquiété de la nation. Mais il n'oublie point cependant que les *Guisards* ont raillé jadis ses espérances.

[1] Lettre citée par M. de Beaumont-Vassy, dans ses *Mémoires secrets du dix-neuvième siècle*. Je trouve encore dans cette lettre fiévreuse, des détails caractéristiques : « Tout sera fini d'ici à huit jours. On brise les glaces dans le château; on nous a rapporté des éponges et des brosses de la toilette de la Reine. On foule l'argenterie avec les pieds, et on n'y touche pas. Adieu... O quelle fermentation !... »

CHAPITRE TROISIÈME.

« La vésicule de vos gens de Guise si pleins d'envie, écrit-il à son père, va bien se gonfler de fiel contre moi, à la nouvelle de ce qu'ils vont appeler ma fortune. »

Et cette fortune lui inspire aussitôt la réflexion suivante :

« Fortune qui n'a fait que me rendre plus mélancolique, plus soucieux, et me faire sentir plus vivement tous les maux de mes concitoyens et toutes les misères humaines[1]. »

A la bonne heure, le cœur bat. On sent la pitié naître chez cet homme qui a pénétré, comme il dit, « dans le palais des Lamoignon et des Maupeou, par la » brèche du château des Tuileries. » Un an plus tard, las de cette puissance éphémère, écœuré et affecté par le spectacle des déchirements publics, il poussera, à cette même date du 10 août, un soupir profond, et son rêve, son désir, son espoir, ses vœux se tourneront vers cette petite ville de Guise, qu'il raille en 1792, qu'il enviera en 1793, et nous l'entendrons s'écrier alors : « Que » ne puis-je être aussi obscur que je suis connu ! *O ubi* » *campi Guisiaque !* Où est l'asile, le souterrain qui me » cacherait à tous les regards, avec ma femme, mon » enfant et mes livres ? » Il souhaitera de revoir ces rives bénies et salutaires de l'Oise, comme lui écrit son père, et les eaux de la fontaine de Saint-Martin-la-Bussetière, et les belles percées du bois de Fay, « qui sont » l'ouvrage du cousin Devievville. » Le pourra-t-il ? Nommé par le conseil exécutif (le 15 septembre 92) pour inspecter Laon, Soissons et Guise, et vérifier si les dénonciations faites contre les juges de chacune de

---

[1] Le 26 août, il demandera à son père dans quel régiment et dans quelle armée sert son frère *Dubucquoi* (celui qui sera massacré par les Vendéens), sans doute pour le protéger.

ces villes méritent d'être prises en considération par le ministre de la justice, il déploiera, selon les conseils de son père, les *qualités qui sont propres à cette administration*. Nobles et simples paroles de ce père, dont la tendresse est jalouse *comme celle des amants*, dit-il. La situation nouvelle de son fils, loin de l'éblouir, l'effraye un peu. « Je préférerais vous voir paisible possesseur de mes places et le premier de vos concitoyens dans notre ville natale! » Mais, comme il faut accepter les choses accomplies, M. Desmoulins envoie ses conseils : « Joignez à votre popularité connue cet esprit d'intégrité et de modération que vous aurez souvent occasion d'y développer; dépouillez-vous de celui de parti, qui vous y a peut-être élevé, mais qui pourrait ne pas vous y maintenir. Avec la droiture que je vous connais et la modération que je vous prêche, on va loin, même dans le poste le plus scabreux! » Trop scabreux, encore une fois. O les champs de Guise, le carillon des jours d'enfance, et cette mère qui *partage tous les sentiments* de M. Desmoulins le père! Au bout d'un an, comme Camille les regrette! comme il a soif de les revoir!

Oui, à un an de distance, le doute et la lassitude étaient entrés dans cette âme, et Camille allait brûler plus d'une idole jusqu'ici adorée, ou plutôt, renversant les dieux sanglants, il n'allait plus rendre de culte fervent et solide qu'à ces dieux éternels, qui s'appellent le droit, la vérité, l'humanité, la pitié, la justice!

CHAPITRE QUATRIÈME.

I. Élection à la Convention nationale. — Camille, député. — Ses espérances. — La Convention. — Montagnards et Girondins. — Les Dantonistes. — Danton.
II. Hérault de Séchelles. — Sa vie, son caractère et ses ouvrages.
III. Pierre Philippeaux, le général Westermann et Fabre d'Églantine.

I

La Convention Nationale qui, dans la pensée de ceux qui l'avaient dès longtemps réclamée, représentait une assemblée centralisant tous les pouvoirs, exerçant une dictature suprême, la Convention dont l'idée inspirait à Camus, en pleine Assemblée nationale, le 1er juin 1790, cette pensée : « Nous avons assurément le pouvoir de » changer la religion, » cette Convention souveraine devait être la résultante même de la journée du 10 août. Dès le dimanche 26 août, les assemblées primaires s'étaient réunies pour nommer des *électeurs* en nombre égal aux élections dernières; ces électeurs allaient le dimanche suivant, 2 septembre, procéder ensuite à l'élection des députés de la Convention nationale. « La
» distinction des Français en citoyens *actifs* et *non*
» *actifs,* consacrée par la Constitution de 1791, fut
» supprimée, et les seules conditions à remplir pour
» être admis aux assemblées électorales furent d'être
» Français, âgé de vingt et un ans, *domicilié depuis un*
» *an,* vivant de son revenu ou du produit de son travail.
» Étaient seuls exceptés ceux qui étaient en état de do-
» mesticité. De même les diverses conditions d'éligibi-

» lité que la Constitution de 1791 exigeait, soit pour
» les électeurs, soit pour les représentants, furent décla-
» rées inapplicabes au cas d'une Convention nationale;
» et tout citoyen âgé de vingt-cinq ans, satisfaisant aux
» conditions ci-dessus, put être choisi pour électeur ou
» élu député [1]. »

Camille était tout naturellement désigné au choix des électeurs. Il était populaire et aimé. Une seule chose pouvait lui nuire, l'éclat même de son talent. On pouvait craindre qu'un satirique aussi étincelant ne fût un législateur un peu léger. Il fallut deux tours de scrutin pour que Camille Desmoulins fût proclamé député de Paris. Son adversaire était Kersaint. Le samedi 8 septembre 92, au second tour, sur 677 votants, la majorité absolue étant de 339 voix, Camille obtint contre Kersaint 465 voix. Il était élu. Il allait siéger dans cette Convention nationale où l'on comptait (je ne donne pas tous les états des 749 membres de l'Assemblée) 45 anciens constituants, 147 anciens législateurs, 59 administrateurs des départements, 81 hommes de loi, 34 maires, 28 présidents de districts, 14 évêques, 9 vicaires épiscopaux, 7 curés, 26 juges de paix, 5 professeurs, 21 médecins, 10 notaires, 5 marchands, 15 cultivateurs, 2 apothicaires, 1 peintre, 15 hommes de lettres, etc., etc.

Ce fut le lundi 20 septembre, que sous la présidence du vieux Philippe Rühl, député du Bas-Rhin, presque octogénaire et hydropique, — qui se donnera la mort en prairial an III, pour échapper à la proscription, — la

---

[1] Il est intéressant de rappeler ces conditions à l'heure où la question de l'intégralité du suffrage universel est la question primordiale. Voyez dans le *Complément de l'Encyclopédie moderne* de Didot un excellent travail de Ed. Carteron sur les *Conventions nationales*.

Convention se réunit pour la première fois. Quel étonnement de voir réunis, dans ce palais des Tuileries, devenu édifice national, tout ce que la France comptait de plus ardent, de plus généreux, de plus terrible, de plus patriotique; tant d'idées, tant d'espoirs, tant d'utopies, tant de dévouements à la patrie! Le canon grondait dans la France envahie. L'émeute hurlait dans la rue. La Champagne était aux Prussiens, Longwy, Verdun avaient succombé, et les pavés, autour de l'Abbaye, étaient rouges encore des massacres du 2 septembre. Cependant, et Danton, et Condorcet, et Vergniaud, et Saint-Just, et Robespierre, et Romme, et Soubrany, et Cambon, et Robert Lindet, et Rabaut, et Lakanal, et Carnot, et Louvet, et Guadet, et Philippeaux, et tant d'autres, acceptaient la rude tâche de sauver la France déchirée et de lui assurer, avec la liberté qui fait les nations heureuses, l'indépendance qui est leur fierté.

Espoirs profonds, puissants élans, courages haussés à la redoutable hauteur des circonstances! Camille Desmoulins, ivre des suffrages de ses concitoyens, retracera bientôt dans son *Fragment de l'Histoire secrète de la Révolution*, l'état, si je puis dire, psychologique de la nation à cette heure décisive :

« On dut, écrira-t-il, porter envie à ceux qui venoient d'être nommés députés à la Convention. Y eut-il jamais une plus belle mission? une plus favorable occasion de gloire? L'héritier de soixante-cinq despotes, le Jupiter des rois, Louis XVI prisonnier de la Nation et amené devant le glaive vengeur de la justice; les ruines de tant de palais et de châteaux, et les décombres de la monarchie tout entière, matériaux immenses devant nous bâtir la Constitution; quatre-vingt-dix mille Prussiens ou Autrichiens arrêtés par dix-sept mille Français; la nation tout entière debout pour les exterminer; le ciel s'alliant à nos armes et auxiliaire de nos canonniers par la dissenterie; le roi de Prusse, réduit à quarante mille hommes effectifs, poursuivi et enveloppé par une armée victorieuse de cent dix mille hommes; la Belgique, la Savoie, l'Angleterre, l'Irlande, une grande partie de l'Allemagne, s'avançant au-devant de la liberté, et faisant publiquement des vœux pour nos succès : tel était l'état des choses à l'ouverture de la Convention. »

Et que d'œuvres à accomplir! Quelle *carrière de gloire!* La République à créer, les lois, les arts, le commerce, l'industrie à révivifier, enfin « le peuple à faire. » — *Le peuple à faire!* Grand mot de Camille, qui est tout un programme et qui reste encore à remplir. Camille eût voulu qu'on fît de Paris « moins un département que la ville hospitalière et commune de tous les citoyens des départements, dont elle est mêlée et dont se compose sa population [1]. » « Ce Paris, continue-t-il, qui ne subsistait que de la monarchie et qui avait fait la république, il faut le soutenir, en le plaçant entre les Bouches-du-Rhin et les Bouches-du-Rhône, en y appelant le commerce maritime par un canal et un port! » Et que de choses encore! « La liberté, la démocratie à venger de ses calomniateurs par la prospérité de la France, par ses lois, ses arts, son commerce, son industrie affranchie de toutes les entraves et prenant un essor qui étonnât l'Angleterre, en un mot, par l'exemple du bonheur public; enfin le peuple qui, jusqu'à nos jours, n'avait été compté pour rien, le peuple, que Platon lui-même, dans sa République,

---

[1] N'avait-il pas dit déjà, à propos de Paris, dans ses *Révolutions de France et de Brabant*, n° 56 : « Paris doit être regardé moins comme une ville particulière, que comme la patrie commune de tous les Français. Paris est à la France ce qu'est à une ville la maison commune. » (P. 177.)

toute imaginaire qu'elle fût, avait dévoué à la servitude, à rétablir dans ses droits primitifs et à rappeler à l'égalité : — telle était la vocation sublime des députés de la Convention. Quelle âme froide et rétrécie pouvait ne pas s'échauffer et s'agrandir en contemplant ces hautes destinées? »

Qui donc empêcha ce résultat d'être atteint? Pourquoi, malgré ses prodiges, la Convention eut-elle pour conclusion cette tyrannie militaire : l'empire? Et aussi pourquoi, malgré ses déchirements tragiques, a-t-elle, de fond en comble, renouvelé le monde? Redoutables questions. Notre temps persiste à les poser et l'avenir seul les résoudra. Fiévée, dans un livre plein d'idées justes mêlées à quelques erreurs, a voulu expliquer que la Révolution aboutit fatalement à la dictature, parce que les *opinions* s'y trouvaient opposées aux *intérêts*[1]. Ce qui explique plutôt les drames terribles dont cette Assemblée fut à la fois le théâtre et la victime, c'est l'ignorance où se trouvaient ces hommes et de leurs adversaires et de leurs propres amis. Ils faisaient pis que se méconnaître, ils ne se connaissaient pas. Ils se soupçonnaient et se déchiraient comme dans les ténèbres. Quelque-chose d'effaré planait sur eux : la peur et l'ignorance. Ignorance de tout et peur de tout, et cependant (expliquez le prodige) cette terreur poussait cette poignée d'hommes à des actes éternellement admirables de courage, et la lâcheté se faisait héroïsme aussi rapidement que la témérité se faisait vilenie.

Il y eut tout d'abord un malheur horrible, quelque chose d'épouvantable et de sinistre : Septembre. Les

---

[1] *Des opinions et des intérêts pendant la Révolution*, par J. Fiévée (Paris, 1809, in-8°.)

massacres des Carmes, de l'Abbaye et de la Force devaient à jamais séparer des hommes faits pour s'unir, les Dantonistes et les Girondins. Jamais les amis de Brissot et de Vergniaud ne pardonnèrent à Danton cette affreuse journée où des *travailleurs* armés de sabres, de faux ou de massues à battre le plâtre, égorgeaient ou assommaient des prisonniers, des prêtres, des femmes. Que Danton ait *organisé*, comme on l'a affirmé, les massacres de septembre, l'histoire dit non. Que Camille Desmoulins ait pris part au forfait, comme l'ont imprimé tant d'écrivains royalistes, c'est ce qui est absolument faux. « Mais il fit sauver l'abbé Bérardier, son ancien principal au collége Louis-le-Grand; mais il lui envoya un sauf-conduit dans sa prison. » Cela prouve simplement qu'il voulut rendre la liberté à son vieux professeur; mais cela ne prouve pas qu'il fût même dans le secret du massacre. Quel est le principal accusateur de Camille en cette affaire? C'est ce Roch Marcandier, son compatriote, son ancien secrétaire, son obligé, qui, après avoir collaboré à ses numéros les plus violents, se tourne contre lui, l'attaque et le calomnie. Un autre témoin à charge est ce Peltier, l'ancien directeur des *Actes des Apôtres*, qui, dans son *Histoire de la Révolution du 10 août*, accuse nettement Danton et ses deux secrétaires, Camille Desmoulins et Fabre d'Églantine. Mais le témoignage de Peltier est plus que suspect; il déteste Camille, il le calomnie jusque dans sa femme. L'occasion était trop belle pour la laisser échapper. Lorsqu'un crime est anonyme, ou multiple, comme Septembre, on a toute facilité pour en accuser ceux-là mêmes qui en sont innocents.

La fatalité voulut que l'homme qui eût pu sauver, féconder, pondérer la Révolution, fût aux yeux des

Girondins, « l'homme de Septembre », et que Danton portât le poids du crime de la foule. Ces deux groupes de gens dévoués, également prêts à fonder la République (car, aujourd'hui, qui oserait accuser la Gironde de royalisme?), au lieu de s'unir, s'entre-déchirèrent. Le groupe des Dantonistes eût été la force de ce grand parti réuni, si l'union eût pu se faire. La Gironde était la parole, on le sait trop ; les Dantonistes eussent été le muscle

Arrêtons-nous un moment devant ce groupe d'hommes qui tinrent un moment la fortune de la Révolution française, qui sacrifièrent à la patrie leur mémoire et leur existence, et dont la mort fut un crime. Presque tous jeunes, car la rénovation complète d'une société ne pouvait se faire que par des bras vigoureux, ils ont mérité d'être lavés, devant l'histoire, de toutes les accusations accumulées comme à plaisir sur leur mémoire.

Le premier de tous, celui qui donnera son nom au groupe, c'est Danton. La politique *dantonienne*, pour parler le langage des positivistes (nous disons, nous, *dantoniste*) émane de lui tout entière. Cette *figure de dogue*, comme disait Rœderer, cet homme dont l'aspect épouvante et qui est à la Convention *le Pluton de l'éloquence*, comme disait Claude Fauchet, avait cependant une expression de bonté entraînante et de franchise. « *Ai-je la face hypocrite?* » s'écriera Danton en regardant ses juges dans les yeux. Superbe et solide, taillé en Hercule, la voix puissante, le geste hardi, plus soigné de sa personne qu'on n'a voulu le dire, mais sanguin, facilement congestionné, ayant besoin de mouvoir son cou de taureau dans un col largement rabattu, la main franche bravement tendue à l'ami, terrible à l'adversaire ; physiquement cet homme était déjà une puissance. Il

14

était né tribun. Instruit, quoi qu'on en ait dit (la composition de sa bibliothèque, quotidiennement consultée en fait foi [1]), aimant son *home* plus que la rue, mais capable d'électriser sur la borne et de foudroyer du haut de la tribune, il était la grande voix de la patrie en danger. Son cri : *De l'audace et encore de l'audace*, accompagnait le grondement du canon d'alarme. Nul mieux que lui n'était fait pour sonner « *le pas de charge sur nos ennemis* [2] *!* » Ainsi terrible, il était humain. Dans ce grand révolutionnaire il y avait un grand cœur. Il avait la fougue, la flamme et la fumée de Diderot et le rire de Kléber. Sa logique était celle de sa passion, et sa passion celle de la foule. Il ressentait surtout dans cette gigantesque série d'épreuves et dans cette tourmente l'affront fait par l'étranger sur la joue de la France. Son rêve était l'affranchissement de la patrie par l'élan des patriotes. On l'a accusé d'aimer le plaisir; il n'aima réellement que son foyer. « Ai-je le temps de conspirer? dira-t-il à ceux qui l'accuseront. J'aime trop ma femme pour lui voler une heure. » Deux fois, ce mâle éprouvera pour la femme choisie un amour puissant et presque fauve [3]. Au retour de sa mission en Belgique, alors que le *Journal français* occupé de *donner de la pelle au cul des Jacobins* (je cite la presse royaliste), le saluera par ce cri : « Voilà l'égorgeur de Sep-

---

[1] Voyez sur Danton et sa vie privée le livre plein de faits du docteur Robinet, et le travail remarquable de M. Alfred Bougeart.

[2] « Le tocsin qu'on va sonner, s'écriait-il (septembre 1792), n'est pas un signal d'alarme, c'est la charge sur les ennemis de la patrie. »

[3] Né à Arcis-sur-Aube le 26 octobre 1759, et fils de Jacques Danton, procureur au bailliage d'Arcis, Georges-Jacques Danton épousa, en juin 1787, Antoinette-Gabrielle Charpentier, qui mourut le 10 février 1793. Au mois de juin, Danton épousa en secondes noces mademoiselle Sophie Gély, qui, devenue veuve, se remaria avec M. Dupin, conseiller à la Cour des comptes.

tembre! » sa première femme étant morte sans qu'il eût pu recueillir son dernier soupir, il la fera déterrer pour la revoir une dernière fois; il demeurera là, face à face avec le cadavre défiguré. Quel tableau! Je n'en sais pas de plus dramatique dans cette succession de poignants épisodes.

Écrasé par les Girondins avec cette date sinistre : *Septembre;* il sera immolé par les Jacobins avec ce mot terrifiant comme un glaive : *la vertu.* On reprochera à Danton sa verve, son élan, ses saillies de fils de Rabelais, ses bouillonnements de sang gaulois. Danton haussera ses robustes épaules : « *J'aime mieux être guillottiné que guillottineur,* » dira-t-il. Comment l'histoire oublierait-elle ce mot? Une sympathie irrésistible entraîne même les ennemis vers Danton. Sa pitié attire; c'est la pitié vaste et mâle. Cet homme n'a point connu la haine. N'offrit-il pas aux Girondins de faire avec eux la paix et de se retirer à Bordeaux pour leur servir d'otage? Ne disait-il pas d'un adversaire : « Je vois souvent X... qui
» me dénigre, mais je me rappelle l'avoir vu lutter
» contre la mauvaise fortune et je le plains [1]. »

Hardi, vigoureux dans la lutte, il acceptait d'avance, le front haut, les responsabilités et les échecs. Il écrivait à Courtois (de l'Aube), au sujet de la guerre du Nord dont les commencements n'étaient pas heureux : « Quels
» que soient les malheurs occasionnés par la guerre ac-
» tuelle, ils seront toujours plus supportables que la
» servitude! » Ce n'était pas qu'il n'eût ses moments de découragement dans un tel tourbillon, au milieu de ces déchirements, de ces condamnations, de ces duels de

---

[1] *Notes* inédites de Courtois (de l'Aube). On pourra reprocher à Courtois, dans son *Rapport sur les papiers saisis,* son acharnement contre Robespierre, mais on ne saurait nier que ses *Notes* ne soient vivantes et vraies.

tribune dont le terrain était l'échafaud. Que de fois ne rêva-t-il point de se retirer à Arcis-sur-Aube et d'y fixer sa vie, *plantant ses choux!* « Je désirerais bien » sortir de la mêlée, disait-il; mais le moyen après avoir » joué un pareil rôle? » Le temps n'est pas loin où il s'écriera : *Je suis saoul des hommes;* mais où cependant il allait leur montrer comment on meurt et comment, à deux pas du « néant », on peut encore réclamer le « Panthéon. »

« L'empreinte arbitraire de l'opinion du moment, disait Courtois (de l'Aube), dans ces *Notes* inédites qu'il nous a été donné de consulter, peut s'attacher à sa mémoire, la déshonorer même s'il est possible, cet homme vraiment grand n'en jouira pas moins des regards de la postérité, quand il n'y aura plus en France que des républicains. » La vérité est que Danton fut un grand Français, qui sentit palpiter en lui l'âme de la France outragée. A la menace, il opposa la menace. Sans ambition personnelle, il fut largement ambitieux pour son pays qu'il voulut libre. Bien différent de ces gens vulgaires qui sacrifient tout à leur popularité, il eût fait volontiers bon marché de son titre d'homme populaire pour fonder la liberté de son pays. Il ne pensait pas que la France fût nécessairement incarnée dans quelques hommes et, comme Luther, dont il a la carrure, — et la verve aussi des *Propos de table*, — il s'inclinait surtout devant le *Herr Homnes*, Monsieur Tous. « Ne peut-on déchirer la peau de Robespierre sans faire » saigner le patriotisme? » disait-il en riant de son rire altier.

Sinon riche, du moins possesseur d'une certaine aisance au début de la Révolution, celui dont on a voulu faire « *un avocat sans causes* » (Hentz, dans ses

Mémoires inédits, raconte qu'il était débraillé, et l'inventaire de sa garde-robe nous le montre, au contraire, riche et soigné), était un bourgeois de Paris, laborieux, travaillant dans son cabinet, exerçant avec profit la charge d'avocat aux Conseils du roi[1]. La révolution l'entraîne, l'arrache à son cabinet, le pousse aux assemblées populaires. Il surgit au district des Cordeliers, pareil à un Mirabeau formé pour les clubs, orateur de la multitude et porte-voix du peuple. Son éloquence ardente et joviale, d'une bonhomie redoutable et d'une énergie capable de pitié, plaisait aux foules, allait au cœur des masses. Lors des massacres de Septembre, —

---

[1] M. Campardon a trouvé aux Archives nationales, dans les papiers des *Commissaires du Châtelet*, la pièce suivante relative à Danton, se plaignant, en 1787, qu'il ne peut travailler à cause du bruit de ses voisins :

« Ce jour d'hui jeudi 17 mai 1787, huit heures du soir, en notre hôtel et par-devant nous Jean Odent, etc., est comparu Mᵉ Georges-Jacques Danton, pourvu d'une charge d'avocat aux Conseils de Sa Majesté, demeurant rue de la Tixeranderie, vis-à-vis celle des Deux-Portes, paroisse Saint-Jean; lequel nous a dit et déclaré qu'hier au soir, vers huit heures un quart ou huit heures et demie, il a arrêté un appartement au premier étage, au dessus de l'entresol, dans une maison rue Guénégaud, et en a remis le denier à Dieu au sieur Paschal, propriétaire ou principal locataire de ladite maison, mais que, s'étant aperçu du voisinage d'un serrurier et d'un sellier, métiers à marteaux qui occasionnent beaucoup de bruit et qui sont très-nuisibles aux personnes de cabinet, il a voulu profiter de la faculté accordée à tous locataires en pareille circonstance, c'est-à-dire de retirer dudit sieur Pascal le denier à Dieu qu'il lui a remis hier, ne faisant en cela qu'user de la même faculté qu'auroit eu ledit Paschal de rendre au comparant ledit denier à Dieu avant l'expiration des vingt-quatre heures dans lesquelles il a dû prendre des informations sur ledit comparant; mais que, n'ayant pas trouvé ledit Paschal chez lui, où ledit comparant s'est transporté, ce jourd'hui, sur les sept heures du soir, il s'est transporté successivement chez cinq de nos confrères sans les trouver, et est enfin venu nous faire la présente déclaration et protestation de nullité contre ladite location, se réservant, en cas de difficultés de la part dudit sieur Paschal, de se pourvoir ainsi qu'il avisera. — Signé : ODENT; DANTON. *Archives nationales*. Commissaires au Châtelet; liasse 4075; commissaire Odent.) — *Pièce inédite.*

ce crime anonyme, encore une fois, cet épouvantable massacre que la peur dicta à une poignée de scélérats, et qu'on laissa faire — au 2 Septembre, Danton réclamait pour lui, par Thuriot, la dictature. Les Girondins l'ont accusé de s'être, ce jour-là, réfugié au Champ de Mars. Il y était en effet; il attendait. Il y avait là douze mille hommes. Avec eux, s'il eût été le maître, il eût balayé les rues et, de sa grande voix, poussé les forcenés à la frontière [1].

Septembre fut la plaie mortelle de la Révolution. Ces hideux massacres, dont Marat et les siens furent, après la foule, les seuls responsables, séparèrent des Dantonistes la Gironde, et cette alliance de ces hommes qui se combattirent impitoyablement eût, je le répète, fondé la liberté. Vainement Danton parlera-t-il (10 mars 1793) de ces « journées sanglantes sur lesquelles tout bon citoyen a gémi », et essayera-t-il de démontrer que « nulle puissance humaine n'était dans le cas d'arrêter un tel débordement », il ne lui sera rien pardonné, quoiqu'il ait beaucoup déploré. La Gironde continuera la guerre. Danton avait plus que les Girondins l'éloquence pratique, militante, la vue claire sur les événements, le

---

[1] Une autre tradition veut que Danton ait été voisin du lieu du massacre. On a démoli, il y a quelques années, à Paris, une *maison Dautruc*, rue de Vaugirard, lors du prolongement de la rue de Rennes. Cette maison, confisquée sur les huguenots par Charles IX, avait été donnée par lui au sieur Dautruc, un de ses piqueurs affectionnés. La maison était demeurée, jusqu'en ces dernières années, dans la famille. La famille Dautruc avait Danton pour avocat au conseil; la liaison devint plus intime lors des événements de 1792, et c'est dans la maison Dautruc que se trouvait, paraît-il, Danton lors du massacre de la prison des Carmes, le 2 septembre. Les caves de cette maison fournirent également du vin pour les septembriseurs. Enfin l'on prétend que ce fut dans cette maison que fut concerté, avec Lebrun et Tondu, le vol du Garde-Meuble. Tradition à recueillir. Je n'y attache point d'importance cependant. Ce qui est certain, c'est que le crime de Septembre est demeuré sur le nom de Danton, qui en fut innocent.

sens populaire; il était aussi opposé qu'eux à tout ce qui était la négation de notre tempérament national, à la rigidité puritaine incompatible avec l'esprit français. Il eût empêché sans doute les Girondins de se jeter dans ce mouvement fédéraliste impie devant l'étranger, dans cette idée qui divisait, affaiblissait, émiettait la France, idée que, par une ironie étrange, les hébertistes de 1871 ont empruntée aux Girondins de 1793.

Mais la pire erreur de ces hommes fut de se méconnaître. Ils se jugèrent trop souvent les uns les autres sur les calomnies. Danton aida à la chute des Girondins qu'il ne haïssait pas; il voulait leur affaiblissement dans l'Assemblée, il se réveilla effaré, ayant collaboré à leur mort. « *N'entamez pas l'Assemblée* », avait crié Danton aux Girondins eux-mêmes, lors des poursuites réclamées par eux contre Marat. L'Assemblée, après le 31 mai, était plus qu'entamée, elle était décimée; elle allait être saignée à blanc. Danton n'avait point songé à un 31 mai meurtrier; mais, en ces heures mortelles, on ne joue point avec la hache. La grande masse des irresponsables, la foule excitée, pousse le bras qui voudrait retenir le couteau.

La Gironde égorgée, c'était le dantonisme promis au bourreau. D'ailleurs, Danton, depuis ces meurtres qui avaient fauché tant de talents divers, de têtes pensives et charmantes, Danton avait-il conservé son audace suprême? Il n'était plus que révolté contre les excès, qu'il voulait maîtriser, modérer. Ceux qu'il combattit alors furent les *enragés*. Il se colleta, le Titan, avec ceux de la Commune. Hébert et les siens devaient succomber dans la lutte; mais les Comités ne sacrifièrent l'hébertisme qu'en se proposant de châtier le dantonisme. Ce fut, nous le verrons bientôt, un coup double; Robespierre et les Comités frappèrent, à quelques jours de distance, les *enragés* et les *modérés*. Puis les *purs* demeurèrent seuls. Ils ne s'apercevaient donc pas que la Révolution était morte et que leur tour allait venir! La majorité des trembleurs ne demandait plus qu'à se révolter contre les Comités et à venger elle-même ceux qu'elle venait de sacrifier.

Éternelle lâcheté humaine!

« Quelques jours après la chute de Danton, Camille Desmoulins était à la séance du.... thermidor, dans laquelle Robespierre fit une sortie si cruelle et si ironique contre les malheureuses victimes de sa barbarie. J'aperçus à mes côtés, dit Courtois, je remarquai un citoyen qui, aux endroits du discours du tyran fortement applaudi par la majorité de la Convention, battait aussi des mains de toutes ses forces, et me regardait en riant. Je crus démêler dans ses applaudissements qu'ils n'étaient pas sincères, et je lui répondis par un souris qui lui fit connaître que je n'étais pas dupe de son rôle. Il s'approche alors de mon oreille et me dit à voix basse : « Dut-« il m'en coûter la paire de gants avec laquelle j'applaudis (et » il avait les mains nues), je la sacrifierais volontiers si l'on me » garantissait à ce prix la chute du monstre qui occupe actuel-» lement la tribune. » Je lui dis de se contenir. Il me serra la main, ses yeux se mouillèrent de larmes, et il s'enfuit [1]. »

Les révolutionnaires oublièrent tous que la majorité tremblante qui applaudit, durant trop longtemps, à toutes les proscriptions, était composée de courtisans aussi peu convaincus que ce *claqueur* de Robespierre. « J'entraîne Robespierre! » devait dire Danton mourant. Mais Vergniaud l'avait entraîné aussi lui-même, et cette immolation de tant de gens, dévoués du moins à la chose publique, ne devait aboutir qu'à jeter la France

[1] Courtois (de l'Aube), *Notes inédites*.

épuisée et le pouvoir législatif décimé, écœuré, discrédité, sous le talon d'un soldat victorieux.

II

Nous ferons connaître ici tous ceux qu'une conformité de vues et que la promiscuité de la mort réunira bientôt sur les bancs des accusés : Hérault de Séchelles, Westermann, Philippeaux, Fabre d'Églantine, les *dantonistes,* les compagnons et les amis de Desmoulins.

Esprit délicat, un peu amer et hautain, Hérault de Séchelles, celui qu'on appelait *le beau Séchelles,* apportait au parti dantoniste une intelligence vaste et profonde, une éloquence vigoureuse et un courage à toute épreuve, mis, dès l'aurore de la Révolution, au service de la cause populaire. Né à Paris en 1760, et petit-fils de ce René Hérault, lieutenant général de la police, ennemi des jansénistes, qui, de 1725 à 1739, avait inondé Paris d'espions et de policiers, fils de ce Hérault de Séchelles, colonel et commandant du régiment de Rouergue, qui fut tué à la bataille de Minden, en venant briser ses escadrons contre l'impassibilité de l'infanterie anglaise, Marie-Jean Hérault de Séchelles, appartenait à la caste privilégiée, et tout jeune déjà, à vingt ans, avocat au Châtelet, et salué dès ses premières plaidoiries comme un orateur entraînant, il avait été accueilli à la cour d'une façon particulièrement aimable[1]. La

---

[1] A propos des débuts de Hérault, je trouve dans le *Journal de Paris* du 7 août 1785, le récit d'une séance au Châtelet, dans laquelle Hérault de Séchelles, avocat du Roi, parle pour la dernière fois avant de prendre place au Parlement comme avocat général. « Le discours du jeune magistrat, dit le *Journal de Paris,* n'avait aucune ambition d'éloquence; son style était calme et tranquille comme celui de la loi. Il avait quelque chose de ce repos des passions, si nécessaire à l'esprit pour trouver la vérité. La conviction et la lumière sortaient douce-

duchesse de Polignac, sa cousine, avait tenu à présenter à Marie-Antoinette ce Cicéron à sa vingtième année, si spirituel et si charmant. A la cour, malgré une certaine rigidité d'allures et un mécontentement évident contre la royauté, il avait plu; on avait trouvé bon air à cet Alceste si bien tourné. Hérault était beau.

Gratior et pulchro veniens in corpore virtus

dit Virgile. La reine avait voulu lui broder elle-même une écharpe le jour où il avait été nommé avocat général au Châtelet. « La femme du roi, dit Camille, envoya la ceinture noire au jeune et beau Séchelles. » Mais un puissant amour de la liberté, la conviction profondément enracinée que la nation allait périr si on ne tentait point bien des réformes, avaient déjà fait de Hérault de Séchelles un adversaire, presque un révolté. Au Parlement, il luttait contre Dambray pour réclamer ces réformes dans le gouvernement; au 14 juillet il faisait

ment et par degré de ses paroles, sans aucun appareil de raisonnement, sans aucune de ces formes du syllogisme qui ne sont point la raison et qui blessent le goût; par le seul enchaînement, par la seule liaison des faits, des textes, des lois et du développement précis des uns et des autres, il est arrivé à ses conclusions toujours précédé par la persuasion et par l'évidence. Il aurait presque pu se dispenser de conclure. On avait entendu ses conclusions dans les lois dont il avait si bien manifesté les intentions et la sagesse. Le ton de son éloquence était sagement mesuré à la nature de sa cause, et l'intérêt universel qu'il inspirait se manifesta par de nombreux applaudissements qu'il semblait vouloir détourner sur les orateurs qui avaient parlé avant lui. Tous les hommages qu'il leur rendit semblèrent mérités, mais surtout ceux décernés à M. de Sèze, fils d'un avocat très-célèbre au parlement de Bordeaux, et dont le talent inspire les plus grandes espérances.

« Ce discours de M. Hérault de Séchelles était le dernier qu'il dût prononcer au Châtelet, et on craignait de le voir finir; le jeune orateur lui-même semblait le craindre aussi, et ce sentiment fut exprimé avec une touchante éloquence dans les adieux qu'il adressa au président. Cette émotion était partagée par tous les magistrats et l'assistance tout entière, qui a accompagné M. Hérault de Séchelles jusqu'à sa voiture, au bruit d'applaudissements prolongés. »

mieux, il se rangeait parmi les combattants de la Bastille. Hérault avait alors vingt-neuf ans. Deux ans après, il était député par les électeurs de Paris à l'Assemblée législative[1]. Il allait être de ceux qui s'écrièrent que la France devait répondre par la guerre aux insolences de l'étranger. (14 janvier 1792.) C'est Hérault qui demandait, qui obtenait que la patrie fût *déclarée en danger*. Refusant la place de maire de Paris après le 10 août, il était entré à la Convention pour y représenter le département de Seine-et-Oise. Au lendemain du 31 mai, le 2 juin, lorsque Henriot était venu, à la tête de ses canonniers, menacer la Convention, et suivi de quatre-vingt mille hommes et de cent soixante-trois bouches à feu, réclamer, au nom du peuple insurgé, la mise en arrestation des Girondins proscrits, c'était Hérault qui, président de la Convention, était descendu dans la cour des Tuileries cernée par les sectionnaires, et avait essayé de calmer la foule. Aux paroles de Henriot : « Le peuple ne s'est pas levé pour entendre des phrases; ce sont les traîtres qu'il lui faut! Ou livre les traîtres, ou retourne à ton poste. » Hérault de Séchelles avait répondu, froid comme la loi : — « Saisissez ce rebelle! » Mais Henriot d'une voix tonnante : — « *Canonniers, à vos pièces!* » s'écria-t-il. Et Hérault, refoulé dans la Convention, vit l'Assemblée délibérer sous la pression des baïonnettes, tandis que Marat courait embrasser Henriot, « le sauveur de la patrie. »

Hérault du moins, par son attitude, semblait avoir répondu à l'ordre brutal d'Henriot par un : *Représentants, à vos places!* Le lendemain, il demandait, avec Danton et Lacroix, l'arrestation du général révolution-

---

[1] Voyez aux *Documents complémentaires* un discours d'Hérault et une harangue de Danton.

naire. Hérault, qui devait élaborer le projet de Constitution présenté par le Comité de Salut public, allait avoir la gloire de présider, au 10 août 1793, la première fête nationale consacrée à la République française. Ce fut lui qui, place de la Révolution, au pied d'un vaste bûcher où se trouvaient entassés les emblèmes de la royauté, s'écria, parlant à la foule et tenant une torche à la main : « — Qu'ils périssent, les signes de la servitude! Qu'il ne reste rien d'immortel que le sentiment de la vertu! Que la charrue, que la gerbe de blé, que le bonnet de la liberté, que les merveilles des arts, qui embellissent et enrichissent la société, forment désormais les seules décorations de la République! Terre sainte, couvre-toi de ces biens réels, et deviens stérile pour tout ce qui ne peut servir qu'aux jouissances de l'orgueil! » Alors, tandis que près d'un million d'hommes acclamait cet auto-da-fé populaire, Hérault approcha sa torche du bûcher, et tout s'abîma bientôt consumé par les flammes, de ce qui avait été l'admiration, l'adoration d'autrefois : couronne, manteau royal, fleurs de lis, armoiries, écussons, débris du trône, — ce trône que Napoléon empereur allait définir : « *Quatre planches recouvertes de velours.* » La proclamation de la Constitution nouvelle, celle de 93, allait suivre cette vaine cérémonie, — car à quoi sert de brûler ce que reconstruit l'avenir? Et par quelle folie impuissante s'en prend-on à des objets quand il faudrait seulement combattre les idées? C'est que nous nous plaisons beaucoup trop aux réformes et aux révolutions d'enseignes, c'est que nous aimons à faire payer aux choses les déceptions que nous ont fait éprouver les hommes. Il y a loin, d'ailleurs, de cette cérémonie présidée par Hérault de Séchelles à la destruction impie des monuments et des œuvres d'art à laquelle se laissa trop souvent entraîner la foule.

Hérault, riche, superbe et aimé, avait fait, ce jour du 10 août, grande impression sur la « multitude républicaine », comme disait déjà, plusieurs années auparavant, Louis XV dans une lettre au duc de Choiseul. Il était haut de taille, le front élevé, le nez droit, la bouche fine, les commissures des lèvres charmantes, le visage gras et légèrement rosé, le menton double, les cheveux poudrés, portant sur l'image gravée en couleur par Quenedey, que nous a laissé le *Physionocrate,* le gilet blanc et l'habit élégant rayé de bleu. Le gentilhomme apparaissait toujours sous le démocrate, ou plutôt Hérault était de ceux qui prouvent que les démocrates savent aussi garder le bon ton de l'esprit et l'élégance des manières. Ceux de sa caste ne lui pardonnaient point, au surplus, d'avoir embrassé, contre la cause du roi, la cause de la nation. Leur haine était grande contre un homme qu'ils appelaient « un renégat ». Lavater, qui jadis avait connu Hérault, lui écrivait, un jour, « qu'un homme » tel que lui ne pouvait demeurer plus longtemps le » complice de quelques scélérats grossiers, ignorants et » stupides! » Hérault assistait à une séance du comité de Salut public lorsque la lettre lui parvint; il se contenta de sourire : — « Ces gens-là, dit-il, ne comprennent pas notre situation! »

De pareilles lettres, il en recevait souvent, de menaçantes parfois, d'irritantes, d'antipatriotiques, comme cette lettre anonyme, d'une écriture contrefaite, simulant le caractère d'imprimerie qu'on rencontre, aux Archives, dans le dossier des dantonistes :

« Monsieur Hérault,

» Que de vils factieux, d'infâmes scélérats sortis de la fange inventent et exécutent tous les crimes présumables pour se maintenir dans l'autorité qu'ils ont usurpée, c'est ce qui ne surprendra pas les personnes qui connaissent la canaille et sa férocité; mais qu'un gentilhomme français, promu aux plus hautes dignités, un magistrat chargé du maintien des lois, un Hérault de Séchelles, en un mot, s'associe et préside cette horde effrénée, trahisse son corps, assassine son Roi, c'est le comble de la scélératesse et de l'abomination.

» Mais le tems de la vengeance approche, et desjà ces dominateurs pervers qui ont ruiné leur païs, voient avec effroi l'approche du supplice que leurs forfaits leur ont mérité. Le peuple, trompé de toute manière, sourit d'avance à cette justice; il n'a pu voir sans indignation avec quelle impudence et quelle imposture on a publié l'acceptation unanime du brigandage dit Constitution, tandis qu'il est notoire que la seule ruse de quelques dominateurs des assemblées primaires a suppléé au véritable vœu du peuple. Qu'il me suffise, entre mille exemples, de citer celui-ci : Le canton de Tirepied, district d'Avranches, ayant unaniment (*sic*) refusé la Constitution, le député choisi pour se rendre aux baccanales du dix août, refusa alors de porter un vote négatif, mais tous les votants étant retirés, alors les rédacteurs du procès-verbal prirent sur leur compte d'exprimer un vœu affirmatif, et le député se chargea de le porter.

» C'est ainsi que cela s'est opéré dans la France entière; mais à quoi serviront tous ces stratagèmes impuissants; le crime vous a-t-il tellement aveuglé que vous ne puissiez appercevoir votre chûte prochaine; vous allez faire lever le peuple en masse, quelle ineptie! quelle monstruosité! Mais le peuple voudra-t-il se prester à l'exécution de ce progêt visiblement impraticable, et qui d'ailleurs ne ferait que rendre plus prompts les succès des puissances que rien ne peut plus arrester. Comment pouvez-vous douter que si le peuple se lève, il ne le fera que pour se tourner contre vous? Ce peuple voit clairement, aujourd'hui, que les scélérats qui, par la fausse apparence de son bonheur, l'ont fait se prester à leurs manœuvres, veulent encore le sacrifier pour empescher, ou plutôt éloigner, le supplice qui les menace; il est honteux, ce peuple, de son aveugle crédulité, et il sera le premier à les punir de leurs forfaits.

» Adieu, Hérault, avant trois mois j'aurai le plaisir de vous voir payer sur la roue le sang de votre Roi et de tous les braves Français que votre délire criminel et féroce a fait immoler; York, Ricardo, Cobourg, Nassau, Brunswick et Condé m'en répondent, en dépit du grand général Houchard

» Ce 10 août 1793, l'an 5e de tous les crimes. »

P. S. Je viens d'apprendre que le corps des décrotteurs de Londres a pris en grande considération le décret rendu contre Pitt; ils en remercient leurs frères de la Convention[1].

Que voulait-on que dussent éprouver, à la lecture de semblables menaces, des hommes embrasés, comme Hérault, de l'amour de la nation? Ils bondissaient en voyant des Français souhaiter aussi indignement et aussi haut le succès de Condé, allié aux Cobourg, aux Brunswick et aux Nassau. La preuve de la complicité des royalistes avec l'étranger achevait de surexciter le zèle farouche de ces législateurs passionnés pour la patrie. De là leurs colères et de là leurs excès. Hérault de Séchelles devait, au surplus, périr, non parce qu'il avait été trop cruel, mais parce qu'il avait essayé de préserver de l'atteinte des lois une femme émigrée. Déjà dénoncé le 16 décembre 1793 par Bourdon (de l'Oise), comme ex-noble et comme recevant des nobles chez lui, défendu alors par Couthon et par Bentabole, il devait l'être encore en mars 1794, pour avoir connu la présence d'une femme chez le député Simond (du Mont-Blanc). Il y avait, en effet, une femme, une « aristocrate » réfugiée chez Simond, et la loi du 4 mars 1794 interdisait toute communication avec les prévenus de conspiration, sous peine d'être traité comme leurs complices. En décembre 93, Hérault avait essayé de se dé-

---

[1] *Archives nationales.* Comité de sûreté générale, C. VII, 4608.

fendre : « Si le hasard de ma naissance est un crime
» que je dois expier, avait-il dit, soit; je donne ma
» démission de membre du Comité de salut public. »
Mais, cette démission, on l'avait refusée; en mars 94,
Hérault n'essaya point de se disculper. Il semblait las
de vivre; décrété d'arrestation, il ne résista point, il ne
récrimina pas. Il entra dans la prison du Luxembourg
en homme qui attendait les verrous, et pis que les
verrous.

Depuis quelque temps, n'allait-il point tous les jours,
comme on se rendrait à un spectacle, au bout des Tuileries voir passer les charrettes des condamnés? Un de
ses amis l'y rencontre et s'en étonne : — En vérité,
Hérault, c'est toi que je trouve ici, toi qui juges ceux
qui passent? — Oui, c'est moi. Je viens voir l'agonie de
la République, et je viens apprendre à mourir!

Qu'il était loin ce temps où Hérault, envoyé en
Savoie par la Convention, faisait poétiquement le pèlerinage des Charmettes et, sur la maison où Jean-Jacques
avait, « à *mi-hauteur*, sur *le vallon*, » abrité ses amours
avec madame de Warens, faisait appliquer cette plaque
de marbre blanc, aujourd'hui fendillée, et dont il avait
sans doute composé l'inscription et rimé les vers :

> Réduit par Jean-Jacques habité,
> Tu me rappelles son génie,
> Sa solitude, sa fierté,
> Et ses malheurs et sa folie.
> A la gloire, à la vérité,
> Il osa consacrer sa vie,
> Et fut toujours persécuté
> Ou par lui-même, ou par l'envie.

L'admirateur de Jean-Jacques n'était plus que l'ami du
repos, presque de la tombe. Lui aussi se sentait, comme

Danton, « *saoul des hommes* ». Et pourtant, quel élégant et vaillant esprit était encore, un an auparavant, Hérault de Séchelles ! Une lettre inédite, à la fois intime et relative à sa mission en Savoie, nous le peint tel qu'il fut alors, en février 1793. C'est l'esprit le plus brillant, le plus alerte et le plus fin, se livrant tout entier, dans son délicieux bavardage ; écrivant à ses collègues envoyés à Nice avec un laisser aller charmant et sympathique. La lettre, tout à fait caractéristique, mérite d'être recueillie :

« Moutiers en Tarentaise, 26 février 1793, l'an II.

» Chers collègues,

» J'ai déjà reçu trois fois de vos nouvelles, trois lettres de Grégoire ; trois mots de Jagot ; j'ai ri de vos folies, j'en ai fait rire le plus d'êtres pensans qu'on trouve à Chambéri : il me semble déjà que l'esprit provençal s'empare de vous. Vous ne dites pas un mot qui ne soit un bon mot.

» Mourez ! vous n'avez pas vu Saint-Pierre d'Albigny. Mon Dieu ! l'endroit enchanteur ! Et à Chambéri personne ne nous en a parlé. La nature des Alpes dans tous les caprices, dans toutes les coquetteries, dans les soins les plus recherchés de la toilette sauvage. Cascades, maisonnettes, vue bornée, masses immenses, sapins, ardoises, prés fleuris, onde pure, peupliers, tout enfin ! Vous avez beau habiter le printems, faire l'amour sous des oliviers, mourez et remourez de n'avoir pas vu Élysée-Tempé-Armide-Éden-Albigny !

» Je vais vous parler de quelque chose bien contrastant. Cavelli est député : il a passé à une séance du soir comme un mauvais décret. Gavard a passé hier à une séance du matin.

» Que je reconnais bien, dans votre nouveau *Misanthrope* en trois actes, mon Jagot tuant tous les hommes et embrassant toutes les femmes !

» Rassurez-vous, Grégoire ! Les deux fautes de votre épître aux Valaisans seront, ou plutôt sont déjà corrigées à la main. Un jeune abbé françois, passant par ici, a passé une matinée à vous rendre ce service. Déjà cinq personnes demandent votre ouvrage; j'ai des moyens sûrs pour le faire arriver à destination. Il part après-demain.

» Mais, à l'égard de votre discours sur le serment, sachez le tour abominable de ces gueusards. Imaginez-vous qu'en même temps qu'ils travaillent à nous égorger avec leurs plats libelles, ils ont eu l'idée de nous ôter les moyens de nous défendre en nous privant de l'imprimerie des Alpes. En conséquence, Gowin avoit débauché tous nos ouvriers. Le brave Champ-d'Avoine a passé trois jours, et souvent des heures de la nuit à courir après eux de cachette en cachette, de cabaret en cabaret. Enfin il les a rattrapés et mis au cachot dans l'alternative du cachot ou du travail. Ils ont pourtant préféré le dernier. Eh bien! qu'en dites-vous? Cela est-il assez perfide?

» Au moyen de quoi votre discours, Grégoire, qui a une feuille et demie, est composé, et l'épreuve corrigée par moi. Que quant à la première feuille, il restait encore sept pages de copie à composer. Ces messieurs-là les composent maintenant à force et sous le bâton de la liberté. Vous allez paroître.

» Et moi donc! Est-ce que je ne paroîtrai pas aussi après vous, moi, laïc, moi indigne, moi profane? Imaginez-vous que M. Gobemouche m'a mis en train. J'ai fait une gobemoucherie. Vexé par toutes les visites des électeurs et des prêtres au sujet du serment, j'ai imaginé de mettre ce monde-là en dialogue, d'y faire rentrer tous leurs propos, toutes leurs objections. Et voyez ce que c'est que l'homme! J'avois, comme je vous l'ai déjà dit, traité et étudié jadis en Alsace cette question à fond. Toutes mes idées me sont revenues. J'ai fait un ouvrage de cinquante pages; je l'ai fait en un jour et demi; je l'ai fait sans le relire; j'envoyais à mesure chaque feuille à l'impression. Que Grégoire (que j'ai cité quelque part) me dise s'il y a des hérésies, et je me soumets comme un Fénelon.

» Tout cela est bien drôle. Je vous envoye mon œuvre par le premier courrier. On l'imprime.

» Ma lettre est datée de Moutiers, et il est temps de vous dire que je suis à Moutiers. O quel pays pour un homme qui vient de Saint-Pierre-d'Albigny! O nature! J'ai ici une redingote brune de huit montagnes! A peine s'il y fait jour. Le soleil y prend congé pendant huit mois de l'année. Moutiers est presque pour lui un bénéfice simple. Vous conviendrez que cela est bien rigoureux pour une ville où il y avait archevêché, parlement, cour des aides, hôtel des monnaies, table de marbre, etc., et douze cents habitants en tout et pour tout. J'y suis arrivé la nuit. Je n'ai encore vu personne. Je verrai la municipalité, le club, l'évêque, et je m'en irai.

» A propos d'évêque, on dit celui-ci bonhomme, n'ayant défendu le serment à personne. Lui-même entre le zist et le zest. Je vais lui porter une botte ce matin. L'ami Simon est resté à Chambéri, retenu par les affaires de son diocèse.

» Et que je vous conte donc une nouvelle intrigue de cette exécrable municipalité et ville de Chambéri. Imaginez-vous, mes amis, que l'insatiable Chambéri vouloit encore avoir l'évêché, et l'ôter à Anneci. Il n'y a pas d'efforts qu'ils n'ayent tentés auprès du vieux aristocrate évêque de Chambéri pour le résoudre à se sermenter. Ils lui ont extirpé une lettre au pape, et l'évêque les a encore joués en y annexant une lettre particulière. Cette démarche ou met l'évêché à Chambéri (si le pape, ce qu'il ne faut pas croire, y consent), ou immobilise l'assemblée électorale, l'empêche de nommer un évêque, et dans tous les cas frustre Anneci. J'ai ici cette pièce de fourberie italienne; je n'ai pas le temps de vous la copier, vous l'aurez à mon retour, mais soyez tranquille. Nous déjouerons ces gredins-là.

» Beaucoup de clercs des montagnes s'enfuyent à Genève, en Suisse. Cependant ils laissent leur adresse à des amis, et je suis persuadé qu'ils reviendront.

» Lyon est dans une fermentatation détestable. J'augure que l'Assemblée sera obligée d'y envoyer encore des commissaires, de son sein.

» Il nous est arrivé dix-huit ecclésiastiques des départements voisins, propagandistes du serment et du patriotisme. Ils vont d'abord établir leurs tréteaux à Chambéri pour se faire connaître et de là se faire désirer. Cela va un peu dérouter le club.

» Adieu, Niçards. Chez vous du moins on poignarde avec grâce. Je vous quitte pour aller prêcher un vieux évêque. Je vous embrasse tous deux et Arnaud en Saint-Pierre d'Albigny.

Copie, s'il vous plaît, de ma lettre pour qu'à la fin je retrouve les faits [1]. »

On reconnaît là, sous la désinvolture élégante du style, l'homme désolé, ayant fait le sacrifice de sa vie et, en vrai fils du dix-huitième siècle, ne cherchant plus qu'à bien employer ce qui lui reste d'existence. Fils du dix-huitième siècle, Hérault l'était, en effet, plus que personne. Il en avait, comme Camille, la solidité d'instruction et la tournure d'esprit. Dès 1788, Hérault de Séchelles avait commencé un recueil de pensées que J.-B. Salgues devait rééditer en l'an X (1802), sous ce titre : *Théorie de l'ambition*. Publié d'abord sous la rubrique : *Codicille politique et pratique d'un jeune habitant d'Épone*, ce travail avait été remanié par Hérault dans sa prison du Luxembourg. Il lui donnait une forme nouvelle au moment même de marcher à la mort. Livre curieux que ce livre à demi posthume; livre de psychologie ou plutôt de physiologie, et d'un ton tout moderne. La pensée amère de Hérault y apparaît tout entière, assez attristée, lasse de l'humanité, désillusionnée et presque écœurée, mais fidèle pourtant à la loi de justice.

Hérault exige de l'homme qu'il demande sa force, sa gloire et son bonheur à lui-même :

« *Crois-toi, connais-toi, respecte-toi. La pratique de ces trois maximes fait l'homme sain, éclairé, bon et heureux.* »

« *Tout individu*, dit-il encore, *est le centre de l'univers. Une idée individuelle n'est que la représentation, la copie d'un individu. Toute idée individuelle peut donc être le centre de toutes les autres.* »

---

[1] Nous tenons à remercier ici madame Charras, qui a bien voulu nous laisser prendre la copie de ce précieux autographe dans l'important album qu'elle possède et qui contient tant de pièces intéressantes au double point de vue de la littérature et de l'histoire.

J'entends ce qu'on va dire et je prévois les objections. Cette théorie de Hérault n'est que le code de l'égoïsme. Non pas !- *Egotisme,* répondrait Gœthe, c'est-à-dire respect et culture du *moi,* connaissance absolue de ce *moi* qui devra conduire à la science des autres.

Bien des idées modernes, nées et grandies depuis Hérault, se retrouveraient dans ces pages où, par une rencontre étrange, le beau Séchelles se montre absolument sévère envers la femme, oui, aussi implacable pour elle que les mélancoliques qui ont à s'en venger :

« *Prenez,* dit-il, *l'idée de la faiblesse chez la femme.* »

« *Les femmes dominent plus les hommes vains que les hommes orgueilleux. Ceux-ci n'ont besoin que d'une femme, et cela de temps en temps. Ceux-là ont toujours besoin d'être préférés et surtout de le paraître.* »

« *Venus sæpe excitata, raro peracta ingenium acuit.* »

Mais tantôt les préceptes d'Hérault sont solides et fiers, tantôt ils affectent une ironie terrible et qui déconcerte. Tout à l'heure, c'était un stoïcien épris des plus mâles principes, maintenant c'est un satirique cruel, qui prend plaisir à jeter comme un voile de deuil sur la vie. Écoutez-le; tour à tour, il y a en lui du Marc-Aurèle et du Swift.

« *Ayez une haute idée de vos facultés et travaillez; vous les triplerez.* »

« *On ne fait de grands progrès qu'à l'époque où l'on devient mélancolique, qu'à l'heure où, mécontent d'un monde réel, on est forcé de s'en faire un plus supportable*[1]*.* »

« *Fuir le petit et chercher le grand.* »

[1] Et la preuve, lecteur, la preuve irrécusable
Que ce monde est mauvais, c'est que pour y rester,
Il a fallu s'en faire un autre et l'inventer...

C'est Musset qui parle. Le poëte se rencontre là avec le tribun.

« *La société guérit de l'orgueil et la solitude de la vanité.* »

« *L'homme n'est grand qu'en proportion de l'estime continue qu'il s'accorde à lui-même. Ainsi évitez les rôles inférieurs et la compagnie des gens méprisables : les dédaigneux finissent par se faire croire.* »

Voilà le penseur altier, le moraliste mâle et hardi. Mais, tout à coup, le satirique fait entendre sa note sifflante, et l'auteur de la *Théorie de l'ambition* affiche, pour l'espèce humaine, un dédain qu'en réalité, j'en suis bien sûr, il n'avait pas. Je ne puis voir qu'une ironie vengeresse à la Larochefoucauld, dans ces préceptes que Hérault de Séchelles dicte par exemple aux ambitieux de gloire littéraire :

« *Louer ses interlocuteurs sur les choses dont ils se piquent le plus pour se faire passer les éloges qu'on fera de soi.* »

« *Dire à beaucoup de gens qu'on a de la réputation : ils le répéteront, et ces répétitions feront réputation.* »

« *Louer un homme entre deux blâmes pour faire ressortir la critique par le contraste.* »

« *Mettre dans ses livres et dans sa conversation des problèmes sans en donner la solution; des logogriphes sans en donner le mot, afin de se faire demander et de fixer l'attention sur l'auteur, car on se rappelle aisément les noms des lieux où l'on s'est arrêté malgré soi*[1]. »

« *Ne point se mettre sur la défensive quand on est attaqué; mais toujours la botte au corps, soit dans la parole, soit dans l'action.* »

Les quelques pages du *Traité d'ambition* où Hérault, avec une rigueur absolue, étudie l'homme et l'humanité

---

[1] C'était l'opinion d'Honoré de Balzac : « Je sème çà et là, dans mes livres, quelques traits incompréhensibles, afin que le public me trouve du moins, sur ces points spéciaux, une supériorité sur lui et par conséquent me respecte. »

CHAPITRE QUATRIÈME.

au point de vue purement physique, sont peut-être de tout ce livre singulier, profondément hardi et si peu connu, les plus curieuses et les plus significatives. Hérault n'avait pas été pour rien, quelques années auparavant, l'ami de Lavater. Il applique là les réflexions, les recherches du maître :

« *Il faut distinguer*, dit-il, *avec soin le cerveau femelle du cerveau mâle. Le premier est une sorte de matrice, il reçoit et il rend; mais il ne produit pas.* »

Matérialiste si l'on veut, la pensée est nette, absolue et bien formulée. Hérault condense encore davantage sa pensée dans les observations qui suivent :

« *OEil fixe; pensées et volonté fixes.* »

« *OEil mobile; pensées et volonté mobiles.* »

« *Rayon visuel descendant; signe de caractère fier, dédaigneux, emporté.* »

« *Rayon visuel ascendant; signe de caractère timide, humble, caché.* »

« *Rayon horizontal; signe d'un caractère égal, constant, sociable...* »

« *Voix double, caractère double.* »

« *Tel le tissu de la peau, tel le tissu des opinions et du style.* »

« *En comparant la forme, la couleur, la physionomie, le cri, l'allure, et, pour tout dire, les qualités sensibles et les mouvements d'un homme avec les qualités sensibles des animaux, on peut, par le naturel connu de ceux-ci, découvrir le naturel caché des premiers. — Exemple : le cri du paon et le bruit qu'il fait avec ses pieds pour se faire regarder ressemblent beaucoup aux grands éclats de voix et au bruit que font, en s'annonçant, les gens qui aiment à s'étaler et à occuper d'eux.* »

Chacun pourra critiquer ou vérifier les observations de Hérault de Séchelles. Ce qui est certain, c'est qu'elles sont intéressantes, et que cette *Théorie de l'ambition* nous montre bien que l'auteur fut un homme d'une pensée forte et d'une grande science, un de ces *cerveaux mâles* dont il parlait. Il n'avait pas impunément reçu l'éducation puissante, nourrie de faits, riche d'idées et non de phrases, du dix-huitième siècle. Il en avait à la fois et la grâce, — on l'a vu par sa lettre à ses collègues, — et la sensibilité; les vers tracés sur les Charmettes, le souvenir de Rousseau évoqué en Savoie comme plus tard, dans sa prison, nous l'ont montré; — il en avait surtout la vigoureuse science. A vingt-cinq ans, en 1785, Hérault de Séchelles n'avait-il pas publié une *Visite à Buffon,* qui décelait déjà un écrivain remarquable, et mieux encore, un philosophe [1]? C'était un curieux, un vivant portrait de l'auteur de l'*Histoire naturelle.* Le neveu de madame de Polignac avait pu d'ailleurs être accueilli par Buffon, déjà vieux, comme une connaissance véritable. « Il y a longtemps que nous nous cherchons, » dit le grand écrivain en recevant à Montbard son jeune admirateur.

Hérault décrit alors la belle, noble et calme figure de ce vieillard de soixante-dix-huit ans, dont la seule faiblesse était d'oublier sa gloire plutôt que son comté. « Je lui
» balbutiai quelques mots, avec l'attention de dire
» *M. le comte,* car c'est à quoi il ne faut pas manquer.
» On m'avait prévenu qu'il ne haïssait point cette ma-
» nière de lui adresser la parole. » Et au sourire mal dissimulé de Hérault, qu'on devine derrière ces lignes, ne voit-on pas que le jeune gentilhomme est, en 1785,

---

[1] Réimprimé par J.-B. Noëllat en 1802, sous le titre de *Voyage à Montbard,* et suivi, dans cette nouvelle édition, de *Réflexions sur la déclamation,* d'un morceau sur *la Conversation,* d'un *Éloge d'Athanase Auger,* et de *Pensées et anecdotes,* qui sont également de J.-M. Hérault de Séchelles.

fort peu entiché de sa propre noblesse? Le révolutionnaire gronde déjà dans ce sceptique.

C'est une peinture achevée que ce tableau d'*intérieur,* ce portrait de Buffon presque octogénaire et peint ainsi trois ans avant sa mort. Il vaudrait certes la peine d'être réimprimé, et l'on y verrait un Buffon peu connu, traitant la religion d'institution purement humaine et « qu'il faut respecter extérieurement ». Calomnie! s'écrie Noëllat en rééditant le morceau. Buffon, en effet, en 1788, demanda le Viatique. Ce qui est certain, c'est que Hérault de Séchelles, en parlant ainsi, n'avait d'autre intention que de louer Buffon de cette indépendance d'esprit.

Il faudrait, pour connaître exactement cet Hérault de Séchelles, éloquent et charmeur, choyé et acclamé, lire aussi le fragment sur *la Conversation,* où il a caractérisé, en passant d'un trait, d'un coup de crayon ou d'un coup d'ongle, tous ces causeurs célèbres qui emplissaient les salons avant 89, et marquaient de leur coin personnel l'esprit français. Tous revivent sous sa plume, et une seule ligne suffit à les évoquer : c'est Delille piquant et élégant, tout académique; c'est le ton noble et poli de Ducis, c'est la manière de lever la tête et de plier le front de Garat, c'est la parole précise de Cérutti, ce sont les *pinces mordicantes* de l'esprit de Chamfort, l'audace verbeuse de l'abbé Fauchet, les harangues soudaines et la forte voix de d'Éprémesnil, la façon vive et expressive de Lavater, l'entretien continu et bien français de Marmontel, l'esprit sérieux, étendu, instruit, avec un grain de malignité, de Condorcet, et les souvenirs de ce Rousseau qui *ponctuait* si bien toutes ses paroles, et de ce Diderot qui leur donnait quelque chose de clair comme un rayon de soleil. Il n'y a pas jusqu'au

« silence du célèbre Franklin », que Hérault de Séchelles ne note en passant et ne cite comme un exemple. Tous ces hommes, le futur conventionnel les avait fréquentés et étudiés. « J'ai fait longtemps, dit il, le rôle » d'écouteur. » C'est en sachant tenir ce rôle qu'on apprend à remplir tous les autres. La meilleure façon de s'instruire, pour la jeunesse (façon oubliée aujourd'hui), c'est d'écouter les vieillards.

Et le jeune magistrat, le futur vainqueur de la Bastille, avait emprunté un charme, une science, un esprit nouveaux à la fréquentation de ces hommes éminents ou charmants. Il combattait pour l'avenir avec les manières élégantes d'un homme du passé : le démocrate pouvait donner le ton aux gentilshommes [1].

Tel était cet Hérault, séduisant et sémillant, véritable type du grand seigneur lettré, se livrant tout entier à la cause populaire et conservant cependant encore les manières raffinées d'une caste qu'il n'avait cessé, disait-il, « de combattre et de mépriser ». La Morency, dont le roman autobiographique, *Illyrine ou l'Écueil de l'inexpérience,* contient plus d'un détail historique excellent à noter, nous a donné quelques traits tout à fait vivants de la physionomie de celui qu'elle nomme *le délicieux Séchelles.* Elle décrit cet appartement du second étage du numéro 16 de la rue Basse-du-Rempart, qu'habitait Hérault, la *bibliothèque immense* du conventionnel, et ce boudoir où il reçoit son hôte, « avec papier jaune » anglais, des bordures en arabesques, des amours au » plafond, un lit de repos, une glace de haut en bas et

---

[1] La famille d'Hérault de Séchelles existe encore. D'après des renseignements intimes, la branche aînée des Hérault, qui seule, avant l'abolition du droit d'ainesse, avait celui de porter le titre de Séchelles, aurait des descendants fort riches du côté de Tours.

» de toute la longueur du lit, des pots de fleurs sur la
» croisée, des persiennes qui ne donnaient qu'un demi-
» jour. » Il y avait un épicurien, ou tout au moins un
Athénien dans ce montagnard. Un matin, Hérault dira
à la Morency, à cette femme qu'il a aimée un moment :
— Je veux me hâter de vivre, et lorsqu'*ils* m'arracheront la vie, *ils* croiront tuer un homme de trente-deux
ans, et j'en aurai quatre-vingts; car je veux vivre en
un jour pour dix années[1] ! »

III

Pierre Philippeaux, né à la Ferrière-aux-Étangs,
dans l'Orne, en 1759, avait été présidial du Mans avant
la Révolution, et la Sarthe, en 92, l'avait envoyé à la
Convention nationale. Il y vota la mort du Roi en réclamant pourtant un appel au peuple; et lui, qu'on

---

[1] *Illyrine, ou l'Écueil de l'inexpérience*, par G. de Morency (3 vol. in-8°). Paris, an VI, chez l'auteur, rue Neuve-saint-Roch, n° 111, chez Rainville, éditeur, rue Férou, n° 991, chez mademoiselle Durand, libraire, Favre, libraire au Palais-Égalité, et chez tous les marchands de nouveautés, avec cette épigraphe :

> Ce monde est une comédie
> Où chaque acteur vient à son tour
> Amuser les hommes du jour
> Des aventures de sa vie.
>   *Épître à Sophie*, par le citoyen Alibert.

Ce *recueil de folies*, comme dit l'auteur, a son intérêt. On y voit, en déshabillé, plusieurs conventionnels illustres : Quinette, qui écrit à Illyrine : *Adieu, Lili ; j'irai fédérer avec toi dans trois ou quatre jours, le 14 juillet;* Fabre d'Églantine, « un petit homme dont l'œil était l'expression du génie, et la voix celle du sentiment »; puis madame de Sainte-Amaranthe, qui arrache ce cri à la Morency : « Qu'elle est belle ! qu'elle est superbe ! » *Illyrine* raconte un jour que Hérault soupait un soir chez elle avec un ami qui lui dit : « Hérault, êtes-vous bien avec Robespierre? » Il rougit, et se retira de bonne heure avec des larmes, en donnant ce prétexte : « J'ai un rapport à faire pour demain. »

accusera d'être le complice de Dumouriez, il demandera qu'on promette trois cent mille livres à quiconque livrera ce général traître à son pays. Sinistre méthode que celle qui consiste à taxer le prix d'une telle œuvre. Esprit honnête et droit, d'une probité sans égale, mais facilement aveuglé sur les hommes s'il demeurait fidèle aux principes, à la fois ferme et doux, Philippeaux avait voté contre les Girondins; il dut s'en repentir. Envoyé en Vendée pour y réorganiser les administrations entachées de fédéralisme, il se montra, dès l'abord, opposé au plan proposé par les généraux et députés réunis à Saumur, *la Cour de Saumur*, comme il disait. D'accord avec l'état-major de Nantes, Philippeaux voulait dompter la Vendée en lançant à travers ses champs des colonnes mobiles, se multipliant, se dérobant, apparaissant, disparaissant, *s'égaillant* et se reformant, guerroyant à la vendéenne, opposant la chasse à l'homme à la guerre par l'affût. Rossignol et Ronsin, au contraire, ne prétendaient se risquer contre les Vendéens qu'avec des forces considérables. Mais, tandis qu'ils se concentraient, la guerre civile continuait ses ravages et s'étendait comme un sourd incendie, ou plutôt, le mot du temps était juste, comme un chancre. Le Comité de Salut public avait approuvé les mesures de Philippeaux; mais les colonnes mobiles furent écrasées. Philippeaux, rappelé, se défendit comme il put. Il se défendit à la française, en courant sus à l'ennemi.

Le 18 nivôse, il attaquait solennellement ceux qu'il appelait « les bourreaux de la Vendée », et, lui aussi, comme plus tard Camille, réclamait pour les Vendéens de la clémence. Cruautés inutiles, tactiques insensées, il dénonça tout avec une véhémence terrible. — « Qu'as-tu fait, malheureux? lui dit un ami au sortir de la

séance; les bureaux de la guerre, les comités, les Cordeliers, la Commune, tu as tout déchaîné contre toi ! »
En effet, contre la Vendée, la Convention avait été unanime [1]. — Philippeaux persista. C'était bien l'homme qui devait, du fond de son cachot, écrire à sa femme :
« Il est beau de souffrir pour la République et le bon-
» heur du peuple. » — J'ai sacrifié, ajoutera-t-il encore, l'intérêt personnel à l'intérêt plus éminent de la chose publique. » Et il laissera, après sa mort, un nouveau monument de son courage et de sa hardiesse à dire la vérité. (*Réponse de Philippeaux à tous les défenseurs officieux des bourreaux de nos frères dans la Vendée,* à Paris, de l'*imprimerie des femmes,* an III.) Cette sorte de testament, c'est sa femme qui le publiera.

Philippeaux, — sévère pour Bouchotte jusqu'à l'injustice (les cartons de la guerre en font foi), — avait été le juge des opérations en Vendée.

Westermann fut le général de cette guerre de Vendée que le conventionnel faisait connaître à Paris. Westermann avait quarante-trois ans en 1794, étant né le 5 septembre 1751 à Molsheim (Alsace). Son père, chirurgien dans cette ville, l'avait fait instruire et si bien, qu'après avoir servi à quinze ans dans le régiment d'Esterhazy, à dix-huit ans dans la petite gendarmerie, qu'il quittait en 1773 avec le grade de sous-officier, à vingt-quatre ans, en 1775, nous trouvons François-Joseph Westermann avocat au Conseil supérieur d'Alsace (dans une instruction commencée contre lui et dont

---

[1] Le Breton Lanjuinais, dans sa loyale indignation contre les insurgés, voulait non-seulement (comme la Gironde) que les révoltés bretons fussent envoyés au tribunal révolutionnaire, *mais encore que l'on confisquât les biens de ceux qui auraient été tués.* Cambacérès proposa la justice militaire. (Michelet. *Histoire de la Révolution française,* t. V, p. 431-432.)

les pièces existent aux Archives nationales). La vérité nous oblige à dire que cette instruction commencée contre Westermann (chose que nul n'a dit jusqu'ici) ne fait pas grand honneur à la moralité de l'homme. Était-il poussé par la misère? Je l'ignore; mais F.-J. Westermann, le samedi 16 septembre 1786 comparaissait devant le commissaire Joseph Chenon fils, comme accusé d'avoir volé un plat d'argent armorié chez le sieur Jean Creux, restaurateur à Paris, rue des Poulies. Westermann, alors logé à l'hôtel de la Marine, rue Croix-des-Petits-Champs, avait été mis en état d'arrestation. Un mois après, le 20 octobre 1786, les plaignants se désistaient par acte notarié de leur plainte contre Westermann; mais l'instruction subsiste et malheureusement elle est probante. Déjà, en mars 1775, Westermann avait été accusé par le sieur Dumouchel, fripier, de vol de deux vestes. Il avait été compromis encore dans on ne sait quelle affaire d'argenterie avec un nommé Roch de la Verdure, que Westermann accuse d'être le seul coupable. Toujours est-il qu'arrêté pour la seconde fois le 4 janvier 1776, et mis en liberté le 10 du même mois, il s'était engagé aussitôt dans le régiment Royal-Dragons pour être arrêté et accusé une troisième fois encore, onze ans après, en 1786.

Chose étrange, Westermann comparaissait le 16 septembre devant le commissaire Chenon, pour répondre de l'accusation portée par le traiteur Jean Creux, et quatorze jours après, devant le commissaire Chenu, un autre personnage, plus célèbre que Westermann, Saint-Just, alors âgé de dix-neuf ans, venait répondre de plusieurs objets, — une écuelle d'argent, un gobelet, une timbale, des tasses d'argent, des galons, une bague, une paire de pistolets garnis en or, — qu'il avait emportés avec lui en s'enfuyant de la maison de sa mère. Rapprochement bizarre. Saint-Just qui devait expier cette fugue par une année de réclusion, exigée par sa mère et non par la justice, chez la dame Marie de Sainte-Colombe à Picpus, Saint-Just, eût dû puiser dans ce souvenir un peu d'indulgence pour les faiblesses humaines. Mais, inflexible devant le commissaire qui l'interroge en 1786, et lui soutenant qu'il n'a fait autre chose que de se saisir de son propre bien et d'agir selon sa guise, Saint-Just sera également implacable pour ceux qu'il accusera à son tour, et qu'il accusera, le malheureux, au nom de *la vertu!*

Westermann, du moins, voulut racheter par un sacrifice de tous les jours des fautes non condamnées par les hommes, mais que sa conscience ne lui pardonnait pas. On le voit partout risquant sa vie comme un homme qui en est las. Brave jusqu'à la témérité, audacieux jusqu'à la folie, se jetant au-devant des sabres et des balles, Westermann semblait réellement n'avoir appétit que de la mort. L'Alsace l'avait fait échevin de Strasbourg, puis membre de la municipalité de Haguenau; le 10 août le retrouva soldat, commandant les sections avides de combattre. Dans cette journée tumultueuse, Westermann se multiplie, le sabre à la main, l'habit bas et les manches de chemise relevées jusqu'au coude. Ce jour-là, Westermann fut le bras de la bataille. On en eût souhaité un plus pur, mais non un plus énergique. Danton et ses amis ignoraient alors — et tout le monde, même l'histoire, a ignoré jusqu'ici — les antécédents de ce soldat intrépide et qualifié d'héroïque, et qui combattit en effet et mourut en héros. Encore une fois, j'entrevois dans cette frénésie de bataille l'avidité de la mort.

Le conseil exécutif avait, le 14 septembre 1792, nommé Westermann adjudant général. Le combattant du 10 août partit pour l'armée de Dumouriez. Nommé colonel de la légion du Nord le 27 septembre 1792, il se sentait heureux, il se savait puissant. Le naïf orgueil de l'homme se trahit dans cette lettre, datée du 3 octobre, où, écrivant à un ami, Westermann est tout fier, le pauvre homme! — d'avoir, pendant quelque suspension d'armes, dîné au camp prussien.

Je l'ai admiré, ce Westermann, et mon imagination faisait de cet officier alsacien comme le frère d'armes, le *pendant* du grand et vaillant républicain Kléber; mais la vérité apparaît, et le courage militaire, même superbe, ne saurait faire tout pardonner.

LETTRE DU 3 OCTOBRE 1792.

Au citoyen Philibert, à Strasbourg.

Je suis chef de la légion du Nord, adjoint à l'état-major de l'armée, et commissaire général du pouvoir exécutif. J'ai été au camp prussien dîner avec le roi de Prusse. Dans le moment je suis tout-puissant. Que puis-je faire pour vous? Voulez-vous la place de l'imprudent Ehrmann fils? Je le ferai chasser et vous la ferai donner. J'ai fait chasser Thomassin, etc.

WESTERMANN [1].

Westermann, *tout-puissant,* n'a qu'à attendre; moins de deux ans après, sa situation sera telle qu'il pourra songer, à son tour, à réclamer cette protection qu'il offre aujourd'hui avec un naïf orgueil. Disons tout de suite qu'il ne réclama rien, et subit la mort avec un sang-froid admirable. Le rude soldat ne se démentit point à sa dernière heure.

[1] Voy. l'*Amateur d'autographes* du 16 juillet 1863, n° 38.

Il avait, en janvier 1793, été détaché de la Belgique pour se joindre à l'armée de Hollande. Westermann, remplissant là ses fonctions d'adjudant général, fit si bien que Breda et Gertruydenberg durent se rendre. Mais ce fut le général d'Arçon qui en reçut les clefs. Westermann, furieux, se plaint alors à Dumouriez, parle de passe-droit; Dumouriez le renvoie à Turhout avec la légion du Nord.

L'échec d'Aix-la-Chapelle mettait les troupes de Westermann dans une situation périlleuse, mais l'intrépide commandant s'ouvre un passage jusqu'à Anvers en brûlant jour et nuit des cartouches; lorsqu'il arrive à Anvers, la forteresse venait de se rendre. Westermann et ses soldats furent ramenés jusqu'à la frontière de France par les Autrichiens faisant escorte. Sur le sol français, on l'arrêta. Lecointre (de Versailles), chargé par la Convention d'examiner les accusations dont Westermann était l'objet, au nom du Comité de salut public, après avoir fait lecture de toutes les pièces du procès,— même celles des citoyens de la section des Lombards qui rappelaient les antécédents de ce soldat, — proposait de décréter qu'il n'y avait pas lieu à inculpation contre Westermann. C'était le 4 mai. « Eût-il *seul* sauvé la liberté, avait dit Legendre quelques mois auparavant, s'il est un coquin, il doit être puni. »

Le 10 mai 1793, Westermann partait pour la Vendée en qualité de général de brigade. Impétueux, enthousiaste, embrasant les conscrits, enlevant ses soldats, il fut là le vrai chef d'avant-garde, et après avoir surpris Parthenay, il voulut, devant Châtillon assiégée par les *blancs*, écraser La Rochejaquelein et Lescure réunis; c'était le 3 juillet. Les chefs royalistes disposaient de forces considérables, mais peu importait à Westermann.

Il enfonce l'armée ennemie, entre dans la ville, délivre les prisonniers, et, prenant position sur les hauteurs qui dominent la ville, il demande des secours à Biron. C'était partie gagnée s'il eût été soutenu ; mais la nuit, une de ces folles paniques, trop communes, hélas! aux troupes françaises, s'empare de ses soldats. Tous s'enfuient. Le flot entraîne Westermann. Canons et munitions, tout est abandonné. La Convention devait demander à Westermann un rude compte de cette journée, dont une ennemie, madame de la Rochejaquelein dans ses *Mémoires*, fait un titre de gloire à Westermann qu'elle montre irrésistible à la tête de ses cent hussards. Il comparut à la barre de la Convention le 17 juillet, et le tribunal militaire de Niort, devant lequel il fut renvoyé, l'acquitta « avec honneur » le 29 août.

On sera peut-être curieux de trouver ici la trace des accusations auxquelles donna lieu la conduite trop bouillante de Westermann. Voici donc (nous en citerons d'autres) le texte même d'une lettre adressée par un soldat, le nommé Baré, à son père, et que celui-ci, lors du procès des dantonistes, enverra comme une pièce accusatrice à Fouquier-Tinville. Les mots soulignés dans notre texte marquent les coups de crayon rouge tracés sur le document original par l'accusateur public :

« De Saint-Maixent ce 24 juillet 1793 lan deuxem de la Respublique fransaise.

» Mon cher père et ma cher mère pour faire responce a votre laistre an date du 18 que jai resu le 21 que jaités de bivac je nets pu vous faire responce plus to sai pour main formée de les ta de votre santee pour la mienne elle ay fort bone epour vous faire quelques dée taille de notre si tuation quar je nets pas en core tous marquée comme nous somme de pui paris en na rivent à Nior on nous a mi couchez dans les glise Notre Dame sur la paille aprée avoire fai san dits lieux pour

CHAPITRE QUATRIÈME.

nous repausée tandise que les autre couchez chez le bourjoits car lon donne la prée fai rance au parisien pour couchez sur la dur encore aprée san nous avon raistée 8 jour dans les glise à Nior aprée ce la nous avon couchez deux jour dans les lit apree cela nous avon parti pour allée à Tours quand nous a von arrivez à potier nous avons resu *ordre de retournet à Saint Maiscent* et de la apartenait pour re juindre *l'armée de Vestermane* qui ai tes allée à Chatillon arrivez a partenait le lendemain nous avons resu ordre de partire a quatre heur aprés midi pour bellessuire trois eur aprée nous avon batu en retraite car *larmée de Vestermane* ai tes des faite il ne raistes plus que sa cavallerie pour linfanterie il nan avez plu nous avon retournet sur les auteur de partenait ou nous a von bivacquee deux bataillon que nous aition a troisheur du matin le *generalle Vestermane* ai venu nous passets en re vue et nous lavon restée au bivac le len de main on nous a fai prendre une autre posision don il a eu du mal en ten due car ai ten des sandue dans un font on na criet soi dissen a la traïson don le genetrall fut instrui et on lui a vai di que saites notre capitaine Rouy tandiquil ni ai tes pas quil aites allee a lhaupitalle pour conduire un homme qui avait resu un coudefusi au bra dan la pres midi comme je cherchai a diner dan partenait le commendan de notre bataillon celui qui avai dit au genetralle que saités notre capitaine me dit voit la belle affaire vot capitaine et le capitaine Baré von avoire la taite cassée moi qui ne savai rien de cela je lui demande pour coi il me dit quil avai dit que nous aition traïs moi je reste aimu et surtous quan je vie le genetralle Vestermane au sito passes a vec sa cavallerie qui san nallai au bivac je di a un de mais camarade que si on nallai faire mourire mon capitaine jallai desertee puiquil naité plus permi de parlée car je vie le genetralle qui *ajissai en maitré absollu* san assamblee le consaille de gere et san vouloire entandre le capitaine Rouy qui lui disai quil ne savai pas ce con voulai lui dire le genetralle Vestermane *agisan en despote lui dit qu'il* voulles faire un aiscemple et lui dit maitee vous a jenous don le capitaine le fit ausito lorsque le grenadier aites pree a tirer et que le chasseur a chevalle faisait fron a notre bataillon don le genetralle leur avaidit que siles vollontaire branlai quil les ache par morsau aussito que le capitaine fu a jenou son fils se jeta dans les bras de son pere en disen quil voulles mourire avec son pere au sito un commendant dun bataillon dorlean dit au *genetralle* que les troupes demandai grace pour ce capitaine il n'an avai pas besoïn pusquil na pas fait de faute voiet comme la libertee raigne je vous le laise a pensee nous aition tous consternes de voir un gugement au sibien rendu ce pendan comme par mis erricorde le genetralle dit au capitaine re le vai vous cette homme qui na vait pas manquée na vai pas besoin de son pardon car on ne fai grace qua un coupable il fallu passée par la de pui ce moment ce genetralle ne pouvai plus nous soufrire nous a von quitée Partenait la maime nui pour re tour net a Saint Maixent ou le genetralle fit maitre la troupe dans des li et *notre bataillon de parisien par préferance* il nous fit loger ale vaichez et voila trois semaine que nous isomme ce qui fai voire que les parisien son aimais je ne se pourcoi car il a des bourjoit quil en sont et tonnet car on a laugée jusqua 5 mille homme dans cette ville et nous n'aition pas 2 mille quand nous i avon arrivez et aprée sen nous ne somme pas encore 5 mille voila comme nous somme je croi quon net fachez de nous voire dans sai païs nous somme presque tout mariet et pair de fammille et voila la rée compance con nous donne voila Vestermane parti pour paris le citoyen Daillac quil la remplacée aprée sen sa net plus Daillac je croi que sai le genetralle Vajusquit et cé pourquoi je pri de me marquèe si Vestermane ais à paris et quaice quil a de nous veau car je sui tous jour à mon poste mais si *Vestermane re venet* dans ce païs ci je serai au bliger de ment n'allée *càr si savez ce que je vien des crire il me erée mourire* et cependant nous couchon tous jour partere de préfairance, autre chose je vous dires que je vien de re cé voire une laitre de ma femme qui ma fait grand plesir pour le cabinet que vous me dite je vous pri de faire comme pour vous. Marquée moi ou elle aura louet jespere ce pen dan aitre de retours sou peu, je vou pri de prendre bien garde a qui vous montrerée ma laitre je fini mon pere et ma mere de tous mon cœur. Votre fils.   E.-P. Baré.

» Marquee moi ce qu'il a de nouveaux au sujet de Vestermane et de Paris [1]. »

---

[1] *Archives nationales.* Procès des Dantonistes.

Cette lettre en dit fort long sur la nécessité imposée à Westermann d'exalter, d'entraîner des troupes encore mal disciplinées, et je ne trouverai pas un meilleur éloge à faire d'un tel général que de dire qu'il a pu vaincre avec de tels soldats. Furieux de son échec du 3 juillet, Westermann, toujours à l'avant-garde, emporta Châtillon, entra dans Beaupréau, poursuivit avec des troupes harassées les Vendéens au delà de la Loire, harcela les royalistes dans le Poitou, et, le 13 décembre, les attaqua dans la ville du Mans. Cette bataille fut terrible. Trois fois Westermann fut repoussé par les Vendéens, qui combattaient avec un courage intrépide. Trois fois il s'acharna à les débusquer. Marceau arrive durant l'action porteur d'un billet du représentant Bourbotte, envoyé par la Convention aux armées de l'Ouest. « Cessez le feu, ordonnait Bourbotte. » Marceau parlait déjà de choisir, en avant du Mans, une position meilleure. « La meilleure position, répond Westermann, est dans la ville même. En avant! » Et, malgré la nuit qui tombait, la bataille recommence.

Blessé, sanglant et noir de poudre, Westermann a deux chevaux tués sous lui. Il ne quitte ni son poste ni son arme. Il entre dans le Mans, sabre au poing. Les Vendéens repoussés, il les pourchasse. Douze jours après, avec Kléber, il les écrase à Savenay. La Vendée n'a pas eu de plus redoutable adversaire que cet Alsacien qui marchait, à demi vêtu, à la tête des bataillons, et communiquait à ses soldats l'ivresse et l'avant-goût capiteux et grisant de la victoire.

Le 4 janvier 1794, Westermann revenait à Paris. Le héros de la Vendée ne se doutait point qu'il y venait pour mourir. On allait le regarder comme l'homme d'action du parti dantoniste. Le Comité de salut public entendit avec défiance, dans les couloirs des Tuileries, le bruit du sabre de ce combattant du 10 août. Le 6 janvier, le général était déjà destitué. Westermann, sentant le danger, voulut le prévenir et marcher, à Paris, comme à Châtillon et comme au Mans. Il parla d'*enlever* les comités. Danton refusa. Westermann destitué n'allait pas tarder à être Westermann accusé. Il dut se sentir plus d'une fois pris de mélancolie et de dégoût. Il avait fait transporter rue Meslay, chez la citoyenne Le Loir, qui lui louait un logement, ses hardes et ses armes. Dans le fond d'une malle, Westermann conservait soigneusement les diverses épaulettes qui marquaient pour lui les étapes de ses grades : l'épaulette de laine, l'épaulette d'argent et l'épaulette d'or. Il les contemplait parfois, tristement, et, soldat inactif, batailleur au repos, il attendait. Quoi? L'occasion, la première cartouche brûlée.. C'est là, rue Meslay, que l'arrêté des Comités allait le saisir [1].

Fabre d'Églantine, né à Carcassonne le 28 décembre 1755, était, avec Desmoulins, le secrétaire de ce groupe dont Westermann avait été le bras. Aimable et élégant, mais moins corrompu qu'on n'a voulu le dire, ce rimeur de chansons qui faisait pour le musicien Simon les couplets : *Il pleut, il pleut, bergère*, et pour Garat la romance : *Je t'aime tant, je t'aime tant!* cet homme de lettres remarquable, dont la principale comédie, le *Philinte de Molière*, sort absolument de la moyenne des œuvres de second rang, ce mondain alliait l'idylle à la tragédie et promenait élégamment sa fantaisie à travers les tempêtes de la Révolution. Il s'appelait de son vrai nom Philippe-François Fabre; presque adolescent encore et vainqueur aux Jeux floraux de Tou-

[1] Voyez aux *Documents complémentaires*.

louse, il avait ajouté à son nom le nom de l'*églantine* d'or qu'on avait décernée à ses vers. Il était né poëte dramatique. Il avait le génie essentiellement comique. Il disait un jour à Arnault, son confrère : « Entre le » moment où je vous donne cette tabatière et celui où » vous me la rendez, il y a une comédie. » Le mot est charmant, très-caractéristique et très-personnel. « Et » tout en disant cela, ajoute Arnault, il improvisait une » intrigue sur ce fait. Il voyait la comédie partout. »

Il la voyait, malheureusement pour lui, même à la Convention, même dans les affaires publiques. Je suis convaincu qu'il fut innocent du faux dont on l'accusa, le 13 janvier 1794, à propos du décret relatif aux comptes de liquidation de la Compagnie des Indes. Mais l'homme qui avait osé accuser les Girondins, lorsqu'il déposa contre eux, de complicité dans le vol du Garde-Meuble méritait qu'on le calomniât à son tour pour savoir de quel poids pèse sur un front l'accusation d'infamie. Fabre devait, au surplus, avoir l'honneur d'être accusé par Hébert et d'être traité de modéré. En un tel moment, c'était à la fois une menace, un danger et un honneur.

Tel était, dans ses principaux personnages, le groupe des *Dantonistes* auquel appartint, au moins par sa mort, Camille Desmoulins. Le généreux Bazire s'y rattachait aussi par la pitié et la destinée. Mais je néglige, car je suis loin de les regarder comme des combattants de la même cause, les financiers véreux comme d'Espagnac, et les étrangers, comme l'Espagnol Gusman et les deux Autrichiens Frey, l'aîné et le jeune, auxquels le tribunal révolutionnaire accola Danton et Camille[1]. Il ne faut,

---

[1] Je retrouve, dans un travail publié sur Danton (Voir le journal *la République française* des 25 septembre et 3 novembre 1873), à propos de

devant l'avenir, donner comme compagnons aux vaincus que les seuls hommes avec lesquels ils furent fiers de braver la mort pour une même idée.

articles que donnait alors M. le docteur Robinet à la *Revue positive* sur le *Procès des Dantonistes*, les curieux renseignements que voici :

« Il y avait beaucoup à dire sur les Autrichiens Frey (ou plutôt Frei) et sur l'Espagnol naturalisé Gusman. A propos des deux Autrichiens, M. Robinet s'étonne que l'auteur d'*Anacharsis Cloots* les tienne en grande estime, et il signale même le baron de Trenck pour les avoir dénoncés comme espions. Laissant de côté ce qu'a pu dire le baron de Trenck, et sans nous expliquer ici sur ce que ce Prussien faisait lui-même en France, nous dirons à M. Robinet que l'aîné des deux frères, Junius, est l'auteur d'une *Philosophie sociale*, dédiée au peuple français, laquelle parut quelques jours avant son arrestation ; que dans ce livre, Junius fait reposer toute société sur le principe de la conservation individuelle et se prononce « en homme libre » contre certaines propositions de Jean-Jacques. Nous croyons que cette publication contribua à l'arrestation des deux frères, attendu que Robespierre, dans son projet de rapport contre Chabot, semble viser le philosophe dans Junius, qu'il montre « rêvant toujours la plume à la main sur les droits de l'humanité et courbé sur les œuvres de Plutarque et de Jean-Jacques » ! On peut donc, comme l'a fait l'auteur d'*Anacharsis Cloots*, honorer les deux Autrichiens, quoique beaux-frères de Chabot.

» M. Robinet aurait au moins dû rendre à ces victimes leur véritable nom, dont il y a trace sur le registre d'écrou. On lit là : Eschine Portock. Ce nom est inexact assurément, mais tel quel, il n'aiderait pas moins aux recherches qu'on pourrait faire, soit à Vienne, soit en Moravie, sur l'existence de ces deux patriotes étrangers. Et, à ce propos, pourquoi ne pas aussi s'enquérir de leur sœur Léopoldine, fille naturelle, disait-on, d'un très-haut personnage viennois ? Qui sait si l'on ne découvrira pas un jour que cette belle Léopoldine était au nombre des soixante-quatorze enfants naturels de l'empereur Léopold, et alors quelle singularité d'apprendre que le capucin Chabot se trouvait le neveu par alliance de Marie-Antoinette !

» Mais puisque nous sommes aux rapprochements étranges, signalons celui que provoque l'Espagnol de naissance, Gusman. M. Robinet donne quelques renseignements précieux sur ce grand d'Espagne, petit de taille, nerveux et ardent comme Marat, dont il était l'ami. Qui sait encore si en poussant plus loin ses recherches, M. Robinet n'eût pas découvert dans cet ami de Marat un des ancêtres de l'ex-impératrice des Français ? »

Ces détails, si particulièrement intéressants, nous sont donnés vraisemblablement (car l'article est anonyme) par M. Georges Avenel, un des hommes les plus compétents sur l'histoire de la Révolution française, et dont les vivantes études sur Pache et ses amis méritent une attention particulière. Cette fois encore, comme pour Cloots, c'est de la résurrection.

CHAPITRE CINQUIÈME.

I. Proclamation de la République (21 septembre 1792).— La mort du Roi. — Vote de Camille Desmoulins. — Lucile et Marie-Antoinette. Lutte avec la Gironde. — Marat. — Danton et Camille. — La clémence. — Tristesses. — Arthur Dillon. — Camille prend sa défense. — L'*Histoire des Brissotins*. — Le 31 octobre. — *Macbeth*.

II. *Le Vieux Cordelier*. — Saint-Just et Billaud-Varennes. — Lutte avec les *hébertistes*.— Anacharsis Cloots et Anaxagoras Chaumette.— Camille et Tacite. — Les *enragés*. — La liberté. — Camille dénoncé aux Jacobins. — Le *Père Duchesne*. — Le *Comité de clémence*.

III. Derniers numéros du *Vieux Cordelier*. — *Fragments* de Camille non imprimés en 1794. — Camille et Lucile. — Désespoir de Lucile Desmoulins. — Lettre à Fréron. — Brune. — *Cras moriemur!* — — Robespierre et Camille. — Le chant du cygne.

IV. Supplice des hébertistes. — L'arrestation des dantonistes est résolue. — Mort de la mère de Camille. — Les *dantonistes* à la prison du Luxembourg. — Lettres de Camille à Lucile. — Le rapport de Saint-Just. — L'instruction. — Le procès. — Lettre de M. Desmoulins le père à Fouquier-Tinville. — Effroi du tribunal. — Témoignage de *Fabricius*. — Les accusés hors la loi.

I

C'était le vendredi 21 septembre 1792, un mois après le 10 août. Dans le palais des Tuileries, la Convention récemment sortie des votes du peuple attendait les membres de l'Assemblée législative qui devaient remettre au pouvoir des tribuns nouveaux les destinées de la France. L'Assemblée législative arrivée à midi un quart, François de Neufchâteau porte la parole et dépose entre les mains des conventionnels « les rênes du gouvernement ».

« Les assemblées primaires ont, dit-il, en vous nommant, consacré les mesures extraordinaires qu'exigeait le salut de vingt-quatre millions d'hommes contre la perfidie d'un seul. »

On applaudit. La Convention nationale quitte la salle du palais des Tuileries et se rend dans cette salle du Manége où le Corps législatif tenait ses séances. Le peuple des tribunes attendait. Il voit défiler ses députés et les acclame. Pétion prend le fauteuil. Il préside. Condorcet, Brissot, Vergniaud, Camus, Lasource, Rabaut Saint-Étienne, occupent le bureau.

Deux heures après, la proposition d'un homme qui, devenu plus tard sénateur, devait demander et proclamer la déchéance de Napoléon, était mise aux voix.

Il se faisait un profond silence.

La proposition de l'ancien curé d'Embermesnil, Grégoire, était adoptée au bruit frénétique, à la clameur joyeuse des applaudissements, et, du haut de la tribune de la Convention, ces mots tombaient, pareils au glas des monarchies :

« *La Convention nationale décide que la royauté est abolie en France!* »

On criait, on acclamait, l'enthousiasme partait, foudroyant des tribunes. — *Vive la nation!* disaient-ils enivrés. Des chasseurs, organisés en compagnies franches, venaient jurer de vaincre ou de mourir. Aux Autrichiens qui bombardaient Lille, à l'étranger qui marchait sur Paris, aux rois qui déclaraient la guerre, la France répondait : *Il n'y a plus de rois!* Les soldats offraient, avant de partir pour les Pyrénées, les Alpes ou le Rhin, deux journées de leur solde. Ils défilaient, ivres d'amour patriotique, heureux et fiers, devant la Convention rayonnante, certaine, croyait-elle, d'avoir fondé pour jamais la liberté de la patrie. Et, la séance levée à quatre heures, le cri de l'Assemblée, son décret, sa volonté se répandaient sur Paris et de Paris sur le monde :

— La royauté n'est plus ! La royauté est abolie !

Pauvres défenseurs sublimes d'une liberté que nous n'avons pas encore pu établir, que nous cherchons, à tâtons, dans la nuit; c'est dans les catacombes, dans les basses-fosses, dans la chaux de la Madeleine ou dans la boue de Clamart que sont vos os. — Mais quoi ! le sacrifice n'est point stérile, le dévouement n'est pas inutile; et le succès définitif, malgré toutes les déceptions, toutes les amertumes, n'appartient qu'au droit.

La veille de ce jour où Grégoire — le *prêtre schismatique*, comme allaient l'appeler désormais les royalistes — faisait voter la République, la canonnade de Valmy avait prouvé à l'étranger que la France vivait toujours. Chambéry allait être occupée trois jours après, le 23 septembre; Nice, le 28 ; Spire, le 30 ; Worms, le 4 octobre. Lille assiégée allait voir les Autrichiens s'éloigner le 8 octobre. Au 22 octobre, il n'y avait plus un Prussien, au 2 novembre, il n'y avait plus un Autrichien en France. Quelle ivresse ! La marraine de la République s'appelait la victoire.

Mais si la nation ne semblait avoir qu'une âme contre l'étranger, elle avait des millions d'ongles pour se déchirer, se meurtrir elle-même. Nous ne saurions ici suivre les diverses phases de ces luttes qui « entamèrent » d'abord, décimèrent ensuite, discréditèrent enfin la Convention nationale. Il ne faut pas oublier, encore une fois, que cette histoire est celle d'un homme ou de quelques hommes, non d'une époque.

La Convention avait aboli la royauté; elle frappa le Roi. Trente ans après le vote rendu contre Louis XVI, le vieux et intègre Lakanal écrivait à David (d'Angers),

et, à propos de son vote de mort : « Pour ma part,
» j'ai suivi la ligne de mes devoirs et de mes convic-
» tions, et vingt-deux ans d'exil n'ont fait que me con-
» firmer dans l'opinion que j'avais justifié la confiance
» de mes commettants..... 1° Nous avions le droit de
» juger. Le décret de l'Assemblée législative, rendu sur
» le rapport de Vergniaud, disait : « L'intérêt public
» exige que le peuple français manifeste sa volonté par
» le vœu d'une Convention nationale formée de repré-
» sentants investis par lui de pouvoirs *illimités*. 2° *Deux*
» *millions d'adresses* ont félicité cette Assemblée coura-
» geuse et juste de son jugement contre le Roi parjure[1]. »
Camille Desmoulins, qui vota la mort du Roi, crut
devoir mêler la facétie à la condamnation, et il souleva
de violents murmures en motivant ainsi son vote : —
« Manuel, dans son opinion du mois de novembre, a dit :
Un roi mort, ce n'est pas un homme de moins. Je vote
pour la mort, trop tard peut-être pour l'honneur de la
Convention nationale[2].

C'est en de telles circonstances qu'on eût souhaité
que Lucile apprît à Camille à modérer sa nature toujours

---

[1] Lettre inédite. Collection d'autographes de madame Charras.

[2] Avait-il reçu cette lettre que lui écrivait son père :

« Mon fils, vous pouvez encore vous immortaliser, mais vous n'avez plus qu'un moment : c'est l'avis d'un père qui vous aime. Voici à peu près ce qu'en votre place je dirais : Je suis républicain et par le cœur et par les actions, j'ai fait mes preuves. J'ai été un des premiers et des plus ardents dénonciateurs de Louis XVI ; par cela même je me récuse. Je le dois à l'austérité de mes principes ; je le dois à la dignité de la Convention ; je le dois à la justice de mes contemporains et de la postérité ; en un mot, je le dois à la République, à Louis XVI, à moi-même.

» Entre nous deux ceci, afin que tout le mérite en reste à vous seul ; je ne souhaite que d'avoir à en faire bientôt le commentaire à votre avantage et pour votre tranquillité et la mienne, car je suis votre meilleur ami.   DESMOULINS.

» 10 janvier 1793. »

prête à quelque trait excessif et que la femme aimée lui eût enseigné, avec la modération et la fermeté, une certaine netteté d'attitude plus proche de la dignité. Mais Camille, médiocre orateur et partant ne faisant guère figure à la tribune de la Convention (il faisait partie du *Comité de correspondance*, et s'y trouvait mieux à sa place), Camille, dépité de demeurer au second plan, voulait sans doute, par de tels éclats, maintenir sa popularité, sa réputation d'impitoyable frondeur. Quant à Lucile, elle-même se laissait entraîner à des écarts de pensée, d'imagination, et on a bien la preuve de l'exaltation de ses idées dans certaines pages tombées alors de sa plume féminine.

C'est ainsi qu'elle écrit, à propos de Marie-Antoinette, bientôt accusée comme Louis XVI [1], et plus inutilement encore immolée que lui :

---

[1] Deux ans auparavant, Camille Desmoulins avait osé écrire, à propos de celle qu'il appelait (après Louis XVIII) l'*Autrichienne* ou la *femme du gros mangeur d'hommes* :

« Maints patriotes continuent de regarder Marie-Antoinette comme irréconciliable avec la Constitution. Tous les papiers publics ont annoncé que dimanche elle a trouvé sous son couvert ce billet : *Au premier coup de canon que votre frère fera tirer contre les patriotes français, votre tête lui sera envoyée.* L'anecdote du billet est peut-être apocryphe, mais tant de journaux l'ont publiée que c'est comme si le billet avait été mis sous l'assiette. » (*Révolutions de France et de Brabant.*)

Un pamphlet du temps s'amuse de la colère que devait éprouver la reine en lisant ces attaques de Desmoulins :

Requête de la Reine à nosseigneurs du tribunal de police de l'Hôtel de ville à Paris.

« Supplie humblement Marie-Antoinette d'Autriche, reine de France, épouse souvent séparée de corps et toujours d'intérêt de S. M. Louis XVI, ci-devant roi de France et de Navarre, et en cette qualité autorisée à la poursuite de ses droits en action.

« Se plaint de Desmoulins qui la nomme la *femme du Roi* et réclame contre lui, « non pas l'embastillement, puisque, par suite de l'insurrection du peuple de Paris », la Bastille n'existe plus, mais « la claustration de ce forcené dans une prison quelconque ».

CE QUE JE FERAIS SI J'ÉTAIS A SA PLACE.

« Si le destin m'avait placée sur le trône, si j'étais Reine enfin, et qu'ayant fait le malheur de mes sujets, une mort certaine, qui serait la juste punition de mes crimes, me fût préparée, je n'attendrais pas le moment où une populace effrénée viendrait m'arracher à mon palais pour me traîner indignement au pied de l'échafaud, je préviendrais ses coups, dis-je, et voudrais en mourant en imposer à l'univers entier.

» Je ferais préparer une vaste enceinte dans une place publique, j'y ferais dresser un bucher et des barrières l'entoureraient, et trois jours avant ma mort je ferais savoir au peuple mes intentions; au fond de l'enceinte et vis-à-vis le bûcher je ferais dresser un autel.

» Pendant trois jours j'irais au pied de cet autel prier le grand maître de l'univers; le troisième jour, pour expirer, je voudrais que toute ma famille en deuil m'accompagnât au bûcher; cette cérémonie se ferait à minuit, à la lueur des flambeaux [1]. »

Ce n'était donc point Lucile qui pouvait ramener et maintenir Camille dans la voie grave. Cette jeune fille souriante, qui sut mourir comme une Romaine, vécut en Athénienne, honnête, aimant, — plus que cela, adorant — son mari; mais ne sachant ni le conseiller ni le modérer. C'est ainsi qu'en mai 1793, Camille, poussé par Robespierre, publiait son *Histoire des Brissotins*

---

[1] En revanche, Lucile écrira sur son cahier rouge ces vers entendus dans la rue ou composés par quelque poëte ami :

COMPLAINTE DE MARIE-ANTOINETTE, REINE DE FRANCE.

Sur l'air de la complainte de Marie-Stuart, reine d'Angleterre.

> De votre Reine infortunée,
> Français, écoutez le remords;
> A la coupable destinée
> Demandez raison de mes torts.
> Près de mon palais solitaire,
> Autrefois plein de faux amis,
> Du peuple j'entends la colère.
> Il m'accuse, et moi je gémis.
>
> A tous les coups mon âme est prête.

(*Fragment de l'Histoire secrète de la Révolution*). Dans la lutte engagée entre la Gironde et la Montagne, il prenait contre la Gironde un parti décisif. Jamais son style n'avait été si féroce. Il parlait de la *scélératesse* de Brissot, de l'*hypocrisie* de Roland, de la complicité de Gensonné avec Dumouriez, de la vénalité de Guadet, et, pour arriver à « *la poule au pot pour tout le monde* », comme il dit, il proposait *le vomissement des Brissotins hors du sein de la Convention* et les *amputations du tribunal révolutionnaire*. L'épouvantable pamphlet! Et, comme Desmoulins en sera châtié lorsqu'il verra se retourner contre lui les accusations qu'il formule contre les Girondins, et quand, après les avoir accusés d'une conspiration orléaniste et anglo-prussienne, il sera, avec Danton, frappé de mort pour avoir été l'ami du duc d'Orléans et le fauteur d'une imaginaire restauration monarchique!

Tout se tient en politique. Les Girondins, épris de liberté, avaient commis la faute de demander la mise en accusation de Marat, sans calculer que la popularité de cet avocat sinistre des vieilles haines populaires leur renverrait Marat absous et grandi par le verdict du tribunal révolutionnaire. Le triomphe de Marat avait été

> Mais où m'entraînent ces bourreaux?
> Où suis-je? J'entends sur ma tête
> Se croiser de fatals ciseaux.
> On m'arrache le diadème,
> Un voile est posé sur mon front,
> Je vais donc survivre à moi-même?
> Non, je mourrai de cet affront.
>
> O vous, pastourelles naïves,
> Qui portiez envie à mon sort,
> Dans quelques romances plaintives
> Placez mon nom après ma mort.
> Dites de Marie-Antoinette
> L'ambition et les malheurs.
> J'expire un peu plus satisfaite
> Si votre Reine obtient des pleurs.

le premier échec violent de la Gironde. Quel homme parut plus puissant que l'*Ami du peuple* — son mauvais génie — après un tel acquittement?

Bailly a peint cette scène dans un tableau qu'on peut voir au musée de Lille, et qui donne bien l'idée de l'ivresse des foules. Cela est vivant et charmant; le peintre, un peu effrayé par l'orage révolutionnaire, a fait de cette scène une idylle. On croirait trouver quelque chose de farouche comme le *Marat* de David, on rencontre une scène joyeuse et paternelle à la façon de Greuze. L'Ami du peuple, porté sur les épaules des gars robustes, sourit doucement à la foule de l'air d'un sage sans colère qu'on vient d'arracher au trépas, et qui salue une vie qui lui est légère. Les forts de la Halle, propres, coquets, blancs comme des mariés d'opéra-comique, agitent avec enthousiasme leurs larges feutres. Un bon bourgeois à l'air paterne contemple, les mains sur son estomac, dans la pose d'un Flamand de Jean Steen ou d'Adrian Brauwer, ce bon M. Marat, qu'on vient de tirer des mains des juges. Des femmes en vêtements de soie, d'un gris tendre, coquettes, ravissantes, l'une d'elles tenant par la main un enfant costumé en garde national (l'habit à la mode), se mêlent à la foule, qui ne semble pas hurler de joie en retrouvant un tribun, mais s'attendrir en revoyant un père. Seul, le fond du tableau, gris, assombri malgré sa teinte argentée, le long couloir froid du tribunal, les deux lourdes colonnes carrées, recrépies à la chaux, les fenêtres aux vitres à demi brisées, la petite porte terrible du tribunal avec ses sculptures représentant la loi, cette triste galerie, donnent quelque chose de solennel et de lugubre à ce tableau rayonnant et gai comme une Kermesse de Téniers, une *Cinquantaine* de Knauss.

La Gironde devait payer cher sa fausse attaque ainsi terminée par une mise en liberté triomphale. Marat n'allait pas à l'Abbaye, au contraire, il rentrait, invincible, à la Convention et se dressait de nouveau devant ceux que le journaliste-hibou appelait dédaigneusement des *hommes d'État.* Pourtant, ce ne fut point Marat, ce fut Robespierre qui porta à la Gironde les plus rudes coups, et Camille, pour le moment, plus dominé par Maximilien que par Danton, plus Jacobin que Cordelier, tint la plume tandis que Robespierre, je ne dirai pas dicta, mais conseilla. De là l'*Histoire des Brissotins*, assemblage de calomnies, de menus propos, de saillies meurtrières.

Le pamphlet cruel eut un succès énorme. Il s'en débita plus de quatre mille. Il fut — et Camille s'en vante ! (lettre à son père) — « le *précurseur* de la » révolution du 31 mai, il en fut le *manifeste*. » En effet, l'*Histoire des Brissotins* servit à précipiter la chute de la Gironde. Et Camille, en rédigeant ensuite l'*Adresse des Jacobins aux départements sur l'insurrection du 31 mai*, croyait encore avoir rendu service à la République.

Un coup de foudre lui dessilla les yeux, ou plutôt, il sortit comme en sursaut de sa coupable erreur, au bruit du couteau de Sanson tombant lourdement sur les têtes des Brissotins. Quoi ! Boyer-Fonfrède, Ducos, Isnard, Girey-Dupré, Carra, Valazé, voilà ceux qu'il avait voulu que la Convention *vomît ?* Eh bien, c'était fait. Mais on ne joue pas avec la dénonciation. L'étourderie sinistre de Camille devait lui peser bientôt comme un remords. On ne devait pas s'arrêter à l'épuration, on devait aller jusqu'au sacrifice. On allait condamner à mort comme royalistes, Guadet et Lasource, qui avaient éventé le projet de la Fayette de *marcher sur Paris*, oui, comme royalistes et comme complices de ce Dumouriez, que Brissot et ses amis (voyez les *Mémoires* de Garat et les *Considérations* de Mallet du Pan) tenaient déjà pour suspect, à l'heure où Robespierre disait encore (le 10 mars 1793) : *J'ai confiance en Dumouriez*. On allait les accuser d'avoir *voulu démembrer la France*, eux dont le fédéralisme, dangereux sans doute en face de l'étranger et à l'heure où ils le proposaient, était cependant une idée que devaient reprendre plus tard et les *décentralisateurs* du Comité de Nancy en 1866, et, je l'ai déjà dit, en 1870, les plus furieux des ennemis de la Gironde, les héritiers mêmes de la Commune. On allait les immoler à cause du mot insensé, coupable d'Isnard menaçant Paris d'être « rasé, » et ce mot, Barère l'avait cependant à peu près dit de même aussi brutalement[1] !

Camille, qui eût voulu sauver les Girondins, assista à leur condamnation. Danton aussi, qui leur offrait de partir comme leur otage à Bordeaux, les eût volontiers arrachés à la mort, et Bazire, l'honnête Bazire, que Chabot entraînera dans sa chute, cachait leur dossier au Comité de sûreté générale, comme si dérober les noms des accusés c'eût été sauver leurs têtes. Lorsque la condamnation fut rendue (31 octobre), Camille pâle, tout en pleurs, s'écria, se frappant la poitrine et le front : — « Ah! malheureux, c'est moi, c'est mon *Histoire des Bris-*

---

[1] Oui, le mot d'Isnard en mai 1793, mot qui précipita le dénoûment, avait été dit par Barère à la séance du 10 mars 1793, sans exciter un murmure. Au contraire, il avait été applaudi.

BARÈRE (*Moniteur* du 12, p. 243) : « Les têtes des députés sont posées sur chaque département de la République. (*On applaudit à plusieurs reprises.*) Qui donc oserait y toucher? Le jour de ce crime impossible, la République serait dissoute, et PARIS ANÉANTI. »

sotins qui les tue! Et ils meurent républicains! » Devant l'accusation de Fouquier-Tinville, Camille effaçait, voulait effacer son mensonge avec ses pleurs. Vilate a raconté cette scène émouvante :

« J'étais, dit-il, assis avec Camille Desmoulins, sur le banc placé devant la table des jurés. Ceux-ci revenant des opinions, Camille s'avance pour parler à Antonelle, qui rentrait l'un des derniers. Surpris de l'altération de sa figure, il lui dit assez haut : « *Ah mon Dieu, je te plains bien, ce sont des fonctions terribles* »; puis entendant la déclaration du juré, il se jette dans mes bras, s'agitant, se tourmentant : « *Ah! mon Dieu! mon Dieu! c'est moi qui les tue! mon Brissot dévoilé, ah! mon Dieu! c'est ce qui les tue!* » A mesure que les accusés rentrent pour entendre leur jugement, les regards se tournent vers eux; le silence le plus profond régnait dans toute la salle, l'accusateur public conclut à la peine de mort; l'infortuné Camille, défait, perdant l'usage de ses sens, laissait échapper ces mots : « *Je m'en vais, je m'en vais, je veux m'en aller.* » Il ne pouvait sortir [1]. »

Ainsi, le remords venait. Mais toutes les larmes, tous les sanglots de Camille ne faisaient pas oublier les attaques de l'imprudent contre ceux dont il disait :

« Necker, Orléans, la Fayette, Chapelier, Mirabeau, Bailly, Desmeuniers, Duport, Lameth, Pastoret, Cerutti, Brissot, Ramond, Pétion, Guadet, Gensonné ont été les vases impurs d'Amasis avec lesquels a été fondue, dans la matrice des Jacobins, la statue d'or de la République. Et au lieu qu'on avoit pensé, jusqu'à nos jours, qu'il étoit impossible de fonder une république qu'avec des vertus, comme les anciens législateurs, la gloire immortelle de cette société, c'est d'avoir créé la *République avec des vices* [2]!... »

---

[1] *Les Mystères de la Mère de Dieu dévoilés*, troisième volume des *Causes secrètes de la Révolution*, du 9 au 10 thermidor; par Vilate, exjuré au tribunal révolutionnaire de Paris, détenu, p. 51.

[2] *Histoire secrète*.

Il pleurait maintenant sur ces pages, et ses larmes coulaient, amères, mais inutiles. Il pleurait, mais c'était le mot de Shakespeare : « Tous les parfums de l'Arabie » ne laveraient pas cette main tachée de sang. » *All the perfumes of Arabia will not sweeten this little hand.*

Je sais par tradition (le renseignement m'a été donné par M. Labat père) qu'un soir de ce lugubre été de 1793, Danton et Camille Desmoulins, remontant jusqu'à la cour du Commerce, longeant la Seine par le quai des Lunettes, et songeant à ce 31 mai qui devait finir par le 31 octobre, Danton indiqua tout à coup à Camille le grand fleuve dans lequel le soleil couchant, derrière la colline de Passy, reflétait ses rouges rayons, si bien qu'il semblait rouler quelque chose de sanglant. « Regarde, dit Danton, — et, comme Garat, Camille vit alors les yeux du tribun se gonfler de larmes, — vois, que de sang ! La Seine coule du sang ! Ah ! c'est trop de sang versé ! Allons, reprends ta plume, écris et demande qu'on soit clément ; je te soutiendrai ! »

Déjà, Danton, à Sèvres, à la fin d'un repas, comme Souberbielle s'écriait : « — Ah ! si j'étais Danton ! — Danton dort, il se réveillera ! » avait-il répondu.

Le réveil de Danton devait être un cri de clémence.

Danton voulut, demandant un congé, aller se reposer, en attendant, à Arcis. La lassitude était venue, une lassitude amère. Les reins du colosse pliaient.

Lui aussi, Camille Desmoulins, était las. Avant même la mort des Girondins, avant la scène racontée par Vilate, il avait ressenti le remords et l'accablement. Dès le 10 août 1793, il semble envier, dans la lettre qu'il écrit à son père, la mort de son frère tombé en combattant pour la patrie. La vie, si heureuse jusqu'ici, cette vie charmante entre Fréron, Brune, madame Duplessis, Lucile, lui apparaît sombre et pleine de pressentiments funestes. Trop longtemps il a été fou, heureux, éperdument heureux. Il a vu Fréron-*Lapin* jouer avec des lapins du jardin, *Patagon* (c'était le surnom de Brune dans ce groupe jeune et souriant) errer sous les arbres de Bourg-la-Reine avec *Saturne* (Duplain, de la Commune). Le *lapereau* (le petit Horace), la belle maman *Melpomène,* les folies dans les jardins, alors que Lucile, l'*être indéfinissable,* jetait des *potées d'eau* à Fréron qui riait, tout cela est loin! Pauvres éclats de rire d'autrefois! Camille ne les entendra plus. Il a peur maintenant de perdre son fils, « cet enfant si aimable et que » nous aimons tant. » — « La vie, dit-il, est si mêlée de » maux et de biens en proportions, et depuis quelques » années le mal se déborde tellement autour de moi » sans m'atteindre, *qu'il me semble toujours que mon tour* » *va arriver d'être submergé.* » Où est la plaisanterie maintenant? Où sont les sarcasmes? Camille est père, Camille est époux, Camille est ami. L'enfant terrible est châtié par la vie, et lui qui attaquait, hier, il défend aujourd'hui, il prend la défense du général Dillon détenu aux Madelonnettes.

« *Tout le monde a eu son Dillon,* » devait-il dire plus tard au tribunal, lorsqu'on lui reprocha sa liaison avec ce royaliste convaincu ou déguisé, ancien cavalier servant de Marie-Antoinette, et qu'on a pu accuser d'avoir dénoncé aux Prussiens les mouvements du brave et malheureux Custine en 92. Un ami de M. de Pastoret contait, qu'étant aide de camp de Dillon, il vit le général aller, chaque nuit, du camp français au camp prussien. Mais Camille était léger et défendait qui lui plaisait, si bien qu'il put faire dire que ce séduisant Dillon, jadis remarqué par la reine, pouvait bien avoir fait une impression plus profonde encore sur Lucile Desmoulins. Qui dit cela? Desmoulins lui-même, sur un ton de persiflage assez étonnant :

« Mais connaissez-vous bien Dillon? » lui demande
» un interlocuteur. — Il faut que je le connaisse pour
» m'être fait de si rudes affaires à son corps défendant.
» — Votre femme le connaît mieux que vous. — Bon!
» que voulez-vous dire? — Je crains de vous affliger.
» — N'ayez peur. — Votre femme voit-elle souvent
» Dillon? — Je ne crois pas qu'elle l'ait vu quatre fois
» en sa vie. — Un mari ne sait jamais cela (et comme
» je ne paraissais pas ému); puisque vous prenez la
» chose en philosophe, sachez que Dillon vous trahit
» aussi bien que la République. Vous n'êtes pas un joli
» garçon. — Tant s'en faut. — Votre femme est char-
» mante, Dillon est encore vert, le temps que vous
» passez à la Convention est bien favorable, et les
» femmes sont si volages! — Du moins quelques-unes.
» — J'en suis fâché pour vous, car je vous aimais pour
» vos *Révolutions* qui faisaient les délices de ma femme
» à la campagne. — Mais, mon cher collègue, d'où
» êtes-vous si bien instruit? — C'est le bruit public, et
» cinq cents personnes me l'ont dit ce matin. — Ah!
» vous me rassurez; déjà, comme les filles de Prœtus,

In lævi quærebam cornua fronte.

» On me croit donc du royaume de Buzot, ce qui est
» bien pis que d'en être, au témoignage de la Fontaine.
» Mais que votre amitié se rassure : je vois bien que
» vous ne connaissez pas ma femme, et si Dillon trahit
» la République comme il me trahit, je réponds de son
» innocence. »

Camille a beau être un enfant terrible, quelque crédit.

qu'on puisse faire à sa verve, il faut ici pousser le *holà!*
Il va trop loin. On ne parle pas au public de certaines
choses, et cet amateur de l'antiquité eût dû se souvenir
que le gynécée était sacré. L'amour profond de Lucile
pour lui était un plus sûr garant de sa vertu que cette
plaisanterie presque sacrilége. Mais quoi! sous cette
raillerie, il y a une pitié; Camille défend un accusé, et
voilà pourquoi on peut lui pardonner[1].

Il semble, en effet, que Camille soit mû désormais
par les sentiments les plus touchants et les plus humains.
Il veut lutter. Il veut réagir contre la Terreur, contre les
fureurs. Mais tout l'accable dans les sociétés populaires.
Les vulgaires orateurs des clubs, dotés de cette *aristocratie
du poumon* qu'il raillera chez Legendre, lui ôtent la
parole ou l'étouffent. « On a dit qu'en tout pays absolu,
» c'était un grand moyen pour réussir que d'être mé-
» diocre. Je vois que cela peut être vrai des pays répu-
» blicains. » Le succès, d'ailleurs, le succès même qu'il
aimait tant, lui importe peu. « Que m'importerait de
» réussir? Mais je ne puis soutenir la vue des injustices,
» de l'ingratitude, des maux qui s'amoncellent. » Sans
cesse il songe que ces hommes qu'on tue — à la guerre

---

[1] Dillon lui adressa alors cette lettre :

« Madelonnettes, 26 juillet 93, 7 heures du soir.

« Ma monstrueuse affaire devenue si simple, grâce à votre amabilité, à votre courage et surtout à votre loyauté, ne tient plus qu'à un fil qui s'allonge furieusement par la paresse de votre cousin Fouquet de Tinville. Depuis trois jours, le président du tribunal le presse de faire un rapport; le terme fatal à lui accordé est demain samedi. Voyez-le, je vous prie ; engagez-le à finir comme il l'a promis. Il connaît mon innocence; ma requête est digne de vous, mon aimable et honnête défenseur; il ne faut plus qu'un mot de votre cousin. Voyez-le demain de grand matin; qu'il le dise et qu'il rende à la république un homme qui sans fiel n'aspire qu'à la sauver des mains des tyrans qui s'avancent à grands pas. »

ou ailleurs — *ont des enfants, ont aussi leurs pères.* Et, après avoir maudit la guerre, l'envie lui prend de s'aller faire tuer en Vendée ou aux frontières, « pour se déli-» vrer du spectacle de tant de maux. »

« — Adieu, dit-il à son père, je vous embrasse ; ménagez votre santé, pour que je puisse vous serrer contre ma poitrine si je dois survivre à cette Révolution [1]. »

S'il ne lui restait point la liberté de la presse, Camille serait tout à fait accablé et sans espoir. Mais, Dieu merci, se dit-il, il peut lutter contre l'ambition, la cupidité et l'intrigue. « L'état des choses, tel qu'il est, est incomparablement » mieux qu'il y a quatre ans, parce qu'il y a l'espoir de » l'améliorer. » Et il est tenté alors de répéter le cri qui servait d'épigraphe à la *Lettre au général Dillon* :

— *A moi mon écritoire!*

II

Son *écritoire*, Camille allait la ressaisir bientôt et y tremper une plume aussi vaillante à la clémence qu'elle l'avait été à l'attaque. Le *Vieux Cordelier* allait naître, le *Vieux Cordelier*, indestructible monument de pitié, de généreuse ardeur, de courage et d'humanité.

La mort des Girondins avait laissé dans l'âme de Danton une tristesse profonde, une débordante amertume. « Je ne pourrai les sauver, » avait-il dit à Garat avec une consternation qui rendait malade, qui courbait son corps d'athlète, « et de grosses larmes, ajoute » Garat, tombaient le long de ce visage dont les formes

---

[1] Voy. *OEuvres de Camille Desmoulins* (édition Charpentier, 2 vol. 1874, t. II, p. 373).

» auraient pu servir à représenter celui d'un Tartare. »
Cet homme, qui avait essayé de rallier les Girondins;
qui s'écriait en parlant d'eux : « Ils refusent de me
» croire! » qui leur avait offert — je le répète à sa gloire
— de se rendre à Bordeaux, comme otage de la paix
définitive qu'il leur offrait, ce tribun tout-puissant
n'avait pu sauver même Ducos, même Vergniaud, à qui
Saint-Just lui reprochera bientôt d'avoir *tendu la main*.
De guerre lasse, accablé, navré, *saoul des hommes*
(ces mots énergiques déjà cités sont de lui), il était parti
de Paris vers le milieu d'octobre 1793[1], et il était allé,
jusqu'à la fin de novembre (vers le 15 ou le 20), à Arcis-
sur-Aube, où il eût voulu demeurer et *cultiver son jardin*,
comme Candide. Là, du moins, dans son coin de terre
natale, sous le toit maternel, il respirait, il oubliait. Il
voulait être loin de Paris, durant cette tuerie du 31 octobre, où le sang le plus pur de la Gironde allait couler. Il
se retrouvait auprès de sa mère, auprès de la vieille Marguerite Hariot, sa nourrice, et sa rude écorce se fon-
dait; il retrouvait des effusions, des tendresses, des
soupirs oubliés. Il lui semblait, en arrivant de Paris
dans la petite cité champenoise, passer de l'atmosphère
d'une forge dans l'air calmant d'une oasis. On raconte,
dans le pays, que tandis qu'il causait, le soir, au coin
du feu, répétant à sa mère qu'il reviendrait bientôt à
Arcis pour ne plus le quitter, les bonnes gens de la cité
venaient avec curiosité (et quelques-uns avec effroi),
coller leurs visages aux vitres des fenêtres de madame
Danton pour apercevoir, s'il se pouvait, la face éner-

---

[1] Séance du 12 octobre : « Le président informe la Convention nationale que le citoyen Danton, député, demande un congé pour se rendre
à Arcis et accélérer le rétablissement de sa santé. La Convention accorde
le congé. »

gique du Titan de la Révolution. Et quand ils l'avaient vu apaisé, songeur, mélancolique ou, parfois, riant, confiant, ils se retiraient étonnés et conquis.

Cette halte de Danton, cette retraite, comparable à la courte échappée que fit Robespierre vers Ermenonville à la veille de Thermidor, cette abdication passagère fut fatale à Danton. Lorsqu'il revint, son impuissance à enrayer un mouvement funeste à la Révolution, — impuissance déjà visible avant son départ, puisque tous ses efforts pour sauver la Gironde furent vains, puisque le 25 septembre, une attaque contre le Comité de salut public s'était terminée par une victoire de Billaud-Varennes et de Robespierre, cette impuissance était absolue. Pendant les semaines que Danton avait passées à Arcis, le gouvernement avait été proclamé *révolutionnaire* jusqu'à la paix. (Rapport de Saint-Just, 10 octobre [1].) Amar avait obtenu, presque par intimidation, la mort des Girondins, et le Comité était plus redoutable encore qu'auparavant. Ce Comité, proposé jadis par Isnard, qui devait en être la victime, Danton eut pu le diriger peut-être ; mais il avait — par faiblesse ou plutôt par manque absolu d'ambition — refusé d'en faire partie. Il n'y comptait, à la fin de 1793 (Thuriot ayant donné sa démission), qu'un seul ami, Hérault de Séchelles, dont le Comité devait se débarrasser bientôt.

A la vérité, Billaud-Varennes et Saint-Just régnaient, Robespierre était populaire et puissant aux Jacobins,

---

[1] Saint-Just disait : « Les lois sont révolutionnaires ; ceux qui les exécutent ne le sont pas. La République ne sera fondée que quand la volonté du souverain comprimera la minorité monarchique et *régnera sur elle par droit de conquête*. Il n'y a point de prospérité à espérer tant que le dernier ennemi de la liberté respirera. *Vous avez à punir non-seulement les traîtres, mais les indifférents mêmes ; vous avez à punir quiconque est passif dans la République et ne fait rien pour elle.* »

à la Convention et au Comité. La terreur était mise à l'ordre du jour, cette terreur dont un écrivain révolutionnaire, M. Louis Blanc, a pu dire franchement qu'elle *a éreinté* la Révolution. Saint-Just avait beau lui donner le nom de *Justice*, Billaud-Varennes, le patriote *rectiligne*, comme disait Camille, l'appelait nettement la *Terreur*, et voulait qu'on la pratiquât sous ce nom. « Que de » traîtres, disait Saint-Just, ont échappé à la Terreur » qui parle, et n'échapperaient pas à la Justice qui pèse » les crimes dans sa main! » Billaud-Varennes, plus intraitable, n'entend pas qu'on distingue, il veut qu'on terrorise. C'est lui qui, en dépit des efforts d'ailleurs assez peu énergiques de Robespierre, précipitera, — de concert avec Saint-Just, — Danton, Camille et leurs amis.

Camille Desmoulins avait eu, au surplus, lors de la publication de la *Lettre au général Dillon,* l'imprudence de se rendre définitivement hostiles ces deux hommes tout-puissants, Saint-Just et Billaud-Varennes. Il avait, tout à la fois, accusé, dans ce même écrit, Billaud de lâcheté et Saint-Just de fatuité.

« Aussi pourquoi, écrivait-il à Dillon, pourquoi avez-vous dit en présence de maints députés que lorsque Billaud était Commissaire du pouvoir exécutif au mois de septembre dans votre armée, il avait eu un jour une telle peur qu'il vous avait requis de tourner le dos et qu'il vous avait toujours regardé depuis de travers et comme un traître pour lui avoir fait voir l'ennemi? Jugez si ce bilieux patriote vous pardonne d'avoir dit cette plaisanterie qu'il ne me pardonnera pas d'avoir répétée [1]. »

Et plus loin, en note, à propos de Saint-Just :

« Après Legendre, le membre de la Convention qui a la plus grande idée de lui-même, c'est Saint-Just. On voit dans

[1] Page 43.

sa démarche et dans son maintien qu'il regarde sa tête comme
la pierre angulaire de la République, et qu'il la porte sur ses
épaules avec respect et comme un Saint-Sacrement. Mais ce qui
est assommant dans la vanité de celui-ci, c'est qu'il avait publié, il y a quelques années, un poëme épique en vingt-quatre
chants intitulé *Argant* (c'est *Organt*. Camille est bien capable
de mal imprimer le nom par malice) [1]. Or, Rivarol et Champcenetz, au microscope de qui il n'y a pas un seul vers, pas un
hémistiche en France qui ait échappé, et qui n'ait fait coucher son auteur sur l'*Almanach des grands hommes*, avaient
eu beau aller à la découverte, eux qui avaient trouvé sous les
herbes jusqu'au plus petit ciron en littérature, n'avaient
point vu le poëme épique en vingt-quatre chants de Saint-
Just. Après une telle mésaventure, comment peut-on se
montrer [2] ? »

Il est certain que ces personnalités devaient coûter
cher à Camille. Ni Billaud, ni Saint-Just n'étaient d'un
tempérament à les pardonner. Mais on voit par là que
Desmoulins, avant même d'écrire le *Vieux Cordelier*, était
décidé à engager la lutte avec le Comité. Encore une

[1] Page 52.
[2] On trouve l'annonce suivante dans les *Révolutions de France et de
Brabant* :
« *Organt*, poëme en vingt chants, avec cette épigraphe : *Vous, jeune
homme, au bon sens avez-vous dit adieu?* Et cette préface : J'ai vingt
ans, j'ai mal fait, je pourrai faire mieux. » (N° 6, p. 283.) Voyez aussi
dans le *Portefeuille de Camille*, publié par M. Matton, la lettre de
Saint-Just à Desmoulins, où le futur accusateur de Camille, son compatriote, lui écrit : « *Votre pays s'enorgueillit de vous!* » Saint-Just se
peint dans cette lettre s'amusant, chez le comte de Lauraguais, à couper la tête à des fougères. A propos d'*Organt*, la *Correspondance littéraire* de Grimm faisait ainsi mention de ce poëme, à la date du mois de
juin 1789 (t. V de la troisième partie; p. 178, édition de 1813) : « *Organt* (attribué d'abord à M. de la Dixmerie, l'ami du fameux chevalier
d'Arc, l'auteur de *Lutin*, de la *Sibylle gauloise*, de *Toni et Clairette*),
paraît l'ouvrage d'un jeune homme qui a trop lu la *Pucelle* et qui ne
l'a pas lue assez; beaucoup trop, car on y trouve à chaque instant des
réminiscences ou des imitations maladroites de quelques morceaux de
l'Arioste français; pas assez parce qu'il n'en saisit que rarement l'esprit,
la grâce et le génie. »

fois, c'était de Danton que partait le signal de clémence. Robespierre aussi avait conseillé à Camille de demander qu'on s'arrêtât dans ce courant sinistre de la Terreur; mais il devait abandonner son ami en chemin. Danton le suivit, du moins, jusqu'à la mort. Entre ces deux hommes, avons-nous dit, l'idée du *Comité de clémence* était déjà née; c'était à Camille qu'allait appartenir l'honneur de lui donner un corps.

Le moment semblait bien choisi, non pas sans doute au point de vue de la prudence personnelle, mais à celui de l'utilité publique et du salut national, au point de vue républicain surtout, car il était important que la République devînt enfin ce qu'elle doit être, généreuse, libérale et fraternelle. La Convention, devenue sous la main du Comité, et selon le mot d'Isnard (approuvé par Sieyès à la séance du 4 germinal an III), une *machine à décrets*, retrouvait pourtant un peu d'âme et d'élan lorsque des accents pareils à ceux de Bazire se faisaient entendre : « Quand donc, s'écriait cet homme qui, si longtemps avait essayé, nous l'avons vu, de sauver les Girondins en cachant leur dossier sous les papiers du Comité, quand donc cessera cette boucherie de députés? » Il était temps que le cri étouffé de la pitié empruntât une voix éloquente [1].

---

[1] On a très-justement fait remarquer que la lutte entre le Comité de salut public et Danton avait son contre-coup en Angleterre. Les débuts du Parlement anglais à cette époque en font foi. La destinée politique de Danton est intimement liée à celle de Fox. Déjà, lord Wycombe, Sheridan avaient parlé de *paix*. « J'ai toujours été, disait Fox, pour qu'on traite avec les Jacobins de France. » Fox eut poussé à la paix, Pitt continua énergiquement la guerre. La chute de Fox ôta bien de la puissance à Danton. Ce sont là des points de vue que l'on peut seulement indiquer en note dans une histoire comme celle-ci, mais qu'on devrait développer dans une histoire générale sous peine de ne rien comprendre au tableau synoptique de l'histoire de France à cette époque.

Cette voix fut celle de Camille. Le *Vieux Cordelier* parut le 15 frimaire, an II (5 décembre 1793), deux jours après une séance du club des Jacobins où Danton ayant demandé qu'on se défiât « de ceux qui veulent » porter le peuple au delà des bornes de la Révolution, » et qui proposent des mesures *ultra-révolutionnaires* »; il avait été accueilli par des murmures, si bien que Robespierre avait dû le défendre, ce qui prouvait bien que la popularité de Danton, son influence sur le club, étaient irrémédiablement perdues. Qu'importe! Il fallait lutter. L'influence de Robespierre suffisait, d'ailleurs, au besoin, pour mener à bonne fin l'entreprise. « La vic- » toire nous est restée, écrit Camille dès le n° I de son » *Vieux Cordelier*, parce que, au milieu de tant de » ruines de réputations colossales de civisme, celle de » Robespierre est debout; parce qu'il a donné la main » à son émule de patriotisme, notre président perpétuel » des anciens Cordeliers, notre Horatius Coclès, qui » seul avait soutenu sur le pont tout l'effort de la » Fayette et de ses quatre mille Parisiens... » Et s'adres- sant à Robespierre : « Dans tous les autres dangers dont » tu as délivré la République, tu avais des compagnons » de gloire; hier, tu l'as sauvée seul ! »

Ainsi, au début, l'alliance est évidente. Robespierre, comme Danton, veut qu'on en finisse avec la Terreur. Camille écrit et ils dictent. Mais dès le premier numéro de sa feuille nouvelle, Desmoulins parut compromettant à Maximilien. Billaud-Varennes, Saint-Just avaient froncé les sourcils; Robespierre exigea de Camille qu'il lui soumît dorénavant les épreuves de ses numéros. Dans le n° II du *Vieux Cordelier*, on aperçoit encore claire- ment l'influence de Robespierre, alors tout occupé et tout préoccupé de se débarrasser de Chaumette et d'Anacharsis Clootz, coupables, à ses yeux, d'incarner trop vivement la philosophie même du dix-huitième siècle. Hélas! Camille manie une dernière fois l'instrument de mort. Il y a encore du virus rabique dans son encre, et le malheureux Anacharsis, le rêveur panthéiste Clootz [1], — celui qui appelait jadis Desmoulins « *illustre patriote, intrépide Desmoulins* (lettre de Clootz, 28 août 1790), celui que Camille à son tour appelait : *Nôtre ami Clootz;* Clootz, « *baron en Prusse, citoyen à Paris* », et dont il disait : C'est une chose si rare qu'un *Anacharsis* prussien! » — Anacharsis, le citoyen du monde, et Anaxagoras, le philosophe humanitaire, en ressentent les effets.

Chaumette, qui pour Camille avait le grand tort de s'appeler Anaxagoras, et qui fut de ceux qui obtinrent l'abolition du fouet et des peines corporelles dans les maisons d'éducation, la suppression des loteries, la fermeture des maisons de jeu, ouvrirent au public, tous les jours, les bibliothèques qui ne l'étaient, sous la royauté, que deux heures par semaine. Chaumette, qui écrivait à son ami Thomas, lequel se faisait prêtre : « Mon ami, autant ce métier-là qu'un autre : l'essentiel est d'être honnête homme, » Chaumette était loin d'être dangereux. Tandis que bien des collègues d'Anaxagoras à la Commune se faisaient une renommée sinistre, il s'occupait, lui, d'organiser la bienfaisance, il obtenait que les malades entassés dans les hôpitaux, quelquefois cinq ou six sur le même lit, eussent dorénavant chacun un lit séparé, que des livres fussent envoyés

---

[1] Voici un autographe de deux lignes qui peint ce personnage mystique :

« Fort de ma vertu, une main sur les mamelles de la nature, je repousserai de l'autre tous les sophismes de la friponnerie. — Anacharsis Clootz. »

à ces hôpitaux, qu'une maison spéciale fût affectée aux femmes en couches, qu'on adoucît le traitement atroce des fous, qu'on donnât aux aveugles non logés aux Quinze-Vingts, quinze sous par jour, qu'on cherchât le moyen d'assurer un asile aux indigents et aux vieillards. N'est-ce pas cette victime de Camille qui aida à fonder le Conservatoire de musique, fit suspendre au Louvre les stupides restaurations de tableaux que certains surintendants, depuis, n'ont pas craint de faire reprendre? Il mit à la mode les sabots, pour laisser le cuir aux souliers des défenseurs de la patrie, aux soldats qui, dans la neige et la boue, marchaient pieds nus. Il demanda enfin l'égalité de sépulture, et voulait (c'était un rêve, mais un beau rêve!) que tous les citoyens eussent pour linceul, dans leur bière, un drapeau tricolore. Camille ne l'en raillait pas moins cruellement. Il contribua à l'immoler. Tournons la page; nous avons hâte d'arriver à l'heure sublime de la vie de Camille. Il publie enfin son troisième numéro; c'est Tacite qu'il prend pour collaborateur; il saisit de sa main légère de satirique picard et parisien le fer rouge du Romain, et il en marque au front ceux qui réclament à grands cris une éternelle Terreur :

« Il y avait anciennement à Rome, dit Tacite, une loi qui spécifiait les crimes d'État et de lèse-majesté, et portait peine capitale. Ces crimes de lèse-majesté, sous la République, se réduisaient à quatre sortes : si une armée avait été abandonnée dans un pays ennemi; si l'on avait excité des séditions; si les membres des corps constitués avaient mal administré les affaires et les deniers publics; si la majesté du peuple romain avait été avilie. Les empereurs n'eurent besoin que de quelques articles additionnels à cette loi pour envelopper et les citoyens et les cités entières dans la proscription. Auguste fut le premier extendeur de cette loi de lèse-majesté, dans laquelle il comprit les écrits qu'on appelait contre-révolutionnaires. Sous ses successeurs, les extensions n'eurent bientôt plus de bornes dès que des propos furent devenus des crimes d'État; de là, il n'y eut qu'un pas pour changer en crimes les simples regards, la tristesse, la compassion, les soupirs, le silence même.

» Bientôt ce fut un crime de lèse-majesté ou de contre-révolution à la ville de Nursia, d'avoir élevé un monument à ses habitants morts au siége de Modène, en combattant cependant sous Auguste lui-même, mais parce qu'alors Auguste combattait avec Brutus, et Nursia eut le sort de Pérouse.

» Crime de contre-révolution à Dibon Drusus, d'avoir demandé aux diseurs de bonne aventure s'il ne posséderait pas un jour de grandes richesses. Crime de contre-révolution au journaliste Cremutius Cordus, d'avoir appelé Brutus et Cassius les derniers des Romains. Crime de contre-révolution à un des descendants de Cassius, d'avoir chez lui un portrait de son bisaïeul. Crime de contre-révolution à Mamercus Scaurus, d'avoir fait une tragédie où il avait tels vers à qui l'on pouvait donner deux sens. Crime de contre-révolution à Torquatus Silanus, de faire de la dépense. Crime de contre-révolution à Petreïus, d'avoir eu un songe sur Claude. Crime de contre-révolution à Appius Silanus, de ce que la femme de Claude avait eu un songe sur lui. Crime de contre-révolution à Pomponius, parce qu'un ami de Séjan était venu chercher un asile dans une de ses maisons de campagne. Crime de contre-révolution d'être allé à la garde-robe sans avoir vidé ses poches, et en conservant dans son gilet un jeton à la face royale, ce qui était un manque de respect à la figure sacrée des tyrans. Crime de contre-révolution de se plaindre des malheurs du temps, car c'était faire le procès du gouvernement. Crime de contre-révolution de ne pas invoquer le génie divin de Caligula. Pour y avoir manqué, grand nombre de citoyens furent déchirés de coups, condamnés aux mines ou aux bêtes, quelques-uns même sciés par le milieu du corps. Crime de contre-révolution à la mère du consul Furius Geminus, d'avoir pleuré la mort de son fils.

» Il fallait montrer de la joie de la mort de son ami, de son parent, si l'on ne voulait s'exposer à périr soi-même. Sous

Néron, plusieurs dont il allait faire mourir les proches allaient en rendre grâce aux dieux; ils illuminaient. Du moins il fallait avoir un air de contentement, un air ouvert et calme. On avait peur que la peur même ne rendît coupable.

» Tout donnait de l'ombrage au tyran. Un citoyen avait-il de la popularité, c'était un rival du prince, qui pouvait susciter une guerre civile. *Studia civium in se verteret et si multi idem audeant, bellum esse.* Suspect.

» Fuyait-on au contraire la popularité, et se tenait-on au coin de son feu; cette vie retirée vous avait fait remarquer, vous avait fait donner de la considération. *Quando metu, occultior, tanto famæ adeptus.* Suspect.

» Étiez-vous riche; il y avait un péril imminent que le peuple ne fût corrompu par vos largesses. *Auri vim atque opes Plauti principi infensas.* Suspect.

» Étiez-vous pauvre; comment donc! invincible empereur, il faut surveiller de plus près cet homme. Il n'y a personne d'entreprenant comme celui qui n'a rien. *Sylla inopem, indè præcipuam audaciam.* Suspect.

» Étiez-vous d'un caractère sombre, mélancolique, ou mis en négligé; ce qui vous affligeait, c'est que les affaires publiques allaient bien. *Hominem bonis publicis mœstum.* Suspect.

» Si, au contraire, un citoyen se donnait du bon temps et des indigestions, il ne se divertissait que parce que l'empereur avait eu cette attaque de goutte qui heureusement ne serait rien; il fallait lui faire sentir que Sa Majesté était encore dans la vigueur de l'âge. *Reddendam pro intempestivâ licentiâ mœstam et funebrem noctem quâ sentiat vivere Vitellium et imperare.* Suspect.

» Était-il vertueux et austère dans ses mœurs; bon! nouveau Brutus, qui prétendait, par sa pâleur et sa perruque de Jacobin, faire la censure d'une cour aimable et bien frisée. *Gliscere æmulos Brutorum vultûs rigidi et tristis quo tibi lasciviam exprobrent.* Suspect.

» Était-ce un philosophe, un orateur ou un poëte; il lui convenait bien d'avoir plus de renommée que ceux qui gouvernaient! Pouvait-on souffrir qu'on fît plus d'attention à l'auteur, aux quatrièmes, qu'à l'empereur dans sa loge grillée? *Virginum et Rufum claritudo nominis.* Suspect.

» Enfin s'était-on acquis de la réputation à la guerre; on n'en était que plus dangereux par son talent. Il y a de la ressource avec un général inepte. S'il est traître, il ne peut pas si bien livrer une armée à l'ennemi qu'il n'en revienne quelqu'un. Mais un officier du mérite de Corbulon ou d'Agricola, s'il trahissait, il ne s'en sauverait pas un seul. Le mieux était de s'en défaire. Au moins, seigneur, ne pouvez-vous vous dispenser de l'éloigner promptement de l'armée. *Multa militari famâ metum fecerat.* Suspect.

» On peut croire que c'était bien pis si on était petit-fils ou allié d'Auguste; on pouvait avoir un jour des prétentions au trône. *Nobilem et quod tunc spectaretur è Cæsarum posteris!* Suspect.

» Et tous ces suspects, sous les empereurs, n'en étaient pas quittes, comme chez nous, pour aller aux Madelonnettes, aux Irlandais, ou à Sainte-Pélagie. Le prince leur envoyait l'ordre de faire venir leur médecin ou leur apothicaire, et de choisir, dans les vingt-quatre heures, le genre de mort qui leur plairait le plus. *Missus centurio qui maturaret eum.*

» C'est ainsi qu'il n'était pas possible d'avoir aucune qualité, à moins qu'on n'en eût fait un instrument de la tyrannie, sans éveiller la jalousie du despote et sans s'exposer à une perte certaine. C'était un crime d'avoir une grande place, ou d'en donner sa démission; mais le plus grand de tous les crimes était d'être incorruptible. Néron avait tellement détruit ce qu'il y avait de gens de bien, qu'après s'être défait de Thrasea et de Soranus, il se vantait d'avoir aboli jusqu'au nom de vertu sur la terre. Quand le Sénat les avait condamnés, l'empereur lui écrivait une lettre de remerciement de ce qu'il avait fait périr *un ennemi de la République;* de même qu'on avait vu le tribun Clodius élever un *autel à la Liberté* sur l'emplacement de la maison rasée de Cicéron, et le peuple crier : *Vive la liberté!*

» L'un était frappé à cause de son nom et de celui de ses ancêtres; un autre, à cause de sa belle maison d'Albe; Valérius Asiaticus, à cause que ses jardins avaient plu à l'impératrice; Statilius, à cause que son visage lui avait déplu; et une multitude sans qu'on en pût deviner la cause. Toranius, le tuteur, le vieil ami d'Auguste, était proscrit par son pupille sans qu'on sût pourquoi, sinon qu'il était homme de probité et qu'il aimait sa patrie. Ni la préture, ni son innocence ne purent garantir Quintus Gellius des mains sanglantes de l'exécuteur; cet Auguste dont on a vanté la clémence, lui arrachait les yeux de ses propres mains. On était trahi et poignardé par ses esclaves, ses ennemis; et si l'on n'avait point d'ennemi, on trouvait pour assassin un hôte, un ami, un fils. En un mot, sous ces règnes, la mort naturelle d'un homme célèbre, ou seulement en place, était si rare que cela était mis dans les gazettes comme un événement, et transmis par l'historien à la mémoire des siècles. Sous ce Consulat, dit notre annaliste, il y eut un pontife, Pison, qui mourut dans son lit; ce qui parut tenir du prodige. »

Est-ce tout? Non. Une sorte de colère aveugle et généreuse s'est emparée de Camille. Il est lancé. Nerveux et impressionnable, il s'excite lui-même à cette œuvre de réaction humanitaire qui, quoi qu'en disent Tissot, Louis Blanc, ne nuisait pas à la République. « Les contre-révolutionnaires battaient des mains, » dit M. Louis Blanc. Soit. Mais, à cette heure, les ultra-révolutionnaires étaient plus dangereux peut-être pour la République que ses ennemis les plus acharnés. Ils faisaient plus que la combattre, ils la compromettaient. Ils étaient, on l'a fort bien dit, à la Révolution ce que les Jacques étaient à Étienne Marcel, les Anabaptistes aux Réformés, les Iconoclastes aux fiers Huguenots des Flandres. Ils effrayaient, ces « enragés », ils poussaient à la folie de l'épuration et de la mort.

Ce nom d'*enragés* avait désigné d'abord les membres du côté gauche à la Constituante, les adversaires des *noirs;* il datait en réalité du Manége. Les royalistes le donnaient alors aux hommes du mouvement. Plus tard, ce mot désigna les *exaltés*. Marat l'applique à Jacques Roux, Leclerc et Varlet. Jusqu'au commencement de

1793, les *enragés* se confondent avec ceux qu'on appela plus tard *hébertistes*. Tous sont des *ultra-révolutionnaires*; mais les nuances de ce parti *ultra*, que Desmoulins opposera spirituellement aux *citra*, ne sont pas nettement tranchées. Au 10 mars 1793, au 31 mai, les *enragés*, agissant encore de concert avec d'autres plutôt que pour leur propre compte, occupent la scène et jouent un rôle. Au 31 mai, ils sont à l'avant-garde. Plus tard, ils voudront être le gros de l'armée — que dis-je! — l'état-major de la nation. Ils commencent, après la victoire, à se produire sous leur véritable aspect, à montrer manifestement et distinctement leurs doctrines; ils apparaissent comme socialistes; ils sont Cordeliers, non Jacobins. Ils attaquent la Constitution, et tous les partis alors fondent sur eux, les poursuivant avec acharnement jusqu'à ce qu'ils soient écrasés. Ils donnent la main aux socialistes de Lyon. Leclerc est le trait d'union entre Lyon et Paris, entre Chalier et Jacques Roux. Ils s'appuient, cherchant partout une force, sur « les femmes révolutionnaires » que poursuivent les Jacobins. Leurs hommes sont Varlet, J. Roux, Leclerc, un certain Dubois que Robespierre (fin de ventôse an II) désigne comme un affidé de Jacques Roux; parmi les femmes apparaît déjà la fameuse Rose Lacombe. Probablement ils connaissent Babeuf. Oui, dès 1792, il y avait eu de sourdes rumeurs de communisme. Danton, l'homme pratique, avait pressenti Babeuf, le dangereux rêveur, le séduisant et terrible sophiste.

Camille était résolu à les harceler. Son n° III avait paru le 15 décembre; son n° IV était en vente le 20 décembre. On le vit dans toutes les mains. Camille se plaint qu'on l'ait vendu « *un prix exorbitant.* » C'est que la France, qui est généreuse, humaine, folle mais non cruelle, insensée mais non implacable, se reconnaissait, pour ainsi dire, corps et âme, dans ces pages éloquentes, inspirées, jaillies de cette source d'inspiration : le cœur, d'où naissent non-seulement les grandes pensées, comme dit Vauvenargues, mais les grandes résolutions et les grandes actions.

Camille avait poussé fièrement, en homme épris de la liberté pure, le cri profond de clémence :

« La liberté ! s'écrie Camille, n'a ni vieillesse, ni enfance ; elle n'a qu'un âge, celui de la force et de la vigueur. Cette liberté que j'adore n'est point inconnue. Nous combattons pour défendre des biens dont elle met sur-le-champ en possession ceux qu'elle invoque ; ces biens sont la déclaration des Droits, la *douceur* des maximes républicaines, la fraternité, la sainte égalité, l'inviolabilité des principes. Voilà les traces des pas de la déesse ; voilà à quels traits je distingue les peuples au milieu de qui elle habite. »

« Si par la liberté, dit-il encore, vous n'entendez pas comme moi les principes, mais seulement un morceau de pierre, il n'y eut jamais d'idolâtrie plus stupide et plus coûteuse que la nôtre. O mes chers concitoyens, serions-nous donc avilis à ce point de nous prosterner devant de telles divinités! Non, la liberté, cette liberté descendue du ciel, ce n'est point une nymphe de l'Opéra, ce n'est point un bonnet rouge, une chemise sale ou des haillons. La liberté, c'est le bonheur, c'est la raison, c'est l'égalité, c'est la justice !... »

«... Voulez-vous que je la reconnaisse, voulez-vous que je tombe à ses pieds, que je verse tout mon sang pour elle ? Ouvrez les prisons à ces deux cent mille citoyens que vous appelez suspects ; car, dans la Déclaration des Droits, il n'y a point de maison de suspicion, il n'y a que des maisons d'arrêt. Le soupçon n'a point de prisons, mais l'accusateur public ; il n'y a point de gens suspects, il n'y a que des prévenus de délits fixés par la loi ; et ne croyez pas que cette mesure serait funeste à la République, ce serait la mesure la plus révolutionnaire que vous eussiez jamais prise. Vous voulez exterminer tous vos ennemis par la guillotine! Mais y eut-il jamais plus grande folie? Pouvez-vous en faire périr un seul à l'échafaud sans vous faire dix ennemis de sa famille ou de ses amis? Croyez-vous que ce soient ces femmes, ces vieillards, ces cacochymes, ces égoïstes, ces traînards de la Révolution que vous enfermez, qui sont dangereux? De vos ennemis, il n'est resté parmi vous que les lâches et les malades; les braves et les forts ont émigré; ils ont péri à Lyon ou dans la Vendée; tout le reste ne mérite pas votre colère. »

C'en est fait, Camille a jeté, comme dit Michelet, « le cri divin qui remuera les âmes éternellement. » La nation a tressailli comme la terre sous un effluve de printemps. Seuls, les aveugles, les inflexibles, les *rectilignes,* ou encore les hommes que Desmoulins appelle les *patriotes d'industrie,* les *profiteurs de révolutions,* se sentent courroucés par ces appels à la clémence. Et pourtant, supposez ce rayon de liberté tombant sur la France avec les premiers jours de 1794; supposez la Terreur terminée, la réconciliation venue, à cette heure où tant de têtes généreuses, intelligentes, courageuses n'étaient point tombées, que de maux évités, que d'épreuves nouvelles on n'infligeait pas à la patrie, que de réactions on évitait, plus dangereuses pour la République que celle de la pitié!

Les terroristes ne le comprirent pas. Robespierre, effaré des protestations que soulevait le *Vieux Cordelier,* rompit avec Camille. Le courroux de ses alliés, *the Jacobinical rage,* comme disaient les Anglais, l'eût atteint comme il allait frapper Desmoulins. Maximilien se contentera bientôt de défendre son ami d'une façon telle que Camille Desmoulins prendra cette défense pour une attaque et s'en irritera.

« *O mon cher Robespierre!* » s'écriait, comme jadis, Camille dans son n° IV. C'était avouer, c'était déclarer tout haut que Robespierre était, si je puis dire, derrière Desmoulins tandis que celui-ci écrivait ses articles. « Déjà, disait Camille, *tu viens de t'approcher beaucoup de cette idée* (que l'amour est plus fort, plus durable que la crainte) *dans la mesure que tu as fait décréter.* » Maximilien dut être désolé de voir « son vieux camarade de collége » le découvrir ainsi brusquement. A partir de ce moment, Robespierre laissa Camille risquer sa vie, et Desmoulins n'eut plus pour appui que Danton, qui, du moins, ne lui déconseilla point l'indulgence.

Camille avait cité avec éloge Philippeaux, le dénonciateur courageux de Ronsin en Vendée. Camille avait attaqué Hébert [1] dont les conseils pouvaient encore être suivis par la population parisienne, et qui effrayait encore le Comité de salut public [2]. Camille devait être at-

---

[1] « Que le peuple, disait peu de temps auparavant Hébert, se porte demain en masse à la Convention, qu'il l'entoure comme il a fait au 31 mai, qu'il n'abandonne pas ce poste jusqu'à ce que la représentation nationale ait adopté les moyens qui sont propres pour nous sauver. Que l'armée révolutionnaire parte à l'instant même où le décret aura été rendu; *mais surtout que la guillotine suive chaque rayon, chaque colonne de cette armée* *.

[2] On sera peut-être curieux de connaître, d'après l'*Almanach* de 1773, les fonctions officielles de ce Comité :

« Ce comité est établi par le décret du 2 octobre dernier, qui l'a composé de trente membres, nombre considérable, mais qui suffit à peine aux opérations multiples et au travail assidu que leurs fonctions exigent.

» Ces trente membres, tels qu'ils sont choisis, sont presque tous de l'Assemblée législative, réélus à la Convention nationale.

» On peut dire que ce comité n'a d'autres fonctions que de veiller à la sûreté générale de l'État; et pour cet objet, sa correspondance peut embrasser tous les lieux et tous les citoyens de la République.

» Dans cette surveillance, qui n'excepte rien de tout ce qui est relatif à la sûreté générale, quatre objets peuvent être particulièrement distingués.

» Ce comité est chargé:

» 1º De surveiller à Paris les ennemis de la chose publique, et de les

* Séance de la Commune, 3 septembre 1793. — *Républicain français*, nº CCXCIV; *Journal de la Montagne*, nº XCVI; dans Buchez et Roux, XXIX, p. 23.

taqué pour tous ces écrits au club des Jacobins. Le 1ᵉʳ nivôse, Nicolas, le *tape-dur,* juré et imprimeur du tribunal révolutionnaire, celui qui escortait Robespierre avec ses estafiers armés de bâtons, osa dire à la tribune de ce club : « *Camille Desmoulins frise depuis longtemps la guillotine!* » Mot terrible. Camille essayera de le relever en plaisantant, mais c'est un glas qui sonnera l'avertissement sinistre à son oreille. Rendons-lui cette suprême justice : Desmoulins ne recula point dans l'accomplissement de sa tâche. Dénoncé, menacé par Hébert, traité de « polisson politique », de « coquin », de « renégat de la sans-culotterie », de « misérable intrigant »; accusé par le *Père Duchesne* de tenir « le langage des muscadins que tu fréquentes et dont tu partages les sentiments autant que le langage », il persiste, il continue son œuvre : « Toi, l'ami des comtes et des marquis, lui dit Hébert; toi, le commensal de ce d'Orléans dont tu ne

interroger lorsqu'ils sont arrêtés, pour découvrir les complots, leurs auteurs, leurs chefs et leurs agents ;

» 2º De rechercher et de poursuivre partout les fabricateurs de faux assignats ;

» 3º De faire arrêter ceux qui lui sont dénoncés comme agents des cours étrangères, et tous ceux qui troublent, de quelque manière que ce soit, l'ordre public ;

» 4º Et enfin, de surveiller également ceux qui se trouvent compris dans la *Liste civile,* c'est-à-dire dans la liste des hommes vendus au ci-devant Roi.

» Par un autre décret du même jour, 2 octobre dernier, la Convention nationale a attribué à ce comité une nouvelle fonction, en l'autorisant à se faire rendre compte des arrestations relatives à la revolution, qui ont eu lieu dans toute l'étendue de la République, depuis le 10 août, à prendre connaissance de leurs motifs, à se faire représenter la correspondance des personnes arrêtées, et généralement toutes les pièces tendantes ou à leur justification, ou à donner des preuves des délits dont elles sont accusées, pour en faire le rapport à la Convention nationale et pour être par elle pris telle détermination qu'elle jugera convenable.

» Ce rapport du Comité sur ce dernier objet doit être imprimé et envoyé aux quatre-vingt-quatre départements.

parles pas, et pour cause, tu ne voudrais pas, aujourd'hui que tu mènes une vie de cibarite (sic), te souvenir de tes jours de détresse; tu rougirais de te rappeler l'hôtel de la Frugalité, où nous nous sommes trouvés ensemble et à côté de braves maçons et de pauvres ouvriers qui valaient mieux que toi et moi. » Étrange reproche que celui du luxe sous la plume de cet Hébert qui portait des gants et vivait véritablement, comme il dit, en *muscadin* tout en écrivant ses numéros infâmes. Reproches sanglants d'ailleurs et mortels; mais Camille ne faiblit pas. Cet homme qu'on a accusé d'avoir manqué de sang-froid devant la guillotine n'aura pas un moment d'hésitation pour continuer l'œuvre commencée. Accusé, Camille va répondre par une série de défenses personnelles qui sont plutôt des attaques successives contre ses ennemis. Et quelles attaques! Ceux qu'il atteint ne s'en relèvent pas. Hébert porte au flanc pour l'éternité les traits acérés de cette plume étincelante; la blessure saigne encore:

« Ne sais-tu donc pas, Hébert, que quand les tyrans d'Europe veulent avilir la République, quand ils veulent faire croire à leurs esclaves que la France est couverte des ténèbres de la barbarie; que Paris, cette ville si vantée par son atticisme et son goût, est peuplée de Vandales, ne sais-tu pas, malheureux, que ce sont des lambeaux de tes feuilles qu'ils insèrent dans leurs gazettes, comme si le peuple était aussi bête, aussi ignorant que tu voudrais le faire croire à M. Pitt; comme si on ne pouvait lui parler qu'un langage aussi grossier; comme si c'était là le langage de la Convention et du Comité de salut public; comme si tes saletés étaient celles de la nation; comme si un égout de Paris était la Seine[1]! »

[1] On n'a que fort peu cité la réponse d'Hébert raillant Camille, lui rappelant, avec une ironie qui, malheureusement, touchait juste, qu'il n'avait pas toujours été si tendre et si clément:

« Il est, braves sans-culottes, dit Hébert, un grand homme que vous

On le voit, Camille ne s'amende point. Hébert pourtant redouble de furie; il parle ainsi de Desmoulins : « Un bourriquet à longues oreilles (c'est l'*ânon des Moulins des Apôtres*), qui n'eut jamais ni bouche ni éperon, fait feu des quatre pieds depuis quelques jours. Après avoir plaidé la cause du muscadin Dillon et soutenu que sans la protection des talons rouges la République ne pouvait se sauver, il devient aujourd'hui le champion de tous les j... f...... qui sifflent la linotte. » Mais Camille ne s'effraye ni des attaques d'Hébert ni de la contenance de Robespierre. Il n'a garde de suivre le prudent conseil de Pollion : *N'écris point contre qui peut proscrire !* Et quant à son Comité de clémence, en dépit des menaces de Nicolas et des *enragés*, en dépit de la censure Barère, il en maintient le principe et il s'écrie, comme Galilée condamné par le Sacré-Collége : *Je sens pourtant qu'elle tourne !*

III

Le n° V du *Vieux Cordelier*, daté du 5 nivôse an II (25 décembre 1793), ne fut cependant mis en vente

avez oublié; il faut que vous soyez bien ingrats, car il prétend que sans lui, il n'y aurait jamais eu de révolution. Il s'appelait autrefois le Procureur général de la Lanterne, vous croyez que je vous parle de ce fameux coupe-tête, dont la barbe si célèbre faisait fuir les aristocrates; non, celui dont il s'agit se vante, au contraire, d'être le plus pacifique des humains. A l'en croire, il n'a pas plus de fiel qu'un pigeon; il est si sensible qu'il n'entend jamais parler de *guillotine* sans frissonner jusqu'aux os; c'est un grand docteur qui, à lui seul, a plus d'esprit que tous les patriotes ensemble, et plus de jugement que la Convention entière; c'est grand dommage qu'il ne puisse pas parler pour prouver à la Montagne et au Comité de salut public qu'ils n'ont pas le sens commun. Mais, s'il ne parle pas, maître Camille, en revanche il écrit, au grand contentement des modérés, des feuillants, des royalistes et des aristocrates. » (*J.-R. Hébert*, auteur du *Père Duchesne*, à Camille Desmoulins et compagnie.)

que le 16 nivôse (5 janvier 1794). Le VI°, daté, par erreur, du 10 nivôse (30 décembre), ne parut que vers le 15 pluviôse (février 1794). Ce numéro VI devait être le dernier qui parut du vivant de Desmoulins. Camille avait commencé là ce qu'il appelle son *Credo politique;* mais lorsqu'il apporta son numéro VII à Desenne, son libraire, celui-ci, pris d'épouvante, refusa d'imprimer. Ces feuillets couverts de l'écriture serrée de Desmoulins lui faisaient peur. Le n° VII ne devait paraître qu'en prairial an III (juin 1795), au lendemain de l'émeute dont nous avons raconté l'émouvante histoire[1]. Mais Desenne, en 1795, n'en donna que des fragments, et M. Matton aîné, héritier des manuscrits de Camille, et qui publia les *OEuvres* de son parent, n'a pas tout donné en complétant, en 1834, ce n° VII. Dans un article du *Complément de l'Encyclopédie moderne*[2], un homme très-versé dans l'histoire de la Révolution, feu Édouard Carteron, archiviste aux Archives nationales, a publié, au mot *Indulgent,* des pages tirées de ce n° VII, et qui peuvent être considérées encore comme inédites ou du moins comme très-inconnues.

Elles sont tirées de la collection de M. le baron de Girardot, de Bourges. M. Carteron les avait transcrites sur le manuscrit même de Camille, « lequel consiste en » plusieurs feuilles détachées qui jadis se faisaient suite. » D'autres fragments sont copiés de la main de Panis, dantoniste, ami de Camille, sur les originaux de Desmoulins. On sera certainement curieux de les trouver ici. Ce sont là des pages qui ne figurent point dans les *OEuvres* de Camille. De quelles clameurs les Jaco-

---

[1] Voy. les *Derniers Montagnards.*
[2] Firmin Didot.

bins et les Cordeliers les eussent accueillies, on en pourra juger après en avoir pris connaissance.

FRAGMENTS DU *VIEUX CORDELIER*.

« I. C'est sous ce masque de patriotisme que, contre la maxime du bon sens, et dont Machiavel recommande tant au souverain de ne point s'écarter, *qu'on doit combler les Ministres et les guerriers, d'honneurs, de charges, de richesses, en sorte qu'ils ne puissent espérer d'une trahison autant que de leur fidélité,* tantôt la Convention décrétait que le *maximum* de la pension de retraite d'un citoyen qui aurait été général en chef et aurait exterminé les ennemis, ne pourrait être que de trois mille livres, et tantôt le député Chabot, ayant gagné la veille cent mille écus par son mariage, proposait pour se populariser que les ministres, généraux, députés, n'auraient que la même paye que le soldat. Quand on se souvient que ce fut le retranchement d'un demi-écu par mois de ses appointements, qui ravit au Portugal les services et les découvertes de Magellan, et qu'on voit cet esprit de vertige présider à nos délibérations, ne serait-on pas tenté de croire que Pitt lui-même a siégé plusieurs fois à la Montagne?

» C'est sous ce masque de patriotisme que pour dégoûter des emplois tous les citoyens qui avaient quelque talent dont la République eût pu se servir, et afin que, par la fuite ou la disgrâce de tous les gens de mérite, les places les plus importantes fussent laissées à des hommes dont l'ignorance fût aussi utile à nos ennemis que la trahison, la dénonciation se jetant sans cesse sur tous ceux qui s'étaient distingués, on était parvenu à faire si bien, qu'il ne nous restât plus à la tête de nos onze armées un seul homme, je ne dis pas qui sût, mais seulement qui eût appris le métier de la guerre. Sur ces éternelles dénonciations, les seuls de nos généraux dont on pût citer dans ces deux campagnes des sièges ou des combats qui fissent honneur au chef et non à la valeur du soldat et à l'impétuosité française, Dillon, Custine, Aubert-Dubayet, Harville, Lamarlière, et même tous nos généraux successivement, étaient traînés dans les prisons ou à l'échafaud. En une seule campagne, nous avions fait oublier, avec la guillotine, tout ce que l'histoire raconte des Carthaginois, qui crucifiaient leurs généraux, et le peuple français ne craignait pas de prononcer contre lui-même un jugement qui le flétrissait à jamais; car, si tous les généraux qu'il a condamnés avaient effectivement trahi, il sait que notre nation, dont on vante la loyauté, a eu, en deux ans, plus de traîtres que tous les autres peuples ensemble, puisque, dans toute l'histoire de la République romaine, on ne trouve pas deux généraux qui aient trahi. Et comment la dénonciation se serait-elle fatiguée? Elle seule menait comme par la main à toutes les places, montait, par un chemin si facile, l'officier au généralat, le journaliste au ministère, et le député au Comité de salut public! Elle seule pouvait rendre le lendemain les applaudissements des tribunes au représentant du peuple le plus décrié la veille. Robert avait-il accaparé du rhum? il dénonçait le général Bouchet, militaire sans reproche, vieillard vénérable, était applaudi des tribunes et se croyait repopularisé. Duhem s'était-il conduit indécemment dans sa mission du Nord? avait-il, dans un arrêté des représentants du peuple adressé au département du Pas-de-Calais, mis en réquisition pour sa table deux mille bouteilles d'excellent vin d'émigré? pour se repopulariser, il tombait avec lourde raideur sur Lamarlière en prison, dont il avait fait le plus grand éloge quand il était commissaire à son armée. Pour se repopulariser, il venait de faire contre les *vingt et un* cette déposition qui eût étouffé la faction à sa naissance et vous eût épargné tant de mal, s'il l'eût faite à temps, et il croyait son réquisitoire oublié. Chabot faisait contre ses vingt et un collègues cette fameuse déposition où le témoignage le plus effronté saute aux yeux dans plus d'un endroit, et il croyait son mariage oublié! Chacun voyait tous ses péchés lavés d'un petit mot, non pas de pénitence, comme autrefois, mais de dénonciation, vraie ou fausse. Celui-ci dénonçait pour se faire pardonner sa belle maison; celui-là, pour se faire pardonner la mission d'où il revenait; le proconsul, pour retourner dans sa province; celui-ci, pour arriver au comité de surveillance; celui-là au comité de salut public; l'un, pour être président; l'autre, seulement pour être secrétaire; et Levasseur, afin de prouver qu'il n'avait [pas] donné le premier le signal de la fuite dans la funeste sortie de Cambray, venait bien dire qu'en revenant du combat, où il avait eu un cheval tué sous lui, il avait rencontré, caché derrière une haie, le général Houchard, couvert de blessures, de la tête aux pieds, et qu'il accusait de poltronnerie! Quelle fut la douleur d'Hébert, lorsqu'après avoir tant dénoncé depuis six mois, il se vit préférer, pour le ministère de l'intérieur, Paré, qui n'avait dénoncé personne! Il fut aisé de voir, dans la *grande colère du Père Duchêne*, brisant ses fourneaux le lendemain, qu'il ne pardonnait pas cette préférence à Thuriot et à Danton. — Quelle est donc cette soif inextinguible de l'ambition? et Hébert, que tout Paris avait vu distribuant les billets de spectacle sous le vestibule des Italiens, ne devait-il pas être content de son écharpe, des quarante mille livres de rente que lui donnait le ministre Bouchotte, pour l'abonnement des onze armées à l'inestimable *Père Duchêne*, et de faire trembler la France devant ses dénonciations, et de la mettre à genoux devant sa Jacqueline? Avec quelle rapidité se précipitait vers sa ruine une république où, comme sous Tibère et les plus méchants empereurs, la délation était ainsi devenue le plus court moyen de parvenir! où, chaque jour, le délateur, sacré et inviolable, faisait son entrée triomphante dans le Palais des morts, et recueillait quelque riche succession; où tous ces dénonciateurs, comme sous Tibère, se paraient des plus beaux noms, se faisaient appeler [1] Cotta, Régulus, Cassius, Sévérus! Mais tel est le danger des meilleures institutions: les dénonciateurs de Marat n'avaient pas peu contribué à balayer le sol de la France, et à préparer la République. A sa mort, les autels élevés partout à ce député qui, pendant quatre ans, avait exercé les fonctions de *dénonciateur général*, les fêtes, les processions solennelles en son honneur, son apothéose soudaine dans toutes les sections, lui avaient donné des successeurs encore plus ardents. Les honneurs du Panthéon accordés à Voltaire, à J.-J. Rousseau et à Descartes ne leur enfanteront jamais trop d'émules. N'arrive pas qui veut à la gloire par la route du génie, et c'est la *voie étroite*. Mais dès que l'opinion du jour faisait l'imitation de Jean-Paul Marat, ce physicien natif de Neufchâtel dont Voltaire s'était tant

---

[1] Anaxagoras (Chaumette); Anacharsis (Clootz); Fabricius (Pâris, greffier du Trib. Rév.)

moqué, le comble de la perfection civique, et le moyen sûr de se nicher un jour sur le maître-autel du Panthéon, l'orgueil dont le cœur de l'homme est agité, et l'envie de se survivre et de laisser un nom étaient de sûrs garants que la foule allait se précipiter dans une route de l'immortalité si facile et si large. C'est ainsi que Quintus Cicéron, ne pouvant atteindre à la hauteur de son frère par l'éloquence, s'efforçait de se faire un aussi grand nom par la sévérité de ses jugements, et ne parlait, dans son gouvernement d'Asie, que de croix et de supplices. Aussi, avant peu, les successeurs de Marat l'avaient-ils laissé bien loin derrière eux, et le *Père Duchêne* pouvait regarder l'*Ami du Peuple*, qui avait acquitté Ducos et Fonfrède, avec mépris et comme un véritable Brissotin.

» Dès lors, ce fut une émulation dans les commissaires de la Convention, qui parcouraient les départements, à qui éclipserait la gloire du grand Marat, et multiplierait à son tour ses statues comme les grains de sable de la mer. « Changer toutes » les administrations fédérales, depuis le président du départe- » ment jusqu'au maire du village, taxer révolutionnairement » les riches, renverser les cloches, enfermer les gens suspects, » faire guillotiner tous les royalistes, tel est le sommaire de » mon voyage, » disait Laplanche à son retour du Loiret et du Cher [1] ; et, en même temps, pour obtenir les honneurs du triomphe, il versait dans la Convention plus de calices, de ciboires et de saints-sacrements que le courrier d'Annibal n'avait versé d'anneaux de chevaliers romains après la bataille de Cannes.

» A ce récit inséré au *Bulletin,* les trophées de Laplanche empêchaient Fouché de Nantes de dormir à Nevers; et aussitôt, faisant dans son diocèse une visite antiépiscopale, il ne laissait pas dans tout le département de la Nièvre une seule patène, pas une buvette, pas un encensoir; et au lieu d'une guimbarde que Laplanche avait envoyée à la Convention, il lui adressait dix-sept chariots de saints. Il n'y avait qu'à rire de voir les représentants du peuple faire main basse sur tous ces outils de fanatisme, de servitude et d'ignorance.

---

[1] *Moniteur* du 30 du premier mois, p. 122, 2.

« Mais d'autres députés exerçaient dans les départements une mission pleine de chaînes et de larmes. Il est certain que quand quelques-uns de nos commissaires eussent eu l'instruction secrète d'exercer leur mission de manière à faire haïr la république, ils ne se seraient pas conduits autrement. André Dumont[1] ne comptait plus ses prisonniers que par vingt ou trente chariots : « En sortant de Montreuil, écrivait-il à la » Convention, j'amène quarante-quatre charrettes[2] de gens suspects »; et il faisait plus de prisonniers, à lui seul, sur les Français, dans un seul département, en quatorze jours, que l'armée du Nord, sur les Prussiens, les Anglais et les Autrichiens dans toute la campagne. En vain la liberté des cultes était garantie par la Constitution : « Vous déclarerez que vous » avez des charlatans, ou vous irez en prison »[3]. Il faut l'entendre dans ses lettres à la Convention parler de ses prises avec autant d'emphase que s'il en était venu à l'abordage, démâté, couvert de blessures et après un combat de douze heures. « Victoire ! s'écrie-t-il ; je vous envoie un ci-devant » comte d'Hervilly et dix scélérats de sa trempe, qui avait en- » foui ses titres et son argenterie à soixante pieds sous terre. » Or, quel est ce d'Hervilly ? c'est un ci-devant gentilhomme hypocondre, octogénaire de trente-six ans, exténué de médecine bien plus que de maladie, et qui, depuis la Révolution, n'a pas passé un seul jour sans prendre trois clystères, et qui, dans sa terre, auprès de Péronne, entouré des houlans qui, après la levée du camp de César, venaient brûler les villages jusqu'à un quart de lieue de lui, avait enterré ses titres de propriété et son argenterie. Quels étaient *ces dix scélérats de sa trempe*[4] ? Parmi eux, j'en connais un, qui est de mes parents,

---

[1] Voir les lettres d'André Dumont : 1° *Moniteur* du 10 sept. 1793, p. 1075, col. 1 ; 2° *Moniteur* du 16 sept., p. 1098, col. 3 ; 3° *Moniteur* du 25 sept., p. 1137, 3.

[2] *Moniteur* du 6 oct. 1793, p. 1187, col. 2 et 3 ; *Moniteur* du 18 du premier mois, page 74, 1.

[3] *Moniteur* du premier du deuxième mois, p. 124, 2 ; Cf. *Moniteur* du 5 du deuxième mois (26 octobre 1793), p. 143, col. 2 et 3.

[4] Voyez dans le *Vieux Cordelier*, p. 81 et suiv. édition Matton. Il s'agit de Vaillant, cousin de Camille, qu'on avait arrêté pour avoir *invité à coucher* le citoyen Nantouillet.

dont la scélératesse consistait à avoir reçu à dîner, dans sa campagne, un homme qui, depuis quinze mois, résidait à Péronne, y montait sa garde, y touchait ses rentes, en un mot, avait une possession d'état de citoyen français, mais qu'André Dumont accusait d'avoir fait un voyage à Londres; comme si, avant de recevoir chez moi un citoyen, j'étais obligé de l'interroger, où il a été et ce qu'il a fait depuis la Révolution ! Voilà un des dix scélérats d'André Dumont [1].

» Peut-être André Dumont a-t-il été surpassé encore par son collègue Dubouchet, dans le département de Seine-et-Marne. Déjà la lettre du commissaire Rousselin aurait couvert celui-ci de ridicule [2], si on pouvait rire dans un si grand deuil de toute une province. Le décret de la Convention [3] qui défend d'envoyer dans un département des commissaires nés dans ce département, décret sage, en ce qu'il empêchait les députés de se laisser circonvenir par leurs parents et amis, avait un inconvénient: celui de livrer les députés, dans un pays qu'ils ne connaissaient pas, aux suggestions et aux intrigues du faux patriotisme, qui aurait l'art de s'emparer de son esprit [4]; et les réclamations qui s'élèvent de tous côtés contre Dubouchet tombent moins par lui que [5] ceux à qui il a donné sa confiance. Dubouchet, arrivé à Melun, s'enquiert du plus chaud patriote; on lui indique un épicier comme le Marat du pays. Celui-ci ménage toutes ses pratiques, et ne trouve de gens suspects que parmi ceux qui n'achètent pas chez lui.

(FIN DU PREMIER FRAGMENT.)

N. B. *L'original est bien identique à la copie de Panis. Les feuilles diverses sur lesquelles Desmoulins a écrit ce long mor-*

---

[1] Voir le *Moniteur* (pour les autres manifestations hébertistes d'André Dumont) du 15 brumaire an II, p. 184, 3; du 17 frimaire an II, p. 309, 2; du 23 frimaire, p. 334, 1; du 3 nivôse, p. 375, 3; du 14 nivôse, p. 418-419.

[2] *Moniteur* du 24 du premier mois, p. 96, 1; cf. *Moniteur* du 29 du premier mois, p. 118, 1, où il est répondu à la dénonciation de Rousselin contre Dubouchet, député de Rhône-et-Loire; *Moniteur* du 3 frimaire, p. 255, 2; *Moniteur* du 29 frimaire, p. 358, 3.

[3] Décret du 5 juillet 1793.

[4] Il faudrait LEUR.

[5] Il faudrait SUR.

ceau sont séparées les unes des autres dans le portefeuille de
M. le baron de Girardot. Panis a fait la copie sur ces feuilles
avant qu'elles fussent dispersées.

DEUXIÈME FRAGMENT DU *VIEUX CORDELIER*.

Pour *le premier fragment (ci-dessus)*, M. Carteron avait eu : 1° une copie de
Panis ; 2° des feuilles dispersées dans le portefeuille de M. le baron de Girardot ;
mais ces feuilles, qui sont de la main de Camille, étant rapprochées, on y
trouve une suite parfaite ; elles ont servi sans aucun doute à Panis pour la copie.

Le fragment II (que voici) a été restitué d'après les mêmes secours. La copie
de Panis a été faite sur le manuscrit de Camille ; seulement, Panis, étant assez
ignorant, n'a pu lire quelques mots, comme non causa pro causa. — Le manuscrit de Camille se compose d'une feuille simple, recto et verso ; il y avait certainement un commencement et une suite.

Pour le premier (ci-dessus), il y a un commencement à chercher ; mais le
manuscrit se terminant au bout d'une page, et le reste de la page étant en blanc,
on peut regarder ce fragment comme terminé par ces mots : « qui n'achètent pas
chez lui. »

« ... Tant de chemin à faire, aussi n'ai-je pas manqué de visiter nos sages. Quelle a été ma surprise de n'entendre presque
plus de discussion ! Il semble que la tribune de la Convention
soit devenue aussi périlleuse qu'une campagne de la Vendée
sous les généraux que vous savez. Si un député se croit obligé
en conscience de dire son sentiment, bon ou mauvais, rien de
si plaisant alors pour le républicain qui suit ces séances que
d'observer avec ces *si* et ces *mais*, ces *oui* et ces *non*, ces conces-
sions, ces circonlocutions, ces correctifs et une foule de pré-
cautions oratoires, il enveloppe et plastronne sa pensée comme
d'un *haubert* et d'un collier, de peur qu'il n'y ait jour à la
guillotine, comme il se croit toujours en présence de la guillotine, comme il prévoit les futurs contingens, et comme il pare
d'avance en tierce et en quarte tous les interrogats de M. Renaudin.

» Aussi n'y en a-t-il aucun de vous qui se hasarde à ouvrir le
lendemain l'opinion qu'un grand nombre s'était communiquée
la veille. Vous vous attendez les uns les autres. Il semble que
celui-là se croit le député le plus pur, qui, n'ayant jamais ouvert la bouche pendant le cours de la session, pourra se dire,
au sortir de la Convention : « Dieu soit loué ! Vienne Fouquier-Tinville quand il voudra ! je le défie de trouver le défaut
de mon opinion ! » Si cela continue, la nation, pour avoir des

représentants fidèles et irréprochables, n'a rien de mieux à faire que d'élire les Chartreux, qui, sans violer leur vœu du silence, n'auront qu'à se lever ou s'asseoir, selon quelques applaudissements des tribunes, et par l'initiative d'Hébert [ou [1] de Vincent]. Déjà souvent j'ai cru voir en vous, à ce silence morne, non des Pères conscripts, mais les Pères de la Trappe ou de Sept-Fonts [2]; ou plutôt, après vous avoir entendus cent fois sur vos bancs improuver entre vous les mesures qu'on proposait et n'oser demander la parole, je l'avoue, tandis que vous entendiez tous les jours les orateurs de la barre vous mettre bien au-dessus des Grecs et des Romains, moi, sur cette Montagne si célèbre, je n'ai vu que le peuple souriquois délibérant et n'osant attacher le grelot à Rodilard.

» Quel qu'ait été l'avilissement des générations passées, jusqu'ici il était passé en proverbe que tout pouvait se dire, et qu'il n'y avait que manière de s'y prendre. On sait comment Abraham, dans sa promenade avec Dieu en personne, avec qui il avoit cependant à traiter une affaire bien difficile, puisqu'il ne demandait rien moins à l'*Immuable* que le rapport de son fameux décret sur Sodome, ne laissa pas de s'en tirer avec un peu d'adresse, et à l'aide d'une figure de rhétorique [3]. — « Mon » Seigneur, dit-il, s'il y avait seulement quinze cents patriotes » qui ne fussent pas complices, ne feriez-vous grâce [4] aux mai- » sons? — Il y a gros, répond Dieu. — Mais si je rayais seu- » lement un zéro, s'il y en avait cent cinquante, feriez-vous » grâce. — Oui, encore. — Mais si je rayais encore le dernier » zéro, s'il y avait seulement quinze justes. — Eh bien, dit le » bon Dieu, j'accorderais encore le sursis. »

» J'avoue qu'un républicain va plus rondement; il aurait dit au Seigneur : « Il y a ici un vice de raisonnement qu'on ap- » pelle en logique *non causa pro* [5] *causâ*, et vous vous en pre- » nez aux murailles; je vous en demande pardon, mais...

» Les murs aussi, grand Dieu, se sont-ils . . . . . . [6] ? » Après

---

[1] Ces mots « *ou de Vincent* » sont raturés.
[2] Abbaye de l'ordre de Citeaux, près de Moulins.
[3] Dans le manuscrit, il y a « réthorique », faute reproduite par Panis.
[4] « *Pas* » manque dans le manuscrit.
[5] Panis n'a pas pu lire.
[6] Dans le manuscrit : « e », mais le mot se devine sans peine.

tout, de la créature au Créateur [de l'argile¹ au potier], il y a une si grande distance, qu'Abraham est bien excusable, et qu'il doit être permis à la montre parlant à l'horloger d'user de ces détours et de périphrases. Mais ce que je ne saurais pardonner au *gouvernement révolutionnaire* de Billaud-Varennes et *à sa terreur à l'ordre du jour*, c'est que, bien qu'on n'ait jamais tant répété que *tous les hommes sont égaux*, et *que le temps est venu de se dire tout en face*, vous, représentants du peuple, et revêtus de la première magistrature, loin de parler d'égal à égal, vous ne puissiez pas même, en épuisant toute votre rhétorique², et à l'aide de toutes les circonlocutions inimaginables, ouvrir une opinion autre que celle qui a la faveur, que vous ne puissiez pas faire entendre que vous êtes sur Lyon d'un autre avis que Ronsin, et puisque, de son aveu, il y a quinze cents patriotes³ dans *Commune-Affranchie*, vous vous rangez du sentiment de Dieu le père, du moins quant aux maisons. Je soutiens qu'on n'a jamais vu une telle bassesse, non-seulement d'homme à homme, mais de valet au maître, et de l'argile au potier ; je soutiens que nous n'avons jamais été si esclaves que depuis que nous nous disons républicains, ni si rampants devant les hommes en crédit ou en place, que depuis que nous leur parlons le chapeau sur la tête. »

Ces divers fragments montrent clairement l'état de l'âme de Camille au commencement de cette année 1794, dont le printemps devait marquer sa mort. Il était ulcéré : Miot de Mélito, dans ses *Mémoires*, nous le montre attristé et assailli de pressentiments funèbres : « Le peu
» de mots qu'il laissait échapper, dit Mélito, avaient
» toujours pour objet des recherches ou des observations
» sur les condamnations du tribunal révolutionnaire, sur
» le genre de supplice infligé aux condamnés et sur la plus
» noble ou la plus décente façon de s'y préparer ou de le

---

¹ Raturé dans le manuscrit. Ces mots reviennent à la page suivante.
² Manuscrit et copie de Panis : « réthorique. »
³ Voir le *Vieux Cordelier*, p. 69, édition Matton.

» supporter¹. » Il était las. Il se sentait perdu. Et ce n'était pas seulement lui (quel tourment!) qu'il perdait, c'étaient les siens. Déjà deux commissaires de la section Mucius Scevola, la section de Vincent, l'ami d'Hébert, avaient opéré chez M. Duplessis, le beau-père de Camille, une perquisition suivie de saisie, ce qui avait même provoqué à la Convention une interpellation de Danton, appuyé par Romme, réclamant contre la saisie d'objets d'art; et ce n'était pas tout : quoiqu'il n'eût pas épousé une Autrichienne, comme Chabot, Camille aussi, comme l'ex-capucin, devait se défendre d'avoir *épousé une femme riche*.

« Je ne dirai qu'un mot de ma femme, répond-il à ce sujet à Hébert, et sur un ton pénétré et touchant qui ne lui est pas familier. J'avais toujours cru à l'immortalité de l'âme. Après tant de sacrifices d'intérêts personnels que j'avais faits à la liberté et au bonheur du peuple, je me disais, au fort de la persécution : « Il faut » que les récompenses attendent la vertu ailleurs. » Mais mon mariage est si heureux, mon bonheur domestique si grand, que j'ai craint d'avoir reçu ma récompense sur la terre, et j'avais perdu ma démonstration de l'immortalité. Maintenant tes persécutions, ton déchaînement contre moi et tes lâches calomnies me rendent toute mon espérance². »

Hélas! à l'heure où il parle de son « bonheur domestique si grand », Camille le sent bien atteint, ce bonheur; il s'émiette entre ses mains, il disparait, il s'enfuit; le malheureux n'en a plus que l'ombre! Le désespoir,

---

1 *Mémoires* du comte Miot de Mélito, seconde édition (1873). t. Iᵉʳ, p. 44.

2 Le *Vieux Cordelier*, n° 5. Voy. Œuvres de Camille Desmoulins, t. II, p. 213, édition Charpentier.

l'inquiétude, la terreur sont entrés dans cette maison, que Sylvain Maréchal appelait autrefois — que ce temps est loin ! — le séjour de l'innocence. On a une lettre de Lucile, lettre navrée, désespérée, qu'elle envoie à Fréron, alors à Toulon, et qui donne bien le ton de ce moment tragique, et cette lettre, déjà citée, mais incomplétement, dans l'*Histoire des Tribunaux*, p. 283, et dans le livre de E. Lairtullier, les *Femmes célèbres de 1789 à 1795*, nous la publions ici, dans son intégralité et avec son orthographe même, telle que nous l'avons copiée sur l'original.

Fréron est loin ; absent depuis huit mois, il est devant Toulon qu'on assiége ; et lui qui écrit à Camille : « Tu » sais que j'aime ta femme à la folie » ; lui qui voudra un jour que ses deux enfants s'appellent, l'un Camille, l'autre Lucile (ces enfants de Fréron moururent tous deux avant l'âge, comme ceux dont ils portaient les noms, moururent avant de vieillir) ; il regrette le *lapin*, l'ami de *Bouli-Boula*, — c'est le surnom de Desmoulins, — et de *Rouleau*, — c'est celui de Lucile ; — il regrette « le thym et le serpolet dont les *jolies mains à petits trous* de madame Desmoulins le nourrissaient » ; il évoque le passé ; il se souvient des *idylles, des saules, des tombeaux et des éclats de rire* de cette Lucile qui lit à la fois Young et Grécourt ; il la revoit « trottant dans sa » chambre, courant sur le parquet, s'asseyant une mi- » nute à son piano, des heures entières dans son fau- » teuil, rêvant, faisant voyager son imagination, puis » *faisant le café à la chausse*, se démenant comme un » lutin et montrant les dents comme un chat. » Quel joli portrait de Lucile, et comme on sent que Fréron a raison, plus raison qu'il ne croit peut-être en disant qu'il l'aime et que la mélancolie interrompue par le

rire de Lucile l'a charmé! « Adieu, folle, cent fois folle,
» Rouleau chéri, lui dira-t-il. » Et il imite la jeune
femme dans son langage après l'avoir peinte dans ses
attitudes : « *Qu'est-ce que ça me fait? C'est clair comme*
» *le jour!* » Le « lapin embrasse toute la garenne, en
» attendant qu'il retourne s'ébaudir sur l'herbe du Bourg-
» Égalité! » Puis, songeant à Camille, au *Vieux Cordelier*,
aux dénonciations dont il est l'objet, le futur réacteur
des lendemains de Thermidor trouve — chose à noter!
— que le *loup-loup* (c'est encore Camille) doit tenir en
bride son imagination relativement à ses Comités de
clémence. « Ce serait, dit Fréron, un triomphe pour
les contre-révolutionnaires. Que sa philanthropie ne
l'aveugle pas ; mais qu'il fasse une guerre à outrance
à tous les patriotes d'industrie. » Or, c'est à cela que
répond Lucile, essayant de faire comprendre à l'ami
éloigné tout le danger pressant, terrible, d'une situation
qu'il ignore :

« 24 nivôse l'an deux de la République une et indivisible.

» Revenez, Fréron, revenez bien vitte. Vous n'avez point de
tems à perdre, ramenez avec vous tous les vieux Cordeliers
que vous pourrez rencontrer, nous en avons le plus grand
besoin. Plut au ciel qu'ils ne se fussent jamais séparés! Vous
ne pouvez avoir idée de tout ce qui se fait ici! Vous ignorez
tout, vous n'appercevez qu'une foible lueur dans le lointain
qui ne vous donne qu'une idée bien légère de notre situation.
Aussi je ne m'étonne pas que vous reprochiez à Camille son
comité de clémence. Ce n'est pas de Toulon qu'il faut le juger.
Vous êtes bien heureux là où vous êtes; tout a été au gré de
vos désirs, mais nous, calomnié, persécuté par des ignorants,
des intrigants, et même des patriottes, Robespière (sic) votre
boussolle, a dénoncé Camille aux Jacobins; il a fait lire ces
numéros 3 et 4, a demandé qu'ils fussent brulez *lui qui les
avoit lus manuscrit. Y concevez-vous quelque chose* [1]? Pendant

Rayé par Lucile sur l'autographe.

deux séances consécutives il a tonné *ou plutôt crié*[1] contre Camille. A la troisième séance on avoit rayé Camille. Par une bisarie (*sic*) bien singulière, il a fait des efforts inconcevables pour obtenir que sa radiation fût rapporté, elle a été rapportée, mais il a vu que lorsqu'il ne pensoit pas ou qu'il n'agissoit pas *à leur*[2] la volonté d'une certaine quantité d'individus, il n'avait pas tout pouvoir. Marius[3] n'est plus écouté, il perd courage, il devient faible. Déglantine est arrêté, mis au Luxembourg; on l'accuse de faits très-graves. Il n'était donc pas patriotte! lui avoit si bien été jusqu'à ce moment. Un patriotte de moins c'est un malheur de plus.

» Ces monstres là ont osé reprocher à Camille d'avoir épouser une femme riche. Ah! qu'ils ne parlent jamais de moi, qu'ils ignorent que j'existe, qu'ils me laissent aller vivre au fond des déserts, je ne leur demande rien, je leur abandonne tout ce que je possède pourvu que je ne respire pas le même air qu'eux! (*Ici, — détail qui donne je ne sais quoi de sinistre et de trop vivant à ce document qui sent la mort, — Lucile laisse échapper de sa plume une tache d'encre, et, cette plume allant mal, elle essaye de la façonner en traçant en marge des barres, des zigzags qui rendent cet autographe plus étrange et plus précieux encore.*) Puissai-je les oublier, eux et tous les maux qu'ils nous causent, je ne vois autour de moi que des malheureux. Je suis trop faible, je l'avoue, pour soutenir un si triste spectacle. La vie me devient un pesant fardeau. Je ne scais plus penser. Penser, bonheur si pur, si doux. Hélas, j'en suis privée... Mes yeux se remplissent de larmes... Je renferme en mon cœur cette douleur affreuse, je montre à Camille un frond serein, j'affecte du courage pour qu'il *ne perde pas le sien*[4] continue d'en avoir.

» Vous n'avez pas lu à ce qu'il me parroit ses cinq numéros. Vous y êtes cependant abonné.

» Oui le serpolet est *cueilli*[5] tout prêt. C'est à travers mille soucis que je l'ai cueillis. Je ne ris plus, je ne fais plus le chat, je ne touche plus à mon piano, je ne rêve plus, je ne suis plus

---

[1] Rayé par Lucile sur l'autographe.
[2] Rayé.
[3] Danton.
[4] Rayé.
[5] Rayé.

qu'une machine. Je ne vois plus personne, je ne sors plus. Il y a long tems que je ne vois plus les Robert. Ils ont éprouvé des désagrémens par leur faute. Ils tâchent de se faire oublier.

» Adieu, lapin, *tu*[1] vous allez encore m'appeler folle. Je ne le suis pourtant pas encore tout à fait, il me reste assé de raison pour souffrir.

» Je ne saurois vous exprimer la joie que j'ai éprouvé en apprenant qu'il n'étoit point arrivé de malheur à votre aimable sœur [et à Paris] j'ai été tout inquiette lorsque j'apris la prise de Toulon. Je pensois sans cesse quel seroit leur sort? Parlez leur quelquefois de moi. Embrassez les tous deux pour moi. Je les prie de vous le rendre en mon intention.

» Entendez-vous, mon loup qui crie Martin, mon pauvre Martin, *te voilà, viens que je t'embrasse*[2], reviens bien vitte.

» Revenez, revenez bien vitte, nous vous attendons avec impatience[3]. »

Marius n'est plus écouté! Nous sommes calomniés, persécutés! D'Églantine est arrêté! Je ne sais plus penser! Quel tableau! Comme on s'imagine des sourires contraints, des cœurs serrés et des fronts pâles! Camille persistait pourtant dans son œuvre, et malgré les avis qu'on lui donnait[4]. Des lettres semblables à celles-ci,

[1] Rayé.
[2] Rayé.
[3] Copié sur l'original.
[4] *Dialogue entre Camillle Desmoulins et moi au moment où son cinquième numéro du* Vieux Cordelier *venait de paraître.*

« Mon cher Camille, il faut de la prudence
En toute chose. — Eh! m'en suis-je écarté?
Qu'ai-je donc fait? J'ai dit la vérité;
En homme libre, avec toute assurance,
Je veux la dire. Ah! garder le silence
Serait trahir mon auguste devoir.
— Mais Robespierre est forcé de se voir
Dans vos portraits. — C'est l'unique remède
Pour le guérir. — A femme ou fille laide
Il ne faut pas présenter un miroir. »

Le Chiffonnier, par P. Villiet, auteur des *Rapsodies*. A Paris, chez tous les marchands de chiffons, an VIII.

qu'il recevait du fond des prisons, l'éperonnaient, activaient son courage : il y retrouvait l'écho de ses cris de pitié :

« Quintidi, nivôse.

« Grâces immortelles te soient rendues pour ta noble et touchante idée d'un comité de clémence. Mais, hélas! *ils n'en rabattront que trop.* Au moment où l'on m'apporta hier ton quatrième numéro, je lisais le chapitre 18 du traité de la clémence de Sénèque le philosophe, et j'en étais précisément à ces mémorables paroles d'Auguste : *Vitam tibi, Cinna, iterum do, prius-hosti, nunc insidatori ac parricidæ.* Citoyen non moins éclairé que vertueux, quand tu leur dis que ce comité de clémence finirait la révolution, la preuve en est dans ce même chapitre de Sénèque : *Post hæc... nullis amplius insidiis ab ullo petitus est.* Puisse le génie de l'humanité qui t'a inspiré un si beau commentaire du « Soyons amis, Cinna », convaincre ceux qui nous gouvernent qu'il ne peut y avoir de constitution sans morale, et que la seule bonne politique est de se montrer juste. Ah! s'ils avaient le noble courage de dire à ces deux cent mille citoyens qu'on appelle *suspects* : Soyons amis, en deux mots ils sauveraient la République bien plus sûrement que le million d'hommes armés pour la défendre.

» Si je recouvre ma liberté, le premier usage que j'en ferai sera d'aller entretenir un ami que le malheur m'aura donné; mais j'en désespère, s'il faut que nous soyons traînés de comité en comité, et si la Convention n'abrége pas, dans sa justice et sa sagesse, la longueur de ce dédale de procédures.

» Faudra-t-il donc, sous le régime de la liberté comme sous la main de fer du despotisme, que *le mal soit versé tout à la fois et le bien goutte à goutte!* Ne crains pas de te compromettre dans ce que ta belle âme peut t'inspirer en ma faveur, et sois assuré, homme selon mon cœur et mon esprit, que le plus sévère examen de ma conduite et de mes principes, ne le sera jamais assez au gré de mes désirs.

» Amable LATRAMBLAYE [1]. »

[1] *Lettre inédite.*

Camille recevait, en revanche, des lettres où on lui demandait d'ac-

Et en même temps, un autre ami fidèle écrivait à Camille, en l'encourageant :

« 11 nivôse an II.

» O mon Camille, comme je te remercie de ton précieux cadeau! En vérité, je n'ai rien lu, depuis la révolution, qui m'ait fait tant de plaisir! Quelle nuit délicieuse tu m'as fait passer au corps de garde! Tu m'y réservais la compagnie de Cicéron et de Voltaire. Tiens, mon ami, je ne suis ni fanatique, ni enthousiaste, ni complimenteur; mais s'il arrive que je te survive, je veux avoir ton buste sur lequel je graverai :

« *Des méchants voulaient nous pétrir*
» *une liberté de boue et de sang; Camille nous la fit aimer*
» *de marbre et couverte de fleurs.* »

» Que Robespierre ne quitte pas le Comité de salut public, Danton la tribune, et toi la plume, et bientôt les Français vous

cuser et de proscrire; je n'en citerai qu'une, tirée de ses papiers inédits :

« 20ᵉ nivôse de l'an II de la République française, une, indivisible et impérissable.

LIBERTÉ, ÉGALITÉ OU LA MORT.

Dénonciation au comité de salut public.

» *Pitt et Cobourg* n'ont peut-être à leur inçu, eu de croupier plus indéfiniment utile que le manequin *Bouchote*. Ses sotises, son ineptie, son incurie équivalent à la plus haute trahison.

» Émule de son nul prédécesseur que j'ay suivi de près, il y a douze mois. il a contre le texte des décrets esquivé des réquisitions militaires un bataillon de jeunes gens que j'offre à la République; bien loin de *desansculotiser* les généraux, il a peuplé l'état-major de muscadins et de blansbecs tels que lui, et moins valants s'il est possible.

» Il fait payer sept cent mille homme effectifs à la République, et un grand quart est incapable de services militaires. Il a peuplé les armées de généraux sots autant que fripons et conservé partout jusque dans les vivres des voleurs, brigands, même nobles; enfin j'offre tous les éclaircissements et révélations que le comité pourra exiger sur ce petit capitaine d'Esterazy.

» Salut et fraternité,

» Le républicain HÉDOIN,
» Né en 1739, militaire de quarante ans,
» premier vice-président de la section Lepelletier, à Reims. »

devront à tous trois un bonheur éternel. — Mais, plus je réfléchis, et moins je devine ton indéfinissable Lucile. Qu'ai-je fait pour lui donner une si piètre idée du pauvre Polichinelle? Hier encore elle ne voulait pas me prêter ton journal, de crainte qu'il ne fût pas de mon goût.

» Quoi! si jusqu'ici j'ai aimé la liberté sur la simple ébauche d'artistes souvent inhabiles et infidèles, n'était-il pas sûr que je l'adorerais tracée, d'après nature, par le peintre heureux qui a hérité tout à la fois des pinceaux et des couleurs de Cicéron, de Lucien, de Voltaire et du naïf Lafontaine!

» Pour punir cette Lucile, aussi laide d'esprit que de corps, il faut qu'elle envoie à son joli Polichinelle le manuscrit où se trouve la *Fleur que j'aime,* tes *Révolutions,* tous tes ouvrages et les numéros présent et à venir de ton *Vieux Cordelier.*

» Je te persuaderais facilement que j'aurais plus de plaisir à venir les prendre moi-même; mais, dans la crainte de te déranger, j'aime mieux te donner mon adresse : par ce moyen tu pourras me faire savoir si, par hasard, tu as quelques moments à me sacrifier au coin de ton feu, non pas dans ta chaise percée, mais dans *celle à deux bras.* Tu pourras encore me venir chercher un de ces matins au saut du lit, et partager le déjeuner de

POLICHINELLE. »

» P. S. Quoique assez rares, je regarde comme moins précieux qu'utiles les livres dont je te fais présent. C'est ce qui se trouve de plus convenable pour toi dans ma petite bibliothèque, qui est toute à ton service.

» Mais, adieu; je bavarde beaucoup au lieu de me rappeler que je ne me suis échappé du corps de garde que pour dîner; j'y cours, en te priant de ne pas ménager les citoyennes *Rouleau, Roulette et Daronne,* car je leur en veux un tantinet. »

Quelques jours après, Brune déjeunait chez Camille; mais il était triste, inquiet, avec des pressentiments funestes. Desmoulins, au contraire, par un retour fréquent chez ces natures nerveuses, avait repris confiance, et tandis que Lucile lui versait du chocolat en disant à

Brune : « Il faut bien qu'il remplisse sa mission. » — Bah ! dit Camille en citant du latin pour complaire à l'ami d'Horace : « *Buvons et mangeons, nous mourrons demain.* » C'était son mot habituel, à cette heure décisive.

M. Duf..., son ancien maître de conférences, le rencontra rue Saint-Honoré, quelques jours avant son arrestation : « Que portez-vous là, Camille, lui dit-il en désignant un paquet de journaux que Desmoulins portait sous le bras. — Des numéros de mon *Vieux Cordelier;* en voulez-vous? — Non, non, ça brûle. — Peureux! répond Desmoulins. Avez-vous oublié ce passage de l'Écriture : *Edamus et bibamus, cras enim moriemur?* »

« Nous mourrons! » Le pauvre Desmoulins ne croyait peut-être pas dire si vrai. Toujours est-il que la rupture entre Robespierre et lui était complète; nous l'avons vu par la lettre de Lucile à Fréron. On raconte que cette rupture était née d'une imprudence de Camille, qui aurait prêté un livre illustré, l'*Arétin,* avec des gravures obscènes, à Élisabeth Duplay, la plus jeune des filles de l'hôte de Robespierre. Le courroux de Maximilien eût été grand alors contre « ce corrupteur » de Camille. Mais ce n'est là qu'une anecdote impossible à contrôler. Peut-être Robespierre avait-il senti un secret dépit contre Camille lorsque, recherchant la main de mademoiselle Adèle Duplessis, la sœur de Lucile, il s'était vu fort doucement éconduit. J'imagine que le père, M. Duplessis, ne tenait pas à donner sa seconde fille à un homme politique. De là le refus, sans nul doute. Il est probable que Camille plaida alors la cause de son ami. Bref, Robespierre se rabattit sur la fille du menuisier Duplay, qu'il aima d'ailleurs, on le sait, d'une affection profonde et austère.

Toujours est-il que l'heure approchait où cette rupture entre Camille et Maximilien allait devenir publique. Le 7 janvier, au club des Jacobins, deux jours après l'apparition du n° V du *Vieux Cordelier*, on discuta la question de savoir si Fabre d'Églantine, Bourdon (de l'Oise) et Camille Desmoulins devaient être chassés de la Société. Trois fois on appela leurs noms; aucun ne répondit. « Eh bien, dit Robespierre, citez-les devant » le tribunal de l'opinion publique; elle jugera! » A ce moment, Camille se présente. On lui demande de rendre compte de ses liaisons avec Philippeaux. Camille répond qu'il a pu se tromper, que les accusations qu'on lui jette sont des calomnies. Mais là n'est point le cœur du débat. Ce que les Jacobins veulent atteindre, flétrir, c'est le *Vieux Cordelier*. Que si Camille sort vaincu, si l'*épuration* est prononcée, tout est fini, la guillotine est proche. A cette heure, la route vers l'échafaud se compose de plusieurs stations; l'*épuration* est la première. Camille n'a pas encore parlé sur ce chef d'accusation, que Robespierre demande la parole.

« Tout en blâmant énergiquement le *Vieux Cordelier*, dit Charlotte Robespierre dans ses *Mémoires*, Maximilien chercha à justifier l'auteur. Malgré son immense popularité et son influence extraordinaire, des murmures accueillirent ses paroles. Alors il vit qu'en voulant sauver Camille il se perdait lui-même. Camille ne lui tint pas compte des efforts qu'il avait faits. »

La vérité est que Robespierre, voulant détourner la colère des Jacobins, crut devoir sacrifier l'ouvrage pour sauver l'auteur : « Camille, dit-il avec une certaine ironie, et d'un ton sec qui dut irriter profondément l'impressionnable Desmoulins, Camille est un enfant gâté; il avait d'heureuses dispositions; les mauvaises compagnies l'ont égaré. » Ce sont presque déjà là les expressions dont Saint-Just se servira dans son meurtrier rapport, rapport dont Robespierre lui fournira les éléments.

« Enfin, conclut Robespierre, il faut sévir contre ces numéros que Brissot lui-même n'eût osé avouer, et conserver Desmoulins au milieu de nous. Je demande, pour l'exemple, que les numéros de Camille soient brûlés dans la société. »

Brûlés! brûlés par les Jacobins comme la *France libre* par arrêt du Parlement de Toulouse! C'est trop, en vérité, pour Camille, qui ne comprend point le but de Robespierre. Il se redresse, il regarde Maximilien en face, et d'une voix nette, qui contraste avec ses balbutiements habituels : « C'est fort bien dit, Robespierre; mais je te répondrai comme Rousseau : *Brûler n'est pas répondre !* »

Robespierre fut surpris d'une riposte aussi soudaine. Il ne s'y attendait pas. Il croyait que Desmoulins comprendrait le véritable but d'une pareille tactique. Le cri de « son ami » l'irrita à son tour, et le ton de sa réplique fut bientôt changé :

« Apprends, Camille, dit-il, que si tu n'étais pas Camille, on ne pourrait avoir autant d'indulgence pour toi! La façon dont tu prétends te justifier me prouve que tes intentions étaient mauvaises. — Mes intentions, reprend Camille, mais ne les connaissais-tu pas? N'ai-je pas été chez toi? ne t'ai-je pas lu mes numéros? — Je n'en ai lu qu'un ou deux; j'ai refusé d'entendre les autres! »

Ainsi, le duel de paroles continuait, ardent, pressé, les ripostes se succédant comme les passes rapides d'une escrime à fleurets démouchetés, tandis que le public, les témoins, la masse frémissante des Cordeliers, passait de l'un à l'autre des adversaires avec une partialité évidente pour l'*incorruptible*, défenseur tout à l'heure, maintenant accusateur. Vainement Danton intervient, essaye de persuader publiquement à Camille qu'« il ne » doit pas s'effrayer des leçons un peu sévères que l'a- » mitié de Robespierre vient de lui donner. » L'apaisement est impossible. La lutte continue. « Eh bien, oui ! » s'écrie Robespierre, qu'on ne brûle pas, mais qu'on » réponde ! » Et, aux murmures de l'auditoire, la voix d'un secrétaire lit aussitôt le n° IV du *Vieux Cordelier*. Camille et Danton pouvaient déjà sentir qu'ils étaient perdus. Le 8 janvier (19 nivôse), c'est encore au *Vieux Cordelier* que les Jacobins reviennent. C'est Momoro qui lit, cette fois, le n° III, le terrible réquisitoire où le mot *suspect* retentit comme un refrain lugubre, ce Momoro qui tremblait, en juin 1789, d'imprimer la *France libre*, et qui maintenant accuse Desmoulins de *modérantisme*. Un silence morne accueille cette lecture. Robespierre alors reprend la parole ; pour lui, Desmoulins est « un composé bizarre de vérités et de mensonges, » de politique et de chimères. » D'ailleurs, « que les Ja- » cobins chassent ou conservent Desmoulins, peu im- » porte, *ce n'est qu'un individu*. » Ce qui importe, c'est « la chose publique. » Or, deux sortes de gens la menacent, les *citra-révolutionnaires* et les *ultra-révolutionnaires*. Et ces deux factions « s'entendent comme des » brigands dans une forêt. » Et, pour préciser sa pensée : « Camille et Hébert, dit Robespierre, ont également » tort à mes yeux [1]. »

Ainsi, dès le mois de janvier, le projet de Maximi-

---

[1] Voyez, dans le livre de Courtois, le projet d'un discours où Robespierre attaque à la fois les deux *factions*. « L'une prêche la fureur et l'autre la clémence ; l'une conseille la faiblesse et l'autre la folie... Les deux factions se *rapprochent* et se *confondent*... » Robespierre, dans cet écrit, appelle les *libelles* de Desmoulins l'*évangile des aristocrates* et traite Westermann de *ridicule fanfaron*.

lien apparaît clairement : il s'agit, pour lui, de se défaire à la fois des modérés et des exagérés, des *indulgents* et des *enragés*. Le double coup de bascule est arrêté dans sa tête. Il n'y a plus maintenant qu'à frapper.

Cette longue discussion tourna cependant, en apparence, à l'avantage de Desmoulins. Il ne fut pas rayé du club des Jacobins, on lui rendit son titre de Cordelier. Il pouvait se croire sauvé. Il était perdu.

On trouvera, à la fin de ce volume, un témoignage de la sœur de Robespierre essayant de faire croire que Maximilien voulut réellement sauver Camille. Ce qui est plus certain, c'est que Robespierre rédigea, pour Saint-Just, un acte d'accusation contre Desmoulins, un projet de rapport que M. France publia en 1841 sur les autographes, avec des rapprochements qui ne permettent pas de douter que Robespierre ait été l'inspirateur du *chevalier porte-glaive*. Quelle étrange destinée que celle de Camille, traité de vaniteux et d'homme versatile par celui qu'il appelait jadis son *cher Robespierre !* [1] Camille,

---

[1] Les rapports de Robespierre avec son ancien condisciple de Louis-le-Grand furent assez bizarres. Les deux camarades de collège s'étaient un moment perdus de vue. Robespierre écrit à Desmoulins le 7 juin 1790 pour réclamer contre une anecdote rapportée par Camille. Robespierre n'avait pas dit, le petit Dauphin applaudissant, le 22 mai, le décret Mirabeau : « *Eh ! laissez ce marmot battre des mains.* » Dans cette lettre, Robespierre appelle assez sèchement Camille *Monsieur*.

« Monsieur,

» J'ai lu dans votre dernier numéro, etc. »

« Tu es à bon droit, répond Camille, fier du laticlave, mais tu devrais saluer au moins un ancien camarade d'une légère inclination de tête. Je ne t'en aime pas moins parce que tu es fidèle aux principes, si tu ne l'es pas autant à l'amitié. »

Plus tard, Camille dit à propos de Maximilien :

« On ne peut parler de Robespierre sans penser à Pétion. »

Deux gens de bien à Versailles vivoient...

comme on disoit du temps de Turgot et de Malesherbes.

En cette même année 1790, à propos du discours de Robespierre,

en effet, a beaucoup varié, nous l'avons vu, sur les hommes. Il y a toujours de lui, la plupart du temps, deux jugements touchant le même personnage. Un seul homme l'a constamment séduit et conquis, c'est celui qu'il appelait, dès 1791, *le plus robuste athlète des patriotes, le seul tribun du peuple qui eût pu se faire entendre dans le Champ de Mars*, c'est Danton, et l'influence de Danton le pousse à la pitié et au pardon. Aussi bien Camille a-t-il décidément rompu avec Maximilien.

Le septième numéro, qui ne devait être qu'un numéro posthume, est plein d'attaques directes, enfiévrées, hardies et éperdues contre Robespierre, contre Vadier, « ce même Vadier qui, le 16 juillet 1791, disait à la tri- » bune de l'Assemblée nationale : *J'adore la monarchie* » *et j'ai en horreur le gouvernement républicain !* », contre David « qui a déshonoré son art en oubliant qu'en pein-

---

répondant a Cazalès contre les chefs militaires, loi martiale, etc., Camille, après avoir rapporté ces paroles de Robespierre, cet *orateur du peuple* : « Ne remettons pas le sort de la Révolution dans les mains des chefs militaires; ne nous laissons point aller aux murmures de ceux qui préfèrent un paisible esclavage à une liberté achetée par quelques sacrifices, et qui nous montrent sans cesse les flammes de quelques châteaux incendiés ». Camille s'exprime ainsi : « O mon cher Robespierre ! il n'y a pas longtemps, lorsque nous gémissions ensemble sur la servitude de notre patrie, lorsque, puisant dans les mêmes sources le saint amour de la liberté et de l'égalité, au milieu de tant de professeurs dont les leçons ne nous apprenoient qu'à détester notre pays, nous nous plaignions qu'il n'y eût pas un professeur de conjurations qui nous apprît à l'affranchir; lorsque nous regrettions la tribune de Rome et d'Athènes, combien j'étois loin de penser que le jour d'une constitution mille fois plus belle étoit si près de luire sur nous, et que toi-même, dans la tribune du peuple françois, tu serois un des plus fermes remparts de la liberté naissante! Enfin, dans son n° 65 des *Révolutions de France et de Brabant*, Camille dit encore : « *Robespierre*, et non pas *Robertspierre*, comme affectent de le nommer des journalistes qui trouvent apparemment ce dernier nom plus noble et plus moelleux et qui ignorent que ce député, quand même il se nommeroit la Bête, comme Brutus, ou Pois-Chiche, comme Cicéron, porteroit toujours le plus beau nom de la France. »

» ture comme en éloquence le foyer du génie c'est le
» cœur », contre Héron, La Vicomterie, etc. C'est le
chant du cygne, un chant de colère ardente et de généreuse haine. Mais ce chant ne parviendra au monde que lorsque celui qui le fait entendre sera mort.

IV

Depuis leurs dernières lettres, dantonistes et hébertistes étaient irrémissiblement condamnés. Les amis d'Hébert, au printemps de 94, essayèrent vainement de pousser à l'insurrection le peuple de Paris. Carrier, revenu de Nantes, avait parlé à la tribune des Cordeliers, d'une « *insurrection sainte* ». Ils la tentèrent. Vincent fait décider que l'on voilera d'un crêpe noir, jusqu'à l'anéantissement des modérés, le tableau des *Droits de l'Homme*. Hébert accuse, rugit, et le *Père Duchesne* se met atrocement en colère. Vaines menaces. Saint-Just monte à la tribune de la Convention, dénonce les hébertistes qu'il accuse d'être les partisans de l'étranger et, le 24 mars, Hébert, Momoro, Cloots, Chaumette, sont exécutés.

Les *ultras* n'étaient plus à craindre; c'était aux *citras* de trembler. Les comités avaient licencié l'armée révolutionnaire, renouvelé, discipliné la Commune, *régénéré*, c'est-à-dire épuré les Cordeliers. Ils allaient maintenant tourner toutes leurs forces contre les dantonistes. Frapper Danton, atteindre Camille, quelque dépopularisés qu'ils fussent aux yeux des clubs, ce n'était pas une mince besogne. Combien de membres pouvaient encore se lever pour les défendre! Et quelle audace il fallait pour accuser Desmoulins de royalisme et Danton de trahison!

CHAPITRE CINQUIÈME.

Les comités manœuvraient habilement. Et tout d'abord ils se défirent du seul ami de Danton qui siégeât au Comité de salut public, Hérault de Séchelles. Hérault, las, écœuré, se laissa faire. On l'accusa d'avoir emporté chez lui les papiers du Comité diplomatique, entretenu des correspondances avec Proly, Pereyra et Dubuisson, ce qui était faux, et d'avoir donné asile à un émigré, ce qui était vrai. Le 26 ventôse, il était arrêté et, le lendemain, la Convention confirmait cette arrestation, après un rapport de Saint-Just. Ce Saint-Just, *l'ange exterminateur,* le *chevalier porte-glaive* était revenu de l'armée du Nord pour faire, froidement, avec une conviction terrible, l'office d'accusateur. Il parlait, de sa voix faible mais ferme, avec une concision sinistre. Pour Hérault, comme pour plus tard les autres dantonistes, il semblait, selon le mot d'un témoin, dire de la voix et du geste : Ce n'est qu'un peu de sang impur qu'on vous demande !

Hérault arrêté, c'était Danton directement menacé. Des amis l'avertirent. Ils savaient que Billaud-Varennes et Saint-Just étaient prêts à demander les têtes des *indulgents.* Danton haussait les épaules. « Il n'y a rien à faire, disait-il. Résister ? Verser du sang ? Il y a assez de sang répandu. J'aime mieux donner le mien. *J'aime mieux être guillotiné que guillotineur !* » — Et comme on lui disait de fuir, cette grande âme de patriote exhalait son amour ardent pour notre France dans un mot qui traversera les siècles : « Est-ce qu'on emporte sa patrie à la semelle de ses souliers ? » Il répétait aussi, comme Camille, le mot altier du duc de Guise : *Ils n'oseraient!* (Sa réponse était même plus énergique.)

Ils allaient oser cependant. Déjà un mois auparavant, Billaud-Varennes avait dénoncé Danton au Comité de salut public, mais Robespierre s'était levé « comme un furieux » en disant : — « Tu veux perdre les meilleurs patriotes[1] ». Mais, cette fois, Billaud allait être écouté. Au début de la séance de nuit, qui devait marquer l'arrestation de Danton et de ses amis, Robert Lindet et le vieux Rühl — qui d'ailleurs ne signèrent pas ce décret d'arrestation — firent avertir Danton par Panis. « Danton, dit le docteur Robinet (*Comment se tuent les Républiques*, articles de la *Politique positive*), Danton avait gardé son domicile. Assis près du foyer de sa chambre de travail, le corps penché dans l'âtre, abîmé dans ses réflexions, de temps à autre, il sortait de son immobilité pour tisonner avec violence, puis on l'entendait pousser de profonds soupirs et prononcer des paroles entrecoupées... D'autres fois, il se relevait brusquement, se promenait à grands pas dans la chambre, et prenant dans ses bras le fils de sa sœur, duquel nous tenons ce récit, il l'embrassait avec émotion. » La visite de Panis, tout ému, troublé, suppliant, n'ébranla point Danton. Et cependant, le péril pressait. Billaud-Varennes, qui s'en repentit plus tard, au dire de Tissot, avait déjà dit nettement avec une résolution sinistre : — « Danton conspire, il faut le faire mourir! » Robespierre et Saint-Just approuvèrent. Maximilien minuta l'acte d'accusation, il donna la matière à Saint-Just qui la façonna avec l'habileté de la haine et la froideur terrible d'une conviction de marbre. Puis, pâle, accablé, soucieux, Robespierre se retira, ce matin de mars, dans sa petite chambre de la maison des Duplay, et il y demeura enfermé, tandis qu'on arrêtait Danton, Camille Desmoulins, Lacroix et Philippeaux[2].

[1] Voy. le discours de Billaud, au 9 thermidor.
[2] Le procès-verbal d'arrestation est signé : Billaud de Varennes, Le-

Il y a dans la vie des heures sinistres où les malheurs semblent frapper à la fois et fondre brutalement sur ceux qu'ils veulent atteindre. A l'heure où l'on délibérait aux Tuileries sur l'arrestation de Camille, le malheureux venait de recevoir la lettre suivante de son père. La pauvre madame Desmoulins n'était plus :

« Mon cher fils,

» J'ai perdu la moitié de moi-même. Ta mère n'est plus. J'ai toujours eu l'espérance de la sauver, c'est ce qui m'a empêché de t'informer de sa maladie. Elle est décédée aujourd'hui, heure de midi. Elle est digne de tous nos regrets; elle t'aimait tendrement. J'embrasse bien affectueusement et bien tristement ta femme, ma chère belle-fille, et le petit Horace. Je pourrai demain t'écrire plus au long. Je suis toujours ton meilleur ami. Desmoulins. »

Le désespoir de Camille devait être profond; il avait encore les yeux rouges de larmes, lorsque la patrouille des soldats chargés de l'arrêter, et Danton avec lui, vint occuper les issues de la cour du Commerce. Le premier mot de Camille en entendant les lourdes crosses des fusils tombant sur le palier, fut celui-ci : « On vient m'arrêter ! » Lucile l'écoutait et le regardait, éperdue. Elle se sentait devenir folle. Camille fut plus calme qu'on ne pouvait le supposer. Il s'habilla, embrassa son enfant, prit dans sa bibliothèque les *Nuits* d'Young et les *Méditations sur les Tombeaux* d'Harvey, il serra contre sa poitrine cette femme adorée qui sanglotait, et leurs lèvres se rencontrèrent encore une fois dans un de ces amers baisers rendus plus brûlants par les larmes.

Lucile, affolée, éperdue, l'appelait, se cramponnait à

---

bas, Barère, Carnot, Prieur, Louis (du Bas-Rhin), Vadier, Collot-d'Herbois, Vouland, Jagot, Dubarrau, Saint-Just, Amar, La Vicomterie, M. Bayle, Élie Lacoste, Robespierre et Couthon.

lui; un évanouissement dut seul la séparer de son Camille. On écroua Desmoulins et ses amis dans la prison du Luxembourg.

Camille Desmoulins, en entrant au Luxembourg, semblait avoir perdu tout espoir. On eût dit qu'il se sentait condamné d'avance. Ses lettres, ses admirables lettres, les plus poignantes pages qu'aient dictées à une main humaine l'amour profond et la douleur, ses lettres sont toutes remplies de pressentiments affreux et de tristes ressouvenirs. Il est là, apercevant du fond de sa prison ce jardin du Luxembourg où il passa « huit années à voir Lucile. » — « Un coin de vue sur le Luxem» bourg me rappelle une foule de souvenirs de nos » amours. » Que ce temps est loin! Et il songe à sa femme, à son enfant, à l'excellente madame Duplessis. Il est près d'eux « par la pensée, par l'imagination, » presque par le toucher. » Pourtant non, Lucile est trop loin, le petit Horace lui est arraché : « Je me jette » à genoux, j'étends les bras pour t'embrasser, je ne » trouve plus mon pauvre Loulou... » Et une larme qui tombe sur le papier interrompt la phrase douloureuse.

Il essaye cependant de donner du courage aux siens. Qu'a-t-il à craindre? « Ma justification est tout entière » dans mes huit volumes républicains. C'est un bon » oreiller sur lequel ma conscience s'endort dans l'at» tente du tribunal et de la postérité. » La *postérité!* Camille a raison; elle ne lui manquera pas, elle l'absoudra, elle oubliera ses sarcasmes, elle ne verra plus que ses larmes.

La fièvre, d'ailleurs, s'empare de Camille. Son sang bout. Il écrit à Robespierre. Il ne peut dormir, il ne peut manger. Il n'a d'appétit que pour la soupe que lui fait apporter Lucile. « Envoie-moi, lui dit-il, de tes cheveux et ton portrait. » Lorsqu'il trouve un instant de sommeil, quelle joie! Il rêve d'elle : « On est libre quand on dort... Le ciel a eu pitié de moi. Il n'y a qu'un moment, je te voyais en songe, je vous embrassais tour à tour, toi, Horace et Daronne (*sa belle-mère*), qui était à la maison ; mais notre petit avait perdu un œil par une humeur qui venait de se jeter dessus, et la douleur de cet accident m'a réveillé. Je me suis retrouvé dans mon cachot. Il faisait un peu de jour..... J'ai fondu en larmes, ou plutôt j'ai sangloté en criant dans mon tombeau : Lucile! Lucile! O ma chère Lucile, où es-tu?... »

Ce sera le cri éternel du malheureux, à qui la passion dicte de ces mots saisissants, profonds, qui donnent le frisson d'un drame shakespearien :

« Hier, dit Camille, quand le citoyen qui t'apporta ma lettre fut revenu : Eh bien! vous l'avez vue? lui dis-je, comme je disais autrefois à cet abbé Landreville (confident des amours de Lucile et de Camille), et *je me surprenais à le regarder comme s'il fût resté sur ses habits, sur toute sa personne, quelque chose de toi.* »

» J'ai découvert une fente dans mon appartement, dit-il encore, j'ai appliqué mon oreille, j'ai entendu la voix d'un malade qui souffrait. Il m'a demandé mon nom, je le lui ai dit. « O mon Dieu! » s'est-il écrié à ce nom, en retombant sur son lit, d'où il s'était levé, et j'ai reconnu distinctement la voix de Fabre d'Églantine. « Oui, je suis Fabre! m'a-t-il dit, mais, toi ici! la contre-révolution est donc faite? » Nous n'osons cependant nous parler, de peur que la haine ne nous envie cette faible consolation, et que, si on venait à nous entendre, nous ne fussions séparés et resserrés plus étroitement; car il a une chambre à feu, et la mienne serait assez belle si un cachot pouvait l'être.

» Je vois le sort qui m'attend, ajoute Camille après le premier interrogatoire auquel on le soumet. Adieu, ma Lolotte, mon bon Loup; dis adieu à mon père. Tu vois en moi un exemple de la barbarie et de l'ingratitude des hommes. Mes derniers moments ne te déshonoreront point. Tu vois que ma crainte était fondée, que mes pressentiments furent toujours vrais. J'ai épousé une femme céleste par ses vertus; j'ai été bon mari, bon fils, j'aurais été bon père. J'emporte l'estime et les regrets de tous les vrais républicains, de tous les hommes, la vertu et la liberté. Je meurs à trente-quatre ans; mais c'est un phénomène que j'aie traversé, depuis cinq ans, tant de précipices de la Révolution sans y tomber, et que j'existe encore, et j'appuie ma tête avec calme sur l'oreiller de mes écrits trop nombreux, mais qui respirent tous la même philanthropie, le même désir de rendre mes concitoyens heureux et libres, et que la hache ne frappera pas.

» Je vois bien que la puissance enivre presque tous les hommes, que tous disent comme Denys de Syracuse : « La » tyrannie est une belle épitaphe. » Mais, console-toi, veuve désolée! l'épitaphe de ton pauvre Camille est plus glorieuse : c'est celle des Brutus et des Caton les tyrannicides. O ma chère Lucile! J'étais né pour faire des vers, pour défendre les malheureux, pour te rendre heureuse, pour composer avec ta mère et mon père, et quelques personnes selon notre cœur, un Otaïti. J'avais rêvé une République que tout le monde eût adorée. Je n'ai pu croire que les hommes fussent si féroces et si injustes. Comment penser que quelques plaisanteries dans mes écrits, contre des collègues qui m'avaient provoqué, effaceraient le souvenir de mes services! Je ne me dissimule point que je meurs victime de ces plaisanteries et de mon amitié pour Danton. Je remercie mes assassins de me faire mourir avec lui et Philippeaux; et puisque mes collègues ont été assez lâches pour nous abandonner et pour prêter l'oreille à des calomnies que je ne connais pas, mais à coup sûr les plus grossières, je puis dire que nous mourons victimes de notre courage à dénoncer des traîtres, et de notre amour pour la vérité.

» Nous pouvons bien emporter avec nous ce témoignage, que nous périssons les derniers des républicains. Pardon, chère amie, ma véritable vie que j'ai perdue du moment qu'on nous a séparés, je m'occupe de ma mémoire. Je devrais bien plutôt m'occuper de te la faire oublier. Ma Lucile, mon bon Loulou, ma poule à Cachant, je t'en conjure, ne reste point sur la branche, ne m'appelle point par tes cris; ils me déchireraient au fond du tombeau: Va gratter pour ton petit, vis pour mon Horace, parle-lui de moi. Tu lui diras, ce qu'il ne peut pas entendre, que je l'aurais bien aimé! Malgré mon supplice, je crois qu'il y a un Dieu. Mon sang effacera mes fautes, les faiblesses de l'humanité; et ce que j'ai eu de bon, mes vertus, mon amour de la liberté, Dieu le récompensera. Je te reverrai un jour, ô Lucile, ô Annette! Sensible comme je l'étais, la mort, qui me délivre de la vue de tant de crimes, est-elle un si grand malheur? Adieu, Loulou, ma vie, mon âme, ma divinité sur la terre! Je te laisse de bons amis, tout ce qu'il y a d'hommes vertueux et sensibles. Adieu, Lucile! ma Lucile! ma chère Lucile! adieu, Horace, Annette, Adèle! adieu, mon père! Je sens fuir devant moi le rivage de la vie. Je vois encore Lucile! je la vois, ma bien-aimée, ma Lucile! mes mains liées t'embrassent, et ma tête séparée repose encore sur toi ses yeux mourants! »

Nulle voix ne s'élevait donc en faveur de Camille? Nul secours ne lui venait donc? Ses anciens amis étaient-ils muets, ses parents inactifs? Non. Legendre avait essayé, à la Convention, de réclamer en faveur de Danton et de ses amis. Il demandait que les députés arrêtés fussent traduits à la barre de l'Assemblée. « Ils » seront accusés ou absous par vous », ajoutait-il. Mais ce n'était pas à la barre de la Convention, c'était sur les bancs du tribunal révolutionnaire que Robespierre, Saint-Just, Billaud et Couthon voulaient traîner les *indulgents*. Le discours de Legendre fut couvert par des murmures. Legendre avait eu le courage de dire : « Je » crois Danton aussi pur que moi. » Il lui fallut revenir sur ces mots et faire amende honorable dans la même séance. La résolution de Legendre ne durait pas.

« Legendre, dit Robespierre, a parlé de Danton parce

qu'il croit sans doute qu'à ce nom est attaché un privilége ; non, et nous ne voulons pas de priviléges, non, et nous ne voulons point d'idoles. » *Point d'idoles!* Le mot fut bruyamment applaudi. Legendre trembla en entendant Robespierre ajouter : « Je dis que quiconque » tremble en ce moment est coupable! » Il va pâlir, balbutier ; tout à l'heure, il appellera ses amis *les coupables*.

Et puis Saint-Just va parler ; il semble qu'un archange de la mort se dresse à la tribune et, au milieu du silence, fasse entendre des paroles de deuil : Dès les premiers mots, Saint-Just est terrible et va droit au but : — La République est dans le peuple, dit-il, et non point dans la renommée de quelques personnages! » Il parle avec une fierté farouche de l'amour sacré de la patrie qui immole tout, précipite Manlius, entraîne Régulus à Carthage, voit sans frémir Curtius se jeter au gouffre et, sur cette doctrine qui subordonne la morale et le droit à une théorie sinistre, il accuse tour à tour Hérault, qu'il appelle un conspirateur, Danton qu'il accuse de lâcheté, Camille à qui il prête des vices honteux, Fabre d'Églantine qu'il présente habilement comme le chef de la faction. Pourquoi? Parce que Fabre est accusé de faux et qu'il est nécessaire de flétrir ces hommes, à qui on ne veut pas se contenter de donner la mort, mais encore le déshonneur. Il s'adresse, ce Saint-Just, à ses collègues arrêtés comme s'ils étaient là pour lui répondre : « Faux » ami, dit-il à Danton, tu disais, il y a deux jours, du » mal de Desmoulins, instrument que tu as perdu! » De Camille, il dira qu'il fut d'abord *dupe et finit par être complice.* Saint-Just passe d'ailleurs avec dédain sur Camille, « qui manquait de caractère ». Il sait bien que ce n'est pas Camille, c'est Danton qu'il faut frapper.

« Le pauvre Camille, a dit Michelet avec une émotion
» profonde, qu'était-ce? Une admirable fleur qui fleu-
» rissait sur Danton; on n'arrachait l'un qu'en touchant
» l'autre. »

Je ne sais rien de comparable à la perfidie de ce rapport de Saint-Just, arme meurtrière, d'un acier redoutable et bien trempé. Tout ce dont on accuse les dantonistes, conspiration avec Dumouriez, complicité avec d'Orléans, royalisme et corruption, était faux, mais présenté par Saint-Just avec une habileté sinistre et une conviction féroce et inébranlable. Cet homme croyait accomplir un devoir. « Fatal aveuglement! s'écrie un historien ami de Robespierre et de Saint-Just, M. Ernest Hamel, égarement d'une âme généreuse et stoïque, qui vit des crimes là où il y eût sans doute beaucoup de légèreté et peut-être un peu de corruption [1]. » Quelque estime que nous ayons pour M. Hamel, pouvons-nous accepter ce *stoïcisme* particulier qui immole des gens parce qu'ils sont, en nous plaçant même au point de vue de Saint-Just, légers et « *peut-être* » un peu corrompus? C'était au nom de je ne sais quel idéal de vertu surhumaine, inaccessible aux mortels qui ont la faiblesse d'avoir un cœur, que Saint-Just demandait à la Convention d'immoler les dantonistes. La Convention accueillit le rapport de Saint-Just par des applaudissements *unanimes et multipliés*. Elle continuait à trembler. Et Couthon, célébrant sa docilité, s'écriait : « La Con-
» vention va, comme les armées, au pas de charge. »

Moins de quatre mois après, c'était contre Couthon et ses amis que le pas de charge était sonné. Cependant Lucile courait Paris, essayait de parvenir, pour l'attendrir, jusqu'à Robespierre. Elle voulait entraîner avec

[1] E. Hamel, *Histoire de Saint-Just*, t. II, p. 164.

elle, chez les Duplay, madame Danton. Robespierre fut invisible. Elle lui écrivait alors. Sa lettre est folle, mais poignante; M. Ed. Fleury l'a donnée tout entière : « Camille a vu naître ton orgueil..... Mais il a reculé devant l'idée d'accuser un ami de collége, un compagnon de ses travaux. Cette main qui a pressé la tienne, a quitté la plume avant le temps, lorsqu'elle ne pouvait plus la tenir pour tracer ton éloge. Et toi tu l'envoies à la mort! Tu as donc compris son silence! » Elle errait autour du Luxembourg, s'efforçait d'apercevoir Camille et de lui faire des signes. Elle voudrait, de loin, par gestes, lui parler. Elle essayera de le sauver, et pour le sauver, elle donnera sa vie. Touchante figure de femme, que cette héroïne de l'amour conjugal, ainsi résolue à suivre son époux jusque dans la mort!

L'instruction ou le semblant d'instruction contre les accusés était prête d'ailleurs. « Il faut nous partager » l'instruction, écrivait Herman à Fouquier, elle appar- » tient de droit à l'acc. (sic) public. » On les voit clairement, on les saisit un à un, les détails de cette instruction, où les renseignements les plus minces, les rapports les plus indignes, les accusations les plus basses sont accumulés avec une adresse perfide. On fait entrer en ligne de compte, contre le général Westermann, la lettre d'un soldat parisien, combattant en Vendée, le fils du tailleur Paton, qui accuse son chef suprême d'avoir mal conduit ses soldats. Cette lettre, datée des Sables, le 27 août 1793, se dresse, avec son orthographe étonnante, contre Westermann accusé d'être « un royaliste. » — « *Si le genel ralle Vesteremane*, dit » le soldat Paton, *eut été un brave homme, nous noriont* » *pas perdu ten de citoyen à Châtillon.* » C'est pourtant dans le combat de Châtillon que Westermann, pour

entraîner ses soldats, leur criait en montrant sa poitrine :
« Camarades, tuez-moi, ou venez combattre avec Wes-
» termann ! » Ce Paton l'oublie. Il déteste son chef. Et
plus loin : « Je suis bien lasse de faire la gère dans la
» Vendée, dit-il. *Les généraux veul quel dure une etter-*
» *nité.* » Quel est le crime de Westermann? Il a opposé
une discipline inflexible aux excès par lesquels ses
troupes répondaient aux excès des Vendéens. Il a dit
que ceux-là qui pillaient étaient des brigands. « *Nous*
» *maition le feux par tous où nous passion,* dit la lettre
» citée, *et nous prenion les baistios et les grin, par ce*
» *que la loi nous lordonne et ont nous adi que nous*
» *aition des brigent, des pilliar et des sinsandiérre.* »
Et une semblable déposition, la plainte ridicule d'un
soldat mécontent, las de combattre et lâche, est jointe
au dossier du général de la Vendée, et étudiée et
visée par l'accusateur public !

Des rapports anonymes viennent s'élever contre les
frères Frey, « qui sont nés juifs sous le nom de Tro-
» puscka, de Moravie, et anoblis sous le nom de
» Schœnfeld. »

« Ils sont deux frères ici, et huit au service de l'Autriche. La
citoyenne, leur sœur, a été baptisée il y a trois ans. Il y a encore deux autres sœurs à Vienne, dont une seulement a été baptisée et est entretenue par un baron allemand. Frey l'aîné, à
Paris, est marié; sa femme est de Vienne avec ses deux filles
et un fils de seize ans, qu'il a mis dans l'armée révolutionnaire, lequel il fait passer pour son neveu. On ne leur connaît
d'autre fortune que beaucoup de dettes en Allemagne, etc. »
Ces faits ont été certifiés à G. Haussmann, qui signe la pièce par
Frederich Dietrichsten, détenu à la Force, *et par le C. Wartz,
médecin logé rue Saint-André-des-Arts, chez Mail, vinaigrier*[1].

« Dans un autre rapport sur les Frey, on les prétend en-

---

[1] *Archives nationales,* C. W. 342, n°. 648.

voyés par Joseph II pour espionner la France, l'empereur « sachant bien que les enfants d'Israël surpassent toutes les » autres nations dans ce métier. » On les appellera ces *Messieurs*. Ils ont débuté, dit-on, à Strasbourg. Ils y tenaient table ouverte, se glissaient dans les sociétés populaires. Frey l'aîné s'est *insinué* au club d'Orléans du Palais-Royal. En un mot, ces soi-disant Frey sont des égoïstes, gens immoraux, remplis de ruses et d'intrigues qui, sous le masque du patriotisme, cherchent à assouvir leurs passions en cherchant à servir les ennemis de la République qui les payent. »

L'ex-capucin Chabot avait épousé une des sœurs de ces Frey, et c'est là un crime irrémissible aux yeux de certains patriotes soupçonneux.

C'est ainsi que Fouquier reçoit les documents qui suivent et où apparaît, odieux, tout un déplorable système inquisitorial :

« CITOYEN ACCUSATEUR PUBLIC,

» Pour satisfaire à l'arrêté de la société populaire du Club électoral, je t'envoie, en son nom, les pièces cy incluses, et t'invite à luy renvoyer le projet de pétition, lorsque tu en auras fait usage, si tu juges à propos de t'en servir.

» Salut et fraternité,

» HUET, *secrétaire*.

» Paris, ce octidi germinal l'an IIe de la République française une et indivisible. »

Et *l'arrêté* est joint à cette lettre du secrétaire Huet :

« Le vingt-quatrième jour du deuxième mois de l'an IIe de la République, le Club électoral, attendu :

» 1° Qu'il ne peut jamais y avoir de pacte entre les bons et les méchans, entre les hommes libres et les esclaves, entre les deffenseurs de la tyrannie et les conquérans de la liberté, entre les Français régénérés et les barbares;

» 2° Que les tyrans eux-mêmes sous lesquels la nation a rampé tant de siècles, n'ont atteint le complet des crimes et le maximum de l'exécration du peuple que lorsqu'ils ont épousé des femmes étrangères;

» 3° Qu'entre touttes les femmes étrangères qui ont partagé leurs forfaits, les femmes autrichiennes remportèrent la palme du crime sur les Médicis mêmes;

» 4° Que tout homme qui porte des étoffes étrangères est un véritable contre-révolutionnaire qui, méprisant l'opinion publique, ose se parer des livrées de nos ennemis, pour laisser dans l'indigence nos chers artisans;

» 5° Qu'à l'époque où les mœurs se régénèrent en flétrissant le célibat des hommes, à l'époque où tant de patriotes immolés abandonnent aux soins de leurs frères, pour la liberté desquels ils ont succombé, tant de femmes et de filles vertueuses, c'est un acte immoral, c'est enfouir le plus précieux des trésors que de dédaigner les vertus, la tendresse et surtout les malheurs de ces Françoises que l'intérêt public réduit au célibat, et qu'enfin celuy qui va chercher une étrangère et surtout une Autrichienne est l'ennemi des Françoises, véritablement émigré de cœur et doit être rayé de la liste des François et du livre des hommes libres;

» 6° Que celuy qui, au mépris de l'opinion publique, se revêt ainsi d'une femme étrangère, soumet d'avance son patriotisme au pouvoir de ses charmes, ne peut espérer d'une souche impure que des rejettons métis indignes d'être inscripts avec les enfans de la Patrie, et se dégrade enfin en s'imprégnant des mœurs des barbares;

» 7° Que lorsque l'opinion publique a prononcé que tout homme qui, chargé de fonctions ou de missions, prenoit une femme riche étoit : 1° un homme cupide aspirant à la fortune et indigne de deffendre la cause des infortunés; 2° un homme suspect de vénalité et qui ne se marioit que pour cacher sous l'apparence d'une dot les produits de ses trahisons; c'est alors un crime que de se jouer des arrêts de l'opinion publique et d'en braver l'exécution.

» 8° Que ce crime enfin est d'autant plus grand que les fonctions sont plus éminentes, que la vénalité nuit à un plus grand nombre d'indigens, et qu'enfin le coupable seroit un représentant. . . . .

» Obligée de faire entendre aux vrais représentans la voix de l'opinion publique retentit (*constamment*[1]) dans la célèbre

---
[1] *Ajouté.*

Montagne, obligée d'honnorer les mœurs à la face de l'univers et de n'honorer que la *seule*[1] vertu, la société déclare qu'en vertu des loix éternelles de la raison qui précèdent et dictent les décrets, le député Chabot (*s'étant allié aux barbares, s'étant uni au sang de nos ennemis*[2] a perdu l'estime des patriotes et la confiance pour avoir épousé une fille étrangère, riche et autrichienne.

» Le présent arrêté sera porté par deux commissaires à la Convention, aux Jacobins, et envoyé aux sections, au département, à la commune, et à touttes les sociétés patriotiques, et sera affiché. »

Puis, sous la présidence de Grandvallet, la société arrête qu'on enverra ces procès-verbaux à l'accusateur public, au nom du Club électoral.

Il y a évidemment une part de raison dans l'horreur que pouvait inspirer un homme « *s'unissant avec une esclave,* » une Autrichienne, au moment où la France était envahie. Le sentiment public, qui agit d'instinct, ne peut comprendre certaines alliances à de certaines heures. Il y a des temps terribles où le sang de deux races ne peut, ne doit se mêler que sur le champ de bataille. Mais est-ce bien une raison, parce qu'un homme est coupable d'une faiblesse, pour l'accuser encore d'*infâmie?* C'est, en propre terme, la façon dont la Société populaire du Club électoral flétrissait la conduite de Chabot, le septidi de la troisième décade de brumaire an II, sous la présidence du citoyen Rose[3]. Remarquons,

---

[1] *Rayé.*
[2] *Rayé.*
[3] *Extrait des délibérations de la société populaire du club électoral, séant au cy devant évêché.*

PRÉSIDENCE DU CITOYEN ROSE.

Du procès-verbal de la séance du septidi de la troisième décade de brumaire, a été extrait littéralement ce qui suit :

Un membre dénonce la profonde immoralité de Chabot, député à la

d'ailleurs, en passant, l'étrange écart qui existe entre les opinions extrêmes, en 1794 et en 1871. En 1794, l'*étranger* fait horreur. Le patriotisme est d'autant plus solide, résolu, indéracinable, invincible, d'autant plus profond qu'il est plus étroit. En 1871, le cosmopolitisme, l'idée d'une question internationale, envahit, amollit les âmes.

Un dénonciateur anonyme, assure que « Lacroix et
» Danton, pendant qu'ils étaient à Bruxelles, envoyè-
» rent en France une voiture chargée de linge apparte-
» nant à la gouvernante des Pays-Bas, et qui valait des
» sommes considérables, environ deux ou trois cent
» mille livres. Ce même linge, ajoute la note non signée,
» fut enregistré à la commune de Béthune, et c'est de
» là que l'on sait que ces deux députés se l'étaient

Convention, et la profanation qu'il y a faite de son caractère de député en cautionnant, avec Bazire et Thuriot, un grand criminel, en émettant son opinion tendante à ce qu'il fût établi, dans la Convention, un côté droit, toujours en opposition au côté de la Montagne.

Il fait part de ce qui s'est passé, à cet égard, à la Convention et à la société des Jacobins, d'où ces trois députés ont été rayés.

La société arrête de présenter une pétition à la Convention pour l'inciter à décréter l'*infamie*, pour tout homme libre qui, depuis l'époque de 1789, auroit épousé ou épouseroit femme étrangère, jusqu'à ce que la nation de la future fût devenue aussi libre que la nation françoise.

Et que tout député, qui aura préféré sa fortune à l'intérêt général soit déclaré indigne d'être le représentant de la nation.

Signé, enfin, EYNAUD, *secrétaire alors*.

Pour copie conforme :
HUET, *secrétaire actuel* *.

* Ce Chabot, peu sympathique en somme, avait payé de sa personne le 19 juin 1792 ; mais il avait fait plus encore dans la journée du 9 au 10 août suivant. Après avoir parcouru les faubourgs, il s'était rendu, accompagné d'un sapeur des Marseillais, au comité, et, douloureusement affecté, il dit : « Le
» peuple ne paroît pas trop s'émouvoir ; si à neuf heures les sections ne sont
» pas levées, ce brave homme que voilà (montrant le sapeur) me coupera la
» tête ; mon corps tout sanglant sera porté dans les rues de Paris, et tous les
» amis de la liberté crieront : *Voilà l'ouvrage du tyran.* »

(*Mémorial ou Journal historique, impartial et anecdotique de la Révolution française*, par P. C. Lecomte, 3 vol., an IX (1801).

» approprié. — Ce fait est connu particulièrement de
» deux représentants du peuple, des citoyens Le Bas et
» Duquesnoy. » Soit; va-t-on, du moins, s'enquérir
auprès de Duquesnoy et de Le Bas de la valeur d'une
telle dénonciation? Non, certes, ni Le Bas, ni Duquesnoy, la future victime de prairial an III, ne sera cité
comme témoin. Lacroix demandera que Pache, maire
de Paris, Legendre, Callou, Jagot, Robert Lindet, Gossuin, Merlin (de Douai), Guitton-Morvaux, Rose, « tenant
l'auberge de la Grange-Batelière » soient entendus. On
n'accédera pas à sa juste demande. Jamais procédure
ne fut plus iniquement conduite.

Dans les papiers plus particulièrement relatifs à
Camille Desmoulins, on rencontre, tracés de la main de
Fouquier-Tinville, cette note de témoins à assigner :

« Panis,
» Boucher Saint-Sauveur,
» Robespierre (*rayé*),
» Robespierre (*rayé encore*). »

Aucun de ces témoins ne fut assigné. Et quant à
l'accusation formulée contre Danton et Lacroix d'avoir
volé une voiture chargée de linge, ils s'en défendront
devant le tribunal, sans qu'on leur permette de citer
des témoignages favorables. « J'ai acheté en Belgique
six cents livres de linge pour la table : il était à bon
marché, dira Lacroix. — Et Danton : — Il résulte du
procès-verbal qu'il n'y avait, à moi, dans cette voiture
qu'on prétendait aussi remplie d'argenterie que mes
chiffons et un corset de molleton [1] ».

Ainsi, Fouquier et Herman s'empressaient de réunir
contre les accusés tous les témoignages qui les pouvaient

---

[1] Notes (détruites) de Topino-Lebrun. Archives de la préfecture de police.

accabler. On retrouve dans le dossier en quelque sorte sanglant de ce procès, les preuves manifestes de l'acharnement déployé contre Danton et ses amis. Fouquier donne une longue liste des pièces accusatrices à rechercher, à coordonner, à grouper de manière à en former comme un faisceau d'instruments de mort. On va rechercher, dans le passé, tout ce que Danton a dit, tout ce que Desmoulins a écrit, tout ce que Hérault a pensé. La liste est longue; il faut à l'accusateur public :

« L'extrait des délibérations de l'Assemblée électorale du département de Paris qui nomma Danton administrateur du département;

» Ce que dirent les journaux à la même époque;

» La lettre de Laz-Cazas (*sic*) où est rapportée en détail une séance du Comité qui ne peut avoir été ainsi livrée en détail que par Hérault.

« *Pièces à rechercher.*

» Les journaux d'octobre et novembre 1792, dans lesquels sont les opinions de Danton relatives :

» A Marat,

» A Roland,

» A la guerre avec l'Angleterre;

» (En marge les *Révolutions de Paris*.)

» Ceux dans lesquels sont les détails de la séance du Comité de défense générale où Danton se trouva avec Pétion, Brissot, etc.;

» Les journaux qui annoncèrent la retraite de Danton à Arcis-sur-Aube en diverses circonstances et particulièrement après l'affaire du Champ de Mars;

» Les journaux qui ont fait mention du souper qui eut lieu chez *Talma*, lorsque Dumouriez vint à Paris en janvier 1793, l'*apparition* de Dumouriez aux différents théâtres avec Danton.

» Rechercher : (sous les scellés chez Debenne).

» Détails des journées des 31 mai et 2 juin sur ce que dirent Hérault, Lacroix et Danton relativement à Henriot;

» Les numéros du *Vieux Cordelier;*

» La lettre de Philippeaux au Comité de salut public et ses autres pamphlets;

» Le portrait de Marat, par Fabre;

» Le plaidoyer de Camille Desmoulins pour Dillon;

» La brochure de Levasseur intitulée : *Philippeaux peint par lui-même.*

» Le catéchisme de Philippeaux. »

On voit par ce simple document quel art avait Fouquier pour grouper les chefs d'accusation les plus disparates et pour donner une portée coupable à des actes ou à des paroles auxquels les accusés n'avaient aucune part. Telle est, pour n'en citer qu'un exemple, cette lettre de Las-Casas dont on rend responsable Hérault de Séchelles qui en ignorait certainement l'existence, lettre intéressante d'ailleurs, au point de vue de l'état des esprits à cette date, et qu'on trouvera à la fin de ce volume, aux documents complémentaires.

Une chose ressort, évidente, de l'étude de ce procès, c'est la parfaite mauvaise foi des juges qui regardaient d'avance comme des condamnés ces hommes soumis à leur juridiction.

Vainement pouvait-on faire appel à leur conscience, à des sentiments de dignité et de droit qu'ils ne connaissaient pas. Sourds à toute parole de justice, les Fouquier et les Herman ne continuaient leur enquête que pour mieux rencontrer des coupables chez ceux en qui les Comités voyaient des ennemis. Une voix autorisée et honnête allait cependant se faire entendre aux oreilles de Fouquier-Tinville. Le père de Camille Desmoulins, ce respectueux serviteur de la loi, que nous avons vu dans son intègre amour de la justice et de la mansuétude, conjurer son fils de modérer son ardeur révolutionnaire, le vieux légiste de Guise sortit de son silence et de son ombre pour envoyer une prière à celui qui demandait la vie de son enfant. Lettre touchante et noble, où l'honnête homme ne s'abaisse point jusqu'à la supplication ou la flatterie, où, tout au contraire, il conserve devant l'accusateur l'attitude digne et fière d'un homme qui réclame justice sans demander grâce. Ce n'est pas lui qui, ayant à prier Fouquier, l'appellera « *mon cher parent* », comme Fouquier appelait Camille. Magistrat, il parle à un magistrat, grave et le cœur brisé. Cette magnifique lettre a dormi inconnue jusqu'ici dans les papiers du tribunal, et elle servira désormais à compléter la figure austère et vénérable de M. Desmoulins le père :

» *Au citoien Fouquier de Thinville, accusateur public.*

» Réunion-sur-Oise, cy-devant Guise, 15 germinal IIe année Rép.

» Citoien compatriote,

» Camille Desmoulins (c'est mon fils), je te parle d'après ma conviction intime, est un republicain pur, un republicain par sentiment, par principes et, pour ainsi dire, par instinct : Il etait republicain dans l'ame et par goût avant le quatorze juillet mil sept cent quatre vingt neuf, il l'a été depuis constamment par effet. Son parfait désinteressement et son amour pour la vérité, ses deux vertus caractéristiques, que je lui ai inspirées dès son berceau et qu'il a invariablement pratiquées, l'ont toujours tenu à la hauteur de la Révolution.

» Est-il vraisemblable, n'est-il pas même absurde de croire qu'il ait changé d'opinion, qu'il ait renoncé à son caractère, à ses affections pour la liberté, pour la souveraineté du peuple, à son système favori au système de son cœur, au moment où son vœu bien connu et bien prononcé avait les plus brillants succès; au moment où il avait combattu et vaincu la cabale des *Brissot*; au moment où il démasquait *Hébert* et ses adhérens, auteurs de la plus profonde conjuration ; au moment où il devait croire la révolution achevée ou prete à l'etre, et sa republique établie par nos victoires et nos triomphes sur ses ennemis tant du dedans que du dehors ?

» Ces invraisemblances ne suffisaient-elles pas pour écarter de mon fils jusqu'à l'ombre de soupçon, et cependant il est dans les horreurs d'une accusation aussi grave que je la crois calomnieuse.

» Enchaîné dans mon cabinet par mes infirmités, je suis le dernier ici à apprendre par le soin qu'on prend à me le cacher cet événement bien fait pour alarmer le plus franc patriote.

» Citoien, je ne te demande qu'une chose, au nom de la justice et de la patrie, car le vrai républicain ne sait connaître qu'elles, c'est de scruter par toi-même et de faire scruter par le juré de jugement la conduite entière de mon fils, et celle de son dénonciateur quel qu'il soit; on connaîtra bientôt quel est le plus véritablement républicain. La confiance que j'ai dans son innocence me fait croire que cette accusation sera un nouveau triomphe aussi interessant pour la Republique que pour lui-même.

» Salut et fraternité de la part de ton compatriote et concitoien *Desmoulins*, celui qui jusqu'ici s'est honoré d'être le père de *Camille* comme du premier et du plus inébranlable républicain [1].

» DESMOULINS. »

[1] *Pièce inédite.*
Je citerai, comme antithèse cruelle à cette lettre, celle-ci, adressée deux ans auparavant à Camille par l'accusateur public Fouquier, qui, moins fier que M. Desmoulins le père, appuie sur ces mots : *mon cher parent.* Camille était, en effet, son cousin éloigné :

« 20 août 1792.

« Jusqu'à la journée à jamais mémorable du 10 de ce mois, mon cher parent, la qualité de patriote a été non-seulement un titre d'exclusion à toute place, mais même un motif de persécution : vous en fournissez vous-même l'exemple. Le temps est enfin arrivé, il faut l'espérer aussi, où le patriotisme vrai doit triompher et l'emporter sur l'aristocratie ; c'est même un crime d'en douter d'après les ministres patriotes que l'Assemblée nationale vient de nous donner. Je les connais tous par leur réputation, mais je n'ai pas le bonheur d'en être connu. Vous seul pouvez m'être utile soit par vos connaissances et vos relations particulières auprès d'eux. Mon patriotisme vous est connu ainsi que ma capacité surtout pour les affaires contentieuses. Je me flatte que vous voudrez

Fouquier reçut sans doute trop tard cette lettre, qui n'ébranla certainement pas sa quiétude de pourvoyeur des sévérités iniques de la loi. Camille Desmoulins était déjà mort lorsque la lettre du père arriva pour demander le salut du fils. Détenu au Luxembourg, Camille avait, dès le 12 germinal, subi un premier interrogatoire ; nous le donnerons ici dans son intégralité :

» Ce jourd'hui, 12ᵉ jour de germinal de l'an second de la République française une et indivisible, onze heures du matin. Nous, François-Joseph Denizot, l'un des juges du tribunal révolutionnaire établi à Paris par la loi du 10 mars 1793, sans aucun recours au tribunal de cassation et encore en vertu des pouvoirs délégués au tribunal par la loi du 5 avril de la même année, assisté de F. Girard de qui nous avons reçu serment commis greffier du tribunal *en l'une des salles de l'auditoire du palais* (*imprimé rayé*), et en présence de Gilbert Lieudon, substitut de l'accusateur public, nous sommes transférés (*avons fait amener de la maison d'arrêt*, rayé), à la maison d'arrêt du ci-devant Luxembourg et avons fait venir dans une chambre particulière les prévenus auxquels avons demandé leurs nom, age, proffession, pays et demeure.

» A repondu se nommer.

» D. Comment il s'appelle?

» R. Se nommer Benoit *Camille Desmoulins* âgé de 34 ans, né à Guyse département de l'Aine, homme de loi et député à la Convention nationale demeurant à Paris rue du Théâtre françois.

» D. S'il a conspiré contre la nation française en voulant ré-

bien intercéder pour moi auprès du ministre de la justice pour me procurer une place soit dans ses bureaux, soit partout ailleurs. Vous savez que je suis père d'une nombreuse famille et peu fortuné. Mon fils ainé, âgé de seize ans, qui a volé aux frontières, m'a coûté et me coûte beaucoup. Je compte sur votre ancienne amitié et votre zèle à obliger. Je rappelle à votre souvenir Devievfille notre parent commun, dont la position est plus fâcheuse que je ne puis vous l'exprimer.

» Je suis parfaitement, mon cher parent, votre très-humble et très-obéissant serviteur.

» Fouquier, *homme de loi.* »

tablir la monarchie, détruire la représentation nationale et le gouvernement républiquain.

» *R.* Non.

» *D.* S'il a un deffenseur?

» *R.* Non.

» Pourquoi luy avons nommé Chauveau de Lagarde.

» Lecture faite du présent interrogatoire a dit contenir vérité y a persisté et a signé avec nous.

» Camille Desmoulins.   F. Girard.
» Lieudon.   Denizot.
» A. Q. Fouquier[1]. »

Camille avait été interrogé le premier. Après lui, Danton, puis Lacroix, puis Hérault subirent la même question. A cette demande : « Avez-vous conspiré contre la République? » Hérault répondit que « ces horribles pensées » n'étaient jamais entrées ni dans son « esprit ni dans son cœur. » L'attitude des *Dantonistes* dans le procès devait être d'ailleurs admirable. A partir du moment où ils entrèrent au Luxembourg jusqu'à l'heure où ils sortirent de la Conciergerie, ils furent résolus et superbes. Danton surtout. « Je porte dans mon carac-
» tère une bonne portion de la gaieté française, » avait-il dit, le 16 mars, à la Convention, dans son avant-dernier discours[2]. Cette gaieté ne l'abandonna pas. En

---

[1] Dossier des Dantonistes. *Archives nationales.*

[2] Cet avant-dernier discours de Danton est, à mon avis, celui qui le caractérise le mieux. Gouaillerie de Titan, résolution et bon sens, tout s'y retrouve. Ce n'est pourtant pas une de ses harangues les plus importantes. Après la lecture d'une pétition d'un orateur de section demandant à chanter, accompagné d'un joueur d'orgue, les mérites de la Convention, à la barre même de l'Assemblée, Danton rappela la Convention non à la *pudeur*, comme un jour l'avait fait Marat, mais au bon sens : « La salle et la barre de la Convention sont destinées, dit-il, à recevoir l'émission solennelle et sérieuse du vœu des citoyens; nul ne peut se permettre de les changer en tréteaux. Je porte dans mon caractère une bonne portion de la gaieté française, et je la conserverai, je l'espère. Je pense, par exemple, que nous devons don-

entrant dans la cour de la prison où il trouva Hérault de Séchelles jouant à la galoche, Danton dit aux prisonniers : « Quand les hommes font des sottises, il faut » savoir en rire! Mais si la raison ne revient pas en ce » bas monde, vous n'avez encore vu que des roses! » Il aperçut Thomas Payne, l'Américain, le défenseur de la révolution contre Burke, ce Payne, dont le suffrage populaire des électeurs du Pas-de-Calais avait fait un député à la Convention et l'orage politique un détenu.

« — Ce que tu as fait pour le bonheur et la liberté » de ton pays, lui dit Danton, j'ai vainement essayé de » le faire pour le mien! J'ai été moins heureux! » Quel contraste! Ces deux hommes se retrouvant ainsi dans une cour de prison. Thomas Payne, tel que nous le montre la belle gravure d'Arano : narquois et superbe, à la fois railleur et enthousiaste, le nez long, gros, un peu recourbé sur la bouche d'une finesse remarquable, ce visage où palpite une âme, où voltige un esprit, terminé par un menton pointu, modelé gracieusement. Le costume est celui d'un Franklin élégant, les cheveux sont poudrés. L'homme a la cinquantaine, mais une vigueur, une verdeur peu communes. Et, à côté de lui, Danton, droit, audacieux, presque menaçant et répondant, lui fils de Rabelais, à cette sorte de quaker : — « On m'envoie à l'échafaud. Eh bien, j'irai gaiement! »

On mit les prisonniers au secret, puis lorsque leur acte d'accusation leur eut été notifié, on les conduisit à

ner le bal à nos ennemis, mais qu'ici nous devons froidement et avec dignité et calme, nous entretenir des grands intérêts de la patrie, les discuter, sonner la charge contre tous les tyrans, indiquer et frapper les traîtres et battre la générale contre tous les imposteurs. Je rends justice au civisme des pétitionnaires, mais *je demande que dorénavant on n'entende plus à la barre que la raison en prose.* » C'était là comme un sourire sous la hache. Trois jours après, le 19 mars, à propos de l'accusation contre Bouchotte, Danton prononçait son dernier discours.

la Conciergerie. Lacroix et Danton souriaient, Philippeaux demeurait fier, Camille était triste. « C'est à pareil jour, dit Danton en arrivant à la Conciergerie, que j'ai fait instituer le tribunal révolutionnaire ; j'en demande pardon à Dieu et aux hommes ! Mais quoi ! ce n'était point par inhumanité ! Je voulais prévenir de nouveaux massacres de Septembre ! » Il parlait haut dans son cachot, et pour que les autres détenus entendissent : — « Je laisse tout dans le gâchis, » disait-il encore. Et il ajoutait : « — Ah ! qu'il vaut mieux être un » pauvre pêcheur que de gouverner les hommes ! »

Le 13 germinal, les accusés — condamnés d'avance — comparurent au tribunal. Pour flétrir Danton, on l'accolait à un voleur comme d'Espagnac. On donnait le *fauteuil de fer* à Fabre d'Églantine. Les jurés avaient été tirés parmi les *solides,* les gens à *feux de file* : c'était Renaudin le luthier, que Camille récusera vainement, Trinchard, Leroy dit *Dix-Août,* Desboisseaux, Lumière, Souberbielle, Topino-Lebrun, le plus sincère et qui témoignera devant l'histoire contre l'infâmie d'un tel procès. Quoi qu'en dise M. Ernest Hamel dans sa consciencieuse *Histoire de Robespierre*, il est parfaitement vrai que Souberbielle répondit à un des jurés qu'il vit pleurant à chaudes larmes à l'idée de condamner Danton : « Lequel de Robespierre ou de Danton est le plus utile à la République ? — C'est Robespierre. — Eh bien ! il faut guillotiner Danton. » M. Moreau-Chaslon a raconté l'anecdote d'après le docteur Dubois (d'Amiens), qui la tenait de Souberbielle lui-même.

Les juges étaient Herman, président, avec Masson-Denizot, Foucault et Bravet pour assesseurs. Fouquier-Tinville et son substitut Fleuriot-Lescot étaient présents.

— J'ai trente-trois ans, âge du sans-culotte Jésus,

âge critique pour les patriotes, répondit Camille, interrogé.

— Je m'appelle Georges-Jacques Danton, avocat au ci-devant conseil, et depuis révolutionnaire et représentant du peuple, répondit Danton. Ma demeure? bientôt dans le néant, ensuite dans le Panthéon de l'histoire... Anciennement rue et section Marat.

Hérault de Séchelles, Chabot, Bazire, Delaunay (d'Angers), Lacroix, Fabre, Philippeaux, tous députés, Westermann[1], l'abbé Sahuguet d'Espagnac, Junius Frei et Emmanuel Frei, — les beaux-frères de Chabot, — Jacques Luillier, procureur général du département de Paris (le seul qui allait être acquitté), Deiderichen, avocat de la cour du roi de Danémark, André Gusman, espagnol, répondirent à leur tour. Le plus âgé de ces hommes avait quarante et un ans, le plus jeune, Claude Bazire, celui qui mourait pour n'avoir pas voulu abandonner Chabot, en avait vingt-neuf. En accolant ces Autrichiens, cet Espagnol et ce Danois aux Dantonistes, en mêlant l'affaire de la suppression ou de la falsification du décret du 17 vendémiaire concernant la Compagnie des Indes qui visait Fabre, à l'accusation qui atteignait Danton, on voulait, je le répète, discréditer la *fournée* tout entière dans l'opinion publique. Danton le sentit bien, lui qui protesta contre cette promiscuité avec des *fripons*. Il devait d'ailleurs faire grande figure devant l'accusation, et sa voix puissante couvrit, étouffa, annihila les tintements de la sonnette du président : — « N'entends-tu pas ma sonnette? s'écriait Herman. — » Un homme qui défend sa vie se moque d'une sonnette

---

[1] Westermann eut un mot sublime : « Je demande à me mettre nu devant le peuple, dit-il. J'ai reçu sept blessures, toutes par devant; je n'en ai reçu qu'une par derrière, mon acte d'accusation! »

» et hurle, » répondait Danton. Au reste, ce procès, il revit, il palpite dans les notes de Topino-Lebrun qu'on trouvera à la fin de ce volume, et qui font oublier à jamais le compte rendu falsifié de Coffinal.

Or, tandis qu'on jugeait, ou plutôt qu'on sacrifiait les Dantonistes, la foule, pressée, inquiète, houleuse, — *faisant queue,* comme on dit, — depuis la porte de l'ancienne Cour de cassation, brûlée en mai 1871 (c'était la salle où siégeait le tribunal révolutionnaire), emplissant toute la salle dite aujourd'hui des *Pas-Perdus,* descendant dans la cour du Harlay et longeant le bâtiment du Palais de Justice, allait ainsi jusqu'au quai, encombrait la place Dauphine et, faisant un coude au Pont-Neuf, atteignait, toujours pressée, la Monnaie. Et cette longue poussée humaine palpitait réellement à chaque incident dont la salle du redoutable tribunal était le théâtre. Chaque parole de Danton était comme électriquement répétée, passait de bouche en bouche, et atteignait instantanément la Monnaie, grâce à cette sorte d'écho, de télégraphe humain. Le tonnerre de la voix de Danton allumait là comme une traînée de poudre [1]. Michelet a raconté — fait certifié par des témoins — que, les fenêtres du tribunal révolutionnaire étant ouvertes, on entendait les éclats de voix de Danton de l'autre côté de la Seine.

[1] Ces détails authentiques et précis furent donnés à feu M. Labat père, directeur des archives de la préfecture de police, qui nous les a transmis, par un certain Collet, employé, en 1793, à l'Hôtel de ville (bureau des subsistances). C'est ce Collet qui, se rendant à la maison commune, à son poste ordinaire, le 10 thermidor, aperçoit une grande foule devant l'Hôtel de ville. Une sentinelle lui demande : « Où allez-vous ? — A mon bureau, répond l'employé. — Mais vous ne voyez donc point ce qui se passe ? lui dit quelqu'un. — Quoi ? — Ce qui *se passe* ou ce qui *passe,* comme vous voudrez. » Collet regardé : entre deux rangs de gardes marchaient les employés de l'Hôtel de ville qui passaient en effet. Leur échafaud n'était pas loin. »

Et que disait Danton? Jamais homme ne défendit avec tant de courage et aussi de dédain son existence menacée. Devant le couperet de la guillotine, le tribun, un moment las et accablé, redevenait un Titan. L'élève de David, le peintre-juré Topino-Lebrun, qui, lui aussi, devait mourir exécuté, nous a transmis, dans ses notes, la physionomie même de ce discours suprême [1]. A mesure que Danton parlait, Topino-Lebrun écrivait. Ces notes du juré, notes uniques pour l'histoire, ont été consumées au mois de mai 1871, lors de l'incendie du Palais de Justice, avec bien d'autres richesses de ce genre. Nos travaux antérieurs et la gracieuseté de feu M. Labat, nous avaient heureusement permis d'en prendre copie. Nous ne nous doutions pas alors que ces documents seraient anéantis et que nous pourrions les conserver à l'histoire.

Rien n'égale la sublimité de cette défense énergique de Danton. Les notes mêmes de Topino-Lebrun nous en rendent le décousu, l'étrangeté, le mélange surprenant d'héroïsme et de bouffonnerie superbe. Qu'on se figure un personnage de Shakespeare, alliant le tragique au comique, et jetant le sarcasme à la face de ses accusateurs. C'est Danton. Il raille, il prouve, il foudroie,

---

[1] François-Jean-Baptiste Topino-Lebrun, né à Marseille en 1769, avait été envoyé à Rome pour étudier la peinture. Il y rencontra David, qui le ramena en France et le prit pour élève. Plus d'une fois, dans ses fonctions de juré, au lieu de *broyer du rouge*, selon le mot de son maître, il fut clément, il acquitta; son républicanisme était profond. Impliqué dans l'affaire de Babeuf, il fut reconnu innocent; mais, plus tard, en 1800, arrêté comme complice d'Arena, dans cette affaire où la police de Fouché joua le principal rôle, il fut condamné et exécuté avec J. Arena, Cerucchi et Demerville. Il demanda à mourir le visage découvert. On peut dire sans crainte que Topino-Lebrun était innocent. On a fort peu de ses peintures. Au salon de 1797, il avait exposé une mort de *Caïus Gracchus* que le Directoire donna à la ville de Marseille.

il ricane; il écrase, il est à la fois surhumain par l'audace et profondément humain par les mots qu'il trouve, — tout chauds de pitié et de tendre hardiesse, — dans ses entrailles, dans sa poitrine, dans son cœur. Comme il repousse, et avec quelle hauteur, les lâches accusations dont on le couvre! Comme il redresse le front sous l'injure! Comme il paraît agrandi devant ses ennemis troublés qui peuvent l'égorger mais non le fléchir!

— Moi vendu? s'écrie-t-il. Un homme de ma trempe est impayable. La preuve?... Que l'accusateur qui m'accuse, d'après la Convention, administre la preuve, *les semi-preuves*, les indices de ma vénalité!

Et comme on lui oppose le prétendu témoignage d'un *patriote* anonyme :

— Où est ce patriote? Qu'il vienne! Je demande à être confondu. Qu'il paraisse!

Puis, se retournant, comme un lion blessé, il fait face à ceux de ses adversaires qu'il connaît et dont la haine se dévoile :

— Billaud-Varennes, dit-il, ne me pardonne pas d'avoir été mon secrétaire!

Il fait connaître, avec l'orgueil d'un soldat après le combat, la part active qu'il avait prise à la journée du 10 août; il donne les chiffres des sommes qui lui avaient été confiées pour sa mission en Belgique, il en établit clairement l'emploi. Ses mains sont nettes.

— J'eus 400,000 livres : 200,000 livres pour choses secrètes; je les ai dépensées devant Marat et Robespierre. J'ai donné 6,000 livres à Billaud pour aller à l'armée. Pour les 200,000 autres, j'ai rendu ma comptabilité de 130,000; et quant au reste, je l'ai remis à Fabre, avec la disponibilité de payer les commissaires envoyés dans les départements. Il était caissier, et je ne l'ai employé que parce que Billaud-Varennes avait refusé. — Je crois encore Fabre bon citoyen.

Certes, Danton se défend là d'une façon mâle et probante ; mais où il trouve, jaillie de l'âme, la véritable éloquence et la plus puissante, c'est quand, tout débordant de l'amour de la patrie et de la République, il adjure ses ennemis de faire taire leurs ressentiments, comme il fait taire ses colères, pour ne songer qu'à la France encore menacée :

— Que les patriotes se rallient, et alors, si nous pouvons nous vaincre, nous triompherons de l'Europe !

— J'embrasserais mon ennemi, ajoute-t-il avec sa violence shakespearienne, je l'embrasserais pour la patrie à laquelle je donnerais mon corps à dévorer !

Il a déjà, devant la mort, comme une conception nette de la moralité même de cette sanglante Révolution où s'entre-déchiraient « les frères ennemis. » Il pense que chacun fut utile à son heure, même les plus farouches, « Marat avec son caractère *volcanisé*, Robespierre *tenace et ferme*. » — « Et moi, ajoute-t-il, *je servais à ma manière !* »

Puis enfin, dégoûté, écœuré par l'attitude du tribunal : « — On me refuse des témoins, dit-il en haussant les épaules, alors je ne me défends plus ! »

— Je vous fais d'ailleurs mes excuses, ajoute-t-il en se rasseyant, de ce qu'il y a de trop chaud dans mes paroles. C'est mon caractère.

Et, dans un dernier cri, prophétique et superbe :

— Le peuple, dit-il, déchirera par morceaux mes ennemis, avant trois mois [1] !

---

[1] Nous donnons, aux *Pièces justificatives*, tout ce que nous avons pu

On conçoit que de tels accents, répétés, avons-nous dit, par la foule anxieuse et dont la sympathie pour les accusés commençait à se manifester (rien n'exalte une masse populaire comme le courage physique, l'attitude hautaine devant la mort), on conçoit qu'une telle défense dût paraître dangereuse aux juges du tribunal révolutionnaire. Ils en pâlissaient sur leurs bancs.

Dans les papiers relatifs à ce procès des Dantonistes (C. IV. 342), on trouve, aux Archives nationales, la preuve du désarroi dans lequel se trouvaient et le président Herman et l'accusateur Fouquier-Tinville. Ils se passaient, l'un à l'autre, de petits papiers couverts d'une écriture rapide et qui, demeurés au dossier, témoignent de l'état d'inquiétude où les jetait l'attitude de Danton, cet accusé qui, le front levé et la voix puissante, devenait parfois l'accusateur.

« *A Fouquier*, écrivait Herman. — *Dans une demi-heure je ferai suspendre la défense de Danton, il faudra prendre quelques mesures de détail.* »

Et Fouquier à Herman :

« *J'ay une interpellation à faire à Danton relativement à la Belgique lorsque tu cesseras les tiennes.* »

« Il ne faut, dit un autre papier, entamer relativ. à d'autres que Lacroix et Danton l'aff. de la Belgique, et quand nous en serons là — (*un tiret*), — *il faut avancer.* »

Il faut avancer! Ce terrible mot nous rendrait, à lui seul, la physionomie même du procès. En effet, il *n'avance* pas. Le 13 germinal (3 avril), Herman, effaré par la vigueur des accusés, avait brusquement levé la séance, et Fouquier était allé demander aux Comités s'il fallait entendre les témoins dont les accusés récla-

conserver, d'après nos copies personnelles, des précieuses notes de Topino-Lebrun.

maient l'assignation. On avait répondu à Fouquier qu'il ne le fallait pas. Le 14 germinal, Danton avait foudroyé ses juges, et Desmoulins avait apitoyé les spectateurs. Le 15, les accusés, à qui l'on refusait des témoins, se révoltaient énergiquement contre cette violation de tout droit, et Fouquier s'était alors adressé à la Convention pour réclamer son aide contre les « *indécences* » des accusés. Le 16, la parole allait tout simplement être refusée aux Dantonistes promis au bourreau. Il fallait, avant de les glacer, imposer silence à ces lèvres redoutables.

— Pourvu qu'on nous donne la parole *largement*, avait dit Danton, je suis sûr de confondre mes accusateurs, et si le peuple français est ce qu'il doit être, je serai obligé de demander leur grâce !

Qui sait si ce rêve *magnanime* de Danton (le mot, on le sait, est de Royer-Collard) ne se fût point réalisé, si Fouquier et Herman n'eussent tout à coup appelé à leur aide le plus inique des décrets?

Lorsque, plus tard, Fouquier-Tinville aura lui-même à comparaître devant des juges, le témoignage de Nicolas-Joseph Paris, dit *Fabricius*, greffier du tribunal révolutionnaire, viendra révéler enfin les odieuses machinations de ce procès des dantonistes :

« C'est dans cette affaire où le déposant (N.-J. Pâris) a vu
» les Comités de salut public et de sûreté générale employer
» le machiavélisme le plus raffiné et Fouquier ainsi que Du-
» mas se prêter lâchement et complaisamment aux projets per-
» fides de ces deux Comités qui vouloient immoler les citoyens
» les plus éclairés et les plus fermes deffenseurs de notre
» liberté pour parvenir plus sûrement à établir leur tyrannie
» et le système barbare qu'ils ont employé depuis. Voici ce
» que le déposant a vu et entendu pendant le cours de cette
» affaire à jamais mémorable par les crimes qui ont été com-
» mis et à jamais malheureuse pour son pays : A onze heure

» les accusés furent introduits dans la salle d'audience, après
» lecture de l'acte d'accusation on envoya chercher Wester-
» mann et Lulier qui furent accolés à Danton, Camille et Phi-
» lipeaux, comme ceux-ci l'avoient été à Deglantine, Chabot
» et Despagnac, de sorte que dans cette affaire il s'y trou-
» vait trois sortes de personnes qui ne s'étoient jamais vu ni
» connu, raffinement de perfidie qu'ont employé souvent les
» Comités, et encore plus souvent Fouquier en confondant
» les hommes les plus probes, les deffenseurs les plus intré-
» pides de notre liberté avec des lâches fripons et les ennemis
» les plus déclarés de la révolution. Dans cette séance, Camille
» Desmoulins récusa Renaudin, il motiva sa récusation, les
» motifs paraissoient fondés, Fouquier devait requérir et le
» tribunal statuer sur les motifs de récusation mais on avoit
» trop besoin d'un juré comme Renaudin, on se garda bien
» de faire droit sur cette récusation, on ne délibéra même pas.
» Les accusés voyant une partialité marquée de la part du tri-
» bunal qui était *circuis* par la présence des membres du Co-
» mité de sûreté générale qui étoient derrière les juges et les
» jurés, demandoient au tribunal la comparution de plusieurs
» députés au nombre de *zèze* (seize), qu'ils demandoient à
» faire entendre comme témoins, Danton demanda aussi que
» le tribunal écrivit à la Convention pour demander qu'une
» commission prise dans son sein fût nommée pour recevoir la
» dénonciation que lui, Camille et Philipeaux vouloient faire
» contre le système de dictature qu'exerçoit le Comité de salut
» public. Il ne fut fait aucun droit sur ces demandes, elles
» furent rejettées par le président et par Fouquier et son digne
» ami Fleuriot qui remplissoit conjointement avec Fouquier le
» rôle d'accusateur public et comme le tribunal n'avoit aucune
» raison valable à opposer aux accusés sur une demande qu'on
» ne pouvoit sans injustice leur refuser, le président leva la
» séance.

» Le lendemain l'audience commença fort tard, quelques
» questions furent faites à quelques uns des accusés, Danton
» demanda la parole pour répondre aux accusations qui lui
» étaient imputées, elle lui fut refusée d'abord sous prétexte
» qu'il parleroit à son tour; il insista; en fin on ne put la lui
» refuser plus longtems, il prit l'acte d'accusation, chaque chef

» qui lui était imputé n'étant appuyé ni de preuve ni de
» pièces, étant même dénué de vraisemblance il ne lui étoit
» pas difficile de se justifier. Une grande partie de l'auditoire
» applaudit à sa justification, ce n'étoit pas ce que vouloit le
» tribunal. Le président lui retira la parole sous le prétexte qu'il
» étoit fatigué, et qu'il falloit que chaque accusé parlât à son
» tour. Danton n'abandonna la parole qu'après que le prési-
» dent lui eût promis qu'il l'auroit le lendemain pour réfuter
» les autres chefs d'accusation qu'on ne lui avoit pas laissé le
» tems d'aborder et pour en finir on leva la séance.

» Le lendemain l'audience commença encore fort tard, on
» vouloit consummer le tems sans que la vérité qu'on redou-
» toit ne parut. Avant d'arriver à l'expiration des trois jours
» après lesquels on se proposoit de faire dire aux jurés qu'ils
» étoient suffisamment instruits comme cela est arrivé, les ac-
» cusés entrés, Danton demanda la parole pour continuer sa
» justification, elle lui fut refusée, sous prétexte qu'il falloit
» que les autres accusés fussent interrogés sur les faits qui leur
» étoient imputés. Danton, Camille, Philipeaux et autres de-
» mandèrent de nouveau la comparution des députés leurs col-
» lègues et que le tribunal écrivît à la Convention pour qu'elle
» nommât une commission pour recevoir leur dénonciation
» et qu'ils en appeloient au peuple du refus qui leur seroit
» fait. Ce fut à cette époque que Fouquier au lieu de faire
» droit aux réclamations justes et bien fondées des accusés
» écrivit une lettre au Comité de salut public où il peignoit
» les accusés dans un état de révolte et demanda un décret.
» C'étoit un décret de mise hors des débats que demandoit
» Fouquier comme on le verra par la suitte; il en avoit be-
» soin, car pour cette fois seulement et pendant un instant on
» a vu la vertu et l'innocence faire pâlir le crime, Fouquier et
» son digne ami Fleuriot tout atroces qu'ils étoient; juges et
» jurés étoient annéantis devant de tels hommes et le déposant
» a cru un instant qu'ils n'auroient pas l'audace de les sacri-
» fier. Il ignoroit alors les moyens odieux qu'on employoit pour
» y parvenir et qu'on fabriquoit une conspiration au Luxem-
» bourg qu'à l'aide de laquelle et de la lettre de Fouquier
» Tinville on a surpris la religion de la Convention nationale
» en lui arrachant un décret qui mettoit les accusés hors des

» débats; ce fatal décret arriva, il fut apporté par Amar ac-
» compagné de Vouland. Le déclarant étoit dans la salle des
» témoins lorsqu'ils arrivèrent, il les vit pâles, la colère et
» l'effroi étoient peints sur leurs visages, tant ils paroissoient
» craindre de voir échapper à la mort leurs victimes, ils saluè-
» rent le déclarant, ce dernier voulant savoir ce qui pouvoit y
» avoir de nouveau, il les aborda ; Vouland lui dit : *Nous les*
» *tenons, les scélérats, ils conspiroient dans la maison du Luxem-*
» *bourg.* Ils envoyerent appeler Fouquier qui étoit à l'au-
» dience. Il parut à l'instant. Amar en le voyant lui dit : *Voilà*
» *ce que tu demandes.* C'étoit le décret qui mettoit les accusés
» hors des débats. Vouland dit : *Voilà de quoi vous mettre à*
» *votre aise.* Fouquier répondit en souriant : *Ma foi, nous en*
» *avions besoin.* Il rentra avec un air de satisfaction dans la
» salle d'audience, donna lecture du décret et de la déclara-
» tion du scélérat Laflotte que tout le monde connoit, les ac-
» cusés frémirent d'horreur au récit de pareil mensonge. Le
» malheureux Camille entendant prononcer le nom de sa
» femme, poussa des cris de douleur et dit : *Les scélérats, non*
» *contents de m'assassiner ils veulent assassiner ma femme!*
» Pendant cette scène déchirante pour les âmes honnêtes et sen-
» sibles, les membres du Comité de sûreté générale placés sous
» les gradins et derrière Fouquier et les juges jouissant du
» plaisir barbare du désespoir des malheureux qu'ils faisoient
» immoler, Danton les apperçu et les faisant voir à ses mal-
» heureux compagnons d'infortune, dit : *Voyez ces lâches*
» *assassins, ils nous suivront jusqu'à la mort.* Les accusés de-
» mandèrent la parole pour démontrer l'absurdité et l'invrai-
» semblance de cette conspiration, on leur répondit en levant
» la séance. Pendant les trois jours qui s'étaient écoulés depuis
» le commencement de cette affaire les membres du Comité de
» sûreté générale, et particulièrement Amar, Vouland, Vadier
» et David n'avoient point quitté le tribunal. Ils alloient, ve-
» noient, s'agitoient, parloient aux juges, jurés et témoins,
» disoient à tous venans que les accusés étoient des scélérats,
» des conspirateurs et particulièrement Danton. Dumas, Artur
» et Nicolas en faisoient autant. Les membres du Comité de
» sûreté générale correspondoient de là avec le Comité de salut
» public. Le lendemain qui étoit le 4e jour, les membres du

» Comité de sûreté générale étoient au tribunal avant neuf
» heures. Ils se rendirent au cabinet de Fouquier, et lorsque
» les jurés furent assemblés, le déclarant vit Herman, pré-
» sident, avec Fouquier, sortir de la Chambre des jurés. Pen-
» dant ce tems Amar, Vouland, Vadier, David, et autres dé-
» putés qu'il reconnut pour être membres du Comité de sûreté
» générale étoient à la buvette (*restés*[1]) dans une petite pièce
» voisine de la Chambre des jurés et de laquelle on peut en-
» tendre ce qui se passe dans celle des jurés; le déclarant
» ignoroit ce qui s'étoit passé entre Herman, Fouquier et les
» jurés, mais Topino-Lebrun, l'un deux, lui a dit que Her-
» man et Fouquier les avoit engagé à déclarer qu'ils étoient
» suffisamment instruits et que pour les y déterminer ils
» avoient peint les accusés comme des scélérats, des conspi-
» rateurs et leur avoient représenté une lettre qu'ils disoient
» venir de l'étranger et qui étoit adressée à Danton. L'audience
» s'ouvrit, et les jurés déclarèrent qu'ils étoient suffisamment
» instruits.

» Depuis ce moment les accusés ne reparurent plus à l'au-
» dience. Ils furent renfermés chacun séparément dans la pri-
» son et envoyés à l'échafaud le même jour par Fouquier[2].
» Pendant le tems que les jurés étoient aux opinions, le dé-
» clarant étoit au greffe, dans la pièce du fond. Il entendit
» du bruit qui venoit du côté de l'escalier qui conduit à la
» chambre du juré, il se porta vers la porte d'entrée du greffe,
» il vit que c'étoit les jurés à la tête desquels étoient Trinchard.
» Ils avoient à l'exception de quelques-uns l'air de forcenés.
» La rage et la colère étoient peints sur leur visage. Trinchard
» en l'approchant avec un air furieux et en faisant un geste
» du bras qui annonçoit la pensée la plus outrée dit: *Les scé-*
» *lérats vont périr*. Ne voulant pas être témoin de tant d'hor-
» reurs, le déclarant se retira en gémissant sur les malheurs qui
» accabloient la République, et sur ceux encore plus grands
» qu'une semblable tyrannie lui présageoit. Le lendemain il
» se rendit au tribunal dans la ferme résolution que c'étoit

[1] *Rayé* sur la minute.
[2] *Écrit en marge*: Néantmoins plusieurs témoins avoient été assignés à la requête de Fouquier, un seul fut entendu le premier jour des débats et ce témoin parla à la décharge des accusés.

» pour la dernière fois, étant bien décidé à donner sa démis-
» sion. Fouquier ayant fait demander au greffe une expédition
» de la liste de jurés, voulant scavoir l'usage qu'il vouloit en
» faire, le déclarant la lui porta. Il étoit à la buvette, il prit
» son crayon, et à côté de plusieurs noms et en marge il faisait
» une + et disoit *f.....* Le déclarant s'apperçut qu'il en mar-
» quoit d'une *f* qui avoient été de l'affaire de la veille. Il lui
» en fit l'observation. Il répondit : *C'est un petit raisonneur,*
» *nous ne voulons pas de gens qui raisonnent, nous voulons que*
» *cela marche.* Le déclarant ne put s'empêcher de faire un
» mouvement qui lui annonçoit qu'il ne l'approuvoit pas, il
» s'en apperçut et en regardant fixement le déposant il lui dit :
» *Au surplus, c'est le Comité de salut public qui le veut ainsi*[1]. »

Quoi de plus dramatique qu'un tel récit, sincère, et accablant dans sa naïveté? Fabricius raconte mieux que nul ne le saurait faire cet épisode tragique. Sur le manuscrit autographe de cette déposition, il est facile de lire le mot *foible* effacé, et qui explique la lettre *f* dont se servait Fouquier-Tinville. L'accusateur public s'était d'ailleurs, on l'a vu, trouvé amplement satisfait, et la réponse à la demande qu'il adressait à la Convention ne s'était pas fait attendre.

« Le seul moyen de leur imposer silence, avait-il écrit, serait un décret, à ce que nous prévoyons. »

Or, le décret fut rendu le 15 germinal, sur un rapport de Saint-Just, auquel on ajouta la lecture, réclamée par Billaud-Varennes, d'une dénonciation de l'espion Alexandre La Flotte, accusant Arthur Dillon de s'être associé à Lucile Desmoulins pour délivrer les accusés.

Saint-Just trouvait encore des sophismes pour écraser ses ennemis, condamnés d'avance. Il leur faisait un

[1] *Archives nationales.* (Procès de Fouquier-Tinville, déposition de Paris, dit *Fabricius* ventôse an III, carton W, 501). Fabricius fut arrêté le lendemain du jour où Fouquier le regarda ainsi fixement. Le décret du 22 thermidor lui rendit et la liberté et sa place au tribunal.

crime de leur indignation même : « *Quel innocent,* disait-
» il, *s'est jamais révolté devant la loi? Il ne faut plus
» d'autres preuves* de leur attentat que leur audace. »
Nous devons le citer, d'ailleurs, dans ses parties les plus
saillantes, ce rapport que Vouland et Amar allaient apporter avec tant de hâte. Les lambeaux de phrases que
nous imprimons *en italique* sont soulignés au crayon
rouge (par Fouquier sans doute) sur l'original.

*Extrait du procès-verbal de la Convention nationale, du
quinzième jour de germinal l'an II de la République française, une et indivisible.*

RAPPORT FAIT AU NOM DES COMITÉS DE SALUT PUBLIC
ET DE SURETÉ GÉNÉRALE.

« L'accusateur public au tribunal révolutionnaire *nous a
mandé* que la révolte des coupables avoit fait suspendre les
débats de la justice jusqu'à ce que la Convention nationale ait
statué.

» Vous avez échappé aux dangers, le plus grand qui jamais
ait menacé la liberté, maintenant tous les complices sont découverts, *et ces criminels aux pieds de la justice même,* intimidés par la loi, explique le secret de leur conscience, leur désespoir, leur fureur, tout annonce que la bonhomie qu'ils
faisoient paroître étoit le piége le plus hypocrite qui ait été
tendu à la Révolution. Quel innocent s'est jamais révolté devant la loi! *Il ne faut pas d'autres preuves de leurs attentats
que leur audace.* Quoi! ceux que nous avons accusés d'avoir
été les complices de Dumouriez et d'Orléans, ceux qui n'ont
fait une révolution qu'en faveur d'une dinastie nouvelle,
ceux-là qui ont conspiré par le malheur et l'esclavage du peuple
mettent le comble à leur infamie.

» S'il est des hommes véritablement amis de la liberté, si
l'énergie qui convient à ceux qui ont entrepris d'affranchir
leurs pays est dans leurs cœurs, vous verrés qu'il n'y a plus de
conspirateurs cachés à Paris, mais de ces conspirateurs à *front
découvert* qui comptant sur l'aristocratie avec laquelle ils ont

marchés depuis plusieurs années, appellent sur le peuple la vengeance du crime. Non, la liberté ne reculera pas devant ses ennemis et la coalition est découverte. *Dilon* qui ordonna à son armée de marcher sur Paris a déclaré que la femme de Desmoulins avoit touché de l'argent pour exciter un mouvement, pour assassiner les patriotes et le tribunal révolutionnaire.

» Nous vous remercions de nous avoir placé au poste d'honneur. Comme vous nous couvrirons la patrie de nos corps. Mourir n'est rien pourvu que la Révolution triomphe, voilà le jour de gloire, voilà le jour où le Sénat romain lutta contre Catilina. Voilà le jour de consolider pour jamais la liberté publique.

» Vos comités vous répondent d'une surveillance héroïque qui peut vous refuser sa vénération dans ce moment terrible où vous combattés pour la dernière fois contre la faction qui fut indulgente pour vos ennemis et qui aujourd'hui retrouve sa fureur pour combattre la liberté?

» Vos comités estiment peu la vie; ils font cas de l'honneur. Peuple tu triompheras. Mais puisse cette expérience te faire aimer la Révolution par les périls auxquels elle expose tes amis. *Il étoit sans exemple que ta justice eût été insultée* et si elle le fut ce n'a jamais été que par des émigrés insensés prophétisant la tyrannie. Hé bien, les nouveaux conspirateurs ont récusé la conscience publique. Que faut-il de plus pour achever de nous convaincre de leurs attentats? Les malheureux! Ils avouent leurs crimes *en résistant aux loix*. Il n'y a que les criminels que l'équité terrible épouvante. Combien etoit il dangereux, tous ceux qui sous des formes simples cachoient leurs complots et leur audace. En ce moment *on conspire dans les prisons en leur faveur*. En ce moment l'aristocratie se remue, les lettres que l'on va vous lire démontreront vos dangers.

» Est-ce par privilége que les accusés se montrent insolents? Qu'ont rappelle donc le tyran, Custine et Brissot du *tombeau, car ils n'ont point le privilége épouvantable d'insulter leurs juges.*

» Dans le péril de la patrie, dans le degré de majesté où vous a placé le peuple, marqués la distance qui vous sépare des coupables. C'est dans ces vues que vos comités vous proposent le décret ci-joint (coté A).

» Et sur la motion d'un membre la Convention nationale décrète que le rapport du Comité de salut public, le procès-verbal des administrateurs du département de police de la commune de Paris seront envoyés au tribunal révolutionnaire avec injonction au président d'en donner lecture pendant la séance.

» Décrète en outre que le rapport et les pièces seront imprimées et insérées au bulletin. »

Visé par l'inspecteur, AUGER.

» Collationné à l'original par nous secrétaires de la Convention, à Paris, le 15 germinal, l'an II de la République française.
» PEYSSARD, LEGRIS, BÉRARD, M. A. BAUDOT.

» Paraphé par les membres de la commission avec
» A. Q. FOUQUIER, LECOINTRE, BEAUPREY, GUFFROY [1]. »

---

[1] Archives nationales. C. W. 500.
Le décret coté A portait :

Extrait du procès-verbal de la Convention nationale du quinzième jour de germinal l'an deuxième de la République française une et indivisible.

« La Convention nationale décrète que le tribunal révolutionnaire continuera l'instruction relative à la conjuration de Lacroix, Danton, Chabot et autres.

» Que le président emploiera tous les moyens que la loi lui donne pour faire respecter son autorité et celle du tribunal révolutionnaire et pour réprimer toute tentative de la part des accusés pour troubler la tranquillité publique et entraver la marche de la justice.

» Décrète que tout prévenu de conspiration qui résistera ou qui insultera à la justice nationale sera mis hors des débats et jugé sur-le-champ.

» Visé par l'inspecteur.
» AUGER.

» Collationné à l'original par nous, secrétaire de la Convention nationale. Paris, le quinze germinal l'an deuxième de la République française une et indivisible.
» BÉRARD, M.-A. BAUDOT, LEGRIS, *secrét.*

» Paraphé par les membres de la commission.
» A. Q. FOUQUIER, L. LE COINTRE, BEAUPREY. »

Chose à noter, chose navrante, ce véritable décret de mise hors la loi, présenté par Saint-Just, la Convention l'adopta *à l'unanimité!* A l'unanimité, ces hommes, de tempéraments opposés et d'opinions diverses, déclarèrent qu'on pouvait employer tous les moyens voulus pour empêcher d'« entraver la marche de la justice! » Aucune voix ne s'éleva pour réclamer contre cette *mise hors des débats,* aucune, pas même celle du dantoniste Legendre qui pouvait cependant, cette fois, mettre ses rudes poumons au service de son ami. Quoi! parmi ces *modérés* qui, plus tard, renverseront Maximilien Robespierre, parmi ceux qui s'élèveront un jour contre les *buveurs de sang,* il ne s'en trouva pas un pour réclamer en faveur de Camille coupable de pitié et condamné pour sa clémence? Et parmi ceux qui savaient bien que Danton eût sauvé et acclimaté la République, il ne s'en rencontra pas un seul pour repousser la stupide accusation de *royalisme* lancée au front de l'homme du 10 août? Quel spectacle attristant! Et comme on se prend à mépriser, devant de tels spectacles, la lâcheté des assemblées apeurées et tremblantes, toutes prêtes à frapper, à bannir, à immoler, pour échapper au danger qu'elles croient suspendues sur elles! La nature humaine a de ces vilenies insondables, et ce sont, en vérité, de malsaines journées que celles où la peur, la hideuse peur, courbe ainsi au même niveau les méchants et les trembleurs.

Nous reviendrons tout à l'heure sur la dénonciation de ce La Flotte, qui devait envoyer l'infortunée Lucile à l'échafaud. La Flotte accusait Arthur Dillon de s'être concerté avec le conventionnel Simon pour soulever les faubourgs, tandis que Lucile Desmoulins essayerait d'attendrir le peuple. Le malheureux Camille avait donc appris, au moment où on menaçait sa vie, qu'on venait encore de le frapper dans l'être cher, coupable de porter son nom. Lucile était arrêtée! Lucile était menacée comme lui! De quelle poignante douleur l'âme de l'écrivain dût-elle être saisie! C'était, en vérité, trop de coups à la fois. La fureur de Camille et celle des autres accusés ne connut dès lors plus de bornes. Le président Herman, fort du décret de la Convention, ne devait pas, comme on l'a vu par la déposition du greffier *Fabricius*, se soucier beaucoup de ce redoublement de désespoir et de colère.

Il allait donner l'ordre de faire sortir les accusés de la salle d'audience. Cette mise hors du tribunal équivalait à une mise hors la loi.

« — Mais, s'écrie Danton devant cette condamnation véritable, mais aucune pièce n'a été produite contre nous! Aucun témoin n'a encore été entendu!

» — C'est une infamie! répétait Lacroix. — On nous juge sans nous entendre, disait un autre. — Ah! les brigands! les assassins! — Toute délibération est inutile! — On ne nous juge pas, on nous tue! — Qu'on nous mène à l'échafaud! »

Ainsi les cris des malheureux se croisaient, frappaient au visage, et souffletaient les juges impassibles. Le président donna l'ordre aux gendarmes d'emmener les accusés. Ce fut une scène effroyable. Pendant que Danton jetait, comme un dernier défi, un regard méprisant à ses juges, Camille se cramponnait à son banc; il refusait de sortir. Trois hommes s'accrochèrent à lui, l'arrachèrent à sa place et littéralement l'emportèrent. Le dernier cri de Desmoulins était une injure.

Ces terribles scènes n'avaient pas laissé de faire une impression profonde autant que violente sur l'esprit des jurés. Tandis que le jury délibérait, un moment le bruit courut dans le tribunal que « la majorité des jurés votait » pour l'innocence des accusés. » Depuis, Lecointre déclara qu'à ce moment même, Amar, Voulland et Vadier, passant par la buvette, allèrent trouver, en compagnie de Fouquier, le président Herman pour l'engager à « user de tous les moyens possibles pour » faire prononcer la mort. » A cela, Fouquier répond, dans son interrogatoire [1], qu'il n'a « pas même souvenir » que les citoyens Amar et Voulland lui aient remis le » décret du 15 germinal, et que quant au citoyen Va- » dier, il n'a su que longtemps après qu'il était venu au » tribunal. » — Il n'est venu, ajoutait Fouquier, ni à mon « cabinet, ni ne l'ai vu à l'audience. » Vadier était là cependant.

Bref, les terribles questions allaient être soumises au jury, et Trinchard, qui en était le chef et se démenait si fort pour obtenir la condamnation, ne devait pas attendre longtemps.

Voici textuellement les questions et la réponse soumise au jury :

Questions.

« Citoyens jurés,

» Il a existé une conspiration tendante (*sic*) à rétablir la monarchie, à détruire la représentation nationale et le gouvernement républicain.

» 1° Jean-François Lacroix, homme de loi, député à la Convention nationale, est-il convaincu d'avoir trempé dans cette conspiration ?

» 2° Georges-Jacques Danton, homme de loi, député ;

» 3° Benoit-Camille Desmoulins, homme de loi, député ;

» 4° Pierre Philippeaux, homme de loi, député ;

» 5° Marie-Joseph Hérault de Séchelles, député ;

» 6° François-Joseph Westermann, député ;

[1] Voyez les pièces de son procès aux *Archives nationales*.

» Sont-ils convaincus d'avoir trempé dans cette conspiration ?

» Il a existé une conspiration tendante à diffamer et avilir la représentation nationale et à détruire par la corruption le gouvernement républicain.

» 7° Philippe-François-Nézaire Fabre Déglantine, homme de lettres, député à la Convention nationale, est-il convaincu d'avoir trafiqué de son op^{on} comme représentant du peuple ?

» 8° Joseph Delaunai, homme de loi, député à la Convention nationale, est-il convaincu, etc. ?

» 9° François Chabot, ex-capucin, député à la Convention nationale, est-il convaincu, etc. ?

» 10° Claude Bazire, archiviste des cy-devant États de Bourgogne est-il convaincu d'être le complice de Chabot et de Delaunai, en gardant le silence soit sur les révélations qu'ils lui ont faites de leurs manœuvres criminelles, soit sur les propositions intéressées qui lui ont été faites ?

» 11° Marie-René Sahugnet Despagnac, ex-abbé, fournisseur des armées de la République, est-il convaincu d'avoir trempé dans la conspiration ?

» (*Nous passons les noms des autres accusés.*)

» La déclaration du juré (*ou jury*) est affirmative sur toutes les questions; négative seulement à l'égard de Lullier.

» HERMAN, *président.*
» DUCRAY, *commis-greffier.* »

Sur la réquisition de Fouquier, accusateur public, le tribunal ordonna aussitôt qu'attendu « *l'indécence, les
» brocards et les blasphèmes des accusés* contre le tri-
» bunal, les questions seront posées et le jugement à
» intervenir prononcé en l'absence des accusés. »

Herman et Fouquier avaient bien mérité du Comité de Salut public.

CHAPITRE SIXIÈME.

I. Derniers moments des Dantonistes. — La charrette. — L'échafaud. Mort de Camille et de Danton.

II. *La conspiration des prisons.* — Lucile accusée. — Arthur Dillon. — La veuve de Desmoulins et la veuve d'Hébert. — Mort de Lucile.

III. Les lendemains de batailles. — Madame Duplessis. — Le petit Horace. — Le fils de Camille et le fils de Philippeaux. — *Lettres inédites.* — Mort d'Horace Desmoulins. — Les reliques de Camille.

I

C'en était fait. Les Dantonistes allaient mourir. Tandis que le jury délibérait encore, hésitant, malgré Fouquier, malgré Herman, malgré Trinchard, devant ce meurtre juridique, les imprimeurs *composaient* déjà le texte même de la condamnation à mort que les crieurs publics allaient tout à l'heure débiter à la foule. A la Conciergerie, où, après les avoir arrachés de leurs bancs, on les avait reconduits, les accusés attendaient une sentence qu'ils savaient maintenant inévitable. Calme et superbe, Danton dit au greffier Ducray qui vint bientôt leur lire l'arrêt (on les fit mander un à un au greffe pour entendre cette lecture) : « C'est inutile, » on peut nous conduire sur-le-champ à la guillotine. » Ton jugement? Je ne veux pas l'écouter. » — Pas un d'ailleurs ne voulut entendre le greffier lire la sentence. A quoi bon? — « Qu'on nous assassine, dit l'un d'eux, cela suffit. »

Camille Desmoulins, avec sa sensibilité féminine, s'était accroupi dans un coin de la prison. Il pleurait.

Il songeait à cette jeune femme qu'il laissait maintenant aux mains de ses bourreaux. Il répétait, avec des sanglots, le triste adieu qu'il écrivait à sa Lucile, la veille même du procès. « Horace! Lucile! Mon Horace! Ma » bien-aimée! Que vont-ils devenir? » Faiblesse si l'on veut, Camille, du moins n'avait pas été faible en flétrissant la Terreur et en réclamant de la pitié pour tous. Qu'un autre lui reproche ces larmes versées sur lui-même, sur son bonheur écroulé, sur son foyer où la mort entrait, sinistre, emportant du même coup le père et l'épouse et laissant au berceau un enfant orphelin. Je ne veux, moi, me ressouvenir que de la cause même de cette mort. Lorsqu'il écrivait le *Vieux Cordelier*, Camille savait bien qu'il s'exposait à cet échafaud dressé pour les hésitants. Mais il savait aussi qu'une parole de pitié pouvait aider à renverser les ais sanglants de la rouge machine. Cette parole, il l'avait jetée. Celui que Lamartine a appelé un *flaireur de vent* avait du moins, cette fois, flairé le vent d'orage et couru où soufflait la tempête, quitte à se faire emporter par elle comme un fétu de paille. Ce sacrifice de Camille lui sera éternellement compté. Et quant à ses larmes, ne sont-ce pas elles qui ont attendri la postérité? Quoi qu'on fasse, Camille Desmoulins apparaîtra toujours à l'imagination des foules debout sur la table du Palais-Royal ou, le cœur broyé, appelant sa Lucile, au pied de l'échafaud.

Danton, qui cependant laissait, lui aussi, une jeune femme adorée, Danton, plus mâle et plus dédaigneux de ces joies humaines dont il avait épuisé la coupe et dont, amer et hautain, il avait déjà trouvé la lie, Danton demeurait plus altier devant cette mort qui semblait ne pas l'atteindre et ne devait point le faire pâlir. Lui qui disait, dans sa prison, nous rapporte Riouffe, que

Robespierre, Billaut, Collot d'Herbois et les autres, étaient tous des « frères Caïn », il voulait prouver à ceux qui l'immolaient qu'un Danton meurt comme il a vécu.

Ses dernières paroles, ses dernières pensées, en ces heures qui s'écoulaient si vite, gardaient la double expression de mâle énergie et de sarcasme superbe qui faisait le fond même de sa nature. Tantôt il raisonnait avec un calme absolu sur le jugement que porterait sur lui l'avenir : « — J'ai la douce consolation de croire, disait-il, que l'homme qui va mourir comme chef de la *faction des Indulgents* trouvera grâce aux yeux de la postérité. D'ailleurs, ajoutait-il, qu'on continue tant qu'on voudra les rigueurs actuelles. Lorsque les condamnés marchent en riant au supplice, il est temps de briser la faux de la Mort[1] ! » Et, comme pour prouver que le rire, cet outrage fait à l'échafaud, cette bravade insolente à la face du trépas, pouvait retentir jusque devant la charrette du bourreau, il se tournait vers Desmoulins, et, raillant à demi les larmes de Camille (on a prêté le mot à Lacroix) : « En vérité, faisait-il, que diras-tu donc lorsque Sanson te *démantibulera les vertèbres cervicales?* » Terrible ironie, plaisanterie de Titan qui brave, non-seulement la mort, mais la douleur ! Insolent défi au lourd couperet qui va tomber ! Nasarde suprême à la fin rapide qui guette ce corps si vivant et si fort ! C'est bien le même homme qui, tout à l'heure, à Fabre d'Églantine s'inquiétant d'une comédie inachevée, l'*Orange de Malte* (perdue en effet), et que le dramaturge eût voulu terminer, dira, en marchant au supplice : « Des vers ! Bah ! des vers ! Dans huit jours tu

---

[1] Notes de Courtois (de l'Aube).

» en feras plus que tu ne voudras! » Le rire de Danton est frère de la plaisanterie de Shakespeare.

Puis Danton, redevenant grave, ajoutait noblement :
« — Nous avons fini notre tâche, allons dormir! »

Cependant l'heure approchait. Le bourreau et ses aides vinrent faire, dans la salle basse, la toilette des condamnés. Camille essaya de lutter encore. Il se débattait; comme il avait fallu l'emporter de son banc d'accusé, il fallut l'attacher sur la chaise tandis qu'on lui coupait le col de sa chemise. On assure qu'il demanda à Danton de lui mettre entre ses mains liées par des cordes une boucle des cheveux de Lucile qu'il gardait sur son cœur. Danton obéit, puis, à son tour, il se livra aux ciseaux et aux cordes de l'exécuteur. Sa face terrible souriait, dédaigneuse.

Chabot embrassait Bazire et lui disait : « C'est pour moi que tu meurs! Pauvre Bazire, qu'as-tu fait? »

Il y avait là quinze condamnés qui tout à l'heure allaient mourir ensemble. Deux charrettes les devaient emporter. Elles attendaient, entourées de gendarmes, dans cette cour du Palais de Justice, devant la porte lugubre qu'on voit encore. La foule, pressée contre la grille, attendait, impatiente de revoir Danton. Camille Desmoulins monta l'avant-dernier dans la charrette. Danton vint après lui. Il se plaça entre Camille et Fabre d'Églantine. Leurs coudes se touchaient et le torse de Danton servait d'appui à l'épaule de Camille. — « Les f... bêtes, disait Danton en regardant la foule. Ils vont crier : *Vive la République!* en nous voyant passer. Dans une heure la République n'aura plus de tête! »

Tout à coup, la voiture s'ébranla et, sabre au poing, les gendarmes éperonnèrent leurs chevaux. Il y eut un terrible remous dans cette foule immense qui remplissait les abords du Palais de Justice, se ruait sur les quais et allait faire comme un cortége houleux et bruyant au sombre tombereau jusqu'à la place de la Révolution. Danton la regardait, cette foule, cette immense chose anonyme prête à toutes les fureurs, à toutes les réactions, prête à élever le tyran jusqu'à l'apothéose, prête à traîner le juste aux gémonies. Il la regardait, l'éternelle masse flottante, celle qui avait commis le crime du 2 septembre dont sa mémoire, à lui, était chargée. Il y avait, dans ce tas mouvant de curieux, des affolés qui, joyeux, chantaient la *Marseillaise*. Il y en avait d'autres, plus rares et plus intelligents, qui voyant Danton, Camille, Hérault, Philippeaux aller à l'échafaud, se demandaient, comme Fabre, si la contre-révolution était faite. Quelles pensées devaient assaillir ces hommes, mourant ainsi pour le peuple qui, les regardant passer garrottés, les insultait! Passe encore que la foule se mît à rire devant l'ex-capucin Chabot; mais Danton, qui eût voulu conduire tout ce peuple à la frontière et faire jaillir l'héroïsme de ces haillons; mais Desmoulins qui, à l'aurore de la Révolution, avait montré à cette foule le chemin de la Bastille! De quels amers retours de pensées les cerveaux prêts à se refroidir des condamnés furent-ils remplis! Un homme qui se noie revoit soudain, comme à la lumière rapide d'un éclair, sa vie tout entière, ses premiers souvenirs, ses premières joies, ses anciennes amours. Ainsi, Camille revivait ses journées d'autrefois, ses promenades au Luxembourg, ses rêves de liberté, de gloire, ses premières rencontres avec Lucile, sa fièvre heureuse du mariage, ses joies intimes, ses causeries au coin du feu avec Brune ou Fréron, et ses longues stations devant le berceau blanc où dormait le petit Horace. Quoi! tout cela était fini, anéanti? Chaque tour de roue du tombereau le rapprochait du terme inévitable. Sanson, là-bas, guettait tous ces beaux rêves.

Alors, pris de désespoir et de colère, Camille, essayant de rompre ses liens, mettant en lambeaux sa chemise, son épaule, son cou, sa poitrine apparaissant, amaigrie, sous la toile déchirée, jetait à la foule un dernier appel, plus perdu dans cette houle que dans un désert, dont l'écho ne lui eût point répondu par des insultes. — « On te trompe, peuple, criait-il de sa voix qui s'enrouait. Peuple, ce sont tes serviteurs qu'on immole ! C'est moi qui, en 89, t'appelais aux armes ! C'est moi qui ai poussé le premier cri de liberté ! Mon crime, mon seul crime est d'avoir versé des larmes ! » Vains accents. Le condamné, comme tous les vaincus, ne recueillait que des injures. « — Reste tranquille, lui dit Danton, et laisse là cette canaille[1] ! »

Le soir tombait. Il faisait un temps superbe, comme pendant tout ce terrible printemps de 1794, si beau, si brillant, si pur, que de « mémoire d'homme, disaient les vieillards, on n'avait vu d'aussi beaux jours. » La

---

[1] Voyez le récit de la mort de Camille par Beffroy de Rigny (le *Cousin Jacques*). L'auteur s'étonne d'abord que Camille, qui avait eu pistolets et poignards pour exciter le peuple à l'insurrection, n'en ait pas trouvé pour se défendre au moment de son arrestation ou pour faire sauter la cervelle des juges du tribunal révolutionnaire. Mais après de longs commentaires, il ajoute : « Camille avait fait des efforts incroyables pour s'arracher des mains des exécrables, qui ont été les plus bas valets des despotes; de sorte qu'en allant à l'échafaud, il était absolument nu jusqu'à la ceinture, parce ce que sa chemise était en lambeaux.

» *Je le vis* traverser l'espace du Palais à la *place de Sang*, ayant un air effaré, parlant à ses voisins avec beaucoup d'agitation, et portant sur son visage le rire convulsif d'un homme qui n'a plus la tête à lui.

» Ainsi finit, à trente-quatre ans, Benoît-Camille Desmoulins, dupe et victime du vertige du dix-huitième siècle, etc. » (*Dictionnaire néologique des hommes et des choses*, par le cousin Jacques. Paris, an VIII, t. II, p. 480.)

charrette avançait lentement, en fendant la foule. L'académicien Arnault, qui la vit passer, a tracé, dans ses *Souvenirs d'un Sexagénaire,* un inoubliable tableau de ce groupe d'hommes jeunes et hardis traînés à l'échafaud. Danton, le teint reposé, n'avait sur le visage qu'une expression dédaigneuse et méprisante. Hérault de Séchelles, le front rouge, la joue colorée, paraissait spectateur plutôt qu'acteur dans le drame qui se jouait. Il regardait cette mer houleuse de têtes féroces, indifférentes ou attristées avec le flegme d'un peintre qui étudierait un Océan durant la tempête. Fabre paraissait accablé; Camille Desmoulins parlait, appelait, criait toujours. Devant un café, Danton aperçut David dessinant au passage les martyrs : « — Valet! » lui cria Danton. En passant devant la maison de Robespierre, dont les fenêtres closes comme pour un deuil, allaient être, quatre mois plus tard, barbouillées de sang par la foule en délire, Camille Desmoulins essaya de faire parvenir jusqu'à Maximilien une malédiction suprême : « — Mes assassins, s'écria-t-il, ne me survivront pas! » C'était le mot de Danton au tribunal répété devant la maison de l'ennemi.

Quelques tours de roue encore et, au-dessus de l'immense foule qui emplissait la place de la Révolution, les condamnés allaient apercevoir la hideuse machine dont le fer, quoique rouillé, scintillait au soleil couchant. Il y avait là des milliers d'êtres humains, avides de savoir comment mourraient les *indulgents.* Dans les fossés de la place, les guinguettes étaient remplies et, tout en trinquant, on chantait. Un rayon de soleil rougissait la haute statue de plâtre de la Liberté que madame Roland mourante avait saluée et où des pigeons, indifférents aux drames qui passionnaient les hommes, avaient paisiblement construit leur nid. Les lilas fleurissaient sur les terrasses des Tuileries. Toute cette printanière atmosphère de fête encadrait plus tristement encore le drame du supplice. La beauté de ce soir d'Avril rendait plus sinistre l'atroce dénoûment.

Le tombereau d'ailleurs était arrivé maintenant au pied de l'échafaud. L'exécuteur avait commencé son office. Hérault de Séchelles, toujours calme et résolu, descendit de la charrette le premier. Il regardait, du côté du Garde-Meuble, une main de femme qui, à travers les volets entr'ouverts, lui envoyait de loin un dernier adieu et disait au mourant : *On t'aimait!* On sait qu'il voulut embrasser Danton, tendre sa joue à la joue de son ami. Les aides de Sanson l'en empêchèrent. Danton haussa les épaules : — « Imbéciles, dit-il, vous n'empêcherez pas tout à l'heure nos têtes de s'embrasser dans le panier! » Il continuait à bafouer la mort. Hérault monta à la guillotine, parut, debout sur la plateforme, et, tandis que la foule répétait son nom sur la place, attaché sur la planche, il bascula et disparut. Lacroix fut exécuté après lui [1].

[1] Arnault dans ses *Souvenirs* est sévère pour Hérault. Dans les fragments d'André de Chénier, on a retrouvé aussi des lignes mordantes qui, nous dit le parent et l'éditeur d'André, M. Gabriel de Chénier, visent Hérault de Séchelles. Au tome III de l'édition des *OEuvres poétiques d'André de Chénier* (*Iambes*, XI, page 291, édit. A. Lemerre, 1874), je lis ce qui suit :

« Mais quel est ce grand brun (décrit en quatre, six ou au plus huit
» vers)? Ne l'ai-je pas connu jadis le dos couvert de longs cheveux dont
» il poudrait les fauteuils de damas, et ricanant et ne disant rien et
» ambitionnant le nom d'homme d'esprit, etc.? Et vraiment c'est H...
» C'est lui-même réputé Cicéron chez toute la bazoche,

» Et bel esprit chez les catins! »

L'ïambe d'André, vengeur lorsqu'il parle des Suisses, de Collot d'Herbois, devient diffamateur lorsqu'il attaque Hérault de Séchelles. Ce n'est plus Archiloque, c'est quelque Zoïle. Ce qu'on peut dire, c'est qu'André

Lorsque ce fut le tour de Camille, il retrouva devant le couteau le calme qu'il n'avait pas eu durant le chemin. — « Voilà donc, dit-il amèrement en regardant les deux bras grêles et rouges de la guillotine, voilà comment devait finir le premier apôtre de la liberté! » Et, désignant la mèche blonde des cheveux de Lucile qu'il serrait, depuis la Conciergerie, entre ses doigts : « — Fais remettre ces cheveux à ma belle-mère!... » — « O ma pauvre femme! » dit-il encore. On le poussa sous le couteau et sa tête tomba.

Danton surgit le dernier devant le couperet. Arnault, qui le vit se dresser ainsi, les pieds dans le sang de ses amis, sur l'horrible plateforme, compare à une ombre du Dante cette silhouette audacieuse et athlétique se découpant sur l'horizon. Le soleil mourant jetait à cette face altière comme des reflets de forge. Cette tête qui naguères apparaissait, à la tribune, inspirée et hautaine, gardait sa puissance encore et son expression souveraine jusque sur l'échafaud. Lui aussi, d'ailleurs, pensait à sa femme. Ses lèvres hardies laissèrent échapper ces paroles, semblables à un soupir : « Ma bien-aimée, je ne » te verrai donc plus! » Mais, se redressant aussitôt et se retrouvant lui-même tout entier : — « Allons, Dan- » ton, dit-il tout haut, pas de faiblesse! » Il regarda le bourreau en face, et de sa voix de tonnerre : — « Tu

n'a point connu, c'est qu'il a méconnu Hérault. Et lui aussi le beau Séchelles en mourant pouvait dire, comme quelques mois plus tard l'infortuné Chénier : *J'avais pourtant quelque chose là!*

Ajoutons un détail bizarre et dramatique. Le jour même où Hérault de Séchelles était exécuté, le théâtre de l'Opéra national représentait une *sans-culottide* en 5 actes, la *Réunion du 10 août*, ou l'*Inauguration de la République française*, et l'on y voyait Hérault brûlant les emblèmes de la royauté. Ainsi, quelques heures après l'exécution du véritable Hérault, un comédien faisait son entrée sur la scène, *grimé* peut-être d'après le portrait d'Hérault de Séchelles par Laneuville.

montreras ma tête au peuple, elle en vaut la peine, il n'en voit pas de pareilles tous les jours ! » La dernière parole de Danton était formulée comme un ordre, et la foule frémissante se répétait ces mots hardis et si haut jetés que tout le monde les avait entendus. Le rouge couperet s'abaissa une dernière fois. Danton n'était plus.

« On ne frappe les rois qu'à la tête », avait-il dit un jour. C'était à la tête qu'on frappait aussi son éloquence, son courage, son audace, sa fierté qui sont aussi des royautés et les seules qu'on puisse admirer.

Et, comme pour les Girondins, il avait suffi de quelques instants — une demi-heure, peut-être, hélas ! moins que cela — pour immoler les Dantonistes. La promiscuité affreuse du supplice réunissait dans un même assemblage hideux de troncs sans têtes et de têtes sans corps tant de vertus et tant de vices, l'éloquence et le patriotisme avec Danton, l'esprit et l'ironie avec Desmoulins, la bravoure militaire avec Westermann, la probité avec Philippeaux, l'élégance et la foi profonde avec Hérault, l'art et le talent avec d'Églantine. Un greffier enregistrait, deux jours après, au tribunal, le tas sanglant d'objets disparates que lui apportait un valet du bourreau : médaillons, boucles de souliers, redingotes, écritoires, tabatières de carton, cravates ou fichus, chemises à jabots, tout ce qui restait de ces jeunes hommes dont les cœurs avaient battu si fort aux grands noms, aux beaux mots de liberté, de patrie, d'affranchissement, de République. De tout ce qui avait été chez eux fierté, audace, espoir, erreur souvent, mais erreur généreuse, de tout ce qui avait palpité, lutté, aimé, souffert, que restait-il? Des cadavres entassés dans une fosse du cimetière de la Madeleine, des défroques apportées au greffe : quant à leur mémoire, elle était encore livrée à la calomnie de leurs ennemis triomphants et à l'ingratitude de ceux pour qui ils étaient morts.

Car ce fut pour nous qu'ils tombèrent. Ouvriers sacrifiés de la première heure, de l'heure sanglante et sinistre, ils donnèrent sans compter leur existence pour nous assurer une liberté encore à venir. Avides de renouveler le monde, au point de vue politique, moral, judiciaire, législatif, en un mot de fonder une société nouvelle, ils se ruèrent à l'attaque du passé et, devant la résistance insensée, ils organisèrent la lutte formidable. Leur vie fut un combat, mais si — ce que nous souhaitons tous — nous parvenons à établir, après tant de douleurs et de crises, la paix sociale dans ce pays si cruellement tourmenté, c'est à eux que nous le devrons. Ils ont enfoncé la porte pour les générations à venir.

Sans doute, leur œuvre farouche a des pages qu'il faudrait arracher. Dans les heures troublées où ils se débattirent, ils firent trop bon marché des individus, oubliant que la personnalité humaine est sacrée et que les idées ne se détruisent pas en atteignant les corps. Ils furent plutôt révolutionnaires que républicains et il est temps que la République devienne gouvernement et cesse d'être Révolution. Mais à quels irrésistibles courants ces hommes furent-ils en proie? Danton le savait bien, le sentait bien, et il périt pour avoir essayé d'opposer la liberté à un idéal surhumain et inhumain dont ceux qu'il appelait les « jansénistes de la République »; voulaient faire la suprême loi. C'est qu'il prévoyait, lui, qu'une telle méthode de gouvernement, antipathique au tempérament français (les mots sont de sa bouche) conduisait infailliblement à une révolte, c'est-à-dire à une anarchie ou à une réaction, et ensuite à une dictature. Derrière Robespierre, il devinait César. « Il est faux,

» disait-il, qu'une révolution soit faite quand on ne sait
» pas en profiter[1]! » Voilà bien pourquoi il s'efforçait de
faire rentrer dans le lit le torrent débordé. Que ceux-là
seuls lui en fassent un crime qui pensent que la pitié, la
liberté, la justice, ne sont pas des vertus.

« Danton tué par Robespierre, écrit Courtois dans ses
Notes, c'est Pyrrhus tué par une femme. » La vérité est
que Danton tué par Robespierre, c'est Robespierre se
vouant lui-même, et pour un prompt avenir, à l'échafaud. Robespierre a raison de s'enfermer, accablé, dans
la maison de Duplay, tandis que la charrette qui emporte
Camille passe devant le seuil. Le temps n'est pas loin
où, lorsqu'il voudra lui-même défendre sa vie, une voix
lui criera : « Le sang de Danton t'étouffe! » Ce sang, il
ne l'avait pas versé plus que les autres et sans doute
avait-il hésité à signer l'ordre qui décapitait Camille avec
Danton, mais une logique implacable entraînait les
accusateurs après les accusés, et comme Desmoulins avait
péri après la Gironde, Robespierre et ses amis devaient
périr après Danton et les siens[2]. Que n'ont-ils tous unis
leurs efforts pour fonder la République! Que n'ont-ils
abjuré leurs ressentiments et leurs préventions pour
faire cesser le règne de la haine!

Danton, du moins, ne sut jamais haïr. Il y avait un
cœur et un grand cœur dans cette poitrine d'athlète.

[1] Voyez, à l'Appendice, les *Notes* de Courtois (de l'Aube).

[2] L'épigramme suivante courut Paris après le supplice des Dantonistes. (Voy. *Mémorial de la Révolution française*, par P.-C. Lecomte :

    Lorsqu'arrivés au bord du Phlégéton,
    Camille Desmoulins, d'Églantine et Danton
    Payèrent pour passer ce fleuve redoutable,
    Le nautonier Caron, citoyen équitable,
    A nos trois passagers voulut remettre en mains
    L'excédant de la taxe imposée aux humains :
    « Garde, lui dit Danton, la somme tout entière!
    » Je paye pour Couthon, Saint-Just et Robespierre. »

S'il ne pleurait pas comme Desmoulins, il avait plus que lui des entrailles. Comme Desmoulins, il fut aimé durant sa vie et après sa mort. Le beau-père et la belle-mère de Danton, M. et madame Gély, qui habitaient encore longtemps après, la maison même où Danton avait vécu, passage du Commerce, racontaient à M. Eugène Despois, leur jeune parent, de qui je tiens le détail, comment Danton vivait et pourquoi on l'aimait. Il y a loin des renseignements exacts donnés par ces survivants aux prétendues traditions qui voulaient faire de Danton un viveur luxueux. L'existence du tribun était celle d'un bourgeois honnête, adorant sa femme, son foyer, ses livres, préférant les douceurs privées aux grandeurs publiques, compatissant et terrible, un de ces hommes qu'on peut comparer à ces fleuves dont les débordements fécondent et dont les flots puissants emportent les hommes vers la haute mer.

C'est en pensant à Danton que la vieille mère Gély, qui avait toujours été fort dévote, ne manquait jamais de dire au grand-père maternel de M. Despois : « Ah ! » mon cousin, je suis au moins bien tranquille sur le » sort de notre pauvre Danton. M. l'abbé de Kérave- » nant (le prêtre insermenté qui avait marié Danton) » l'a suivi quand il allait à la mort, et il a profité d'un » instant où Danton le regardait et lui faisait un signe » d'intelligence pour lui donner *mentalement* l'absolu- » tion. » Danton, aux yeux d'un orthodoxe, ne serait peut-être pas de la sorte suffisamment muni des sacrements de l'Église ; mais, pour moi, la pensée de ce prêtre que Danton salue et la conviction de la vieille madame Gély me prouvent deux choses : c'est, encore une fois, le flegme de Danton mourant, saluant dans la foule un visage ami, et la mâle bonté d'un tel homme inspirant de telles sympathies. Heureux ceux qui meurent aimés! Leur mémoire tôt ou tard sera vengée, et leur souvenir est pour les uns celui du martyre, pour d'autres celui de l'expiation, pour tous celui d'une douleur.

Être aimé! C'est l'idéal parfois et souvent le salut. Aimé! Camille Desmoulins le fut, et voilà pourquoi sa mémoire est si vivante encore, pourquoi, malgré les impardonnables écarts de ses pamphlets, il demeure absous et mieux encore célébré par ceux qui admirent son talent et compatissent à sa destinée. L'amour de sa femme, le roman de sa vie, fait oublier la réalité même de son histoire. Devant ce couple qui s'aimait et qu'un même couperet a frappé à deux jours de distance, on s'attendrit, on n'entend plus le rire sarcastique de Desmoulins poussant ou Brissot ou Chaumette à l'échafaud; on n'entend plus le grincement de la corde de la lanterne glissant le long du « fatal réverbère. » On ne voit que ce jeune homme de trente ans arraché aux baisers de sa femme, aux bégayements de son enfant et jeté au couperet; on n'entend que les sanglots éloquents des lettres immortelles qu'il jetait sur le papier, sans savoir ce qu'il écrivait et comme on pousserait des plaintes. Camille, ce gamin de génie, apparaît transfiguré par le malheur. C'est la plume d'un adolescent ivre de liberté qui a tracé la *France libre,* c'est le stylet d'un enfant terrible qui a écrit le *Discours de la Lanterne,* certaines pages des *Révolutions de France et de Brabant* et *Brissot démasqué;* mais c'est la main d'un homme qui tenait le fer rouge du *Vieux Cordelier,* et c'est la tête d'un homme qu'a tranchée, le 16 germinal, la hache de Sanson.

II

« Les misérables! non contents de m'assassiner, ils veulent encore tuer ma femme! » avait dit Camille. A la même heure, madame Duplessis, effarée, écrivait à Robespierre une lettre demeurée inachevée et qui ne parvint pas à Maximilien, lettre où le cri de Camille était répété : « Robespierre, ce n'est donc pas assez » d'avoir assassiné ton meilleur ami, tu veux encore le » sang de sa femme? » Lucile avait été en effet dénoncée par un certain Amans, chef d'escadron, détenu dans la prison du Luxembourg, misérable espion, délateur de ses supérieurs, *mouton* de ses codétenus, et qui avait accusé, dans une lettre à Robespierre, l'ex-général Dillon de conspirer en faveur de Danton, de Camille et de Philippeaux. « Dillon, écrivait cet Amans, tra- » vaille à son bureau toutes les nuits jusqu'à cinq ou six » heures du matin; il a un commissionnaire fidèle qui » va et vient pour porter les paquets; des êtres qui » paraissent fort suspects viennent le voir et l'entre- » tiennent en particulier... » Ce n'est pas la première fois, en effet, qu'on peut faire remarquer la liberté relative laissée aux prisonniers dans ces cachots de la Terreur [1]. Amans accusait Dillon d'avoir de l'argent, de fomenter une conspiration. L'agent Alexandre La Flotte vint bientôt donner un nom à ce complot fantastique; Fouquier se plaignit qu'on voulût l'assassiner, et la *Conspiration des prisons* fut créée. Dillon, au dire

---

[1] Voyez les *Mémoires* de madame Roland sur la prison de Sainte-Pélagie, et les *Essais* de Beaulieu montrant comment on allait au café à la Conciergerie où, — quel étonnement! — *il régnait*, dit-il, *une assez grande gaieté.*

de La Flotte, avait « un projet concerté avec Simond, » le député (l'ami d'Hérault). On sèmerait de l'argent dans le peuple. On enverrait « du monde » autour du Tribunal révolutionnaire. La *femme de Desmoulins*, ajoutait La Flotte, était du complot [1].

La perte de Lucile — une femme! — était décidée. Le Comité ne se trouvait point satisfait d'avoir broyé la plume du pamphlétaire; il voulait frapper encore l'auteur du *Vieux Cordelier* dans celle qui portait son nom.

A l'heure même où tombaient les têtes de Danton et de Camille, Vadier montait à la tribune de la Convention, et déclarant qu'il avait pu assister « sans être vu » aux *scandaleux* débats du Tribunal révolutionnaire », il déclara qu'à ce moment Dillon et Simond conspiraient dans leur prison. « Ils avaient, dit-il, organisé une co-

---

[1] On lira avec intérêt, à propos des Dantonistes et du lendemain de leur mort, le *Rapport fait à la Société des Amis de la Liberté et de l'Égalité, séante aux Jacobins*, rue Honoré, à Paris, sur les conspirations d'Hébert, Ronsin, Vincent et leurs complices; de Fabre d'Églantines (*sic*), Chabot, Delaunay d'Angers, Bazire, Danton, Lacroix, Hérault, Camille Desmoulins, Philippeaux, Westerman, et leurs complices, par Dumas, président du tribunal révolutionnaire, l'un des membres de la société. Séance du 23 germinal (la veille de l'exécution de Lucile). Le rapport met sur la même ligne les « enragés » et les « indulgents. »

« Des brigands, dit Dumas, usurpateurs de quelque confiance, ont trahi la cause du peuple. La surveillance du gouvernement les a suivis jusqu'aux portes du tombeau qu'ils creusoient à la liberté, et la justice nationale les a précipités dans le néant. Ils ne sont plus, et bientôt nous dirons de leurs complices : *Ils ont vécu!* »

A propos des Dantonistes, il les signale comme les « protégés et émules de l'immoral Mirabeau, esclaves orgueilleux de d'Orléans, qui n'ont attaqué que *le Roi et jamais la royauté*. » Il les présente comme « chargés des dépouilles de la Belgique et *rêvant un nouveau Cromwell*. » Quelle rhétorique! « Vous vendiez, leur dit-il, à vil prix la fortune publique aux ennemis. » Toujours le système qui consiste à confondre avec les partisans de la clémence les falsificateurs de décrets.

(La société a arrêté l'impression du présent discours, la distribution à ses membres et à ceux des tribunes, et aux sociétés affiliées. — *Signé* : VEAU, député, président; MAILLARD, vice-président; LEQUINIO, député; VOIRON, LASSIS, LECLERC et POIDEVIN, secrétaires.)

» horte de scélérats qui devaient sortir du Luxembourg
» avec un mot d'ordre, s'emparer des avenues des Co-
» mités de salut public et de sûreté générale, tomber
» sur les membres qui les composent et les immoler à
» leur fureur. » — « Et ces hommes, ajoutait Vadier, ces
» hommes respirent encore ! » Couthon — ce Couthon
sans jambes qui restait avec Robespierre sans..., avait
dit Danton, — Couthon lui succédait à la tribune et
demandait un nouvel arrêt de mort. Dans la nuit qui
suivit, les détenus accusés d'avoir pris part à la conspiration des prisons furent transportés à la Conciergerie.
Il y avait là Arthur Dillon, le député Simond, l'ex-
évêque Gobel, Anaxagoras Chaumette, une des victimes de Camille, Grammont-Roselly, le comédien,
adjudant général de l'armée révolutionnaire, et qui avait
insulté Marie-Antoinette allant à l'échafaud; et avec
Grammont, son fils; il y avait encore Lambert, le porte-
clefs, le chirurgien Beyssier, il y avait la veuve d'Hébert
et la veuve de Camille.

Promiscuité ironique de l'accusation et de la mort!
La *Jacqueline* du *Père Duchesne* et le *Rouleau*, le *bon
loup* de Camille, jetées côte à côte, accusées ensemble,
menacées du même danger! « Elles s'asseyaient souvent sur la même pierre, dans la cour de la Conciergerie, dit Riouffe[1], et pleuraient ensemble. »

Des geôliers du Luxembourg, des anciens soldats de
l'armée de Ph. Ronsin, un ancien porte-arquebuse du
comte d'Artois, le commissaire Lapalue, le capitaine
Lasalle, de la marine marchande, l'adjudant Denet, le
lieutenant de gendarmerie Lebrasse, étaient accolés à
ces pauvres femmes.

---

[1] *Mémoires d'un détenu*, p. 66.

Tous ces êtres, réunis sous la menace d'une accusation commune, furent envoyés au Tribunal révolutionnaire comme coupables d'avoir conspiré contre la sûreté du peuple, et d'avoir voulu égorger la Convention nationale. Égorger la Convention! Lucile aurait pu vouloir cela? Fouquier-Tinville ira même plus loin dans l'odieux et l'absurde : il accusera Dillon, Lambert, Simond et *la veuve Desmoulins* « d'avoir eu pour but de » replacer sur le trône de France le fils de Louis XVI. »
— *L'or de l'étranger soudoyait leurs manœuvres*, dit l'accusateur public. Lucile s'inquiétait bien d'égorger la Convention ou de rendre un trône au Dauphin! Ce qu'elle voulait, c'était revoir Camille, le sauver, si elle le pouvait, et le retrouver dans la mort, si tous ses efforts étaient vains. La malheureuse femme n'avait point reçu ces lettres éloquentes, émouvantes et sublimes que Camille lui avait, du fond de sa prison, adressées comme un adieu[1]. Elle n'avait pu baiser une dernière fois ce papier tout trempé des larmes de Camille. Elle souhaitait donc, avec une ardeur fébrile, — celle des martyrs avides d'être livrés aux tortionnaires, — le supplice qui devait la réunir à celui qu'elle avait perdu.

Devant ses juges, elle fut résolue, intrépide, et pourtant demeura femme. Elle nia que le général Dillon lui eût écrit et lui eût envoyé trois mille livres pour solder une émeute contre la Convention. « Au moins, demanda à Dillon le président Damas, vous ne pouvez nier avoir

---

[1] Avant de quitter le Luxembourg, dit M. Émile Campardon, Camille avait écrit à sa femme une touchante lettre... En arrivant à la Conciergerie, il la remit au citoyen Grossé-Beaurepaire, qui s'y trouvait détenu, en le chargeant de la faire passer à sa femme. Mais madame Desmoulins suivit bientôt son mari à l'échafaud, et cette lettre ne lui parvint jamais. Grossé-Beaurepaire la transmit à Jules Paré, ancien ministre de l'intérieur, ami de Danton et de Camille, qui en est resté possesseur. (Le *Tribunal révolutionnaire*, t. II, p. 254.)

allumé le feu de la révolte dans les prisons? — J'ai dit, répondit l'ex-général, que si les journées du mois de Septembre se renouvelaient dans les prisons (comme on put le croire un moment), il était du devoir d'un homme courageux de défendre ses jours, et de demander à être entendu et jugé avant de se laisser immoler. » C'était là, en effet, tout le crime des accusés ; ils avaient voulu disputer au bourreau leur existence ou celle des êtres qui leur étaient chers.

Lucile n'était coupable que de désespoir et d'amour. Elle n'avait point conspiré ; elle avait erré autour de la prison comme l'oiseau autour du nid. Elle avait appelé Camille, elle lui avait fait, de loin, de ces signes douloureux où l'on voudrait mettre toute sa passion dans un geste, dans un regard. Ce fut assez pour la perdre. Elle fut, avec dix-huit autres accusés (sur vingt-six), condamnée à mort le 24 germinal, après trois jours de débats. Presque tous ces condamnés pouvaient dire comme Chaumette au tribunal : — « Vous pouvez prononcer sur mon sort, je suis tranquille sur la destinée qui m'attend! »

Lucile, dont l'exaltation avait fait place à une sérénité étonnante, et qui était demeurée calme, indifférente durant le procès, avec un regard qui semblait voir au delà de la salle des jugements, Lucile, entendant la condamnation qui la frappait, releva la tête, et, les yeux brillants d'une généreuse fièvre : — « O joie! s'écria-t-elle, dans quelques heures je vais donc revoir mon Camille! » Et ce regard loyal descendant ensuite sur les juges : « En quittant cette terre où ce que j'aimais ne me retient plus, dit-elle, je suis moins à plaindre que vous, car jusqu'à votre trépas, qui sera infâme, vous garderez le remords de ce que vous avez fait! »

Avec la veuve de Camille, le tribunal condamnait la veuve d'Hébert. L'ancienne religieuse du couvent de la Conception de la rue Saint-Honoré, la femme que Fouquier venait d'accuser d'employer « son esprit et ses » charmes à recruter des conjurateurs contre sa patrie », allait mourir avec la veuve de Camille. Vainement la femme d'Hébert déclara-t-elle qu'elle était enceinte ; Théry et Naury, officiers de santé, furent d'avis qu'il n'y avait pas lieu à surseoir. Il était dit que la femme du tragique héritier de Marat et celle du promoteur du *Comité de clémence* seraient exécutées le même jour. Mais quelle différence entre ces deux femmes, différence que sentait elle-même la veuve d'Hébert ! Un des témoins du procès de Fouquier-Tinville, Grandpré, a déposé que, le jour même du jugement qui les condamnait, la veuve d'Hébert disait à Lucile : « Tu es bien heureuse, toi, personne n'a parlé contre toi, il n'y a pas d'ombre sur ta conduite ; tu sortiras de la vie par le grand escalier ! » Ainsi, devant le supplice, la réconciliation se faisait entre ces deux êtres qui portaient deux noms éternellement ennemis. Les époux s'étaient entre-tués ; les veuves abjuraient leur haine sur les marches de l'échafaud.

Qu'importait, d'ailleurs, à Lucile qu'on l'accusât ou qu'on la défendît ? Elle n'avait plus, en ce monde, de prétexte pour vivre. Elle était de ces héroïnes de l'amour conjugal qui sont épouses avant d'être mères. D'ailleurs, Horace vivait et Camille était mort. C'était à l'absent seul qu'elle songeait. Quant à l'enfant, madame Duplessis n'était-elle pas là pour lui servir de mère ? L'aïeule veillerait sur l'orphelin. Lucile vivante n'eût pu, pensant à Camille, que pleurer sur ce berceau.

Pour aller à la mort, Lucile se para comme pour les

fiançailles. Il y avait en elle, je le répète, de cette exaltation sainte qui fait les martyrs. « Lé sang d'une femme a chassé les Tarquins de Rome. Puisse le mien, disait-elle, emporter aussi la tyrannie [1]! » Tandis que la veuve d'Hébert pleurait, Lucile souriait. Elle avait coupé ses cheveux « sur le devant et sur les faces de sa tête », nous dit l'homme qui l'exécuta [2]; elle les envoya à sa mère, peut-être avec cette lettre écrite dans sa prison, courte mais irrésistible missive de dévouement, de résignation et d'une sorte de ferveur :

« Bonsoir, ma chère maman. Une larme s'échappe de mes yeux; elle est pour toi. Je vais m'endormir dans le calme de l'innocence.

« Lucile. »

Lorsque la charrette s'avança pour emporter les condamnés — cette même charrette peut-être où, huit jours auparavant, Camille était monté, — l'ex-général Arthur Dillon s'approcha de la pauvre femme et la salua encore de la tête : — « Je regrette, lui dit-elle alors, d'être la » cause de votre mort. » Dillon sourit, répondit qu'elle

---

[1] M. Ed. Fleury pense que ces paroles sont apocryphes, parce qu'elles ne sont point dans le caractère de Lucile, qui fut *simple, digne, touchante et modeste*. L'enthousiasme n'exclut cependant point la dignité, et nous avons vu, par les extraits de son cahier de jeune fille, que Lucile était à la fois exaltée et charmante.

[2] « Le 24, dit un contemporain, voit périr plusieurs personnes, parmi lesquelles sont les femmes de Camille Desmoulins et d'Hébert. La première fit beaucoup de sensation sur le public, tant par sa beauté que par sa contenance. Un seul homme eut le courage d'insulter Lucile morte, ce fut ce misérable Guffroy, l'auteur du *Rougyff ou le Frankenvedette*, un journal de sang et de boue, celui que Camille avait eu la faiblesse d'appeler *notre cher Rougyff*, et qui écrivait (n° 107) : « Les veuves Hébert et Desmoulins jasaient avec un calme apparent; mais l'œil observateur y remarquait bien plus l'effet d'un sot orgueil d'avoir joué un rôle dans la Révolution! » Et cet homme parle de la *morgue* des femmes devant l'échafaud!

(*Mémorial* de P. C. Lecomte, t. I, p. 276.)

en était tout au plus le prétexte, et se mit alors à la plaindre à son tour; mais Lucile l'interrompant : « Re-» gardez donc, dit-elle, si mon visage est celui d'une » femme qui a besoin d'être consolée ! » En effet, elle rayonnait. Elle avait attaché sous son menton un fichu blanc qui lui couvrait les cheveux. Un peu pâlie, elle était charmante. « J'ai vu cette jeune femme, dit Tissot dans son *Histoire de la Révolution*, et je garde d'elle une impression ineffaçable, où le souvenir de sa beauté, des grâces virginales de sa personne, de la douceur de ses regards, de la mélodie de sa voix du cœur, se mêle à l'admiration pour son courage, et à un regret dou-loureux sur la fin cruelle qui l'a précipitée dans la mort peu de jours après son mari, sans qu'elle ait obtenu du moins la consolation d'être réunie à lui dans le même tombeau. » Le *bon diable* de Camille n'aurait eu qu'une chose à dire pour sa défense : *Je suis une enfant!* Lucile aima mieux relever le front et demander la mort. « Ils » ont assassiné le meilleur des hommes, dit-elle encore, » si je ne les haïssais point pour cela, je les bénirais pour » le service qu'ils me rendent aujourd'hui ! » Entre toutes ces héroïques femmes, mortes sur l'échafaud, la figure juvénile et souriante de Lucile se détache et apparaît comme illuminée d'un reflet de joie. C'est l'épouse mou-rant pour l'époux, c'est la victime de l'amour et de la passion la plus noble et la plus sainte.

Elle salua Dillon « avec enjouement » d'un signe de tête, comme si elle eût pris congé de lui dans un salon et qu'elle eût dû le retrouver bientôt, puis elle prit place dans la seconde charrette avec Grammont-Nourry et son fils, qui se reprochaient mutuellement leur mort durant le trajet, Brumeau-Lacroix, Lapalu, Lassalle et la veuve Hébert. Lapalu avait vingt-six ans,

Lassalle vingt-quatre. Elle causait avec eux, souriante et insouciante. Grammont-Nourry fils ayant en chemin traité son père de scélérat : « On prétend, lui dit Lucile Desmoulins, que vous avez insulté Antoinette dans la charrette; cela ne m'étonne pas, mais vous auriez bien dû garder un peu de cette audace pour braver une autre reine, la mort, à laquelle nous allons. » — « Le fils Grammont, dit un témoin oculaire, lui répondit par des injures; elle se détourna de lui avec mépris. » Au moment de mourir, Grammont le père allait demander à embrasser son fils, et le fils, refusant, repoussa d'un air farouche ce dernier baiser.

— Vive le le Roi! cria Dillon redevenant sur la plate-forme ce qu'il avait été à Versailles.

Quant à Lucile, elle ne dit rien; elle gravit avec une sorte de fierté heureuse les marches de l'échafaud. C'était, pour elle, comme les marches d'un autel. Elle allait revoir Camille! Cette pensée lui laissait son sourire. Le bourreau la regardait, ému malgré lui. Elle était, a-t-il dit, *à peine pâlie*. Cette fillette de Greuze allait mourir comme une femme de Rome. Sa blonde tête d'enfant mutine devait garder encore une expression de joie profonde et d'extase passionnée lorsque les mains brutales de l'aide la jetèrent, toute sanglante, dans le son rougi du sinistre panier.

III

Ainsi, de tous ceux qui, en décembre 1790, avaient assisté à ce mariage de Camille et de Lucile, à Saint-Sulpice, trois étaient morts. Brissot, Pétion, Lucile, Camille avaient disparu. Et avant quatre mois, Robespierre allait périr !

Il restait encore, à cette heure, à Guise, un vieillard accablé et entouré de tombes, et que la douleur allait emporter bientôt. Il y avait à Paris un homme affaissé, pâle, bien près de mourir de chagrin, lui aussi, comme M. Desmoulins, et une vieille femme penchée sur un enfant orphelin. A peu de mois de distance, s'éteignaient M. Desmoulins et M. Duplessis. Les luttes politiques ont de ces *post-face* lugubres, et la souffrance abat peu à peu ceux que le fer n'a pas atteints.

Demeurée seule avec sa fille Adèle, — cette fiancée de Robespierre, qui demeura vieille fille et vivait encore à Vervins, auprès de M. Matton, il y a quelques années, — madame Duplessis se consacra tout entière à l'éducation du petit Horace Desmoulins. Elle fut vraiment sa mère. Elle l'éleva en même temps que la veuve de Philippeaux, fidèle à sa mémoire, élevait son fils.

Les deux pauvres femmes dirigeaient en commun leurs enfants, et rien n'est plus touchant que la correspondance échangée entre ces deux êtres survivant à de si cruelles épreuves. On les trouvera imprimées pour la première fois à la fin de ce volume.

Cependant, l'ami fidèle de Camille veillait aussi sur Horace. Brune adressait bientôt cette lettre à madame Duplessis :

Je viens d'écrire à Fréron comme nous en sommes convenus.

Voici, je pense, ce que vous devez lui demander :

1° Qu'étant l'ami de vos enfants il fasse, près des comités, toutes les démarches convenables en faveur d'Horace;

2° Qu'il réclame pour lui les papiers de famille et les manuscrits de son père. Le Comité de sûreté générale n'a droit que de retenir *momentanément* ceux qui peuvent immédiatement intéresser le salut de l'État. Les autres doivent sur-le-champ être rendus au jeune orphelin; ils doivent servir à son instruction, ils lui apprendront à connaître les auteurs de ses jours.

3° Qu'il réclame les livres de famille en faveur d'Horace, ils sont utiles à son instruction, ce sont des meubles indispensables pour subvenir à ses besoins ; d'ailleurs cette justice a déjà été rendue à la veuve du citoyen Boucher, donc elle est d'usage.

Les comités composés d'amis de la justice doivent être glorieux d'être utiles aux orphelins des patriotes.

Fréron ne pourra se dispenser, ainsi que ses amis, d'agir de concert avec vous.

Salut et amitié.

Signé : BRUNE[1].

13 pluviôse.

O lendemain des révolutions et des inutiles tueries ! Le temps n'était pas loin où la Convention elle-même — cette Convention qui votait à l'*unanimité* l'arrestation de Danton, de Camille et de leurs amis — allait proclamer que Desmoulins et Philippeaux avaient bien mérité de l'humanité. Le 10 thermidor, deux mois après la publication faite par Desenne du septième numéro du *Vieux Cordelier* (1795), Merlin de Thionville, l'ami et le collaborateur de Camille, montait à la tribune, et, aux applaudissements de tous, déclarait qu'il fallait « jeter des fleurs sur la tombe du malheureux Philippeaux » et de ce Camille Desmoulins qui « le premier arbora au Palais-Égalité la cocarde tricolore. » C'était la *cocarde verte*, mais la pensée, si fort applaudie, de Merlin de Thionville s'adressait bien à celui qui s'appelait fièrement le « premier apôtre de la liberté. »

Un an plus tard, le député Bailleul présentait au Conseil des Cinq-Cents un rapport sur une pétition des veuves de Carra, Gorsas, Pétion, Valazé, Brissot et

---

[1] *Inédit.*

Philippeaux réclamant les secours de la nation pour elles et leurs enfants. Sur la demande de Goupillau, le nom du fils de Camille Desmoulins, « qui est *dans l'indigence* », dit-il, fut ajouté au projet de décret voté le 28 avril 1796.

« Considérant que Camille Desmoulins, aussi repré-
» sentant du peuple, membre de la Convention natio-
» nale, fut conduit à la mort pour s'être élevé contre les
» proscriptions et avoir rappelé des principes d'huma-
» nité depuis trop longtemps oubliés. » A la suite de cette phrase, le décret portait un vote de deux mille francs accordés au fils de Camille Desmoulins et qui lui seraient payés jusqu'au jour où il aurait atteint sa dix-huitième année.

La vie de cet enfant orphelin devait être courte et attristée.

Placé en l'an IX au Prytanée de Paris (ce même lycée Louis-le-Grand où son père allait rêver dans la *Chartreuse* de Gresset), il demeura là jusqu'au moment où l'on forma les lycées des départements avec des boursiers envoyés du Prytanée. Horace avait été, nous apprend M. J. Quicherat, désigné pour le lycée de Bordeaux : « C'était donner le coup de la mort à madame
» Duplessis. Elle porta au ministère ses supplications et
» ses larmes. Fourcroy, qui était déjà directeur de l'in-
» struction publique, crut qu'il serait facile d'effacer de
» la liste le nom de l'enfant : son pouvoir y échoua. De
» sorte que pour tirer la pauvre vieille dame de l'alter-
» native où elle se trouvait de se séparer de son petit-
» fils ou de renoncer à lui faire faire son éducation, il
» n'eut pas d'autre ressource que de s'adresser à l'huma-
» nité du directeur de Sainte-Barbe, M. de Lanneau.
» Si malsonnant que fût alors le nom de Desmoulins, si

» peu assurée que se montrât la faveur de Fourcroy,
» M. de Lanneau s'empressa de recevoir l'orphelin au
» nombre de ses pensionnaires gratuits[1]. »

Madame Duplessis défendait de son mieux, en femme forte et que les épreuves avaient rendue virile, les intérêts de son petit-fils. (Voyez aux *Documents complémentaires* une note d'elle relative à sa maison de Bourg-la-Reine.)

Horace mourut à Jacmel, à Haïti, et il put y rencontrer peut-être Virginie, la vieille négresse, — vivante encore aujourd'hui, — et dont le nom devait lui rappeler le proscripteur de son père. C'était la veuve de Billaud-Varennes. Virginie conserve, vieille et courbée, le portrait de celui que Desmoulins appelait ironiquement le *rectiligne*.

---

[1] Jules Quicherat, *Histoire de Sainte-Barbe*, t. III, p. 32, passage cité par M. E. Campardon. Nous possédons, parmi nos autographes, cette lettre de madame Duplessis adressée à M. de Lanneau :

MONSIEUR,

Jusqu'à ce jour une maladie, que j'ai crue sans cesse près de finir et qui dure encore, m'a privée d'aller vous offrir le tribut de reconnaissance que je vous dois. Croyez, je vous en supplie, Monsieur, que je regarde un tel empêchement comme un nouveau malheur ajouté à mes infortunes ; il me tarde de vous exprimer de vive voix l'impatience et la peine qu'il m'aura causées ; je destine à ce devoir les premiers pas de ma convalescence. Mais en attendant que je m'en acquitte, agréez ici l'hommage des sentiments les plus dignes de vous être offerts. J'irai vous le renouveler bientôt, je l'espère, accompagnée du fils de Camille. Veuillez, Monsieur, continuer à ce jeune Horace les bontés du véritable Mécène qu'il trouve en vous ; et recevez en cette occasion avec indulgence le salut de la gratitude unie à la plus haute considération.

Veuve DUPLESSIS.

Au Bourg-Égalité, ce 4 nivôse an XII.

Une fiche anonyme piquée à l'autographe contient cette note bonne à recueillir d'un *professeur* du petit Horace :

« J'ai connu cet enfant, jeune élève à l'institution Sainte-Barbe, de de M. Lanneau, et j'ai été son professeur. Il était fort aimable et fort intéressant. Je n'en ai jamais entendu parler depuis, et, s'il existe, on peut dire qu'il n'a pas fait tant de bruit que son père. »

Là-bas, Horace Desmoulins eut une fille, aujourd'hui madame Boom, héritière des reliques d'Horace à Haïti, et qui possède, parmi les souvenirs de son père, les cuillers marquées C. D., la *timbale* de Camille et autres objets :

1° Un diplôme daté du 16 (ou 10) novembre 1816, donné et signé par Charles-Philippe de France, *Monsieur*, comte d'Artois, colonel général des gardes nationales, autorisant Horace-Camille Desmoulins, avocat, caporal des grenadiers de la garde nationale, à porter la *médaille du Lys !*

La médaille du Lys ! Étrange retour des choses d'ici-bas, et qu'eût dit Camille s'il eût pu voir une telle décoration sur la poitrine de son fils ?

2° Un diplôme de bachelier en droit du même Horace-Camille Desmoulins, au nom de Napoléon, empereur des Français, roi d'Italie et protecteur de la Confédération du Rhin. — Paris, 24 août 1813. Signé : Louis de Fontanes, grand maître de l'Université.

3° Un diplôme de Royal Arch. Mason Eagle Chapter, n° 54, à New-York (5 avril 1824).

4° L'acte de décès de Horace-Camille Desmoulins.

Horace, arrivé à Haïti en 1817, mourut à l'âge du *sans-culotte Jésus*, comme son père ; il avait trente-trois ans, et l'acte de décès nous donne la date de cette mort : le 29 juin 1825 [1].

Il était dans la destinée de la pauvre madame Duplessis de survivre même à cet enfant. Elle demeura donc comme un de ces témoins des autres âges qui parlent éloquemment du passé aux petits-neveux étonnés. Dans son modeste appartement de la rue de la Sorbonne,

---

[1] Nous devons la communication de ces renseignements à un homme distingué et obligeant M. le docteur Betonces (d'Haïti).

oubliée, silencieuse, recherchant l'ombre, n'entr'ouvrant sa porte qu'à de rares amis, elle parlait tout bas de choses évanouies et de grands noms disparus. Elle racontait ces romanesques souvenirs, à la fois attristés et glorieux : le 14 juillet, le 20 juin, le 10 août, et les sombres tragédies des 16 et 24 germinal, la mort de Camille et de Lucile. Vivant là, parmi les reliques de son passé, madame Duplessis feuilletait parfois, avec sa fille Adèle, les manuscrits tout brûlants encore des numéros inédits du *Vieux Cordelier* ou les carnets de jeune fille de la pauvre Lucile. Ou bien elle regardait les portraits de ses enfants. Elle était là, semblable à la Rachel antique, moins bruyante, mais frappée aussi profondément qu'elle, et ne voulant, comme elle, ni consolation ni pitié.

C'est à cette femme pourtant que l'histoire devra d'avoir pu rétablir dans sa vérité la physionomie troublée, ondoyante mais sympathique de Camille Desmoulins. C'est elle qui aura conservé et transmis la tradition de cette existence tourmentée et dramatique. C'est elle qui aura plaidé, si je puis dire, devant l'avenir, la cause de ses enfants. Aussi bien, à côté des deux figures jeunes et souriantes de Camille et de Lucile, l'histoire a-t-elle conservé une place pour le visage attristé, sérieux et grave de cette aïeule en cheveux blancs qui survit à tous les siens, qui dure plus que les éblouissements de la popularité, plus que les clameurs de la haine, et qui est là, debout après la Terreur, comme le pardon, comme l'oubli, comme la consolation, comme l'apaisement et comme la vérité.

CONCLUSION.

Ce n'est pas sans une certaine mélancolie qu'on rouvre les annales du passé. L'histoire porte avec elle, en même temps que ses enseignements, sa tristesse particulière. Que de maux! que de luttes! que d'écrasements! que d'avortements! que d'injustices triomphantes! quelles sanglantes éclipses du droit! quelles farouches affirmations de la force! Et, pour ne nous souvenir que de la période dont nous venons de retracer quelques épisodes, que d'espérances éclatantes au début et brisées au dénoûment! Certes, si nous demeurions sur l'impression navrée que doit laisser à tout homme de cœur le spectacle de ces tueries, nous fermerions notre livre avec désespoir; et nous nous demanderions si la liberté, que les hommes de la fin du dix-huitième siècle voulaient si ardemment conquérir, exigeait tant de sacrifices et tant de sang? Mais c'est de loin, c'est à distance, c'est de notre foyer, et comme du fond de notre situation actuelle, basée sur l'égalité, qu'il faut considérer l'œuvre de la Révolution française. La liberté, elle nous l'a donnée seulement en partie; mais l'égalité — que notre tempérament national préfère malheureusement à la liberté, — elle l'a en réalité fondée et pour toujours. Voilà le grand fait, le résultat absolu, ce qui nous console de tant de douleurs et ce qui nous les fait oublier. Voilà ce qui nous attache, nous tous, fils de la Révolution, à ce passé tragique et superbe, sorte de creuset bouillonnant où s'est élaborée la société moderne.

La Révolution sera pour la France ce que la Réforme a été pour l'Allemagne, l'ère de refonte, de rajeunissement et de vie. Chaque fois que nous avons franchement adopté ses principes, nous nous sommes sentis plus forts et plus sûrs de nous-mêmes. Chaque fois que nous les avons reniés, nous avons ressemblé à un homme qui perd et sa conscience et sa confiance en soi-même. La Révolution, quoi qu'on fasse, est aujourd'hui notre grande tradition nationale, et cela est si vrai que les temps nouveaux n'admettent aucune forme de gouvernement qui ne procède directement de la Révolution : ou l'Empire, qui en est la déviation ; ou la République, qui en est le droit.

Mais il faut s'entendre sur ce qu'on appelle la Révolution, et l'heure est depuis longtemps venue de n'accepter d'elle que ce qui est fécond et solide, les réformes politiques, sociales, les idées généreuses, et de répudier tout ce qui est théâtral en elle et fatal. Les idées saines, ce sont celles qu'on trouve codifiées, pour ainsi dire, dans la *Déclaration des Droits* : la liberté assurée, la propriété inviolable, la sûreté et la résistance naturelle à l'oppression, en un mot, la loi devenant expression de la volonté générale, et n'ayant le droit de défendre que les actions nuisibles à la société ; la force publique, garantie des droits de chacun, fonctionnant pour l'avantage de tous et non pour l'utilité particulière de ceux auxquels elle est confiée ; la société ayant le droit de demander compte à tout agent public de son administration. Voilà les idées mêmes de la Révolution française, et je dirais son testament si la Révolution n'était point vivante encore, et si ces biens qu'elle vou-

CHAPITRE SIXIÈME.

lait assurer aux générations futures, on ne nous les avait pas trop souvent confisqués et si nous ne devions pas encore travailler légalement, sans désordre et sans violence, à les conquérir.

Quant aux écueils à éviter, c'est l'emphase, la grandeur tragique, l'amour de la phrase, des discours, de la mise en scène, qui firent de la Révolution comme un drame tumultueux, effrayant et attirant. Attirant, car il développa encore chez les Français ce goût particulier pour les démonstrations extérieures, pour les costumes, pour les spectacles, qui est le fond même du caractère de notre race. Il ne faut pas confondre la Révolution avec les révolutions. La Révolution, c'est la réforme complète de l'ancien ordre de choses; les révolutions, c'est une série de chocs et de coups d'État qui ont plus d'une fois mis en péril l'esprit même de la Révolution.

Aussi bien, c'est pour en finir avec les révolutions, les tumultes, les *jours caniculaires,* comme disait Camille Desmoulins en parlant des bouillonnements du « faubourg de gloire »; c'est pour fonder la liberté, pour asseoir la République sur des bases solides, que les hommes dont nous avons raconté l'histoire ont risqué et donné leur vie. Ils étaient las des démonstrations magnifiques mais stériles. Ces défilés de braves gens donnant le plus pur de leur bien à la patrie (on vit une pauvre femme qui offrit — ne rions pas — *quatre œufs,* tout ce qu'elle avait, au pays [1]), ces manifestations de

---

[1] *Moniteur* du 17 mars 1793, p. 346, 1 :
« Je remarque, en regrettant de ne pouvoir vous faire connaître son nom, qu'une veuve indigente et sans ressources est venue déposer sur l'autel de la patrie QUATRE OEUFS; *c'est tout ce qu'elle avait.* » [Cette veuve était de Tarbes.] Féraud, député des Hautes-Pyrénées, signale ce fait et ajoute : « Une enchère civique s'est aussitôt ouverte, et les quatre œufs ont produit une offrande de cinquante livres pour les frais de la guerre. (*Ibid*). » [Séance du jeudi 14 mars 1793.]

sentiments généreux qui parlaient si haut au cœur des foules avaient leurs revers, lorsque des habiles ou des fous remuaient la lie de ces grands courants si majestueux. Danton était las de ces perpétuels remous. Il savait que le lendemain du 10 août on a à redouter le 2 septembre. Il voulait faire rentrer le Nil dans son lit. Était-ce, comme allaient le lui reprocher ses ennemis mortels, était-ce se montrer contre-révolutionnaire ? Oui, si l'on entendait par révolution le perpétuel déchaînement des instincts. Non, si l'on voulait donner pour but à la Révolution la constitution de la République et l'affirmation de la loi. Comme Mirabeau, Danton voulait l'*ordre* sans l'*ancien ordre*. Il avait raison.

Sans doute, la terreur, chère à Saint-Just sous le nom de « justice », et à Billaud sous le nom d'« effroi », donnait aux jours traversés une grandeur sinistre. L'épouvante retrempait les âmes. Regardez quelle fierté ou quelle poésie ont alors les derniers soupirs. C'est un délire, c'est une fièvre. On meurt en héros, comme ce Jean Petit, volontaire au premier bataillon des Lombards, qui dit au chirurgien qui lui extrait du plomb : « Qu'on me rende cette balle, je la renverrai aux Autrichiens » ; comme ce canonnier qui s'écriait : « Allons; Pitt ! avec tes guinées tu n'aurais pas payé une goutte de mon sang, et je le verse aujourd'hui tout pour la liberté » ; comme cet homme que les chouans torturent parce qu'il a tué son roi, et qui, les pieds sur les tisons, leur crie : « Ressuscitez-le, je recommencerai ! »

Tout cela est plein d'une grandeur tragique, sublime et sauvage. Mais cette fièvre nationale constituait-elle donc un gouvernement capable d'assurer ce que la France demande vainement depuis près d'un siècle : un *lendemain ?* Où en était-on, en 1793, et mieux encore, en

CHAPITRE SIXIÈME.

1794, alors que Danton voulut à la fois assurer la paix et la liberté à la France?

Camille Desmoulins posait tristement la question, avec une sorte de pressentiment terrible :

« La France, disait-il, sera-t-elle une République, ou cherchera-t-elle dans la monarchie le repos de sa lassitude des trahisons éternelles de ses représentants? Ferons-nous partie de la monarchie prussienne ou autrichienne, ou la France ne sera-t-elle démembrée qu'en République fédérative? Paris, pour prix de son civisme et de ses sacrifices, nagera-t-il dans le sang? Allez-vous décréter son entière destruction, la dépopulation des quatre-vingt-quatre départements et peut-être cinquante ans de guerre civile? Sera-ce une question si les fondateurs de la République ne sont pas dignes de mort[1]? »

Voilà les pensées et les doutes qui emplissaient les âmes de quelques hommes alors, et qui, moins les menaces mortelles, assaillent encore et inquiètent profondément les cœurs patriotes. « Que sera la France? où va la France? sera-t-elle république ou monarchie? Et — question plus redoutable encore, — sera-t-elle la France? »

Hélas! après l'avoir vu tant de fois tomber de la liberté au despotisme, s'affranchir aujourd'hui pour tendre demain ses bras aux cordes du licteur, après l'avoir vu hésiter, tituber, puis courir éperdûment du côté du gouffre, on se pose avec inquiétude le terrible point d'interrogation de Desmoulins et de Danton.

C'est parce qu'à cette question ils répondirent qu'il était temps de vouer sa vie à l'*organisation* de la République, c'est-à-dire au salut de la patrie; c'est parce qu'ils représentèrent le bon sens, la vision nette de l'ave-

---

[1] Discours sur le procès de Louis XVI.

nir, la loi et la justice basées sur la pitié et la générosité, que je me suis senti attiré vers eux et que j'ai voulu ajouter une page à leur histoire.

Ils n'ont définitivement rien fondé puisqu'ils sont morts, puisque Robespierre lui-même est tombé pour avoir voulu reprendre, sous une autre forme, l'œuvre qu'il frappait en eux si impitoyablement; ils n'ont rien fondé, dira-t-on, et pourtant, le jour où la société française sera sortie de la tourmente, c'est à eux qu'elle devra (et elle s'en souviendra) son émancipation et son organisation nouvelle.

Ce jour-là est éloigné peut-être. La liberté que rêvait Camille, cette liberté fille d'Athènes, grandie sous le ciel de Gaule, cette liberté élégante et accueillante, est loin de régner encore. Nous avons jusqu'ici, je le répète, préféré l'égalité à la liberté. Nous avons lâché la proie pour l'ombre. Que m'importe d'être l'égal de celui-là qui n'est pas libre? Que m'importe de partager les droits d'un être dont le droit est de ramper? Mais l'égalité enivre, comme la chimère, et la liberté réclame un culte plus fier. Voilà ce qui fait la séduction facile de l'une, et le charme éternel de l'autre.

Aimons donc, préférons à toutes choses, la liberté qui fait les hommes honnêtes et les nations grandes. Aimons-la, malgré ses excès et pour empêcher ses excès. Les peuples libres ne connaissent pas ces jours furieux des peuples qui ne brisent leurs fers et ne sont déchaînés que de temps à autre. Ce sont les esclaves qui courent aux Saturnales.

N'imitons ces ancêtres de la Révolution que dans leur probité et leur droiture, dans ces qualités de caractère, qui rendraient facilement plus enviable, malgré ses périls et ses épreuves, l'époque sanglante où ils vécurent, que le temps avili où nous nous traînons. Ne faisons pas consister notre enthousiasme dans une passion rétrospective pour des écharpes, des plumets, des costumes. La Commune de 1871 nous a montré ce que coûtent les révolutions de traditions, d'apparat et de pastiches. Soyons de notre temps en honorant le temps passé dans ce qu'il a de grand, mais en ne cherchant pas à le recommencer. L'avenir se prépare avec aujourd'hui, non avec hier. Tâchons de faire non pas un état révolutionnaire toujours en ébullition, mais un état républicain solide et paisible.

Cultivons nos vignes et nos blés sur le volcan éteint que nul ne doit rallumer, et, tandis que les grondements, les sourds mugissements de la lave et de la haine s'effaceront de plus en plus avec les générations nouvelles, ne songeons qu'à cette mère : la Patrie, dont les plaies saignent encore, et à cette fiancée, la Liberté, que le sort réserve peut-être enfin à notre amour!

C'est sur ce vœu, c'est sur ce rêve que je veux terminer ce livre où l'on a trouvé, je pense, l'horreur de l'oppression, quelle qu'elle soit, et le respect de la vie et de la liberté humaines. Mais comment ne pas oublier la mort des Dantonistes, leur supplice, cette immolation affreuse de citoyens dévoués, en se disant que du moins leur mort a servi à quelque chose? Nul d'entre eux en mourant n'a renié sa vie. Tels ils ont vécu, tels ils sont tombés. Les choses de ce monde nous gardent bien des désillusions, mais il y aurait trop d'amertume à penser que de tels sacrifices sont inutiles et que les peuples pour lesquels de tels hommes meurent sont incapables d'être libres et se précipitent, se ruent, comme dit Tacite, vers la servitude. Tant de coups d'État de toutes sortes, de déceptions successives, de désespoirs ignorants, ont peut-être à la fin habitué la nation à servir. Peut-être qu'elle se sent perdue lorsqu'elle n'a plus de maître. La cavale rétive demande le mors serré et l'auge pleine.

Je ne veux pas le croire, et je veux espérer.

Il n'y aura plus de Brumaire pour étouffer le grand soleil, que seuls les aveugles ne voient pas, disait Bonaparte. Paisiblement, pas à pas, notre France s'acheminera vers un état calme et réparateur où elle retrouvera sa grandeur et son rôle. La *première des immortelles*, comme l'appelait un penseur qui fut un poëte, *la fleur d'humanité* répandra encore ses parfums. Et quelle joie resterait donc au monde si on lui prouvait que le Césarisme, brutal ou déguisé, — le Césarisme qui fut la fin de la République rêvée par Danton et Camille — est le dernier mot des efforts humains, des sacrifices et des martyres?

DOCUMENTS

DOCUMENTS COMPLÉMENTAIRES

N° 1.

FRAGMENTS INÉDITS DE CAMILLE DESMOULINS.

Tout ce qui s'échappe de la plume d'un grand écrivain a une importance véritable, et surtout, dirons-nous, tout ce qui est inachevé, tout ce qui peut donner de lui une idée non pas plus parfaite, mais plus vivante. Il en est de certains écrits des publicistes comme des croquis des peintres où, dans une chose à peine esquissée, on retrouve cependant plus de *personnalisme*, la manière même et comme la tournure absolue du talent de l'auteur. C'est donc à titre de croquis véritables que nous donnons les fragments *inédits* qui suivent. On y verra comment Desmoulins travaillait, en prenant des notes mises en ordre par *sujets*, par *mots*, de telle sorte que le journaliste avait à sa disposition un véritable répertoire alphabétique, un arsenal portatif de citations. Plus d'un article commencé se retrouve également dans ces *Notes*. Nous avons dû choisir afin de ne point grossir inutilement notre volume.

L'authenticité de ces fragments est absolue; M. Carteron les copia jadis sur les manuscrits mêmes de Camille appartenant à M. le baron Girardot. C'est une bonne fortune dont nous avons profité, grâce à l'obligeance de l'érudit M. F. Lock, qui tenait ces documents de M. Edouard Carteron.

MOEURS DES ROMAINS.

Romulus partage la terre du pays en trois parts, une pour la religion, l'autre pour l'entretien du gouvernement; il distribue l'autre aux citoyens. Ainsi, point d'impôts.

Il y avait à Rome des patriciens et des plébéiens dans l'origine; mais cette distinction des patriciens dans l'origine, ce mot de *patrici* désignait seulement ceux qui pouvaient nommer leurs pères, disent quelques auteurs. Que de bâtards il y aura alors dans les trente-cinq tribus!

La dignité de prince du Sénat ne donnait que le rang sans aucun pouvoir. Cette place ne laissait pas d'être très-honorable, parce qu'il n'y avait que ceux qui avaient mené une vie irréprochable qui pouvaient y prétendre.

La République étant devenue florissante, on exigea quarante mille livres de rente pour être sénateur, et Auguste n'en reçut pas à moins de soixante mille livres de revenu.

Les tribuns du peuple convoquaient le Sénat, même malgré le sourcil, et s'il manquait quelques sénateurs, ils perdaient une certaine rétribution. A Rome on ne demandait pas la parole, elle était donnée aux sénateurs à leur tour.

Si quelqu'un s'opposait au décret, ce n'était plus un sénatus-consulte; mais on l'appelait l'avis du Sénat : *Senatus auctoritas*.

A Rome, le Sénat n'était proprement dit que le ministère, le Conseil d'État, le corps administratif. Les affaires dont on faisait le rapport au Sénat, disent les auteurs, étaient toutes celles qui concernaient la République; mais 1° la création des magistrats; 2° la législation; 3° la délibération sur la guerre et la paix devaient être absolument portées devant le peuple. Le Sénat était tellement subordonné à l'Assemblée du peuple que le peuple, à son gré, lui ôtait ou lui rendait ses prérogatives. L'an 631, le tribun Sempronius Gracchus publie une loi qui ôte aux sénateurs le pouvoir de juger, et le transporte aux chevaliers. Que firent les empereurs pour établir le despotisme? Ils commencèrent par transférer au Sénat les comices; ils le mirent à tous les droits du peuple qu'ils dépouillèrent ainsi de la puissance législative et de sa souveraineté.

Quand le peuple était assemblé, on baissait les faisceaux devant lui comme on baisse les drapeaux devant le roi. Le peuple était partagé en trente curies; dès que seize curies avaient donné les avis, on levait l'Assemblée, et le plébiscite était formé.

VARIÉTÉS.

Deux officiers du régiment colonial du Port-au-Prince ont rapporté une anecdote touchante et un exemple d'attachechement et de fidélité et de vertu domestique qu'Éros, l'esclave d'Antoine avait seul donné, et qui semblait au-dessus de la nature humaine et n'appartenir qu'aux chiens, animaux bien inférieurs à l'homme en amitié. M. Monduit du Plessis, colonel du régiment du Port-au-Prince, avait auprès de lui un mulâtre qui lui était fort attaché. Après que ce colonel eut été haché en pièces, le mulâtre passa plusieurs jours à rassembler les membres épars de son maître, et quand il eut tout réuni, il creusa une fosse où il les enterra. On le vit pendant quelques jours verser des larmes sur cette tombe, et il finit par s'y tuer lui-même d'un coup de pistolet. On le trouva mort sur la tombe de son maître. — Quand les réflexions viennent succéder au premier mouvement d'admiration, un observateur se dit : Il y a donc des hommes bien nés pour l'esclavage. Lorsque la mort qui, dans l'ancien comme dans le nouveau régime, égalait les rangs, a ôté toute distinction entre le colonel et le mulâtre, ne dirait-on pas que celui-ci, dans l'égarement de sa douleur, reconnut encore des distinctions, tant les racines sont profondes, il ne se tue pas sur le corps de son maître ; il craint de mêler sa poussière avec la sienne, et il se tue sur la tombe.

MABLY.

L'argent est le motif de la guerre, disait Aristias ; ne vous semble-t-il pas que c'est notre pauvreté qui nous met dans l'impuissance d'avoir une flotte et de soudoyer une armée ? Ces belles maximes, dit Phocion, vous ne les auriez pas entendues quand nos pères vainquirent les Perses à Marathon et à Salamine. Ils regardaient alors la tempérance, l'amour de la gloire, le courage et la discipline comme le nerf de la guerre ; ils méprisaient l'argent, et il leur fut inutile ; ils étaient pauvres et ils construisirent une flotte nombreuse pour combattre Xerxès ; ils la construisirent de la charpente de leurs maisons ; ils ne payaient point leurs soldats citoyens, qui n'avaient jamais commandé, et ils vainquirent les dix mille immortels dont toute l'Asie admirait les belles manœuvres ; si l'argent est aussi puissant que le disait Périclès, que n'achetons-nous un Miltiade, un Aristide, un Thémistocle, des magistrats, des citoyens et des héros.

C'est un blasphème de penser que les dieux aient mis la raison humaine en contradiction avec elle-même, et qu'elle puisse conseiller sous le nom de politique ce qu'elle défend sous celui de morale. Pour moi, je fais de la politique le ministre de notre raison, et j'en vois résulter le bonheur des sociétés.

Cyrus, lassé des révoltes fréquentes des Lydiens, leur ordonna de porter des manteaux et de chausser des brodequins ; il leur donna des fêtes, un opéra, des boulevards, et les amollit par leur cirque et un panthéon.

VOLTAIRE

appelle la pythonisse d'Endor, mademoiselle d'Endor. Il fait quelque part l'éloge du journaliste et de ses fonctions, mais il faut finir par dire comme le divin Mambrès dans le *Taureau blanc*, à la pythonisse, mademoiselle d'Endor : Ma camarade, votre métier est beau, mais il est bien dangereux ; et vous courez risque d'être pendue.

Ce n'est pas sans raison que les anciens faisaient pleurer aux jeunes filles leur virginité avant de les immoler, comme pour dire qu'il n'y avait plus rien à regretter en mourant quand elle était perdue.

L'abbé Dubois fameux par sa vessie.

Mercure, dieu des avocats, des voleurs et des orateurs.

Le ministre qui ne rend pas ses comptes est comme celui qui, après avoir bien dîné, met les couverts dans sa poche et décampe sans compter.

J. J. ROUSSEAU.

Nous ne voyons autour de nous que des gens qui se plaignent de leur existence. Je demande si on a jamais ouï dire qu'un sauvage en liberté ait seulement songé à se plaindre de la vie ou à se donner la mort.

Bientôt, par l'habitude, les commodités de la vie perdent tout leur agrément; elles dégénèrent en de vrais besoins dont la privation est beaucoup plus cruelle que la possession n'en était douce, et l'on est malheureux de les perdre sans être heureux de les posséder.

Lorsque les anciens, dit Gratien, ont donné à Cérès l'épi de législatrice, et à une fête célébrée en son honneur, le nom de Thesmophories, ils ont fait entendre par là que le partage des terres avait produit les lois.

C'est une chose plaisante que d'entendre Jean-Jacques se récrier sur la simplicité du commerce de *si grands seigneurs*, M. et madame de Luxembourg. Il pleure de joie, il veut baiser les pas de ce bon maréchal de Luxembourg parce qu'il accompagne un de ses amis, commis de Britton, à la promenade.

« La lecture de *Julie* étant finie, j'eus recours à celle de l'*Émile* pour me soutenir auprès de madame la maréchale! » Quel pauvre homme!

« Je reçus, dit-il ailleurs, le plus grand honneur qu'un homme peut recevoir : la visite du prince de Conti. » Honneur qu'il partageait avec toutes les filles.

Ce qu'il écrivit à Voltaire, on le lui dit en lisant ses *Confessions* : « Je ne vous aime pas. »

LES VACANCES D'UN PHILOSOPHE (Matériaux).

Nous avons encore une autre nécessité de prier pour les empereurs et pour tout l'empire, c'est que nous savons que la fin du monde avec les misères dont elle nous menace est retardée par le cours de l'empire romain.

Dans les réjouissances publiques on dressait en public des foyers et des tables, on mangeait dans les rues, on [1]. . . . . en plein jour. Les chrétiens ne prenaient point de part à tout cela [2], ce qui attirait la persécution. « Nous ne sommes que d'hier, dit Tertullien en parlant des chrétiens, et nous remplissons tout, vos villes, vos îles, vos châteaux, vos bourgades, vos camps, vos tribus, le palais, le sénat, la place, nous ne vous laissons que vos temples. »

On excuse les spectacles à Rome parce que ce sont des hommes qui jouent sous le masque le personnage des femmes, et c'est précisément les hommes qui prennent des habits de femmes, que Dieu maudit dans le Deutéronome. Tertullien oppose aux fêtes, aux plaisirs des païens, les plaisirs des chrétiens, et voici quels ils sont selon lui : « Vous foulez aux pieds les dieux des Gentils, vous chassez les démons, vous guérissez les maladies, vous demandez des consolations... Voilà les plaisirs, voilà les spectacles des chrétiens. »

L'envie que les clercs de l'Église romaine conçurent contre Tertullien et les affronts qu'ils lui firent, le jetèrent dans l'hérésie des inontonistes. — Tertullien, dans son traité de l'âme, croit que toutes les âmes étaient dans les enfers, c'est-à-dire au milieu de la terre jusqu'au jour du jugement, et que les (lacune) des saints y étaient soulagées ; il ne met dans le paradis que les martyrs.

Quatre soldats chrétiens voyaient torturer un jeune homme qui, cédant au supplice, semblait vouloir renoncer, ils commençaient à grincer des dents de dépit, à étendre les mains, et à lui faire des signes du visage et de tout le corps, en sorte qu'ils furent conduits eux-mêmes au supplice. —

Et Satan entra. Le sacrificateur, surpris, court à Grégoire, demande à s'instruire, mais l'instruction le révoltait; n'importe, dit B..., j'en passerai par-dessus mes doutes, si vous

---

[1] Rayé sur le manuscrit.
[2] Rayé sur le manuscrit.

commandez à cette pierre de changer de place, et d'aller en tel endroit qu'il lui marquait. Grégoire ayant commandé, la pierre, qui était énorme, *limes agro positus,* se mit en route et ne s'arrêta qu'à l'endroit où voulait le sacrificateur, qui confessa. —

Il faut voir dans Origène la fierté et l'insolence des évêques ; nous repoussons les pauvres, nous voudrions presque avoir des gardes comme les rois. —

Origène estimait nécessaire d'observer à la lettre la loi des prémices, comme plusieurs autres qui n'ont point été abolies par l'Évangile ; ce qu'il dit des prémices, il le dit aussi des décimes, et ce qu'il dit des fruits, il le dit aussi du bétail [1]. Saint Cyprien attribue la persécution au relâchement des mœurs ; les femmes se fardent ; les hommes se teignent la barbe, les sourcils, les cheveux ; plusieurs évêques quittent leurs chaires, abandonnent leurs peuples, se promènent dans d'autres provinces, pour fréquenter les foires et s'enrichir par le trafic (*lacune*) ; nous sommes pleins d'orgueil, de jalousie, de divisions ; nous négligeons la simplicité, la foi, nous avons renoncé au monde de parole et non d'effet ; nous nous plaisons à nous-mêmes et nous déplaisons à tout le monde. — Lorsque la persécution de Dèce fut annoncée à Carthage, les tribunaux des magistrats furent assiégés par un peuple immense de chrétiens qui accouraient sacrifier. — On passe une corde au col du prêtre Pionius, et on le traîne au temple pour le sacrifier ; six soldats le traînaient de toutes leurs forces ; mais il résistait si fort qu'il fallut encore le pousser à coups de pied dans le derrière et dans les côtes et le jeter dans le temple. Ce Pionius était un des illustres par sa science et sa philosophie parmi les chrétiens. —

Que ceux qui ont renié, si la mort les presse et qu'il ne se trouve point de prêtre, se confessent devant un diacre, et qu'ayant reçu l'imposition des mains, ils aillent au Seigneur avec la paix. — SAINT CYPRIEN. —

---

[1] Rayé sur le manuscrit.

HEUREUSES ALLUSIONS.

Aux personnes qui viennent aux sermons pour apprécier l'éloquence du prédicateur, on pourrait appliquer ce que Joseph disait à ses frères qui étaient venus chercher du blé en Égypte : *Non frumenti quæsitores, sed exploratores estis.* — Massillon.

M. le Brun avait remporté à vingt ans l'accessit de l'Académie. Fréron rendant compte de la pièce du jeune auteur, termine sa lettre par ces mots : « Monsieur, la France a déjà porté dans son sein un grand peintre du même nom que vous ; il y a lieu d'espérer que de nos jours *ut pictura poesis erit.*— Fréron.

Erasme aimait beaucoup le séjour de Bâle ; il en sortait quelquefois, mais il y retournait : *hic illius arma, hic currus fuit.* — Bayle.

L'hypocrite couvre des apparences de la religion les embûches qu'il dresse. Il donne les dehors à la piété pour réserver plus sûrement le cours aux passions, et comme les prêtres de ce temple de Babylone, en public, il présente tout à la divinité ; en secret, et par des voies souterraines il reprend tout pour lui-même. — Massillon.

Au concile de Trente, un évêque français se plaignait des abus qui se commettaient dans la provision des bénéfices ; un prélat italien ayant dit en le regardant avec un sourire amer : *Gallus cantat;*—*Utinam*, répondit l'évêque de Zavour, Pierre Danet, ambassadeur de France, *utinam ad hunc Galli cantum excitaretur petrus, et fleret amare.* —

HEUREUSES APPLICATIONS.

La cabale ayant supprimé les noms de Pascal [1] et d'Arnauld, dans les vies des hommes illustres, le public se rappela ce que dit Tacite : *Præfulgebant Cassius et Brutus eo ipso quod illorum effigies non viseretur.*

---

[1] Desmoulins a écrit *Paschal.*

Quelqu'un disait en montrant le père Bauny, casuiste extrêmement relâché : *Ecce qui tollit peccata mundi.*

Combien de disgrâces dont la consolation est plus difficile à soutenir que la disgrâce même ! Les frères de Joseph s'empressent et s'agitent pour essuyer les larmes de Jacob ; ce sont eux qui les font couler. — F. DE NEUVILLE.

Le duc de Bourgogne annonçait les inclinations les plus vicieuses ; mais quelle plante eût pu rester infectée entre les mains de Fénelon ? Il étouffa en son élève les germes de tous les vices, et il en fit ce prince aimable que nos pères ont tant pleuré. M. de la Harpe, dans l'éloge de Fénelon, suppose que ce prélat vertueux, lorsqu'on lui remit l'éducation du jeune prince déjà si dépravé, dit dans son cœur ce que Dieu dit de l'homme à la création : Faisons-le à notre image. Pensée sublime et à laquelle il était impossible de rien ajouter sans l'affaiblir.

Polybe sollicitait Caton d'obtenir du Sénat que les bannis d'Achaïe, qu'il avait déjà renvoyés dans leur patrie, fussent encore rétablis dans leurs charges et dignités. Caton lui dit : « Polybe, vous n'imitez pas la sagesse d'Ylisse ; vous voulez rentrer dans l'antre du cyclope pour un chapeau ou pour une ceinture que vous y avez oubliées. »

CHARLES Ier INVENTA LE MOT DÉMAGOGUE.

Le peuple anglais tira quelquefois par leurs rochets les évêques protestants de la Chambre haute, mais ils méritaient bien d'être tirés d'une autre manière.

Suivant les lois anciennes, les parlements se devaient tenir à Londres deux fois l'année. Le *Miroir,* le peuple le voulut triennal sous Charles Ier et les ministres ; ils trouvèrent ensuite leur compte à le faire septennal.

Ce que c'est que l'animal roi ! Dans son livre, Charles Ier dit au milieu de sa prison : « De bons sujets n'estiment pas une chose juste que la condition des rois soit rendue pire par l'amélioration de leur sort. »

Charles Ier disait au Parlement qu'avant d'accepter la nouvelle constitution (*les dix-neuf propositions*), il fallait qu'il mâchât tels morceaux avant que de les avaler ; il fallait qu'il délibérât. « Mais, lui répond Milton, si la nation ne goûte rien qu'il aura mâché, que pense-t-il que la nation soit autre chose qu'un grand enfant au maillot ? »

VIEILLESSE. — VIEILLARDS.

O vieillards ! restes de vous-mêmes, ruines humaines, vous verra-t-on, comme ces arbres décrépits, pousser encore plus profondément vos viles racines sur ce sol malheureux, et l'embrasser plus étroitement à mesure que vous vieillissez ; vos mains flétries et ridées seront-elles toujours étendues dans le vide de l'air, tremblantes à la fois de vieillesse et d'ardeur pour saisir des fantômes qui vous fuient ? — Young.

MISÈRES DE L'HUMANITÉ.

Vois-tu cette foule de morts que les hôpitaux gémissants rejettent de leur sein ; vois-tu cette autre foule de mourants qui se pressent à leurs portes et sollicitent la place que les morts ont laissée ? Combien d'infortunés, nourris autrefois dans le sein des plaisirs, implorent aujourd'hui la main froide et lente de la charité. — Young.

Le monarque et le berger se plaignent de leur sort, et du trône à la chaumière les soupirs se répondent. — Young.

VARIA.

Une demoiselle, devant qui Voltaire se tenait debout, le priant de s'asseoir, il lui dit : « Non, Mademoiselle, je suis le parterre, et je vois une jolie pièce. » Il disait au père Adam, jésuite qui l'avait critiqué : « On sait bien que le père Adam n'est pas le premier homme du monde. »

Nous voyons tous avec prédilection les gens que nous avons obligés ; en conséquence, les grâces assurent la faveur, et la faveur de nouvelles grâces ; voilà pourquoi le célèbre comte de Grammont demandait un jour un écu à Louis XIV, ajoutant qu'il n'y avait que la première grâce qui coûtât.

L'empereur de la Chine ne signe jamais un arrêt de mort sans s'y être préparé par le jeûne, et lui seul cependant peut signer un arrêt de mort. Dans cet empire, on vante bien moins la sagacité qui a su démêler un coupable à travers tous les détours qu'il emploie pour échapper au châtiment, qu'on n'admire celle du juge qui a su reconnaître l'innocence à travers tous les piéges qu'on lui tend pour la perdre.

En 1774, M. de Solar, jeune officier aux gardes suisses, a donné un rare exemple d'amour conjugal ; il a hâté ses jours en s'étranglant avec ses cheveux, fort beaux, et dont il avait la bouche et la gorge pleines [1].

Cicéron nous apprend que les legs que ses amis lui avaient laissés avaient grossi sa fortune de deux millions.

Qui oserait vanter sa vaisselle d'argent après ce que rapporte Pline, qu'un des esclaves de Claude avait neuf plats d'argent, dont un pesait cinq cents livres, et que la petite fille de Zollius, à un souper de fiançailles ordinaire, étalait une parure de 7 millions 782,010 livres? Ésope le comédien s'était fait servir, soixante ans auparavant, un plat d'oiseaux qui coûtait 19,453 livres.

Froissart remarque que Charles V annoblit l'ordre des avocats : *equites creati sunt*. En Savoie, en Italie, à Venise, en Espagne, les avocats sont nobles d'une noblesse réelle et transmissible. C'était l'usage que les Parlements sous Louis XII présentassent trois sujets pour une place vacante, et que le Roi en nommât un choisi entre les plus célèbres avocats.

On représentait à Mazarin que le peuple criait à cause des impôts. « Laissons, dit-il, crier le peuple, dont nous mangerons les œufs. »

Du temps de Justinien, on distribuait au peuple de Constantinople quarante mille boisseaux de blé par jour, c'est-à-dire de quoi nourrir deux cent quarante mille hommes.

---

[1] Rayé sur le manuscrit.

Pline parle d'une espèce de ballet exécuté par des éléphants; bien plus, selon lui, ils marchaient sur la corde, portaient à quatre une litière dans laquelle était un autre éléphant; bien plus, un de ces animaux avait écrit en grec au pied d'un trophée : J'ai moi-même tracé ces lettres et dédié les dépouilles des Celtes.

Le même auteur dit que Strabon le Sicilien avait la vue si perçante que du promontoire de Lilybée il comptait les vaisseaux qui entraient dans le port de Carthage, ce qui est physiquement impossible, puisque l'horizon de l'œil n'a que trente lieues. Valère Maxime Cicéron, Élien, Varron, Solin racontent le même fait.

Barthol écrit qu'un docteur qui avait enseigné le droit civil pendant dix ans, était chevalier, *ipso facto*.

Durant les proscriptions, le jeune Attilius fut revêtu de la robe virile avant l'âge, afin qu'on le pût proscrire. On apporta une tête à Antoine : « Je ne connais point cet homme-là, dit-il; cela regarde apparemment ma femme », et il disait vrai.

L'empereur Othon III avait épousé une princesse d'Aragon, nommée Marie. Comme ils passaient à Modène, l'impératrice espagnole devint éperdûment éprise d'un jeune comte italien; celui-ci, nouveau marié et idolâtre de la comtesse, n'ayant répondu aux agaceries de l'impératrice que par des excuses, Marie renouvelant la scène de Phèdre et de la femme de Putiphar, l'accusa d'avoir voulu la séduire. Le crédule empereur lui ayant fait sur-le-champ trancher la tête, la jeune comtesse vint se jeter aux pieds du monarque, lui déclara le crime de la reine, dont elle était profondément instruite, se vouant à l'épreuve du feu; et ayant tenu longtemps le fer rouge sans se brûler, Othon fit brûler vive l'impératrice dans la grande place de Modène, et se condamna lui-même à une grosse amende envers la comtesse.

Anciennement, les habitants de certains pays avaient le droit de ne pouvoir être emprisonnés s'ils pouvaient donner caution; tels étaient ceux de Nevers, de Saint-Geniés en Languedoc, de Villefranche en Périgord. — *Encyclopédie*, au mot *prison*.

Suivant les lois anciennes du royaume, personne ne pouvait être arrêté ni constitué prisonnier pour autre cause que pour crime capital et notoire. *Ord. des rois de France*, t. I, p. 12. Si un citoyen se trouvait arrêté pour quelque prétexte que ce fût, à moins qu'il ne fût notoirement coupable, il était permis de l'arracher des mains qui l'avaient pris. *Ibid*, vol. 3, page 17.

Un petit oiseau poursuivi par un épervier s'était réfugié sous la robe de Xénocrate; il lui sauva la vie et lui rendit la liberté en disant : « Ne trompons jamais l'espérance de ceux qui ont recours à nous. »

Les lois de Dracon punissaient de mort l'oisiveté. Une loi de Solon portait la même peine contre le magistrat qui serait trouvé ivre.

Un édit du roi de 1757 porte que tous auteurs, imprimeurs ou colporteurs de livres tendant à attaquer la religion, à émouvoir les esprits, à porter atteinte à l'autorité du roi, seront condamnés à mort, et il s'est trouvé le détestable Mugart de Vouglans qui a inséré cet édit inconnu dans sa plate compilation.

On peut juger du rang et de la prééminence des dignités ecclésiastiques par un des canons du troisième concile de Latran, tenu l'an 1779 ; il est dit que lors de la visite les archevêques ne peuvent avoir que quarante chevaux, les évêques vingt, les cardinaux vingt-cinq, les archidiacres sept, et les doyens deux [1].

Pline dit qu'Anaxagoras prédit la chute d'une pierre qui, au temps marqué, tomba dans l'Ægos Potamos. On voit que les astronomes de l'antiquité étaient plus habiles que les nôtres.

On peut juger des connaissances des anciens par ce trait;

---

[1] Chez les Juifs, la loi défendait à un mari de quitter sa femme la première année du mariage.

Pythéas disait qu'à l'île Thule, que Virgile appelle *Ultima Thule*, à six jours de la Grande-Bretagne, il n'y avait ni terre, ni mer, ni air, mais un composé de trois éléments, sans qu'il fût possible d'aller dans ces espaces ni à pied, ni sur des vaisseaux ; il en parlait comme d'une chose qu'il avait vue.

Hippocrate commence ses aphorismes par ces belles paroles : « La vie est courte, l'art est long, l'occasion rapide, l'expérience dangereuse, le jugement difficile. »

Louis, roi de Navarre, et Charles, comte de la Marche, tous deux fils de Philippe le Bel, et qui régnèrent après lui, avaient épousé, Louis, Marguerite de Bourgogne, et Charles, Blanche de la Marche, princesses douées de toutes les grâces du corps et de l'esprit ; elles passaient le printemps à l'abbaye de Montbrisson, où elles se livraient au plaisir d'aimer et d'être aimées. Elles avaient pour amants deux frères, Philippe et Gauthier de Launay. Les deux frères ayant été trouvés dans le lit des deux princesses, furent arrêtés et condamnés par le Parlement à être écorchés vifs et traînés par des chevaux fougueux sur un pré nouvellement fauché. En 1313, la reine de Navarre fut étranglée avec un linceul au Château Gaillard.

Aristote, d'après Hérodote, décrit Babylone d'une telle grandeur que les ennemis y étant entrés par une de ses extrémités, on ne sut cette nouvelle à l'extrémité opposée que trois jours après, à cause de l'éloignement des deux quartiers. Il y a peu de mensonges de cette force, et Hérodote a renchéri ici sur le passage de l'Écriture, où il est dit que Jonas employa trois (?) jours à faire le tour de Ninive. Croirait-on que les modernes aient encore exagéré davantage ; si l'on en croit Marco Polo, le Quincoi, ville de la Chine, avait soixante-douze mille ponts de pierre ; Mendez, Pinto, Herrera, Malsonati et Trigant ont dit de cette ville qu'un homme à cheval ne la peut qu'à peine traverser en un jour, qu'elle a trente lieues de tour, dix de long et quinze de large, quatre cent quatre-vingts portes, et des murs sur lesquels douze chevaux peuvent courir de front.

On lit dans Josèphe qu'il est constant par le témoignage d'Hésiode, d'Hécatée, d'Arcésilaüs, d'Hellénicus, de Nicolas de Damas, de Manéthon, de Berose, de Moschus, d'Estiœus, de Jérôme l'Égyptien, que les anciens vivaient mille ans. Il est rapporté, dans la vie de Tamerlan, qu'un homme de la Sogdiane a vécu trois cent cinquante ans. Valère Maxime dit que Danthon Illyrien en a vécu cinq cents, et même sans vieillir. Gassendi fait mention d'un Persan qui, de son temps, avait quelque quatre cents ans; Xénophon donne huit cents ans au roi de je ne sais quelle île; mais tout cela est peu de chose en comparaison de la vie de Macrosiris, qui porte qu'il avait vécu cinq mille ans. — Huet.

Chez les Gaulois, la composition était de quinze sols pour l'attouchement de la main d'une femme, de trente sols pour le bras, de trente-cinq sols pour le coude, de quarante-cinq sols pour le sein. *Lex salica,* titre 25. La composition pour le rapt était de deux cents livres, comme celle du meurtre [1].

Tel est le respect inviolable dû aux formes, que Scipion l'Africain étant censeur, n'osa rayer du tableau des chevaliers un certain Licinius, bien qu'il eût déclaré être sûr de son crime, parce que personne ne se présenta pour en donner la preuve.

Les favoris de Richard II firent publier à Londres une déclaration qui portait que personne n'eût à proférer, quoi que ce soit contre eux, à peine de confiscation.

Au concile de Trente, un évêque français se plaignait des abus qui se commettaient à Rome dans la provision des bénéfices. Un prélat italien ayant dit en le regardant avec le sourire du mépris : *Gallus cantat.* — *Utinam,* repartit l'évêque de Lavaux, Pierre Danet, *utinam ad hunc Gallicantum respiceret petrus et fleret amare.*

A Rome, l'entrée d'un avocat au barreau était un jour de triomphe dans la famille. Auguste, voulant faire immatriculer ses deux fils, demanda en même temps pour eux le consulat.

---

[1] Rayé sur le manuscrit.

Tibère voulut également honorer de sa présence l'entrée au barreau de Drusus, son fils, et de Néron et Drusus, ses petits-fils.

En 1763, le lord Ferrers, d'un sang allié à la maison royale, fut pendu publiquement à Londres pour avoir assassiné son domestique, ce qui n'empêcha pas son frère de prendre le lendemain séance à sa place dans la Chambre des Pairs.

Les Arcadiens, après avoir mis à mort leur roi Aristocrate, traître envers la patrie, firent graver ces paroles sur la colonne qu'ils érigèrent dans le temple de Jupiter lycien : « Les rois parjures sont punis tôt ou tard avec l'aide de Jupiter. On a enfin découvert la perfidie de celui qui a trahi Messène. Grand Jupiter, louanges vous soient rendues ! »

Xénophon disait il y a plus de vingt siècles : « La grande différence que Lycurgue a mise entre Lacédémone et les autres cités, consiste en ce qu'il a surtout fait que tout citoyen obéit aux lois ; ils courent lorsque le magistrat les appelle ; mais à Athènes un homme riche serait au désespoir que l'on pensât qu'il dépendit du magistrat. » Voilà précisément où nous en sommes ; le peuple est sous le joug de la loi qui n'est pour lui qu'un asservissement de plus, puisqu'elle n'est pas la sauvegarde de la liberté, et tout homme qui jouit de quelque considération croirait au-dessous de lui de demander la réparation d'une injure à la justice ordinaire.

A la marge de son exemplaire de l'histoire universelle de Daubigné, Mézerai avait écrit : *Duo tantum hæc opto : unum ut moriens populum francorum liberum relinquam, alterum ut ita cuiquam veniat, sicut de republica merebitur.*

C'était une charmante religion que celle des Basilitiens et des Carpocratiens ; ils prétendaient que nous naissions dans l'état de nature, innocents tels qu'Adam au moment de sa création, qu'ainsi nous devions imiter sa nudité ; ils détestaient le mariage, soutenant qu'il n'aurait jamais existé sans le péché. Pour retracer la vie innocente du paradis terrestre et les plaisirs de l'âge d'or, ils pratiquaient leurs dogmes dans un superbe temple souterrain, échauffé par des poêles, dans lequel ils entraient tout nus, hommes et femmes. Là, tout leur était permis, jusqu'aux unions que nous nommons adultère et inceste, dès que le vénérable de ce chapitre eut prononcé ces mots de la Genèse : « Croissez et multipliez[1]. »

Auprès du lac Morat, en Suisse, on trouve encore sur des ossements amoncelés, cette inscription sublime : « Les Bourguignons ont voulu conquérir un peuple libre, voilà ce qu'ils ont laissé. »

LES CHRÉTIENS

Les fragments suivants paraissent se rapporter à un travail sur Jésus dont il nous est impossible de citer d'autres passages. Dans ce que nous supprimons, Camille ne fait point de l'exégèse ; il plaisante, il raille sur le ton assez habituel au dix-huitième siècle, comme Voltaire ou plutôt comme Parny.

..... Étonnant qui ait jamais existé publie avec assurance qu'il va dissiper les ténèbres qui couvrent l'univers depuis son berceau ; qu'il apporte la vérité aux hommes ; cette vérité, à l'entendre, il l'apporte du ciel. Ce n'est pas du moins au pied des sages et des docteurs qu'il l'a apprise ; sorti non de leur école, mais de la boutique d'un vil artisan, à des hommes qui l'avaient vu vivre trente ans obscur au milieu d'eux, maniant la hache et la scie, et occupé à faire des charrues et des jougs, à un peuple qui avait les idées les plus saines de la divinité, qui n'avait jamais dressé des autels à aucun homme, et qui était orgueilleux de sa loi, dont il croyait les tables écrites de la main de Dieu lui-même, il s'annonce pour un législateur, pour un Dieu. Il ose retoucher l'ouvrage de la divinité et enseigne une nouvelle doctrine. Il ne cherche point à l'établir par la dispute comme les philosophes ; il l'expose avec simplicité et sans faire de raisonnements. Il se choisit ses disciples

[1] Rayé sur le manuscrit. On remarquera que Camille s'est servi de la première de ces citations au début de sa *France libre*. En ayant fait usage, il l'a ensuite, sans doute, effacée, comme désormais inutile, sur ses Notes.

dans la dernière classe du peuple, envoie ces hommes qui ne savaient pas lire, instruire les sages et les nations, leur prédit le succès de leur mission, la durée de son règne, jusqu'à la consommation des siècles ; et, pour opérer cette grande révolution, pour persuader les peuples, il ne leur laisse que ce moyen : « Jésus l'a dit » C'est-à-dire : « Grecs, Romains, peuples qui vous regardez comme les plus éclairés de l'univers, la vérité est sortie de ce coin du monde dont le peuple vous semblait le plus stupide et le plus méprisable de tous, soumettez votre raison à l'autorité d'un charpentier de cette nation vile, renversez vos autels pour en élever à un Juif mort sur un gibet au milieu des insultes et des huées de sa nation, qui se moquait de sa divinité. Ces dogmes qui vous révoltent et qui vous paraissent le comble de la bêtise, croyez-les aveuglément, ne marchez pas sur les traces de vos pères, qui expient dans une autre vie, par des supplices éternels, le malheur de n'avoir pu nous entendre et la faute de leur siècle. Au lieu d'une religion gaie, amie des délices, et qui flatte tous les penchants, d'une religion où la danse, les spectacles, les fêtes, et tous les plaisirs étaient une partie du culte, et qui avait tout pour elle excepté la raison, embrassez une religion qui n'est pas celle de vos pères, une religion triste, austère, ennemie des plus doux penchants de la nature, qui réprouve la joie, qui ne promet ses récompenses qu'aux pleurs, aux souffrances, à la pauvreté, qui n'est bonne que pour des hôpitaux, une religion où les richesses et les honneurs ne sont d'aucun prix, les grâces et la beauté d'aucun usage, où la science et les talents doivent envier les pauvres d'esprit, qui ne veut pas qu'on soit plus à son aise que sur des épines et sur des croix, et tout cela pour goûter dans un troisième ciel je ne sais quelle félicité que l'œil n'a jamais vue, et dont on ne peut se former d'idée ! »

Cependant on abjure l'ancien culte ; on se jette en foule dans le sein de cette religion qui a tout contre elle, et la raison plus que tout le reste ; si Jésus a fait les miracles qu'on raconte, je ne m'en étonne pas, la résurrection d'un mort tranche les objections et lève toutes les difficultés; mais vous, qui ne convenez pas des miracles, expliquez donc les progrès d'une religion si gênante, si contrariante, ..., qui, malgré la haine et ...., à travers les opprobres, les bûchers, les échafauds et les persécutions de toute espèce, s'avance si rapidement à la conquête de l'univers.

LES MARTYRS [1].

..... De ce bienfait qu'a l'auteur de tout mal?

SOSTHÈNE. — Je voudrais que Dieu n'eût accordé le don des miracles qu'à ceux qui auraient eu une mission de sa part. Mais, du moins, il y aura toujours cette différence entre les miracles transmis à la postérité dans les annales du paganisme, et ceux que Jésus a opérés, que les témoins de ceux-ci sont morts pour attester qu'ils les avaient vus; je dis avec Pascal : « J'en croirai des témoins qui se font égorger. »

NÉARQUE. — Ainsi, ce qui te détermine à croire, c'est cette foule de martyrs qui ont versé leur sang pour la religion. Si les prêtres d'Esculape avaient donné leur vie pour attester la vérité des merveilles qu'ils racontent, tu les croirais apparemment aussi.

On ne voit pas que dans aucune religion les prêtres soient morts pour attester la vérité des miracles qui ont été le fondement de cette religion. Mais les a-t-on réduits à la nécessité de mourir ou de nier qu'ils eussent vu ces miracles? Les gouvernements n'ont point mis à cette épreuve ceux qui en soutenaient la vérité; si on les eût réduits à cette alternative, que sais-je ce qu'ils auraient fait? Je penche à croire qu'il y avait des dévots parmi ces prêtres qui se seraient fait couper la gorge pour attester ces miracles.

Certainement l'entêtement suffit pour faire affronter la mort; Pellegrin est bien monté sur un bûcher par vanité, uniquement et pour donner un spectacle. Empédocle se brûle

---

[1] Passage qui se rapporte encore au travail sur Jésus.

par la même folie. Un lâche brave la mort et un assaut pour ne pas passer pour lâche; un poltron se bat en duel par respect humain. Les chrétiens ne montaient-ils point sur les échafauds pour n'être point regardés comme des lâches, comme des apostats? Ceux qui avaient renié dans la persécution étaient en horreur aux autres fidèles, qui les fuyaient comme les Juifs fuyaient les lépreux; l'histoire ecclésiastique nous apprend que les paysans mêmes leur reprochaient leur lâcheté. Quelle force devait leur donner pour résister aux tourments, cette pensée qu'ils allaient être canonisés, fêtés, qu'ils passeraient pour des saints, pour des demi-dieux! Quelle gloire pour un artisan, pour un homme de la populace! « Mes ossements seront enchâssés, seront baisés; je donnerai mon nom à un jour de l'année, on dira aussi que j'ai fait des miracles, moi pauvre vil esclave! J'aurai un tombeau célèbre dans la postérité; on y bâtira un temple où je serai invoqué! » Ils étaient si pleins de la pensée de leur apothéose et du nom qu'ils allaient laisser après eux, qu'un grand nombre donnait ordre d'écrire les relations de leur martyre, les visions qu'ils avaient eues dans les prisons. Les juges sentaient combien cette perspective devait les soutenir dans les supplices. Aussi voit-on qu'afin de la leur ôter, souvent ils leur disaient, avant de prononcer la sentence : « Tu t'imagines sans doute que des femmes viendront recueillir tes cendres, qu'elles envelopperont tes reliques dans la soie, et les embaumeront avec des parfums? Mais ne t'en flatte point, je ne le souffrirai pas. » Et qu'on ne dise pas que ce n'est que dans les derniers temps qu'on a rendu ces grands honneurs aux martyrs, puisqu'on voit que les fidèles gardèrent religieusement les pierres dont saint Étienne, le premier des martyrs, avait été lapidé. Et nous sommes surpris que pleins de ces espérances et déjà environnés de l'auréole, les martyrs aient bravé la mort, nous qui voyons tant de milliers de soldats l'affronter tous les jours pour cinq sols dans les batailles, sans avoir même la faible consolation d'embellir la gazette d'un nom oublié le lendemain? Dans les Indes, combien de femmes se sont brûlées sur le bûcher de maris qu'elles n'aimaient pas, afin de paraître fidèles, et parce que c'était l'usage! Tous les jours ne voyons-nous pas au milieu de nous des suicidés descendre tranquillement dans le tombeau, sans qu'on puisse savoir pourquoi? Avouons-le : c'est quelquefois bien peu de chose qui détermine un homme à souffrir la mort.

Un bourgeois de Sybaris disait que ce n'était pas une si grande merveille si les Spartiates cherchaient à mourir dans les combats, pour se délivrer de tant de travaux, et pour s'affranchir d'une discipline si austère et si rigoureuse; peut-on lire ce que les pères de ces premiers siècles nous racontent de la vie des chrétiens, et ne pas dire d'eux la même chose avec bien plus de raison, puisqu'au delà du tombeau les chrétiens voyaient les cieux ouverts, et une couronne immortelle attachée au sacrifice de leur vie?

MORT TRAGIQUE DU COUSIN PHILIPPE. SON CARACTÈRE. PRÉFACE DE SES ŒUVRES.

... Malheureusement il avait pris le pistolet chargé à balle, et le cousin Philippe tomba sur le coup. J'accourus désespéré; il était naturellement mélancolique, et eut-il été aussi rieur que son frère Jacques, sa gaieté devait l'abandonner. Quel fut mon étonnement quand, me serrant la main : « Enfin, me dit-il, j'ai du plomb dans la cervelle; mais il est bien tard. Ah! cher ami, que j'ai regret de n'avoir pas pu prévoir que je serais tué; je serais mort en parlant comme ont fait Socrate et Sénèque. Que de belles choses j'aurais dites! Ma dernière conversation aurait été la préface de mes œuvres; au lieu qu'il faut que je me repose sur l'éditeur du soin de l'éloge préliminaire; je me serais bien mieux loué moi-même. » — « O mon pauvre cousin, ai-je répondu, ô le plus infortuné des poëtes et des avocats! faut-il que la première fois que vous vous soyez promené avec une femme honnête au Luxembourg, un brave à trois poils se soit prévalu de vos cheveux naissants, et ait cru qu'il pouvait insulter cette femme impunément? Voilà ce qu'on gagne à se promener avec des femmes honnêtes! Qu'il eût bien mieux valu que le cousin continuât de suivre les leçons du sage Caton, qu'il n'allât que chez les filles, et qu'Horace, l'ami du bon sens, a bien raison quand il dit que cet apophthegme du vieux Caton est divin : *Inquit sententia dia Catonis.* » — « Quel souvenir tu viens de me rappeler! reprit le cousin. Pourquoi me reporter à ce temps heureux où, sur le déclin du jour, trompant la vigilance du portier, nous nous échappions ensemble du collége pour voler au Palais-Royal, dans ce jardin préférable à celui d'Éden, et la clarté des lampes de quinquet, y passer une revue plus belle mille fois que celle de Xerxès? O Rose si charmante et si tendre! Éloignons ces idées. Voulais-tu me faire regretter la vie? Ce n'est pas un si grand malheur pour moi que cette mort prématurée. Qu'aurais-je fait au monde, poëte sans protection, et avocat sans cause? Mon imagination commençait à s'éteindre. Les femmes, j'entends les jolies femmes, dont j'avais toujours été si fervent adorateur, seuls êtres dont je n'osais jamais révoquer en doute la divinité, ne m'inspiraient plus des sentiments si religieux, et je devenais tout à fait athée. Je disais d'elles encore, comme Jean le paillard : « Sous le ciel, c'est un plus bel animal, » mais je ne les plaçais plus sur un autel, et il m'arrivait de lire quelquefois Cicéron ou Desmoulins sans que ma lecture fût interrompue par ce que les dévots appellent des oraisons jaculatoires. Qu'ai-je donc à regretter dans la vie? Je n'aurais point réussi au barreau; je ne puis crier qu'un quart d'heure sans m'enrouer. Je ne ressemblais en rien à ceux qui y font les grandes fortunes. Voyez ce monsieur qu'il semble qu'on veut étouffer sous les sacs. Quel avantage a-t-il sur les autres? L'avantage d'un moulin à eau sur des moulins à vent. Comme ceux-ci ne peuvent tourner que lorsque le vent souffle, les autres avocats ne peuvent parler que lorsqu'il y a matière; mais l'autre tourne toujours, c'est le moulin sur la rivière [1]. La nature m'ayant refusé ce grand talent, il me restait la ressource d'écrire; mais je ne sais par quelle fatalité je ne pouvais m'exercer sur des sujets louables; rien ne m'a tant frappé dans ma vie. »

ἈΠΟΣΠΑΣΜΑΤΙΑ

I

α' Il y a cette différence entre la Monarchie et la République, que les règnes des plus méchants empereurs, Néron, Tibère, Claude, Caligula, Domitien, eurent d'heureux commencements; l'avantage des républiques est de s'améliorer.

β' On a bien vu Trajan, en remettant une épée, dire : *Pro me, si mereor, in me* [2]. Il y a loin de le dire à le faire; il n'appartient qu'à un sénat de sévir réellement contre le souverain, et d'envoyer cent de ses membres au tribunal révolutionnaire.

γ' Pouvoir tout faire, et dénoncer, être vaincu par ignorance, (*lacune*) impunément, en se disant jacobin ou cordelier, n'est-ce pas être revenu à ce temps où l'esclave pouvait insulter son maître, le criminel se dérober à la justice, le plus infâme scélérat, une femme [3] noircie de vices faire toutes les injures imaginables à un homme de bien, à un sénateur, en portant à sa boutonnière l'image de Tibère ou d'Auguste?

δ' Le délateur Aquilius Régulus fut honoré deux fois du consulat pour ses dénonciations [4].

ε' Usurpant la puissance par des dénonciations et des moyens si bas, qu'ils étaient capables de déshonorer la puissance même, les délateurs n'étaient pas plus détestés pour leurs injustices que pour le salaire qu'ils en retiraient.

ζ' La Convention eût mieux fait de laisser une pleine liberté

---

[1] Il est assez piquant de rencontrer cette satire de la profession d'avocat sous la plume d'un avocat devenu pamphlétaire. (J. C.)
[2] Aur. Vict. *De Cæs.* 13. — Dion, LVIII. 16. — Cf. Pline, *Pan.*, 67.
[3] Lecture douteuse — *noircie de vices* se lit très-distinctement.
[4] Ces deux fragments n'en font peut-être qu'un seul; néanmoins séparés dans le manuscrit.

de dire tout ce qu'on aurait voulu, que de manquer à apprendre tout ce qu'il lui importait de savoir. Le souverain qui a des oreilles trop tendres se voit détrôné avant qu'il soupçonne d'être haï, et trouve à peine un intervalle entre les louanges des flatteurs et la guillotine.

ζ' Personne qui se crût aussi avancé en emplois qu'il l'était en capacités, et comme on les donnait à plusieurs personnes sans mérite, on n'avait point de bonnes raisons pour en refuser à d'autres comme indignes.

η'. Les Romains laissent vivre Sylla, les Syracusains Denys, les Athéniens Pisistrate, nations [1] méprisables et qui sentaient peu les maux de la tyrannie, puisqu'elles pardonnaient au tyran.

θ'. Le monde ne sera-t-il pas plus réformé par le patriotisme que par le christianisme? Et n'est-ce qu'une hypocrisie et une moinerie [2] qui a succédé à une autre? C'est ainsi que nous avons vu Fénelon et les solitaires de Port-Royal haïs et persécutés comme de mauvais chrétiens, tandis que d'autres, méprisables et débauchés, étaient applaudis et encensés [3] ; les ignorants les plus stupides, les voluptueux les plus infâmes, les bigots les plus emportés étaient regardés comme les ornemens [4] pères de l'Église gallicane.

ι'. Sans doute que Solon succédera à Dracon.

ια. Et cependant jamais on ne vit tant de grands hommes : Brutus, Scipion, Anacharsis, Anaxagoras, Gracchus, et mon valet de chambre est Épaminondas [5].

---

[1] Lecture douteuse pour le mot *nations* seulement;

[2] Il y a *moinerie*; j'ai longtemps été porté à lire *mômerie*.

[3] Le mot est très-difficile à lire; mais je crois la lecture certaine.

[4] *Sic* dans le manuscrit.

[5] *Nota.* — Ces deux fragments (X et XI) sont très-difficiles à lire; néanmoins, *à force de loupe*, je suis arrivé à la restitution certaine; du moins, je le crois. (E. C.)

Ces onze petites notes, si curieuses, si importantes, copiées sur l'original appartenant à M. le baron de Girardot, occupent le recto d'une page (les neufs premiers); les deux derniers commencent le verso de cette feuille, qui est inachevée; le reste est en blanc.

II

MES TABLETTES.

> Neque enim quum lectulus aut me,
> Porticus excepit, desum mihi : « Rectius hoc est,
> Hoc faciens vivam melius ; [sic dulcis amicis
> Occurram : hoc quidam non belle ; numquid ego illi
> Imprudens olim faciam simile ? » Hæc ego mecum
> Compressis agito labris :] ubi quid datur oti,
> Illudo chartis.
>
> HORACE, *I Sat.*, IV, 133-139.

α'. Claude de l'Étoile, un des premiers académiciens, et qui avait dans son temps la réputation de connaisseur, fit mourir de douleur un jeune homme qui était venu de Languedoc avec une comédie qu'il croyait un chef-d'œuvre, et où l'académicien lui fit remarquer mille défauts. Ce grand connaisseur disait sérieusement qu'il eût mieux aimé avoir fait la dernière scène des *Danaïdes*, de Gombaut, que toutes les meilleures pièces de théâtre qui avaient paru depuis vingt ans. Et remarquez que c'était le temps où les chefs-d'œuvre de Corneille venaient de paraître ! C'est ainsi que Passerat écrivait qu'il eût mieux aimé avoir fait l'ode de Ronsard au chancelier de l'Hôpital que d'être duc de Milan.

β'. Sous Tibère, tous les gens condamnés à mort qui attendaient l'heure de leur supplice, perdaient leurs biens et étaient privés de la sépulture. Ceux qui avaient le courage de se tuer étaient enterrés et pouvaient faire un testament. On s'étonne que le duel fût inconnu chez un peuple où le suicide était ainsi en honneur. Il ne faut pas chercher d'autre motif de ces primes d'encouragement accordées au suicide que dans la politique du tyran, charmé que ceux qu'il avait proscrits parussent plutôt s'être condamnés eux-mêmes qu'avoir été condamnés par le despote.

γ'. Ce passage d'une lettre de Cicéron à Atticus est remarquable : « Si vous voulez savoir ce qui a fait absoudre Clo-
» dius, n'en cherchez point d'autre raison que l'indigence de

» ses juges, et leur peu d'honneur...[1]. On ne vit jamais dans » une académie de jeu un si infâme assemblage[2]; c'est Cras- » sus qui a conduit toute cette affaire : il a fait venir chez lui » les juges, il a promis, il a cautionné, il a donné. On a fait » avoir par-dessus le marché à certains juges les faveurs de » quelques dames et de quelques jeunes gens de qualité[3]. »

δ'. Harmodius et Aristogiton, conjurés contre Hipparque et Hippias, les deux tyrans d'Athènes, devaient les poignarder à une procession ; comme la procession sortait de l'OEil de Bœuf, ils voient un des conjurés parler familièrement à Hippias. Ils se croient trahis, mais résolus de vendre chèrement leur vie, ils poignardent Hipparque; Harmodius tombe aussitôt percé de coups; Aristogiton est arrêté et conduit à la question, mais il accuse les plus fidèles amis d'Hippias, qui, sur-le-champ, les fait traîner au supplice. « As-tu d'autres scélérats à dénoncer ? » s'écrie le tyran en fureur. — « Il ne reste plus que toi, répond l'Athénien; je meurs, et j'emporte en mourant la satisfaction de t'avoir privé de tes meilleurs amis[4]. »

ε'. Pisistrate, accusé d'un meurtre, vint, comme le moindre citoyen, se justifier devant l'Aréopage.

ζ'. Otanes, après la mort de Cambyse, proposa d'établir la démocratie ; peu de grands pensent de même.

ў'. Que de réflexions se présentent sur le trait de Zopyre, qui, pour tromper les ennemis, et faire ouvrir les portes de Babylone au roi son maître, se coupe le nez, les oreilles, se mutile de la tête aux pieds, si le fait est vrai ! Faut-il l'admirer, comme l'esclave Eros, qui donne à Antoine l'exemple de la mort? ou bien n'est-ce qu'un fou ? Notre vieux Trivulce,

---

[1] *Ab Attic.* I, 16, t. XXI, p. 86, Leclerc : « Si causam quæris abso- » lutionis, egestas judicum fuit et turpitudo.... »

[2] Page 88 : « Non enim unquam turpior in ludo talario confessusfuit. »

[3] Page 90 : « Biduo per unum servum, et eum ex gladiatorio ludo, » confecit totum negotium; accessivit ad se, promisit, intercessit, dedit, » Jam vero (o dii boni !) rem perditam ! etiam noctes certarum mulie- » rum atque adolescentulorum nobilium introductiones nonnullis judici- » bus pro mercedis cumulo fuerunt. »

[4] Thucyd.

Racine, mourant de chagrin de n'avoir pas été salués du roi, étaient atteints de cette même fièvre de servitude.

η'. Histiée de Milet avait soulevé contre Darius tous les Grecs de l'Ionie; mais ce même Histiée avait empêché de rompre le pont de l'Ister, contre l'avis de Miltiade, et sauvé autrefois d'une ruine entière l'armée de Darius dans l'expédition de Scythie; Darius lui eût pardonné en mémoire de ce service, si les généraux ne se fussent hâtés de le faire mourir. Les Perses compensaient les crimes et les bienfaits.

θ'. Darius, en apprenant l'incendie de Sardes, est si furieux, qu'il charge un de ses officiers de [le] lui rappeler tous les jours d'en tirer vengeance. Il fallait qu'il fût étrangement distrait, s'il était besoin de lui rappeler l'incendie de cette capitale, et quelle idée cela donne-t-il des rois?

ι'. Aristide, exilé, sort d'Athènes en formant des vœux pour sa patrie.

ια'. Une tempête violente ayant détruit le pont de Xerxès, il fit couper la tête aux ouvriers; il fit fouetter la mer, et la fit marquer d'un fer chaud.

ιβ'. Les compagnons de Léonidas honorèrent d'avance son trépas et le leur par un combat funèbre auquel leurs pères et leurs mères assistèrent; ils les conduisirent ensuite loin de la ville en leur disant un adieu éternel. Ce fut là que Léonidas dit à sa femme, qui lui demandait ses dernières volontés: « Je vous souhaite un époux digne de vous, et des enfants qui lui ressemblent. »

ιγ'. Xerxès lui écrit: « Si tu veux te soumettre, je te donnerai l'empire de la Grèce. » — Léonidas répond: « J'aime mieux mourir pour ma patrie que de l'asservir. »

ιδ'. Le duc de Richelieu, enfermé à la Bastille, fut visité dans la prison par deux princesses du sang, rivales et amoureuses de lui, et qui, déguisées en servantes, dépensèrent cent mille écus pour séduire les geôliers.

ιε'. Le lendemain de la mort de Louis XIV, le Parlement s'assembla, et il reçut une lettre de cachet de Louis XV, âgé de cinq ans. Dès l'âge de cinq ans, une lettre de cachet! Le Parlement attaque ensuite les pairs, qui ne voulaient pas ôter leur chapeau au premier président, lorsqu'ils donnèrent leur avis. Cette affaire fit grand bruit. Les pairs, disait alors le Parlement dans son mémoire, osent comprendre dans le tiers état cette compagnie, la plus auguste du royaume.

ιζ'. On décerna au duc de Bedford une médaille avec cette inscription : *Pour avoir semé du gland.*

ιξ'. Henri IV s'intitulait *bourgeois de Paris.*

ιη'. Une loi à Athènes défendait de haranguer dans la place publique avant l'âge de cinquante ans.

ιθ'. Critias, un des trente tyrans, porta cette loi ridicule par laquelle il était défendu d'enseigner l'art de raisonner.

x'. En général, ceux qui se mêlent des affaires publiques sont intéressés, et c'est une réflexion fort juste que celle de l'orateur Démade, en trouvant un jour Phocion à table, et surpris de son extrême frugalité : « Je m'étonne, Phocion, que, te contentant d'un si faible repas, tu veuilles prendre la peine de te mêler des affaires de la République. »

xα'. — Aristide abolit la loi de Solon, qui ne permettait d'élever aux magistratures que les citoyens qui recueillaient de leurs terres au moins deux cents mesures de froment, d'huile et de vin, ce qui ruina l'aristocratie d'Athènes. Mably dit que ce fut une grande faute.

N° 2.

VERS DE CAMILLE DESMOULINS.

I

A MADEMOISELLE L..., ANGLAISE.

Sur l'air : *O ma tendre musette,* ou sur l'air du ballet d'*Armide*[1].

Pardon, si, sur ses traces
On me voit chaque soir;

---

[1] Cette pièce de vers est *inédite*. Elle nous a été communiquée par M. G. Charavay. Nous la donnons seulement à titre de curiosité.

Mais pour suivre les grâces
Est-il besoin d'espoir?
Sans pouvoir m'en défendre
Mes jours vont s'écouler
Le matin à l'attendre,
Le soir à l'admirer.

Cherchais-tu la plus belle
Qu'on trouve sous les cieux?
Regardez : c'est bien elle
Que demandaient tes yeux.
Ne cherchais-tu que celle
Qui promit le bonheur?
Eh bien! c'est encore elle
Que demandait ton cœur.

Ta cousine est jolie;
Mais seulement tu veux
Disputer à Fannie
A qui courra le mieux.
Oh! prolonge l'enfance
Par ces jeux, mais pourquoi?
Clarisse, l'innocence
N'a point d'âge pour toi [1].

II

AU ROI [2].

Qu'aujourd'hui dans mes vers, les muses une fois,
Au lieu de les flatter, épouvantent les rois!

---

[1] *Var* :
> On dit qu'elle est jolie;
> Mais, détournant les yeux,
> Tu provoques Fannie
> A qui courra le mieux.

[2] C'est une des pièces que Camille avait vu publier dans le *Choix de poésies révolutionnaires* contre lequel il protesta, et dont le premier cahier seul a paru en 1789.

Stupides citoyens, ô lâches que nous sommes!
Un homme ose braver tant de millions d'hommes.
Du front de l'artisan, du front du laboureur,
Il croit que pour lui seul doit couler la sueur;
Que les peuples sont faits dans nos tristes contrées
Pour payer les hochets a d'augustes poupées;
Et que tout doit souffrir, afin qu'à Trianon,
Nos maux fassent danser l'Autrichienne Toinon.
Claude, sur les Français règne, et de Messaline
L'âge accroît tous les jours la fureur utérine :
Et quoiqu'un milliard coule dans le trésor,
Claude pour ses amants demande un fleuve d'or :
Car tel est mon plaisir, dit-il. Dieux, quel langage!
Sommes-nous de vils serfs échus par héritage?
Ah ! mon sang qui bouillonne à ces mots insolents,
M'avertit que je sors de ces antiques Francs
Qui, pour mettre leur *septre* (sic) en des mains plus habiles,
L'ôtoient aux fainéants, l'ôtoient aux imbéciles,
Et, maîtres d'obéir, ont du trône deux fois,
Car tel fut leur plaisir, fait descendre leurs rois.
Héritier d'Henri quatre et de Charles septième,
Est-ce donc à son fer qu'il doit le diadème?
Croit-il parler en maître à des peuples conquis?
Tout conquérant qu'il fût, même à ses Francs, Clovis,
S'il eût dicté pour loi sa volonté suprême,
La massue à leurs pieds l'eût étendu lui-même!
Apprends, mon cher Louis, mon gros benêt de roi,
Que tel est ton plaisir n'est pas telle est la loi :
Rends compte, et l'on veut bien encor payer ta dette :
Mais sois poli du moins quand tu fais une quête.
D'un gueux, dit Salomon, l'insolence déplaît,
Et c'est au mendiant à m'ôter son bonnet !

N° 3.

PLAINTE CONTRE CAMILLE DESMOULINS ET GORSAS.

(Pièce inédite.)

L'an 1790, le jeudi 23 septembre, dix heures du matin, par devant nous Marie-Joseph Chénon fils, etc., est comparu Charles-François-Marie-Joseph de Dortan, député des bailliages de Dôle, Ornans et Quingey à l'Assemblée nationale, demeurant ordinairement à Dôle en Franche-Comté, de présent à Paris logé rue des Orties, butte Saint-Roch, hôtel de Picardie, lequel nous a dit que Charles-Marie-Joseph de Dortan, son frère, chevalier de l'ordre royal et militaire de Saint-Louis, lieutenant-colonel du régiment de cavalerie de la reine, lui a adressé une procuration en brevet passée devant Thiébault et Bourgeois, notaires à Stenay, à l'effet de rendre plainte en son nom et se pourvoir contre les auteurs, imprimeurs, colporteurs et distributeurs de plusieurs feuilles périodiques dans lesquelles il se trouve calomnié, notamment dans une feuille intitulée : *Courrier de Paris dans les quatre-vingt-trois départements*, n° 21 [1]; mais, comme l'auteur de cette feuille a fait depuis dans son numéro 3 du 4 septembre, présent mois, une espèce de rétractation, il ne reste plus au comparant à se plaindre au nom dudit sieur son frère que contre les auteurs d'une autre feuille intitulée : *Révolutions de France et de Brabant, par Camille Desmoulins, de la Société des amis de la Constitution*, portant épigraphe : *Quid novi ?* datée du 23 août 1790, n° 39, où il est dit page 734 : « Le lieutenant-colonel du régiment de la reine (cavalerie), étant dernièrement à faire manœuvrer son régiment à Stenay, lui proposa de passer tout entier au servir de l'Autriche. Il est vrai que la majorité s'y est refusée et que le côté gauche l'a emporté sur le droit, mais le commandant n'a pas été mis

---

[1] Le *Courrier de Paris* est la troisième incarnation du journal de Gorsas. Voy. Deschiens, 123.

à la lanterne pour crime de lèse-nation, ce qui prouve combien nous avons gagné de terrain. » Le comparant nous représente le n° 21 des *Révolutions de Paris* ci-dessus daté et énoncé, l'avons avec lui paraphé à la page 734 à l'endroit qui concerne le frère du comparant, et l'avons annexé à ces présentes.

Le comparant nous représente pareillement la procuration dudit sieur son frère, passée comme est dit ci-dessus, etc.

Le comparant, au nom du sieur son frère, nous rend la présente plainte contre les auteurs, imprimeurs, colporteurs et distributeurs de cette feuille des *Révolutions de France et de Brabant*, se réserve d'y ajouter; requérant aux termes de ladite procuration l'adjonction du ministère public pour la vindicte publique et parvenir à obtenir de la justice pour ledit sieur son frère toutes réparations civiles qu'il appartiendra, dommages et intérêts, etc., nous requérant acte de la plainte.

Signé : Charles DE DORTAN; CHÉNON fils (liasse 801. Commissaire CHÉNON fils).

N° 4.

OBSERVATIONS SUR L'ÉCHANGE DU COMTÉ DE SANCERRE PAR CAMILLE DESMOULINS.

(Une brochure in-8° de huit pages. — Analyse de la brochure [1].)

Le vœu de tous les Français est que l'Assemblée nationale achève le plus tôt possible le grand œuvre de la constitution, dit Desmoulins au début de la brochure.

« Cette constitution défend aux législateurs de la patrie d'être, en aucun cas, les juges de leurs concitoyens, car alors ils confondraient les pouvoirs législatif et judiciaire, et la liberté publique serait en danger.

---

[1] On a trop souvent parlé de cette brochure fort rare de Camille pour que nous n'en donnions pas au moins l'analyse, d'autant plus qu'elle contient des détails fort curieux sur d'Espagnac, que Hérault de Séchelles appelait « ce fripon de d'Espagnac ».

» L'Assemblée nationale violerait donc, d'une part, la Constitution si elle abandonnait ses travaux pour s'établir le juge souverain des particuliers.

» De l'autre, elle perdroit un temps précieux dans un moment de crise pour l'empire; car il ne faut pas se le dissimuler, de puissans ennemis nous entourent, nous menacent au dehors; des ennemis cachés, des traîtres, des enfants dénaturés brûlent, dans l'intérieur, du désir criminel de tout renverser, de tout confondre, d'appeler l'anarchie au sein de la patrie pour rendre au clergé son opulence et son égoïsme; à la noblesse ses prérogatives oppressives; à l'ancienne magistrature sa longue domination sur les peuples.

» Comment se fait-il donc qu'un patriote ait provoqué, jeudi soir, dans l'Assemblée nationale, l'affaire de l'échange de Sancerre dont il sait bien que le Comité des domaines s'occupe, mais qu'il ne veut porter à l'Assemblée nationale qu'après l'examen le plus réfléchi ? »

(Camille attaque alors Calonne, « déprédateur », l'ex-ministre archevêque de Reims, banqueroutier, etc.)

« En 1784, M. d'Espagnac devait au gouvernement une somme de cinq cent mille livres qu'on lui avait prêtée pour venir au secours de son beau-père devenu malheureux, et qui avait rendu des services à l'État [1].

» Ne pouvant pas remettre cette somme au trésor public, il offre au roi le comté de Sancerre en payement; le roi accepte cet arrangement, et la quittance de cinq cent mille livres est remise à M. d'Espagnac en à-compte sur la valeur de sa terre.

» Quelques mois se passent; l'ex-ministre Calonne imagine de se faire donner par le roi le marquisat d'Hatton-Châtel en Lorraine, près de sa terre d'Hannonville. Pour le posséder d'une manière patrimoniale, il combine le plan d'un contrat, moitié rente, moitié échange; il offre à M. d'Espagnac, au nom

---

[1] En 1757, l'armée, manquant d'argent, M. de Montmartel avait bien fourni son papier au gouvernement.

du Roi, en sus de sa quittance de cinq cent mille livres une autre somme de cinq cent mille livres en assignations, payables en trois années, et, pour le surplus, il lui présente des domaines, avec la faculté de les vendre jusqu'à la concurrence de la valeur de sa terre. M. d'Espagnac, dans la pénurie où il se trouvoit, devoit accepter tout ce que le gouvernement vouloit bien lui offrir ; il eût préféré de l'argent ; mais, en définitive, la vente des domaines qu'on devait lui remettre jusqu'à la valeur de sa terre, lui donnait le moyen de payer les dettes qui l'accabloient...

» Il accepta, en effet, que le prix de la terre lui seroit payé, savoir :

» Un million argent ou quittances, et le surplus en domaines.

» Ce qu'on appelait alors domaine de la couronne étoit inaliénable ; il ne pouvoit être aliéné que par la voie de l'échange.

» Il fallut bien recourir à ce moyen, le seul qui pouvoit légitimer alors la cession des domaines de la couronne, le seul même qui pouvoit garantir le domaine de toute lésion... Effectivement on lui céda, à titre d'échange, les domaines que le gouvernement vouloit lui donner comme l'équivalent de la valeur de sa terre.

» M. d'Espagnac pouvait faire une opération lucrative de la vente de ces domaines, et il ne le fit pas ; il vendit au prix des évaluations ratifiées par les cours souveraines et par le conseil ; il fut stipulé dans les contrats particuliers que le produit de la vente serait remis entre les mains de M⁰ Trutat, notaire, pour liquider la fortune de M. d'Espagnac. Les évaluations commencèrent après la passation du contrat d'échange, et elles seroient entièrement ratifiées si l'archevêque de Sens n'eût pas violé toutes les lois constitutionnelles pour faire annuler l'échange ; il fit arrêter au nom du Roi les évaluations, arracha M. d'Espagnac à ses juges naturels, en le livrant à une commission illégale. Le public ne vit dans ce coup d'autorité que la punition de l'ex-ministre Calonne, et ne s'aperçut pas que son approbation à cette violation des droits du citoyen rivot de plus en plus les fers dont le despotisme l'accabloit, car la loi est une et indivisible pour tous les citoyens de l'empire. La violer, même pour le parricide soupçonné, c'est un crime social. »

(*Desmoulins défend l'échange, ou, s'il y trouve un vice, il l'attribue à Calonne; il plaide pour M. d'Espagnac qui,*

en 1776, fait annuler la révocation de l'édit de Nantes,
en 1781, le premier, propose, dans l'Assemblée provinciale du Berry, la suppression de la corvée;
en 1788, perd son emploi militaire pour avoir osé publier des vérités constitutionnelles dans sa requête au Roi,
en 1789, lors de l'Assemblée primaire du bailliage de Blois, demandait que le peuple eût ses représentants, comme le clergé et la noblesse.

Toujours enfin d'Espagnac a défendu les droits du peuple. D'ailleurs, il s'abandonne pour cette affaire à l'Assemblée.

(— *Desmoulins demande enfin qu'on retire trois à quatre mille arpens de bois que Calonne s'est fait donner après le contrat d'échange et qu'on sépare un citoyen estimable des opérations d'un ministre généralement décrié.*

Il y a loin du ton de cette brochure aux louanges données jadis par Camille à *son cher Calonne*.)

N° 4.

UNE AFFICHE DE CAMILLE DESMOULINS.

(Document inédit.)

Du 10 septembre 1791.

Rapport fait à M. le procureur de la Commune sur un écrit incendiaire signé Camille Desmoulins.

Le commissaire Gueulette pense que M. le procureur doit empêcher les suites de l'effervescence qu'un tel écrit peut exciter dans le public.

L'affiche est répandue, dit-il, dans toute l'étendue de la section et autres quartiers avec une profusion affectée. L'écrit est imprimé sur papier rouge [1], lequel écrit, par son début en tête, les expressions qu'il renferme, les sorties injurieuses, indécentes et malhonnêtes... porte tous les caractères d'un écrit incendiaire, avec la désignation du mot *Passan* imprimé en vedette.

« Avoir été composé, imprimé et affiché à dessein d'exciter tous les citoyens à partager avec son auteur les sentiments de mépris dont il annonce avec la dernière impudence être pénétré contre les membres du tribunal. »

Ledit écrit étant séditieux, incendiaire, perturbateur de la tranquillité publique, le commissaire, ayant parcouru les rues, l'a trouvé affiché rue du Monceau, Saint-Gervaise, près le tourniquet Saint-Jean et la porte cochère d'une maison en laquelle demeure M. Mouricault, l'un des juges d'un des tribunaux d'arrondissement du département de Paris. Sur le mur de l'église de la ci-devant paroisse Saint-Jean en Grève, le commissaire a vu le placard et une douzaine de personnes arrêtées occupées à le lire. Nous avons cru du devoir de notre ministère de détacher deux de ces imprimés tant du mur de ladite église que de celuy de la maison du sieur Mouricault, et en conséquence les avons détachés en présence de tout le public, munis de ces deux imprimés comme il nous a paru infiniment essentiel d'instruire.

GUEULLETTE, commissaire JOLLY, greffier.

AFFICHE.

CE SONT LES DESPOTES MALADROITS QUI SE SERVENT DE BAÏONNETTES.
L'ART DE LA TYRANNIE
EST DE FAIRE LES MÊMES CHOSES AVEC DES JUGES.

TACITE, historien *factieux* et *incendiaire*.

PASSANTS,

Arrêtez-vous de grâce un moment, et dites à qui vous don-

---

[1] En réalité, l'affiche est rose. Ce document figurerait dans les Archives, aujourd'hui consumées, de la préfecture de police de Paris.

neriez le prix de vertu, si vous aviez à choisir sur les bancs des forçats ou sur les siéges du tribunal du sixième arrondissement.

Vous avez appris par l'affiche de *Santerre* que, manquant de faux témoins, c'était l'accusateur public Bernard qui avait suppléé le faux témoignage en envoyant à l'*Ami des citoyens* et signant de sa main un *extrait* imposteur de *dépositions* qui n'existaient pas.

D'après le même extrait envoyé aux journaux par le sycophante Bernard, j'avais cru qu'on avait fait la trouvaille d'un faux témoin contre moi, et que le sixième témoin déposait, comme l'assurait la *Gazette des tribunaux*, « que Camille Des-
» moulins avait dit au café Procope *qu'il fallait tirer sur la
» garde nationale, tuer M. de Lafayette*, et fait lecture d'une
» pétition où il soutenait que les assignats étaient le patrimoine
» des pauvres gens. »

Au lieu de cette déposition, quel a été mon étonnement à l'interrogatoire de ne trouver que celle-ci :

« Le sixième témoin, Pierre l'Allemand, dépose que, *quinze
» jours avant l'affaire du Champ de Mars*, il a entendu Ca-
» mille Desmoulins faire lecture, au café Procope, d'une péti-
» tion où il soutenait que les assignats étaient le patrimoine
» des pauvres, *ce qui est tout ce qu'il a dit savoir.* »

Citoyens, vous voyez que déjà je n'ai point dit qu'il fallait tirer sur la garde nationale et tuer M. de la Fayette. Tout cela est une broderie de l'accusateur public.

Restait l'accusation capitale d'avoir fait lecture de la pétition.

Mais 1° Comment l'énonciation d'une opinion sur les assignats, le 3 juillet, peut-elle être une circonstance de la journée du 17 ?

2° Si c'était un grand crime d'avoir lu, dans l'après-dîner, au café Procope, la pétition, pourquoi l'Assemblée nationale ne m'a-t-elle pas dénoncé pour la lui avoir présentée le matin solennellement ?

3° J'ai joint la pétition au procès. Je défie les juges d'y lire ce dont le témoin prétend que j'avais fait lecture ; et s'ils trouvent cette proposition que *les assignats sont le patrimoine des pauvres,* je consens à reconnaître MM. Clément de Blavet, Isnard, Lacaze, Robin et ce même Bernard [1] pour d'honnêtes gens qui n'ont point été apostés pour donner la chasse, par des décrets d'ajournement, aux électeurs trop patriotes.

Que dit cette pétition ? « *Qu'une partie des assignats* (ET NON PAS TOUS) représentant les biens de l'Église dont le quart était affecté au soulagement de l'indigence, cette *partie* ne serait pas détournée de son objet si on l'employait à procurer de l'ouvrage aux ouvriers qui en manquent. »

Voilà donc mon crime ! d'avoir énoncé, dans un café, quinze jours avant l'affaire du 17, une opinion que je partage avec Fleury, d'Héricourt, avec tous les jurisconsultes et avec toutes les lois.

Ou plutôt mon crime est d'être incorruptible, de n'avoir pas voulu asservir ma plume à aucun des partis qui l'ont courtisée et marchandée ; mon crime est d'être l'ennemi irréconciliable de tous les ennemis du bien public. Voilà le crime que les tyrans et les esclaves, la liste civile et les traîtres, ceux qui sont vendus et ceux qui voudraient se vendre, ne me pardonnent pas.

Vous voyez, citoyens, que je n'avais besoin que de la pétition pour convaincre de faux le sixième témoin : aussi un des juges a dit publiquement qu'il ne restait plus de charges, plus de déposition, plus d'accusation, et cependant le tribunal a mis à *néant*, à huis clos, à ma demande, d'être renvoyé, au moins, *en état d'être assigné pour être ouï.*

Ainsi je reste en état d'accusation, sans accusation !

[1] Je serois moi-même un calomniateur aussi méprisable que ces juges, si je n'exceptois de cette dénonciation M. Mutel que je ne puis assez louer, et M. Recolene. Cependant, un juge a-t-il donc assez fait pour l'opprimé de se laver froidement les mains, comme Pilate, et n'est-il pas de son devoir de se lever avec l'indignation de la vertu, et dire comme Caton aux juges, en présence du peuple : « *Scélérats, je suis au milieu de vous comme d'un coupe-gorge !* »

J'aurais une belle occasion de jeter les hauts cris dans cette lettre de cachet signée Bernard et Cie; mais un patriote, encore une fois, est trop heureux aujourd'hui de n'être pas fusillé ou emprisonné, et d'en être quitte pour ne pas aller à l'Assemblée électorale. Une seule chose m'étonne: c'est comment il y a des gens assez sots pour faire tous les jours en calomnies la défense royale du *Chant du coq,* tandis qu'avec un témoin, ou même sans témoin, il eût suffi de lâcher aux jambes de Brissot, comme à celles de Danton, Legendre, Camille Desmoulins, etc., l'accusateur public Bernard, qui, avec une page timbrée, libellée, en fera cent fois plus que Morande, l'entrepreneur de diffamations, avec sa longue expérience et toutes ses rames de libelles sans timbre.

Camille DESMOULINS,

Électeur de la section du Théâtre-Français [1].

Signé et paraphé *ne varietur* par nous soussigné com. de police, LECAT, *greffier,* de la section de l'hotel devil, au docié du procès-verbal en forme de rapport par nous dressé cejourd'huy dix septembre mil sept cent quatre-vingt onze. GUEULLETTE, com^{re} *de police.*

[1] Dans une autre affiche, Camille défendait ainsi son titre d'*Électeur :*

Adresse de Camille Desmoulins, électeur de la section du Théâtre-Français, au corps électoral.

MESSIEURS,

Électeur de la section du Théâtre-Français, je n'ai point reçu de lettre de convocation.

A la vérité, je suis journaliste, et je n'ignore pas qu'à la séance du 11 de ce mois M. Barnave a cité comme l'abomination de la désolation qu'on eût nommé électeurs des journalistes. Mais il est évident que M. Barnave n'a pu, dans cette proscription, avoir en vue mon journal auquel lui et ses amis ne dédaignoient pas de mettre la main, et dont ils étoient le principal bailleur de notes; d'ailleurs l'Assemblée nationale s'est contentée de donner de grands applaudissements à ce discours, sans déclarer infâme un métier que faisoient une dizaine de ses membres, à l'un desquels elle a donné une place dans le Panthéon.

Ma section a vingt-six représentants; lui en ôter un seul, c'est attenter à la souveraineté du peuple.

Dans un gouvernement représentatif, a dit sans cesse l'Assemblée nationale, la souveraineté du peuple ne consiste que dans le seul droit d'élire.

Que lui reste-t-il si on attente à cette chétive souveraineté, si on lui ôte ses représentants?

N° 6.

CAMILLE DESMOULINS
JUGÉ PAR SES ENNEMIS.

Camille Desmoulins, l'écrivain chéri de la nation parisienne. Chaque orateur a son champ de bataille et son auditoire. Les uns s'emparent de la tribune, les autres de la chaire, les autres du fauteuil académique ; c'est dans la rue que M. Desmoulins s'est établi avec son éloquence, et il a tous les passants pour admirateurs. Avec trois mots savants : nation, lanterne et aristocrate, il a su se mettre à la portée de l'honnête garçon boucher, de la modeste poissarde, et de tous ces nouveaux lecteurs qu'a enfantés la Révolution. Il faut de telles plumes pour conduire le peuple et l'accoutumer à avoir des idées. Voltaire et Rousseau, avec leurs sublimes écrits, n'ont fait qu'éclairer et adoucir les hommes. Jamais ils n'auraient su les dégoûter du joug monarchique. Jamais, pour les civiliser, ils ne leur auraient appris leurs forces, et jamais leur style tant vanté n'aurait osé ensanglanter la France. Voilà justement ce que nos écrivains publics ont su faire. Sans leurs harangues périodiques, les Français seraient encore tranquillement esclaves. Aujourd'hui même ils se calmeraient et se fatigueraient de ne vivre que de victimes. Mais, heureusement, M. Desmoulins entretient leur énergie avec ces feuilles ; il tient, pour ainsi dire, leur vengeance en haleine, et il ne paraît pas un de ses numéros qu'il n'y ait quelque part du sang de répandu [1].

[1] *Petit Dictionnaire des grands hommes de la Révolution*, par un citoyen actif, ci-devant *rien*. (Au Palais-Royal, de l'Imprimerie nationale, 1790.)

N° 7.

HÉRAULT ET DANTON EN 1790.

Discours prononcé par M. Hérault, élu juge des tribunaux des six arrondissements du département de Paris.

Messieurs,

Je ne viens point vous remercier, puisque vous défendez la reconnaissance; je puis du moins vous offrir le seul hommage qui soit digne de vous : un zèle ardent et durable pour la liberté.

Le choix de mes concitoyens a surpassé mon attente; mais au moment que vos suffrages m'ont fait remonter au rang des juges, je n'ai dû écouter que la voix de la patrie, et je me suis empressé de lire mon devoir dans une bienveillance qui m'honore. Ainsi, au milieu d'une révolution qui a tout changé, je vous devrai, Messieurs, de me retrouver encore le même en continuant de consacrer ma vie au maintien de la justice et aux intérêts de l'humanité.

Réponse de M. le président.

Monsieur,

Le souvenir de ces tribunaux que vous défendiez encore par votre éloquence, lorsque l'opinion publique avait prononcé leur arrêt, n'existera bientôt plus que dans l'histoire.

Tel est le sort des choses humaines : vous avez vu tomber les grands corps qui se croyaient immortels; mais, au milieu de leurs débris, le mérite et la vertu demeurent debout; ils sont les matériaux de l'édifice que nos mains libres élèvent chaque jour, vous devez en faire partie; la justice, accoutumée à votre nom, semblait vous rappeler dans son nouveau sanctuaire. Brillant dans sa tribune, lorsque le nom de liberté n'osait s'y faire entendre, vous y défendiez, de tous vos talents, de tout votre courage, l'innocence et les lois. Cependant le peuple accusait votre silence ; il vous demandait : vous avez reparu, vous avez entendu la voix de la patrie ; elle maîtrise les grands cœurs ; c'est au milieu de ses enfants que vous venez de prendre l'engagement de lui consacrer votre vie ; elle reçoit vos serments, et l'Assemblée électorale, en vous donnant ses suffrages, en est devenue le garant.

EXTRAIT DES REGISTRES DE L'ASSEMBLÉE ÉLECTORALE
DU DÉPARTEMENT DE PARIS, SÉANTE A L'ÉVÊCHÉ MÉTROPOLITAIN.

Discours prononcé le 17 septembre 1790, par M. Hérault de Séchelles, nommé député du département de Paris, au Corps législatif, en la séance d'hier.

Messieurs,

La première fois que j'ai eu le bonheur de pouvoir servir d'une manière publique la révolution de ma patrie, c'est dans la révolution de l'ordre judiciaire. Le suffrage de mes concitoyens daigna m'appeler à l'honorable fonction de juge, et cette marque de leur confiance redoubla dans mon cœur le vœu que j'avais formé de ne jamais défendre que la cause de la raison et de l'humanité. Il m'est bien doux d'obtenir une seconde fois le choix du peuple, non plus pour ses intérêts sur des droits déjà établis, mais pour lui en trouver encore, s'il est possible, de nouveau, et le représenter lui-même dans toute la majesté de sa puissance. Jusqu'à présent je n'ai eu à remplir parmi vous que les devoirs tranquilles du civisme. Quant aux preuves du patriotisme, ce n'est pas sous vos yeux, c'est loin de vous que je les ai faites ; et quelque redoutable qu'aient été les persécutions et les périls dont la rage insensée de nos ennemis a failli me rendre la victime, vous n'étiez pas obligés de les savoir, ni de m'en tenir compte. Mais aujourd'hui, Messieurs, que votre bienveillance m'investit de ces hautes fonctions, où la sagesse elle-même ne serait rien sans la fermeté, je viens vous promettre que la cause auguste de la liberté, que la souveraineté de la nation, que la sainteté de la constitution n'auront pas de plus ardents défenseurs. Un grand ouvrage vient d'être achevé; le vaisseau de la France est enfin construit, au milieu des débris et des clameurs; il va être lancé au milieu des orages, si toutefois ces orages qui grondent dans le lointain parviennent à quelque réalité, et s'il est possible de croire ce qu'il n'est pas permis de craindre. Dans des circonstances si importantes, ne pouvant égaler les lumières et les talents de nos collègues, je les rivaliserai du moins en vertus civiques; je me souviendrai que j'ai vécu toute ma vie pour la justice, et ce sentiment est peut-être celui de tous qui donne à l'homme le plus de vrai courage et l'énergie la plus constante. Sans lui, la révolution ne serait pas faite; c'est lui aussi qui la soutiendra et qui en garantit la perpétuité pour nous, et la nécessité pour tous les peuples.

M. Pastoret, président, lui a répondu :

Monsieur,

Dans ces temps malheureux où, pour me servir des expressions d'un grand homme, la loi pesait sur nous comme pèsent les crimes, vous cherchâtes à en adoucir l'empire; et le talent, enrichi d'une sensibilité féconde, fut pour nous un moyen de réconcilier la législation avec l'humanité. Alors, cependant, l'éloquence était presque toujours condamnée à se réfugier dans des temples déserts, ou à venir se perdre sur des intérêts privés dans le sanctuaire des lois. Elle est aujourd'hui plus digne de vous et d'elle-même. L'orateur exerce parmi nous la plus puissante des magistratures, la magistrature du génie; et quand le peuple, jadis détrôné par ses rois, a reconquis sa souveraineté, vous devez être heureux de devenir l'organe de ses droits imprescriptibles, et l'inébranlable appui de sa liberté.

Pour extrait conforme à l'original :

Gounion, *secrétaire*.

EXTRAIT DES REGISTRES DE L'ASSEMBLÉE ÉLECTORALE DU DÉPARTEMENT DE PARIS.

Lettre de M. Danton, élu administrateur du département.

Monsieur le président,

Je vous prie d'annoncer à l'assemblée électorale que j'accepte les fonctions auxquelles elle a cru devoir m'appeler.

Les suffrages dont m'honorent de véritables amis de la liberté ne peuvent rien ajouter aux sentiments de mes devoirs envers la patrie : la servir est une dette qui se renouvelle chaque jour, et qui s'augmente à mesure qu'on trouve l'occasion de la mieux acquitter.

J'ignore si je me fais illusion, mais j'ai l'assurance d'avancer que je ne tromperai pas les espérances de ceux qui ne m'ont point regardé comme incapable d'allier aux élans d'un patriotisme bouillant, sans lequel on ne peut concourir ni à conquête, ni à l'affermissement de la liberté, l'esprit de modération nécessaire pour goûter les fruits de notre heureuse révolution.

Jaloux d'avoir toujours pour ennemis les derniers partisans du despotisme abattu, je n'aspire point à réduire au silence la calomnie : je n'ai d'autre ambition que de pouvoir ajouter à l'estime des citoyens qui m'ont rendu justice, celle des hommes bien intentionnés que de fausses préventions ne peuvent pas induire pour toujours en erreur.

Quel que doive être le flux et le reflux de l'opinion sur ma vie publique, comme je suis convaincu qu'il importe à l'intérêt général que la surveillance sur les fonctionnaires du peuple soit sans bornes, et son exercice sans danger, même pour ceux qui se permettraient des inculpations aussi fausses que graves; ferme dans mes principes et dans ma conduite, je prends l'engagement de n'opposer à mes détracteurs que mes actions elles-mêmes, et de ne me venger qu'en signalant de plus en plus mon attachement à la nation, à la loi, et au roi, et mon dévouement éternel au maintien de la constitution.

J'ai l'honneur d'être avec respect, monsieur le président, votre très-humble, très-obéissant serviteur.

Signé : Danton.

Pour extrait conforme à l'original :

Lacépède, *secrétaire.*

N° 8.

CAMILLE DESMOULINS ET DANTON JUGÉS PAR UNE CONTEMPORAINE[1].

I

La section Lepelletier, régénérée après thermidor, était fort redoutable en 93 par son inquisition terroriste. La famille de Sainte-Amaranthe ayant demeuré longtemps rue Vivienne, se trouvait sous la juridiction de son comité. Les membres qui le composaient lui faisaient horreur, et pas un seul ne franchit le seuil de sa maison[2]. Parmi les plus dangereux on dési-

---

[1] Extrait d'une brochure *rarissime :* la *Famille Sainte-Amaranthe,* par madame A. R... (Paris, imprimerie de V. Goupil et Cie, rue Garancière, 5. 1864, in-8°.) L'auteur est madame A. R..., dont quelques ouvrages, publiés au commencement du siècle, ont obtenu un succès mérité ; morte en 1852.

[2] L'éditeur de la brochure la *Famille Sainte-Amaranthe,* nous apprend que l'auteur de ces pages, fille d'un administrateur financier sous Louis XVI, avait publié, au commencement du siècle, des ouvrages qui ont eu du succès. Rien de plus intéressant que la présente brochure. Les portes du salon des dames de Sainte-Amaranthe y sont ouvertes à deux battants. Mais la main amie paraît avoir négligé de nous initier aux secrets du boudoir. Il n'est point question de Hérault de Séchelles dans l'énumération des hôtes de madame de Sainte-Amaranthe. MM. Auccanes, le créole, de Fagan, de Miromesnil, Félix de Saint-Fargeau, l'*Alcibiade parisien,* figurent dans cette maison de jeu (l'appartement rue Vivienne), Dazincourt, Fleury, le prince de Ligne, M. de Monville, qui donnait des fêtes dans l'habitation du désert, en pleine forêt de Marly, un joueur de flûte que Frédéric II appelait un Apollon, l'abbé Lajard de Cherval, frère du ministre de Louis XVI, le vicomte de Pons, premier amant de madame de Sainte-Amaranthe, M. de Morainville, M. de Langlade.

gnait Trial, qui jouait si plaisamment les rôles de niais à l'Opéra-Comique. Quel niais, mon Dieu! quelle perverse nature!

D'après les soupçons de quelques-uns de ses camarades, il paraîtrait que le refus éprouvé par Trial quand il désira être reçu chez madame de Sainte-Amaranthe fut une des principales causes de la fatale catastrophe. La mère d'Amélie ne pouvait se contraindre jusqu'à adopter l'étrange politique d'un grand nombre de salons élégants où l'on admettait plutôt des démagogues extrêmes que des patriotes modérés. Hélas! cela ne sauva pas ces infortunés esclaves de la peur, qui ne retrouvèrent du courage que pour marcher à l'échafaud. Cependant madame de Sainte-Amaranthe consentit à recevoir Camille Desmoulins, que son esprit, et peut-être son cœur, auraient dû préserver de l'excès de la fièvre révolutionnaire. Il fut présenté par M. de Laplatière, rédacteur d'un journal assez influent, et dont le caractère modéré prouvait qu'il ne partageait pas les opinions de Camille. Tout antidantoniste que j'étais, je suis forcée de convenir qu'il se montra aimable et de bonne compagnie, les deux seules fois qu'il vint chez madame de Sainte-Amaranthe. Il était laid, mais de cette laideur spirituelle et animée qui plait. Il répondit avec une gracieuse galanterie à Amélie, qui lui faisait compliment de la beauté de sa femme.

« Oui, reprit-il avec cet enthousiasme conjugal dont il donna bientôt des preuves si touchantes, oui, citoyenne, Lucile est bien belle, car elle le serait même auprès de vous. » Il charma particulièrement M. de Sartines, en parlant avec délices de l'Opéra, seul objet au monde qui eût le privilége d'enthousiasmer le mari d'Amélie.

« L'Opéra, s'écria Camille, c'est le chef-lieu de la civilisation; si on le fermait, en tomberait dans la barbarie. »

Il a exprimé à peu près la même pensée dans un article de son *Vieux Cordelier*. Plût au ciel que ses écrits, ses discours, eussent toujours été aussi inoffensifs! Il revint une seconde fois, mais s'apercevant, je crois, que madame de Sainte-Amaranthe pouvait être plus aimable qu'elle ne le fut avec lui, il cessa ses visites. Loin de s'en plaindre, elle s'en félicitait devant moi et notre bon Colin, qui lui disait :

« Vous pourriez recevoir pire que Camille Desmoulins.

« — C'est bien assez comme cela », répliqua-t-elle en riant.

AUTRE FRAGMENT.

Saint-Just parle, dans son rapport du 12 germinal 1794, d'un souper conspirateur de Danton avec la famille Sainte-Amaranthe. Madame A. R... donne des renseignements sur ce souper et sur les seules relations de madame de Sainte-Amaranthe avec Danton. La famille Sainte-Amaranthe habitait alors Sucy. La direction du fameux numéro 50 avait été remise à M. Mounier, qui la prit en son nom. A Sucy, le bal du village faisait oublier le Vauxhall et le Ranelagh. Elle recevait d'ailleurs. Félix de Saint-Fargeau, un de ses anciens habitués, ne se montrait que rarement. « Depuis la mort de son frère, » assassiné comme régicide par le garde du corps Pâris, » l'homme naguère si brillamment frivole était devenu un » un épouvantail de forme et de langage démagogiques. » Un jour arrivent en voiture le comte de Morand, « le petit M. Poirson, consul de France à Stockholm », M. de Pressac, un fin causeur, aide de camp du duc de Lauzun, et le marquis de Fenouil, ancien officier aux gardes et gendre de M. de Marbeuf. On dîne. M. de Fenouil propose d'emmener ces dames à Paris. Chacun des convives les régalera dans un restaurant à la mode. Lui-même M. de Fenouil, « très-joli homme, » choisit Méot. MM. de Pressac et Poirson votent pour Beauvilliers, et M. de Morand pour le fameux Rose, le traiteur de l'hôtel Grange-Batelière. On va au restaurant, puis, après de *longues séances* chez sa marchande de modes, madame Valandin, Amélie de Sartines se rend à l'Opéra comique, où le bel Elleviou joue le plus souvent possible. *Philippe et Georgette,* en lançant des œillades à la loge tout en modulant un : *Oh! ma Georgette, toi seule embellis ce séjour!*

Le troisième jour eut lieu le dîner chez Rose; M. de Morand voulait, je crois, nous faire dire : Au dernier les bons! Hélas! nous le répétions tous! Nous arrivions le cœur joyeux, quand Rose parut avec un visage consterné, et s'adressant à madame de Sainte-Amaranthe :

« Que je suis malheureux, Madame! les préparatifs pour vous recevoir étaient faits dans le plus beau de mes salons, lorsque le citoyen Danton a fait commander un dîner et préciser le local auquel il tenait. » Le pauvre Rose avait un accent désespéré en annonçant sa déconvenue. M. de Morand était mécontent; quant à madame de Sainte-Amaranthe, elle se mit à rire en disant :

« A tout seigneur, tout honneur; donnez nos places au citoyen Danton, et ne vous en tourmentez pas trop; vous pourrez bien nous loger quelque part?

» — Oh! oui, Madame, au même étage, un salon assez joli, mais ce n'est pas celui que je voulais offrir à Madame. »

Nous y entrâmes. Le dîner était splendide. Il semblait que Rose voulût triompher de ses rivaux. Nous fûmes presque gais, un peu frivoles comme autrefois. Fleury, un des nôtres, n'avait jamais été aussi aimable. Nous devinâmes l'entrée de Danton et de ses convives à un bruit de paroles qui, malgré le voisinage, n'étaient pas distinctes, mais qui n'en interrompirent pas moins notre conversation; nous la reprîmes bientôt. On était si heureux à cette époque de s'étourdir parfois!

« Ils sont plus graves que nous de ce côté », observa M. de Morand en désignant le salon dantoniste. Nous quittâmes le nôtre pour aller aux *Français*. On donnait *Paméla*. Quelques instants après notre installation, une loge s'ouvrit en face de nous.

« C'est Danton, s'écria M. de Pressac. »

« — Il nous poursuit », ajouta madame de Sainte-Amaranthe. Pendant l'entr'acte, il lui prit fantaisie de le voir de près.

« Chère belle, me dit-elle, voulez-vous venir avec moi? La loge à côté de la sienne est vacante. Allons-y. Et toi, Amélie?

« — Oh! je reste, répondit madame de Sartines, quand j'ai envie de voir des bêtes féroces, je vais au Jardin du roi. »

M. de Pressac nous accompagna; il assurait, en riant, que Danton serait flatté s'il connaissait la cause de notre déménagement.

« Oui, reprit ma compagne, il croirait rallier tous les partis en voyant royaliste et girondine voler sur ses pas!... »

.... Après être restée une moitié d'acte dans le voisinage de Danton, elle me dit : « J'en ai assez, et vous? — Moi, j'en ai trop », répondis-je. Se tournant vers notre chevalier, elle lui adressa assez haut les paroles suivantes : « Décidément, notre première loge était meilleure, il faut y retourner. » Ces mots avaient pour but d'ôter toute partie intentionnelle de notre apparition près de Danton, lui et ses amis ayant naturellement jeté les yeux sur deux femmes élégantes. Voilà, je le jure, les uniques rapports qui existèrent entre la famille Sainte-Amaranthe et Danton; ils dînèrent le même jour chez Rose, dans deux salons fort séparés. J'accorde que l'on conspirait peut-être dans celui du fameux chef de parti, mais certes, dans le nôtre, nous étions paisibles, presque gais...[1] »

Madame A. R... raconte plus loin les courses nocturnes d'Elleviou à Sucy; on lui avait indiqué les allées, les sentiers du jardin. La disposition des lumières était le signal convenu pour pénétrer dans l'appartement par l'escalier de service. L'histoire ne doit pas faire fi de ces renseignements qui ont leur prix. Un jour, le démocrate Chenard apprit à son camarade Elleviou que l'on affirmait là-bas que le visiteur nocturne n'était autre que Danton. On le soupçonnait d'aller organiser chez « les belles dames » la chute de Robespierre. Tous ces bruits romanesques peuvent avoir eu leur puissance. Chenard engageait même Elleviou à se rendre au Comité de salut public pour y déclarer que ce n'était point Danton qui, déguisé, escaladait les murs du jardin. Elleviou n'en fit rien. Il dut s'en repentir si l'anecdote contée par l'auteur de notre brochure est authentique.

[1] Voir la brochure, p. 112 et suiv.

N° 9.

DÉCRET D'ACCUSATION CONTRE LES DANTONISTES.

Décret de la Convention nationale du onzième jour de germinal an second de la République française une et indivisible, donnant accusation contre Camille Desmoulins, Hérault, Danton, Phélippeaux et Lacroix.

La Convention nationale, après avoir entendu le rapport de ses Comités de sûreté générale et de salut public, décrète d'accusation Camille Desmoulins, Hérault, Danton, Phélippeaux, Lacroix, prévenus de complicité avec d'Orléans et Dumouriez, avec Fabre d'Églantine et les ennemis de la République, d'avoir trempé dans la conspiration tendante à rétablir la monarchie, à détruire la représentation nationale et le gouvernement républicain; en conséquence, elle ordonne leur mise en jugement avec Fabre d'Églantine.

Visé par l'inspecteur,

Signé : Auger.

Collationné à l'original par nous, président et secrétaire de la Convention nationale à Paris, le onze germinal, l'an second de la République une et indivisible.

Signé : Tallien, président; Peyssard et Bezard, secrétaires.

Au nom de la République, le conseil exécutif provisoire mande et ordonne à tous les corps administratifs et tribunaux que la présente loi ils fassent consigner dans leurs registres, lire, publier et afficher et exécuter dans leurs départements et ressorts respectifs. En foi de quoi nous y avons apposé notre signature et le sceau de la République. A Paris, le onzième jour de germinal, an second de la République française une et indivisible.

Signé : Destournelles ; *Contresigné :* Gohier.

(Scellée du sceau de la République.)
Certifié conforme à l'original.

Signé : Gohier.

Pour copie conforme collationné par moi, greffier en chef du tribunal révolutionnaire soussigné.

N. J. Fabricius [1].

N° 10.

SCELLÉS MIS CHEZ WESTERMANN [2].

Section des Gravilliers. — Comité de surveillance.

Le treizième jour de germinal de l'an second de la République française une et indivisible.

Nous, soussignés, commissaires du Comité révolutionnaire de la section des Gravilliers, nommés pour mettre les scellés sur les effets appartenant au citoyen Westermann, général de brigade, demeurant rue Mesllée, n° 63, et mis en état d'arrestation ce jourd'hui, d'après un ordre du citoyen Fouquier accusateur public du tribunal révolutionnaire de Paris ;

---

[1] Archives nationales, section législative et judiciaire. (C, W, 342, n° 648 et suiv.)

[2] A propos de Westermann, citons ce billet assez curieux qu'il écrivait à la Convention :

« A Saint-Maixent, le 1ᵉʳ novembre 1793,
an II de la République une et indivisible.

» Citoyen président,

» J'envoie à la Convention les sceaux et timbres de l'État du prétendu pays conquis par le soy disant Louis 17 pris par moy lors de mon entré à Beaupréau.

» Le Gᵃˡ de brigade, Westermann*. »

* Autographe *inédit* exposé au Musée des *Archives nationales*. (Voy. la publication importante de M. Plon, le *Musée des Archives*.)

Où étant arrivez avons trouvés la citoyenne Anne Louise Joséphine Leloir que nous avons requis de nous présenté les effets appartenant au citoyen Westermanne, a quoit elle ne s'est point refusé, en nous déclarant que tout ce qui étaient meubles luy appartenait; alors nous avons transporté tant malles, que étuis, portemanteaux. armes, fusils, et *vaches*, chapeaux, et autres effets à luy appartenant, ainsi que tous les papiers; dans un cabinet situé entre la chambre à couché et le salon, ayant une croizée sur la rue Mellée, et dans ledit cabinet est une petite alcôve où nous avons tout renfermé et mis les scellés sur la porte donnant à la chambre à couché, et en dedans dudit cabinet, nous avons aussit mis la montre que le citoyen Westermann nous avaient remis au Comité dans une petite boïtte où il y avait des épaulettes en or et en argent;

Après nous avons interpellée la citoyenne Le Loir, de nous dire si elle pourraient nous donnés des preuves que le logement est louée à son nom et de nous montrés ses quitances, à quoi elle a obéis et nous a présenté la quitance du terme dernier qui constate que le logement est à son nom.

Et de suite nous avons posez pour gardien desdits scellez, après luy avoir fait connaitre et observé qu'ils étaient seins et entier, le citoyen Claude François Menayant qui c'est engagé de nous les représenté dans le même état, toutes les fois qu'il en serat requis légalement, nous avons emporté en notre Comité un paquet de neuf clefs qui servent tant aux malles et objets mis sous les sellés et de suite avons clos le présent et après en avoir fait lecture ont dit contenir vérité et ont signée avec nous.

Pour copie conforme :

HOUDEMARD, *secrétaire*.

Le citoyen Varineau Antoine, âgé de 28 ans, natif Daguenau, aide de camp du général Westermane, demeure rue Notre Dame de Lazareth n° 130 nous a montré son passeport du ministre datté du 12 germinal et fixé à six jours pour être rendu à son poste pour se rendre à Poitié où est son corps, faisant partie de l'armée de l'Oueste, capitaine de la légion du Nord de la troisième compagnie 2ᵉ bataillon et aide de camp depuis le mois d'aoust 1793 (vieux stille).

Pour copie conforme :

HOUDEMARD, *secrétaire* [1].

N° 11.

CHABOT

SON TESTAMENT ET SA TENTATIVE DE SUICIDE.

Le testament de Chabot contient deux pages pleines et d'écriture serrée. Nous en citerons quelques lignes :

« J'espère que les agents de l'Angleterre ne réussiront pas plus longtemps à égarer le gouvernement français par une secte de soi-disant Catonistes ou Spartiates qui ne savent ni mourir ni admirer ceux qui en ont le courage et qui vivent en sybarites en recommandant le brouet aux amis fortunés de la patrie. Le système prêché par Saint-Just en particulier nous conduirait à l'esclavage par un chemin plus court que le luxe contre lequel on déclame. Il faut emmener les hommes à l'égalité par le bonheur du plus grand nombre de ceux qui travaillent et qui multiplient la jouissance de la société par le développement de leurs talents et de leur industrie, et non par les privations de tous les individus.

» ..... Chabot désavoue le fils de Julie Berger, qu'on l'élève pourtant jusqu'à quatorze ans, recommande à ses parents de prendre soin de sa « bien vertueuse épouse et de la consoler ». Les deux domaines nationaux de onze mille huit cents livres ont été acquis avec l'argent de ma sœur et de ma mère, qui fait, depuis soixante-quatre ans, des économies et des travaux inouïs pour laisser une aisance honnête à ses enfants. Ma famille a toujours vécu de son travail.

[1] Même dossier que la pièce précédente.

» Je pardonne, ajoute-t-il, de grand cœur à tous mes ennemis ; si je les ai un peu trop mordus dans mon mémoire, je déclare que l'amour de la patrie a dominé sur toutes mes passions.

» Les écrits que je laisse ne seront pas inutiles à l'établissement du bonheur qui doit être le but de toute société, comme je l'ai écrit avant Saint-Just. J'ai eu des faiblesses dans ma vie. Mais la philanthropie la plus désintéressée et le respect pour les lois de la nature me feront épargner quelques écarts de mes passions bouillantes. J'espère que la Divinité voudra les oublier et me recevoir dans son sein que j'adore en dépit de tous les nouveaux fanatiques de l'athéisme.

. . . .

» Je mourrai en disant : Vive la République une et indivisible ! Vivent ses fondateurs et ses défenseurs et ses amis ! Guerre aux âmes altérées de sang, car elles ressemblent à tous les despotes ! Paix à tous les sincères amis de l'humanité ! A bas le pouvoir des hommes ! Vive celui de la vertu !

» François CHABOT. »

Les *post-scriptum* sont pour défendre Fabre et Bazire.

BULLETIN DE CHABOT.

30 ventôse.

Nous lavons trouvé moins douloureusement affecté lestomac toujours gonflée un peu moins douloureuse, les urines toujours dificiles et douloureuses, ainsi que les selles, la teste toujours douloureuse, avec des absences, et des envie de vomir de fois a autres.

Les officiers de santé de ladministration de police l'on purgé aujourd'hui. Ce que nous n'aprouvons pas, ce purgatif est prématuré, et peut augmenter l'irritation et la douleur. Chabot serait en etat destre transporté aujourd'huy à l'ospice.

BAYARD, MAURY.

Guillaume Besse, porte-clefs (maison d'arrêt du Luxembourg, section de Mucius Scévola), dépose :

« Sur les deux heures, il entend appeler. Faites monter, dit-il, le citoyen Benoît.

» Chabot sonnait. Besse arrive. Il voit le citoyen Fillette et Benoît qui soignaient Chabot. Celui-ci, interrogé, répond :

» — Je ne m'expliquerai là-dessus qu'au Comité de salut public ou de sûreté générale.

» Besse ne sait pas quel poison a pris le détenu. Il y a le mot *topique* sur la bouteille. Chabot, entendant crier l'amendement de Billaud-de-Varennes à l'acte d'accusation, avait bu en criant : « Vive la République ! — »

Vers les trois heures, dit-il, à peu près, — car *sa montre ne va pas bien,* — torturé, il appelle le garçon. Benoît arrive. « Prends mon testament qui est sur la table, lui dit Chabot, et porte-le au Comité de sûreté générale et dis à mes oppresseurs que je leur pardonne parce que je crois qu'ils n'ont prononcé mon arrêt de mort que pour sauver la patrie. »

Les administrateurs de police Dangé et Caillleux sont mandés, puis les médecins Markoski et Soupé. Ils donnent un calmant *tel que du lodanum,* et ordonnent « tous les soins que l'humanité et la nature de leurs fonctions exigent. »

Signé : François Chabot (sur le cachet).

N° 12.

TRADUCTION D'UNE LETTRE ÉCRITE PAR L'AMBASSADEUR D'ESPAGNE A VENISE AU DUC DE LA MENDIA.

Du 31 juillet 1793.

Monseigneur,

Votre Excellence sait déjà sans doute que le 3 de ce mois la reine de France a été séparée du Dauphin, ce qui a été fait par les chefs du parti maratiste au nom du Comité de sûreté publique, qui n'en a eu connaissance que lorsque tout a été fini, et qui n'a pas alors osé s'y opposer. Les royalistes croient qu'on a voulu par ce moyen donner plus de crédit aux intrigues de cette princesse qui l'exposent chaque jour à se perdre malgré les conseils que l'on a tâché de lui donner, ce qui devient de plus en plus difficile par la dureté avec laquelle elle est traitée et la contrainte dans laquelle elle se trouve comme vous allez le voir. La Commune de Paris prétend qu'un agent du prince de Cobourg a des intelligences avec la Reine, que Danton et Lacroix, qui étaient du parti de la Montagne, sont devenus girondins et ont eu des conférences avec Sa Majesté, que ledit agent est neveu du général Ferraris, qu'il vient à Paris et s'en retourne à pied de peur d'être reconnu, et qu'il partit le 7 dans la nuit, en emportant des lettres de la Reine; avant qu'il les reçût elles durent passer par les mains du commissaire du Temple, à qui on croit pouvoir se fier, mais ce coquin les porta à sa Commune, qui les fit copier. C'est avec ces pièces que la Commune veut se déclarer accusatrice et former un acte d'accusation composé de dix-sept articles. Cette situation critique ne fait pas moins trembler que la suppression du Comité de sûreté publique et son renouvellement. Neuf des principaux chefs maratistes en sont les membres, Marat lui-même est président, et Robespierre, secrétaire. On espère cependant qu'il s'y trouve un espion royaliste déguisé sous le masque maratiste. Ces scélérats sont connus; on peut s'attendre à tout de leur part. Cette idée seule fait frémir. J'ai déjà mandé à Votre Excellence le 17 du courant, qu'il était arrivé un courrier à Paris annonçant la prise de Nantes par l'armée de Gaston. Cette nouvelle est contredite par les lettres écrites de Paris le 13, et l'on craint que les royalistes, se voyant maîtres des faubourgs, et que les combats qui se donnaient dans les rues de la ville étaient à leur avantage, ne se soient trop tôt flattés d'une victoire complète.

Custine a été bien battu le 3. Le 8, les détails n'en étaient pas encore sus à Paris, ou la Commune les tenait cachés. Elle paraissait au moins fort triste. Il en a été de même des nouvelles reçues de Wimpfen (Wimphen). Il a porté ses avant-postes jusqu'à la ville de Caen, et a pris plusieurs chevaux de remonte qui étaient destinés pour les hussards patriotes.

Le Comité, qui s'assemblait à Bagatelle, avait résolu de

prendre tous les moyens possibles pour faire consentir le peuple à ce que la Convention ait des vacances, mais en même temps restât à Paris pour recevoir ce que le Comité de sûreté publique, le pouvoir exécutif, le département et la Commune pourraient lui présenter.

La Commune s'est fortement opposée à ce projet qui ne s'est point effectué.

Je ne sais comment ils peuvent trouver des généraux. Si les troupes éprouvent quelque échec, ils les font aussitôt comparaître à la barre de la Convention, leur demandent compte par les décrets d'accusation. Custine, Biron, Westermann et Sandos sont dans ce cas, mais ils n'obéiront vraisemblablement pas aux ordres qui les mandent à la barre.

La réunion des Marseillais et des Lyonnais n'est pas encore certaine. En général, les armées sont pour la République, mais comme la plus grande partie de leurs chefs sont royalistes, on n'a rien à craindre du soldat qui se laissera aisément persuader et fera tout ce que les généraux voudront.

J'ai déjà rendu compte à Votre Excellence de la liberté que j'ai prise de donner avis à tous les inquisiteurs d'État de l'arrivée prochaine de Sémonville. On n'a vu ni lui ni ses compagnons. D'après les ordres rigoureux qui ont été donnés, ils ne pourrront passer par aucune ville de cet État. Je viens d'apprendre qu'il avait pour deux millions de diamants appartenant à la couronne. Le général Salis, qui le sait, et qui a beaucoup d'influence, en a instruit ses plus affectionnés serviteurs en leur indiquant les routes détournées par lesquelles il pourrait passer. Il a ordonné de lui enlever ses diamants et ses papiers. L'archiduc de Milan coopérera de son côté à la nécessité de ce bon coup.

Sainte-Croix a écrit de Constantinople à la Convention. Je vous ai déjà fait part de sa situation dans cette capitale, et que les ministres d'Autriche et de Russie lui faisaient une guerre très-vive, mais que celui d'Angleterre le protégeait et avait contribué à le faire rester. C'est son intime ami, et jacobin d'inclination, et qui fait tout ce qu'il peut pour brouiller la Porte avec les cours de Vienne et de Pétersbourg.

Signé : Clémente de Campos.

On vient de m'assurer que Marat avait été tué par une femme de vingt-deux ans.

N° 13.

COPIE D'UNE NOTE TROUVÉE DANS LES PIÈCES DU BARON DE TRENCK INTITULÉE : *Note sur la source de mon arrestation.*

Je connais un juif nommé Dobruska (ou Doboufka), né à Nikelsburg, en Moravie. Il vint à Vienne pour faire le m........ de ses deux sœurs très-jolies, qui infectèrent et ruinèrent les jeunes chevaliers et pour cela furent chassés publiquement de la ville et des États autrichiens.

L'empereur Joseph se servit de ce juif qui acheta à Vienne le titre de Shönfeld, comme espion durant les diètes en Hongrie, où tout le monde le connaissait sous ce titre respectable ; je l'ai vu tel, je le connais positivement, et je sais qu'il avait par ce mérite beaucoup d'accès chez l'empereur Léopold.

Mon épouse m'écrivit, il y a quatre mois, d'être sur mes gardes à Paris parce que le juif rusé Shönfeld se trouvait ici et que sans faute il aurait des instructions de l'Empereur pour me faire du mal. C'était même un favori du souverain qui, par amitié, me fit donner cet avis. Je cherchai Schonfeld ici sans le trouver. Enfin un Viennois vint me dire qu'il était logé rue d'Anjou, dans un grand hôtel d'émigrés, qu'il faisait de grandes dépenses, donnant table ouverte aux jacobins, entre lesquels il jouait un grand rôle, qu'il portait ici le nom de Frey, et qu'il avait donné la fameuse vierge de Vienne, sa sœur, au député Chabot, ex-capucin, en mariage.

J'allai incessamment chez lui pour être sûr de mon fait. Je trouvai le même juif Dobruska, espion de l'Empereur, qui m'avoua même que c'était lui qui, par l'organe d'un de ses amis, empêcha ma réception aux Jacobins le jour où je me présentai à leur tribune, etc.

Je viens d'apprendre que la femme et les enfants du juif sont actuellement à Vienne.

Paris, le 28 novembre 1793.

Et a signé TRENCK.

Pour copie conforme :

GUFFROY[1].

N° 14.

ORDRE D'ARRESTATION DES DANTONISTES.

Notifié le 12 germinal.

Aux citoyens président et juge du tribunal révolutionnaire.

L'accusateur public, vu l'accusation portée par la Convention nationale, par son décret du onze germinal présent mois contre les nommés Camille Desmoulins, Hérault, Danton, Philippeaux et Lacroix, députés, ledit décret portant accusation comme prévenu de complicité avec d'Orléans et Dumouriez, avec Fabre d'Églantine et les ennemis de la République, d'avoir trempé dans la conspiration.

Ledit décret ordonnant en conséquence leur mise en jugement avec Fabre d'Églantine.

Requiert qu'attendu le décret d'accusation susdaté et en exécution d'iceluy, il soit ordonné par le tribunal assemblé qu'a sa diligence et par un huissier du tribunal porteur de l'ordonnance à intervenir (D.) Camille Desmoulins, Hérault, Danton, Philippeaux et Lacroix, députés à la Convention nationale, et décrétés d'accusation par le décret susdaté, seront appréhendés, pris au corps et arrêtés partout où ils se trouveront et écroués sur les registres de la maison d'arrêt du Luxembourg pour y rester comme en maison de justice. Comme aussi que ladite ordonnance à intervenir sera notifiée tant aux accusés qu'à la municipalité de Paris.

---

[1] Toutes ces pièces proviennent du même dossier.

Fait au cabinet de l'accusateur public le douze germinal de l'an deux de la République française une et indivisible.

Q. Fouquier.

Le tribunal faisant droit sur le réquisitoire de l'accusateur public luy donne acte de ses diligences, en conséquence ordonne qu'à la diligence du requérant en exécution du décret de la Convention nationale du onze germinal présent mois et par un huissier porteur de la présente ordonnance, Camille Desmoulins, Hérault, Danton, Philippeaux et Lacroix, députés à la Convention nationale decrettés d'accusation par le décret susdattés seront appréhendés, pris au corps et arrêtés partout où ils se trouveront.

Fait et jugé au tribunal le douze germinal de l'an deux de la République française une et indivisible, par les citoyens Martial Herman, président; Antoine-Marie Maire, Étienne Foucaut, Gabriel Deliége, et Claude Emmanuel Dobsent, juges, qui ont signé

Herman, président,
Deliége, Dobsent, A.-M. Maire, Foucault.

N° 15.

LA MORT DE DANTON
RACONTÉE PAR UN TÉMOIN OCULAIRE.

Je me rendais chez Méhul, qui demeurait alors rue de la Monnaie, quand je rencontrai dans la rue Saint-Honoré la charrette dans laquelle ce héros révolutionnaire présidait pour la dernière fois son parti frappé dans ses chefs. Il était calme, entre Camille Desmoulins qu'il écoutait, et Fabre d'Églantine, qui n'écoutait personne. Camille parlait avec beaucoup de chaleur, et se démenait tellement, que ses habits détachés laissait voir à nu son col et ses épaules, que le fer allait séparer. Jamais la vie ne s'était manifestée en lui par plus d'activité! Quant à Fabre, immobile sous le poids de son malheur, accablé par le sentiment du présent, et peut-être aussi par le souvenir du passé, il n'existait déjà plus. Camille qui, en coopérant à la révolution, avait cru coopérer à une bonne œuvre, jouissait encore de son illusion; il se croyait sur le chemin du martyre. Faisant allusion à ses derniers écrits : « *Mon crime est d'avoir versé des larmes!* » criait-il à à la foule. Il était fier de sa condamnation. Honteux de la sienne, Fabre, qui avait été poussé dans les excès révolutionnaires par des sentiments moins généreux, était atterré par la conscience de la vérité : il ne voyait qu'un supplice au bout du peu de chemin qui lui restait à parcourir.

Une autre physionomie attira aussi mon attention dans cette charretée de réprouvés, ce fut celle de Hérault de Séchelles. La tranquillité qui régnait sur la belle figure de cet ancien avocat général était d'une autre nature que la tranquillité de Danton, dont le visage offrait une caricature de celui de Socrate. Le calme de Hérault de Séchelles était celui de l'indifférence; le calme de Danton celui du dédain. La pâleur ne siégeait pas sur le front de ce dernier; mais celui de l'autre était coloré d'une teinte si ardente, qu'il avait moins l'air d'aller à l'échafaud que de revenir d'un banquet. Hérault de Séchelles paraissait enfin détaché de la vie, dont il avait acheté la conservation par tant de lâchetés, par tant d'atrocités. L'aspect de cet égoïste étonnait tout le monde; chacun se demandait son nom avec intérêt, et, dès qu'il était nommé, il n'intéressait plus personne.

Une anecdote. Quelques semaines avant ce jour si terrible pour lui, sur la route qu'il suivait si douloureusement, Hérault avait rencontré dans cette charrette où il devait monter, Hébert, Clootz et Ronsin, qu'elle menait où il est allé. « C'est par hasard que je me suis trouvé sur leur passage, disait-il à la personne de qui je tiens ce fait; je ne courais pas après ce spectacle, mais je ne suis pas fâché de l'avoir rencontré; *cela rafraîchit.* »

Je montai chez Méhul, et, l'imagination pleine de ce que je venais de voir : « Tragédie bien commencée, j'en veux voir la fin, » lui dis-je après avoir terminé en trois mots l'affaire qui m'amenait. Ce Danton joue véritablement bien son rôle. Nous sommes tous à la veille du jour qui va finir pour lui. Je veux apprendre à le bien passer aussi. — Une étude, me dit Méhul, qui voyait les choses du même œil que moi, et qui m'eût accompagné s'il n'avait pas été en robe de chambre et en pantoufles.

Cependant la fatale voiture n'avait pas cessé de marcher; l'exécution commençait quand, après avoir traversé les Tuileries, j'arrivai à la grille qui ouvre sur la place Louis XV. De là, je vis les condamnés, non pas monter, mais paraître tour à tour sur le fatal théâtre, pour disparaître aussitôt par l'effet du mouvement que leur imprimait la planche ou le lit sur lequel allait commencer pour eux l'éternel repos. Le reste de l'opération était masqué pour moi par les agens qui la dirigeaient. La chute accélérée du fer m'annonçait seule qu'elle se consommait, qu'elle était consommée.

Danton parut le dernier sur ce théâtre inondé du sang de tous ses amis. Le jour tombait. Au pied de l'horrible statue dont la masse se détachait en silhouette colossale sur le ciel, je vis se dresser, comme une ombre du Dante, ce tribun qui, à demi éclairé par le soleil mourant, semblait autant sortir du tombeau que prêt à y entrer. Rien d'audacieux comme la contenance de cet athlète de la Révolution; rien de formidable comme l'attitude de ce profil qui défiait la hache, comme l'expression de cette tête qui, prête à tomber, paraissait encore dicter des lois. Effroyable pantomime! le temps ne saurait l'effacer de ma mémoire. J'y trouvais toute l'expression du sentiment qui inspirait à Danton ses dernières paroles, paroles terribles que je ne pus entendre, mais qu'on se répétait en frémissant d'horreur et d'admiration : « N'oublie pas surtout, disait-il au bourreau avec l'accent d'un Gracque, n'oublie pas de montrer ma tête au peuple; elle est bonne à voir. »

(*Souvenirs d'un Sexagénaire*, par A. V. ARNAULT, Paris, Dufey, 4 vol. in-8°, 1833, t. II, p. 96 et suiv.)

N° 16.

PROCÈS-VERBAL DE L'ÉCROU DES DANTONISTES ET DE LEUR REMISE AU BOURREAU.

Le 9 germinal de l'an second de la République française une et indivisible, nous, en ~~ver~~tu d'un jugement rendu par le tribunal ré~~vol~~utionnaire duement signé, et à la requête du ~~cito~~yen accusateur public près ledit tribunal, ~~leq~~uel fait élection de domicile en son par~~que~~t sis près celui Jah (*illisible*) audit tribunal ~~so~~ussigné, fait extraire de la maison de justice ~~dit~~ sean. les nommés *Fabre d'Eglantine, De~~lau~~nay Dangers, Chabot, Camille des Mou~~lin~~s, Lacroix, Philipeaux, Bazire, Hérault ~~de Sé~~chelle, Danton,* écroués cy contre, et les ~~r~~emis es mains de l'exécuteur des jugements ~~cri~~minels et conduits ensuite sur la place de Révolution pour y subir la peine de mort, qui a été exécuté ledit jour dont décharge.

1. Fabre Deglantine.
2. Delaunay Dangers
3. Chabot.
4. Camille des Moulins
5. Lacroix
6. Philippeaux
7. Bazire
8. Herault
9. Danton

Dudit jour 13 germinal, les nommés Fabre d'Eglantine, Delaunay Dangers, Chabot, Camille des Moulins, Lacroix, Philipeaux, Bazire, Hérault, Danton, tous neuf cy devant députés à la Convention nationale, ont été transférés des maisons d'arrêt où ils étaient détenus en cette maison et écroués sur ce registre par moi, huissier au tribunal révolutionnaire soussigné, en vertu de l'ordonnance dudit tribunal en datte de ce jourd'huy, rendu en vertu du décret de la Convention nationale du même jour, pour par eux rester en cette maison ou en celle de justice du tribunal ; au moyen de quoi le citoyen Richard, concierge de ladite maison, en demeure chargé aux termes de la loy, dont acte j'ai donné en parlant à leurs personnes, au guichet comme lieu de liberté ; en quoi dudit j'ay en date du présente à chacun séparément donné acte.　　　　MONET [1].

[1] Copié sur le livre d'écrou de la prison de la Conciergerie, communiqué par M. Labat père. Ce livre, qui faisait partie des ~~ar~~chives de la préfecture de police, est maintenant détruit.

N° 17.

ACTE DE DÉCÈS DE CAMILLE DESMOULINS.

Du 7 floréal l'an 2ᵉ de la République, acte de décès de Lucile-Simplice-Camille-Benoist Desmoulins, du 16 germinal (5 avril 1794), profession homme de lettres, âgé de 33 ans, natif de Guise, district de Vervins, domicilié à Paris, place du Théâtre-Français [1].

N° 18.

LES DÉFROQUES DES CONDAMNÉS.

I

Le 18 germinal.

Comparaît le citoyen Richard, lequel a déposé :
747 livres 5 sols assignats,
Montre d'or ancienne du nom de Romilly, à Paris, avec un cachet de berloque, une clef de cuivre, une autre montre de cuivre doré sans nom ni numéro et sur le cadran le nom de Leblond; 2 paires de boucles à jarretières en argent, 2 id. en acier, 1 boucle de chapeau en argent, 1 id. en acier, une paire de boucle de cuivres à soulier, 1 médaillon à cercle de cuivre, une grande tabatière de carton avec un portrait, 2 autres tabatières aussi en carton, une écritoire de poche en cuivre, une paire de vieux boutons d'argent à pierre cassée, une lunette en ivoire, une autre lunette de cuivre argenté ou plaqué, une redingote de drap bleu, un habit de grosse espagnolette gris de fer, une blouse brune, 12 mouchoirs à moucher de différentes couleurs, 9 mouchoirs blancs, 5 mouchoirs de col en soie, 9 mouchoirs cravattes ou fichus, 1 bonnet de coton, 3 cols mousseline, une chemise d'homme avec jabot

---

[1] *Registres de la municipalité, Dictionnaire de A. Jal.*

qu'il a déclaré appartenir aux quinze condamnés à mort par jugement du 16 germinal, présent mois, dont Lacroix et Danton faisaient partie, n'ayant pu désigner à qui d'eux appartenaient positivement les dits effets et a signé avec moi, greffier soussigné.

Wolff. Richard [1].

II

Du 7 floréal.

Est comparu le citoyen Deguaigné, huissier au tribunal révolutionnaire, lequel a déposé au greffe les objets suivants :

Un traversin, une paire de draps, un oreiller et sa taye, deux couvertures de coton et une de laine, un gilet de flanelle, un pantalon et une redingote de molleton blanc, un gilet de drap rayé, une culotte de casimir jaune, un gilet de molleton de coton, un autre gilet de molleton blanc, un bonnet de laine, un bonnet de coton, huit paires de chaussons, six mouchoirs blancs, treize serviettes tant à linteaux qu'ouvrées, deux pièces d'estomac, deux chemises, un gilet blanc croisé, une paire de savattes, un soufflet et une nappe qu'il a déclaré appartenir à Danton, condamné à mort.

Plus, ledit Deguagné a déposé les effets suivants : une paire de draps, une chemise garnie, une redingote et un pantalon d'espagnotelle, quatre serviettes à linteaux, un bonnet de coton, un mouchoir, quatre volumes reliés qu'il a déclaré appartenir à Camille Desmoulins, condamné à mort, et a signé avec moi, greffier soussigné.

Deguaigné. Wolff [2].

[1] Archives nationales, W, 354, 2.
[2] Même dossier.

PRISON DU LUXEMBOURG.

Rapport des administrateurs du département de police, — Inventaire, — accompagnés du citoyen Vignieul, membre du Comité révolutionnaire, des citoyens Guyard, ex-concierge, et Moussel, gardien desdits scellés, et du citoyen Bertrand, concierge.

Avons monté dans les appartements du 2ᵉ étage, avons reconnu les scellés apposés sur la porte de la deuxième pièce d'entrée à gauche. Sur les 3 croisées donnant sur la cour des Écuries, lesquels avons trouvé sains et entiers en présence des dénommés dans l'ordre qui suit :

1. Musse.
2. Helle.
3. Citoyenne Dapremont.
4. A Lacroix, tombé sous le glaive de la loi :
Une couchette à deux faces de 3 p. et fond sanglé.
Un matelas de toile à carreaux,
Un sommier de crin,
Un plat à barbe en fayance,
Un fauteuil velours d'Utrecht à raye rouge et blanche,
Une chaise percée avec deux pots dedans,
Un pot à l'eau, une écritoire de fayance,
Une cuilière et une fourchette de fer,
Boucle de jarretière d'acier,
Une petite table avec son écran,
Une chaise de paille, dossier de Lyre,
Un miroir de toilette : effets remis à l'agence des Domaines nationaux.

5. A Danton.
Un lit de sangle,
Un sommier de crin,
Deux matelas,
Un pot à l'eau avec sa cuvette en fayance,
Trois bouteilles vuides,

Une caffetiere de fer blanc,
Un petit miroir à chapiteaux,
Un plat à barbe,
Un petit couteau nacre de perle lame d'argent,
Une bergère de damas à fleurs,
Une chaise percée et deux pots de chambre,
Une chaise de paille ordinaire,
Une petite table à écrire,
Une pelle et une pincette,
Deux petits flambeaux de cuivre doré : effets remis à l'agence des Domaines nationaux.

6. A Poiré, dont la loi a fait justice.

7. A Simon condamné.

8. A Fabre d'Églantine, condamné :
Deux couverts d'argent à filets,
Une paire de draps,
Un gros manchon,
Une lunette daproche en yvoire,
50 volumes reliés 39 Encyclopédie et 6 volumes œuvres de Molière.
2 cahiers histoire de la révolution,
Une lampe à quinquet,
Trois matelas,
Un fauteuil de paille à dos de lyre,
Un pot à l'eau,
Un carafon contenant quelques prunes,
Une demi-bouteille d'eau de vie,
Un cachet de bureau,
Une paire de boucles de jarretière en acier,
Dix-sept sols en numéraire,
Un petit orgue,
Dix grandes bouteilles,
Avons trouvé de plus cent quinze sols en assignats,
Plus trente bouteilles vuides,
Trois bougie,
Un bocale à cornichons,

Une bouteille à tabac,
Deux petites à crème,
Une salière de cristal;
Une caraffe d'huilier et une cassé,
Un pot de chambre de fayance,
Une cuvette,
Un petit poellon de terre brune,
Quatre assiettes et un petit plat,
Une table à écrire : effets remis à l'agence des Domaines nationaux.

8 *bis*. A Bazire.

2 goblets de cristal,
Un étui,
Trois petits paniers à fruits.

9. Roland, condamné.

10. Un trictrac appartenant à Castellane qui sest évadé de ladite maison d'arrêt.

11. Mardeuil, condamné.

12. Fécamp, »

13. Mohaux, »

14. Choiseau, »

15. Dupuis, »

16. Champlatreux » (Il avait échappé à septembre.)

La séance levée à deux heures, avons réapposé les scellés sur la croisée de la porte d'entrée de la dite chambre et clos le présent et les citoyens dénommés ont signé :

BALLAY, GUIARD, BERTRAND, MOUSSEL, VIGNIEUX, MINIER, *secrétaire* [1].

CONCIERGERIE. — DÉPÔT DU 25 GERMINAL, PAR RICHARD.

Femme Camille : Apartenant à la femme Camille six cents

---

[1] *Archives de la préfecture de police.* Cette intéressante pièce est inédite. La séance, interrompue à deux heures, est reprise à trois heures de relevée. Parmi les reliques des nobles (maison de Noailles), on trouve des *livres d'église*.

livres en assignats, un portefeuille, une bague d'or à cinq anneaux, une autre bague d'or avec un portrait de femme.

Femme Hébert : Apartenant à la femme Hébert trois cent cinquante livres en assignat, un couteau à manche de corne garni en argent, une paire de cizeaux, un portrait du traître Hébert dans son cercle d'or.

Camille : Apartenant à Camille une boucle de col d'or.

DÉPÔT DU 18 GERMINAL AN SECOND, PAR RICHARD.

Danton et autres : Apartenant à Danton et autres sept cent quarante-sept livres cinq sols en assignats.

DÉPÔT DU 19 GERMINAL, PAR AUVRAY.

Westermann : Apartenant à Westermann, quatre mille sept cent cinquante livres en assignats.

A Camille Desmoulins, condamné :

Un mauvais chandelier de cuivre et une caffetière de fer blanc.

Un pot à l'eau et sa cuvette en fayance.

Un pot de chambre *id.*

Trois bouteilles, un petit poelon et marmitte de terre : Remis à l'agence [1].

N° 19.

ORDRE D'ARRESTATION DE LUCILE DESMOULINS.

République française une et indivisible.

LIBERTÉ, ÉCALITÉ, FRATERNITÉ
OU LA MORT.

COMITÉ DE SALUT PUBLIC.

MINUTE D'ARRÊTÉ.

A expédier.   Paris, le 15 germinal an II de la République française une et indivisible.

Les Comités de salut public et de sûreté générale réunis arrêtent que la femme de Camille Desmoulins sera mise sur-

---

[1] *Inédit.* — Archives de la préfecture de police. Documents détruits.

le-champ en arrestation à Sainte-Pélagie, le scellé sera mis sur ses papiers.

Les membres des Comités de salut public et de sûreté générale,

Signé : Dubarran, Couthon, C. A. Prieur, Carnot, Voulland, B. Barère, Billaud-Varenne, Robespierre [1].

N° 20.

CAMILLE DESMOULINS ET ROBESPIERRE.

EXTRAIT DES *Mémoires de Charlotte Robespierre* [2].

Un des plus forts griefs que l'on mit en avant contre mon frère, Maximilien Robespierre, fut d'avoir sacrifié Danton. Je ne sais pas si cette accusation est fondée, mais tout ce que je sais, c'est que mon frère aimait beaucoup Camille Desmoulins, avec qui il avait fait ses études, et que, lorsqu'il apprit son arrestation et son incarcération au Luxembourg, il se rendit dans cette prison avec l'intention de supplier Camille de revenir aux véritables principes révolutionnaires qu'il avait abandonnés pour faire alliance avec les aristocrates. Camille ne voulut point le voir ; et mon frère, qui probablement aurait pris sa défense et l'aurait peut-être sauvé, s'il avait pu le déterminer à abjurer ses hérésies politiques, l'abandonna à la terrible justice du tribunal révolutionnaire. Or, Danton et Camille étaient trop intimement liés pour qu'il en sauvât un sans sauver l'autre ; si donc Camille ne l'avait point repoussé au moment où il lui tendait les bras, Camille et Danton n'eussent point péri.

..... Camille avait été au moins aussi ami de Robespierre que de Danton. Mon frère avait pour lui une amitié très-vive ;

---

[1] La minute de cet arrêté est tout entière de la main de Dubarran.
[2] Chapitre V.

souvent il m'a dit que Camille était peut-être celui de tous les révolutionnaires marquants qu'il aimait le plus, après notre jeune frère et Saint-Just.

Desmoulins était un véritable patriote, et avait plus de vertu que Danton, sans en avoir autant que mes deux frères; il avait les qualités les plus aimables mais aussi quelques défauts qui causèrent sa perte, il était orgueilleux et irascible; dès qu'il se croyait offensé, il ne pardonnait plus, et faisait jouer contre ceux dont il croyait avoir à se plaindre les redoutables traits d'une critique mordante et acerbe [1].

Des hommes qui étaient loin de le valoir pour le patriotisme et pour le talent, et qui étaient jaloux de sa gloire, le calomnièrent et l'accusèrent d'être vendu aux aristocrates; il n'en fallut pas davantage pour que le bouillant Camille se déchaînât et contre ceux qui l'attaquaient, et contre ceux qui, sans l'avoir attaqué, suivaient la même ligne de conduite que ses calomniateurs. Voilà pourquoi, au lieu de repousser les imputations de quelques membres des comités qui étaient ses ennemis personnels, il attaqua les comités en masse, fronda leurs actes, révoqua en doute la pureté de leurs intentions,

---

[1] Voici un nouvel exemple de ce trait de caractère noté par Charlotte Robespierre et par tant d'autres contemporains. Dans un dialogue du n° 5 de l'*Accusateur public* de Récher-Sérisy, je trouve une conversation entre Merlin (de Thionville) et Rœderer. Celui-ci rappelle qu'il a dîné avec Desmoulins en compagnie de Merlin.

« Rœderer.

» Sérisy était, m'a-t-on dit, l'ami de Desmoulins-Desmoulins, cet
» infâme...

« Merlin, *l'interrompant.*

» Oh! tu as raison, nous avons dîné tous les trois ensemble. Je ne
» puis, en conscience, médire de Sérisy; Merlin ne profanera jamais la
» sainteté de la table; on connaît son inviolable attachement pour
» elle... Et puis Camille un infâme!... Rœderer ne pardonnera pas,
» même à ses cendres, ce mot charmant qu'il a dit de toi : *Il me semble*
» *que la tête de Rœderer est une étude que la nature a voulu donner*
» *aux peintres pour dessiner la haine, la jalousie et la méchanceté.* »

Le mot de Desmoulins n'a d'ailleurs rien de charmant et pourrait bien être inventé; mais il est cependant caractéristique. (J. C.)

et se rapprocha même des aristocrates. Les calomnies redoublèrent, ou plutôt les mensonges qu'on avait débités contre lui lorsqu'il était irréprochable, devinrent des vérités lorsque, par ressentiment il eut cessé d'être pur. De jour en jour il se sépara davantage de ses anciens amis, il fit cause commune avec Danton, et, se laissant aveugler par les éloges sans nombre que les aristocrates lui prodiguaient à cause de ses hostilités avec les plus terribles révolutionnaires, il devint réellement l'acolyte de l'aristocratie.

Le malheureux Camille tournait dans un cercle vicieux : les ennemis de la Révolution l'élevaient jusqu'aux nues, vantaient ses principes, son éloquence, sa modération. Toutes ces louanges le rendaient suspect aux yeux des véritables démocrates ; ses ennemis en faisaient des armes contre lui, et disaient : « Camille est contre-révolutionnaire. » Camille, que cette accusation mettait hors de lui, se ruait avec plus de fureur contre ceux qui l'accusaient, et les aristocrates redoublaient d'éloges.

C'est alors que Desmoulins publia son *Vieux Cordelier*, où il faisait pour ainsi dire le procès à tous les révolutionnaires, et par contre, à la révolution. C'était une haute imprudence de sa part; c'était plus, c'était un crime. Mon frère aîné me dit tristement à ce sujet : « Camille se perd. » Il ressentait un très-vif chagrin de le voir déserter la sainte cause de la Révolution, et, au risque de se compromettre lui-même, il prit plusieurs fois sa défense ; plusieurs fois aussi il essaya de le ramener, et lui parla comme à son frère, mais inutilement. Dans une des séances de la société des Jacobins, où une explosion de reproches et d'accusations tombaient sur Camille Desmoulins et sur son *Vieux Cordelier*, Maximilien prit la parole, et, tout en blâmant énergiquement l'écrit, chercha à justifier l'auteur. Malgré son immense popularité et son influence extraordinaire, des murmures accueillirent ses paroles. Alors il vit qu'en voulant sauver Camille, il se perdait lui-même. Camille ne lui tint pas compte des efforts qu'il avait faits pour repousser les accusations dont il était l'objet ; il ne se rappela que du blâme qu'il avait déversé sur *Vieux Cordelier*, et dès lors il dirigea mille diatribes acrimonieuses contre mon frère.

N° 21.

LES DANTONISTES AU TRIBUNAL.

NOTES DE TOPINO-LEBRUN.

Parmi les documents que nous donnons dans ce livre, aucun n'est plus intéressant que les deux fragments qui vont suivre, les Notes prises au tribunal révolutionnaire par le juré Topino-Lebrun, Notes, pour ainsi dire, écrites sous la dictée de Danton et de ses coaccusés, et les Notes de Courtois (de l'Aube). Ces deux documents capitaux sont en grande partie *inédits*. M. le docteur Robinet a fait usage des notes de Topino-Lebrun dans le travail qu'il a publié sur Danton et qui n'est pas encore réuni en volume. Les fragments que nous donnons ici ont été relevés par nous sur les originaux de Topino-Lebrun et de Courtois, qui faisaient partie des archives de la Préfecture de Police, et que feu M. Labat avait bien voulu mettre à notre disposition. Le stupide incendie qui a dévoré tant de richesses artistiques, archéologiques et littéraires, en mai 1871, a détruit également les manuscrits de Topino-Lebrun et de Courtois, et bien d'autres documents que conservait M. Labat. Ces fragments ont donc aujourd'hui un prix inestimable. Nous publions ce qui nous en reste d'après les copies faites par nous en 1867 et 1868. Et ce ne sont plus seulement les accusateurs, ce sont les accusés qui vont parler. Quelque décousues que soient les notes de Topino-Lebrun, prises au courant de l'audience, elles sont plus complètes et autrement franches que la rédaction de Coffinhal.

NOTES DE TOPINO-LEBRUN [1].

DANTON. — « Moi, vendu? Un homme de ma trempe est impayable. La preuve : Me taisais-je lorsque j'ai défendu Marat? Lorsque j'ai été décrété deux fois sous Mirabeau, lorsque j'ai lutté contre la Fayette. Mon affiche pour insurger au 5 et 6 octobre que l'accusateur qui m'accuse d'après la Convention administre la preuve, les semi-preuves, les indices de ma vénalité. J'ai trop servi, la vie m'est à charge, je demande des

---

[1] François-Jean-Baptiste Topino-Lebrun, âgé de trente et un ans, né à Marseille.

commissaires de la Convention pour recevoir ma dénonciation sur le système de dictature. J'ai été administrateur nommé par une liste triple, le dernier par des bons citoyens en petit nombre. Je forçai Mirabeau aux Jacobins de rester à son poste, je l'ai combattu, lui qui voulait s'en retourner à Marseille. Où est ce patriote? qu'il vienne, je demande à être confondu. Qu'il paraisse! J'ai empêché le voyage de Saint-Cloud, j'ai été décrété de prise de corps pour le champ de Mars. J'offre de prouver le contraire, et lisez la feuille de l'*Orateur*. Des assassins furent envoyés pour m'assassiner à Arcis. L'un a été arrêté. Un huissier vint pour mettre le décret à exécution, je fuyais donc, et le peuple voulut en faire justice. J'étais à la maison de mon beau-père, on l'investit, on maltraita mon beau-frère. Pour moi, je me sauvais à Londres; je suis revenu lorsque Garan fut nommé. On offrit à Legendre cinquante mille écus pour m'égorger.

» Lorsque les Lameth, devenus partisans de la cour, Danton les combattit aux Jacobins devant le peuple et demanda la République.

» Que les patriotes se rallient, et alors, si nous ne pouvons vous vaincre, nous triompherons de l'Europe.

» Billaud-Varennes ne me pardonna pas d'avoir été mon secrétaire. *Quelle proposition avez-vous faite contre les brissotins?* La loi de publicola. Je portai le cartel à Louvet, qui refusa. Je manquai d'être assassiné à la Commune. J'ai dit à Brissot en plein conseil : « Tu porteras ta tête sur l'échafaud, » et je l'ai rappelé ici à Lebrun. J'avais préparé le 10 août, et je fus à Arcis, parce que Danton est bon fils, passer trois jours et faire mes adieux à ma mère et régler mes affaires. Il y a des témoins. On m'a revu solidement. Je ne me suis point couché. J'étais aux Cordeliers, quoique substitut de la Commune. Je dis au ministre Clavières, qui venait de la part de la Commune, que nous allions sonner l'insurrection. Après en avoir réglé toutes les opérations et le moment de l'attaque, je me suis mis sur le lit comme un soldat, avec l'ordre de m'avertir. Je sortis à une heure, et je fus à la Commune devenue révolutionnaire, je fis l'arrêt de mort contre Mandat qui avait l'ordre de tirer sur le peuple, on mit le maire en arrestation, et j'y restai suivant l'avis des patriotes.

» Je crois encore Fabre bon citoyen.

» J'atteste que je n'ai point donné ma voix à d'Orléans. Qu'on prouve que je l'ai fait nommer.

» J'eus quatre cent mille francs sur les deux millions pour faire la révolution, deux cent mille livres pour choses secrètes, j'ai dépensé devant Marat et Robespierre pour tous les commissaires des départements, calomnie de Brissot, j'ai donné six mille à Billaud pour aller à l'armée, les autres deux cent mille j'ai donné ma comptabilité de cent trente mille et le reste je l'ai remis à Fabre la disponibilité de payer les commissaires, il était caissier et je ne l'ai employé que parce que Billaud-Varennes avait refusé.

» Il n'est pas à ma connaissance que Fabre prêchât le fédéralisme.

» J'embrasserais mon ennemi pour la patrie, à laquelle je donnerais mon corps.

» Ministre de la justice, j'ai fait exécuter les lois.

» Marat avait son caractère volcanisé, celui de Robespierre tenace et ferme, et moi je servais à ma manière.

» Je ne vis qu'une fois Dumouriez, qui me tâta pour le ministère. Je répondis que je ne le serais qu'au bruit du canon.

» Avait vu Westermann au 10 le sabre à la main.

» Les Brissotins m'ont parbleu bien attaqué!

» Le piége de Brissot était de faire croire que nous désorganisions les armées en Belgique.

» On me refuse des témoins; allons, je ne me défends plus.

» Je vous fais d'ailleurs mes excuses de ce qu'il y a de trop chaud, c'est mon caractère.

» Le peuple déchirera par morceaux mes ennemis avant trois mois. »

. . . .

HÉRAULT. — « Sur le petit cofret (*sic*), nie le fait. Il fut nommé pour la partie diplomatique avec Barère. Déclare que jamais il ne s'est mêlé de négociations, nie n'avoir jamais fait imprimer aucune chose en diplomatie.

» Je ne conçois rien à ce galimatias.

» J'ai sauvé à la République une armée de soixante mille hommes. Travaillé avec Barthelemy à la neutralité de la Suisse.

» Jamais rien communiqué à Proly en politique; au surplus, il fallait me confronter avec lui. »

CAMILLE. — « Né à Guise, dép. de Verdain (*sic*). Au Panthéon. »

DANTON. — « Quoi qu'on en puisse dire, ce qui est très-sûr, et ce qui m'importe peu, le peuple respectera ma tête, oui ma tête guillotinée.

WESTERMANN. — « Échevin de Strasbourg, soldat dès mon enfance. »

Westermann demande à subir son interrogatoire le premier. Observe que c'est une forme inutile. — DANTON : « Nous sommes cependant ici pour la forme. Westermann insiste; un juge va l'interroger. — DANTON dit : Pourvu qu'on nous donne la parole et largement, je suis sûr de confondre mes accusateurs, et si le peuple français est ce qu'il doit être, je serai obligé de demander leur grâce. — CAMILLE : Ah ! nous aurons la parole, c'est tout ce que nous demandons. (Grande et sincère gaieté de tous les députés accusés.) — DANTON : C'est Barère qui est patriote à présent, n'est-ce pas ? (Aux jurés) : C'est moi qui ai fait instituer le tribunal, ainsi je dois m'y connaître. »

WESTERMANN. — « Je demanderai à me mettre tout nu devant le peuple pour qu'on me voie. J'ai reçu sept blessures, toutes par devant ; je n'en ai reçu qu'une par derrière, mon acte d'accusation. — DANTON : Nous respecterons le tribunal parce que, etc. (Danton montre Cambon et dit) : Nous crois-tu conspirateurs ! Voyez, il rit, il ne le croit pas. Écrivez qu'il a rit (*sic*).

» Premier témoin : P. J. CAMBON, 38 ans, député à la Législative et à la Convention. — Le décret du 15 décembre pour faire...

» Anacharsis me dit : Viens dîner avec moi, dîner avec Dufour, etc.

» J'ai connu l'abbé guillotiné; entrai dans mon exil (*sic*); il était chanoine et non réfractaire. C'est donc une plaisanterie. Il n'était pas soumis au serment. Il m'avait assisté dans mon exil. Au 14 juillet, à la Bastille, j'ai eu deux hommes tués à mes côtés. Maltraité par mes parents, j'ai voyagé, j'ai été incarcéré trois semaines en Sardaigne, et je suis revenu. »

Fouquier. — « Attendu la rébellion des accusés...

» Pourquoi le quatrième jour s'est-il trouvé avec Herman dans la chambre des jurés pour les engager à déclarer être suffisamment instruits? »

Camille. — « Lors de sa dispute avec Saint-Just, celui-ci dit qu'il le ferait périr, j'ai dénoncé Dumouriez avant Marat. D'Orléans le premier. J'ai ouvert la révolution, et ma mort va la fermer. Marat s'est trompé sur Proly. Quel est l'homme qui n'a pas eu son Dillon? Depuis le n° 4, je n'ai écrit que pour me rétracter. J'ai attaché le grelot à toutes les factions. On m'a encouragé, écrit, etc. Démasqué la faction Hébert. Il est bon que quelqu'un le fasse. »

Lacroix. — « Je n'ai ni bu ni mangé avec Dumouriez. Danton, Gossin et moi toujours ensemble pendant sept jours. Acheté neuf cents francs et six cents livres de linge pour la table. Il était à bon marché. »

Danton. — « J'avais défié publiquement d'entrer en explication sur l'imputation des quatre cent mille francs. Il résulte du procès-verbal qu'il n'y a à moi que mes chiffons et un corset de molleton (dans une voiture d'argenterie).

» Ai-je la face hypocrite?

» J'ai appelé l'insurrection en demandant cinquante révolutionnaires comme moi. »

Philippeaux. — « Arrivé de mon département, j'ignorais les intrigues. J'ai voté pour Marat.

» (C'est faux; il n'a voté ni pour ni contre.) »

Westermann. — « Lorsque Dumouriez était en Belgique, j'étais en Hollande. Abandonné entre les ennemis, j'ai conduit ma légion à Anvers. »

Frey (aîné). — « L'empereur lui devait cinq cent mille florins. »

Frey (cadet). — « J'étais plutôt l'enfant que le frère. »

Gusman. — « Sur son long récit, Danton dit : Il fait des châteaux en Espagne.

» Herman entend longuement, et Danton dit : On lui fait la politesse comme étranger. Gusman nie avoir donné de l'argent au peuple. »

Danton. — « C'est Barère qui est patriote à présent, et Danton aristocrate ? La France ne croira pas cela longtemps [1]. »

N° 22.

NOTES DE COURTOIS (de l'Aube).

(Documents inédits et détruits.)

DANTON.

L'empire arbitraire de l'opinion du moment peut s'attacher à sa mémoire, la déshonorer même, s'il est possible; cet homme vraiment grand n'en jouira pas moins des regards de la postérité quand il n'y aura plus en France que des républicains.

C'est dans les passions et dans les écrits de ses ennemis que j'irai puiser les matériaux qui doivent un jour composer son éloge.

Ne peut-on déchirer la peau de Robespierre sans faire saigner le patriotisme? (Voir Voltaire, lettre, p. 90, t. XV.)

Que gagne-t-on à passer d'un géant des terres magellaniques devant un groupe de Lapons?

[1] Archives de la préfecture de police. Documents détruits.

Danton disait dans sa prison (au rapport de Riouf) (*sic*), que Robespierre, Billaut, Collot, etc., étaient tous des frères Caïn.

Mots qu'on adressait à Chrysippe et qu'on peut appliquer à Danton : *Tua te vis perdet.* Ta force te perdra.

Bayle (Article Concini). — L'insolence de cet homme est un triste exemple de cette fatalité qui accompagne la monarchie française plus qu'aucun pays du monde. C'est que les reines y gardent presque toujours le cœur étranger qu'elles y apportent.

Danton. — Il me disait un jour, environ un mois avant sa chute : Un certain pape, dont j'ai oublié le nom (Pie V), disait : Depuis que je suis pape, je désespère de mon salut; et moi je dis : Si les représentants du peuple laissent avilir... si la tyrannie des Comités n'est pas contenue, je désespère du salut de la République.

Le jour que la mort de Danton fut décidée au tribunal révolutionnaire, trois jurés, Topino-Lebrun, Trinchard et Jambat, vinrent trouver David pour lui demander conseil dans la position difficile où ils se trouvaient. Ils ajoutèrent qu'ils ne voyaient pas que Danton fût coupable. — « Comment, reprit avec force cet homme sanguinaire, il n'est pas coupable ? Est-ce que l'opinion publique ne l'a pas déjà jugé ? Qu'attendez-vous ? il n'y a que des lâches qui puissent se conduire ainsi. » Et la mort de ce fondateur de la liberté fut résolue.

Philippeaux, victime de sa probité, mourut pour avoir voulu faire entendre la vérité jusque dans l'antre de la tyrannie.

DANTON. — Mot de Constance l'empereur qui lui est applicable : Ils n'ont pas osé l'attaquer en face.

Beaucoup de députés, venus à l'Assemblée et y ayant séjourné tout le temps de leur mission sans parler, ressemblent à ces marchands qui ouvrent leur boutique pour ne pas étrenner. (Mot de Danton.)

ROBESPIERRE. — Il avait quelquefois le visage aussi ambigu que ses paroles (témoin le serrement de main qu'il fait à Desmoulins la veille de son arrestation).

Il eut bien le pouvoir de les tuer, mais il n'eut jamais celui d'empêcher que leurs écrits et leur réputation surnageât.

Il n'aurait jamais remédié à un mal à la durée duquel il trouvait son compte.

Il raillait quelquefois d'une manière amère et caustique.

Collot d'Herbois se vantait à la tribune des Jacobins de connaitre un homme suspect en le regardant seulement entre deux yeux.

Néron projette l'extinction du corps sénatorial, qui n'est pas assez vil à son gré, Robespierre demande aux deux Comités réunis le licenciement de la Convention, parce qu'elle est un obstacle à ses desseins.

Saint-Just appelle Lebas pour le tuer. Celui-ci le traite de lâche et lui dit qu'il a bien d'autres affaires, et il se tue. Que ne lui disait-on comme à Néron : Est-il donc si difficile de mourir?

Fréron a dit que Robespierre avait déshonoré la Terreur.
Cette Terreur, qui fait pâlir les méchants, et assure la tranquillité de l'homme juste.

———

Les crimes imputés sont une partie légitime des crimes commis.

———

Fête de Viala, jour choisi pour égorger la Convention.

———

Mot de Danton : J'ai la douce consolation de croire que l'homme qui mourut comme *chef de la faction des Indulgents* trouvera grâce aux yeux de la postérité. Il disait au sujet des exécutions (1) : que quand on allait en riant au supplice, il était temps de briser la faulx de la mort.

———

Goupilleau de Fontenay, envoyé en Vendée en qualité de commissaire, destitue Rossignol, créature de Robespierre. — Si c'était, lui dit Barère, un général comme Turennne que tu eusses destitué, on te le pardonnerait aisément, mais quand il est question d'un patriote comme Rossignol, c'est un crime.
Qu'on pèse bien ce mot et qu'on le rapproche du chancre politique à entretenir dans la Vendée. (COURTOIS.)

———

Lors de l'attaque courageuse de Lecointre (de Versailles), contre Billaud, la séance se termine tard. Ce que voyant un député crie : Dépêchez de décréter l'accusation, j'ai du monde à dîner.

———

Danton appelait des *scélérats de bêtise* ces hommes qui, sans examen, mais conduits par la mauvaise humeur ou telle autre passion de ce genre, se permettaient de lui sacrifier les plus fermes défenseurs de la patrie.

---

1 Ici un membre de phrase assez incompréhensible : *Vous êtes tant qu'il vous plaira à la rigueur actuelle* (J. C.)

L'ambition comparée au cheval de Séjan qui rompait le cou à tous ceux qui le montaient.

DANTON. — Immédiatement après le décret d'accusation dirigé contre lui, un membre du Comité de sûreté générale rencontra un député et lui dit : Croyais-tu que les Comités ont été sur le point de succomber ?

Il disait au sujet de la sans-culotterie qui était aux ordres de Robespierre et des comités : On finit par se perdre en employant toujours les mêmes éléments. Quand on remue sans cesse de la boue, il est rare qu'on n'en soit pas couvert tôt ou tard.

Il disait que si Billaut et Robespierre étaient de bonne foi (ils avaient continuellement à la bouche les mots de vertu et de probité mis à l'ordre du jour), ils fonderaient infailliblement le jansénisme de la liberté.

BILLAUT. — Cet homme fort de la faiblesse de l'Assemblée. Un poignard sur la langue.

DANTON. — Il m'écrivait au sujet de la guerre du Nord dont les commencements n'étaient pas heureux : « Quels que soient les malheurs occasionnés par la guerre actuelle, ils seront toujours plus supportables que la servitude. »

Il est faux, disait-il, qu'une révolution soit faite quand on ne sait pas en profiter.

Comme Robespierre affectait quelquefois de mépriser les grandes mesures politiques dont il n'était pas l'inventeur ; Danton disait : Ce mépris pour les grandes conceptions qui ne viennent pas de lui ne nous présagent pas de grand succès pour l'avenir.

Il disait que les révolutions sont des navigations pénibles de long cours pendant lesquelles il faut s'attendre à voir souffler le vent de toutes les parties de l'horizon à la fois, et que la pleine mer était souvent moins dangereuse que le port vers lequel on voguait à pleines voiles sans s'occuper du léger écueil contre lequel le vaisseau vient quelquefois se briser.

Je lui ai entendu dire que Robespierre pourrait bien conduire la pièce juqu'au quatrième acte, mais qu'infailliblement, comme ambitieux, il raterait au cinquième son dénouement.

Robespierre. — Pas de témérité, pas d'audace. Louanges : La maison Duplay l'en accablait.

Barère. — Faible et léger, peureux.

Danton. — Il aurait bien désiré pouvoir sortir d'un tourbillon, mais le moyen après avoir joué un tel rôle ?

Les puissances de l'Europe n'ont pas vu que la révolution ressemble à un grand procès qui n'enrichit pas souvent celui qui le gagne et qui consomme la ruine de celui qui le perd.

Barère. — C'est cet homme atroce par lâcheté qui le premier attaqua Desmoulins au sujet du *Vieux Cordelier*.

David aida le citoyen Lesueur, peintre, son élève, à faire le tableau de la décollation de Louis XVI. C'est lui (et tous les artistes ont reconnu son pinceau) qui y plaça la figure du duc d'Orléans (Égalité). Danton était placé derrière, les mains passées sur son épaule et recevait une bourse que lui remettait le ci-devant duc.

Quelques jours après la chute de Danton, Camille Desmoulins, etc., était à la séance du.... Thermidor, dans laquelle Robespierre fit une sortie si cruelle et si ironique contre ces malheureuses victimes de sa barbarie, j'aperçus à mes côtés (car la défiance m'écartait toujours des bancs de l'intérieur de la salle), je remarquai à mes côtés un citoyen qui, aux endroits du discours du tyran fortement applaudi par la majorité de la Convention, battait aussi des mains de toutes ses forces et me regardait en riant. Je crus démêler dans ses applaudissements qu'ils n'étaient pas sincères, et je lui répondis par un souris qui lui fit connaître que je n'étais pas dupe de son rôle. Il s'approche alors de mon oreille et me dit à voix basse : « Dût-il m'en coûter la paire de gants avec laquelle j'applaudis (et il avait les mains nues), je la sacrifierais volontiers si l'on me garantissait à ce prix la chute du monstre qui occupe actuellement la tribune. » Je lui dis de se contenir. Il me serre la main, ses yeux se mouillent de larmes, et il s'enfuit.

Danton (après la mort de Marat). — C'est un orateur qui aspire à la survivance de Marat.

Concours des élèves de peinture et de sculpture. — David : C'est au tribunal révolutionnaire que cette affaire se jugera.

Danton. — Je vois souvent... (?...) qui me dénigre, mais je me rappelle l'avoir vu lutter contre la mauvaise fortune, et je le plains.

Préférait les doucurs de la vie privée aux grandeurs publiques.

Danton tué par Robespierre, c'est Pyrrhus tué par une femme.

Sur les Comités de gouvernement, Desmoulins disait : « Le salut de la République est encore éloigné. Elle avait besoin de tous. »

Marat. — Grand scandale, disait-il, c'est du grand scandale qu'il nous faut.

Robespierre jeune. — On l'appelait le grand hurleur, le mugisseur national. Desmoulins disait : Le moindre geste de

Ducos est une épigramme, et il n'est pas jusqu'au son de voix de Robespierre jeune qui ne flaire la bêtise.

Desmoulins disait des opinions que Robsspierre jeune émettait à la tribune que c'était une affaire de poitrine et jamais une affaire de tête [1].

N° 23.

REMORDS D'UN JURÉ AU TRIBUNAL RÉVOLUTIONNAIRE POUR AVOIR VOTÉ LA MORT DE SON AMI CAMILLE DESMOULINS.

L'auteur de ce récit ne nomme point le juré dont il est question; il dit que tandis qu'il siégeait, Desmoulins ne cessait de fixer sur lui ses regards; il semblait lui dire : Oserais-tu me juger? Le malheureux eut assez d'audace, ou plutôt assez de lâcheté pour émettre un vote contraire à sa conscience. Il

---

[1] *Archives de la préfecture de police* (documents inédits et détruits). A la suite de ces *Notes* j'ai trouvé, tracé sur des bouts de papiers ce qui suit :

DANTON. — Dans la conférence qu'eut Danton avec Robespierre, en présence de Laignelot, il lui dit entr'autres choses : « Si vous n'êtes pas un tyran, pourquoi voudriez-vous traiter le peuple autrement que vous ne désiriez être traité vous-même? Un état aussi violent ne peut durer; il répugne au tempérament français. » — Réponse de Robespierre en faveur du Comité. — Pleurs de Danton. (COURTOIS.)

LANTHENAS.
Vous faites donc aussi des plans de République?
Et vous voilà parlant en profond politique.
Quel miracle! Comment et quand s'est fait cela?
— Vous m'en voyez, ma foi, tout étonné moi-même.
Je ne saurais vous dire au juste le quantième
Dans ma tête un beau jour ce talent se trouva,
Et j'étais médecin quand la chose arriva.

(Parodie de *la Métromanie*, sans doute de Fabre d'Églantine.)

Est-il besoin de faire ressortir l'importance de ces fragments historiques qui, sans nous, ou plutôt sans l'amabilité de feu M. Labat qui nous a permis d'en prendre copie, eussent été complétement perdus? (J. C.)

en fut puni; le remords s'empara de son âme; ce fut un nouvel Oreste sans cesse agité par les furies. Deux mois après le 9 thermidor, un de ses amis alla le voir; il le trouva sombre, pâle, abattu, taciturne, ce n'était plus cet homme ardent qui, dans les assemblées populaires, faisait sans cesse tonner sa voix, et maîtrisait à son gré la multitude; on eût dit qu'il était lui-même sur la charrette fatale dans laquelle il avait précipité tant de victimes.

P... lui demande le motif d'un changement si extraordinaire; N... ne lui répond d'abord que par un profond soupir. — Craignez-vous, répond P..., les suites de la réaction?

« — Plût à Dieu, s'écrie N..., que le 10 thermidor eût vu trancher ma tête, ou que la réaction m'eût plongé dans le tombeau! J'ai assassiné mon ami! Je ne vis plus : je suis déchiré de remords. Camille est sans cesse devant mes yeux; au moment même où je vous parle, il est là, je le vois, je l'entends. Ici, sur un fleuve de sang, surnage ce corps que j'ai si souvent pressé dans mes bras; là, reste immobile sa tête détachée du reste de ses membres; elle me reproche ma barbarie, et je respire encore! »

A ces mots, ses yeux se couvrent d'un nuage, tout son corps frissonne; des flots d'écume se précipitent de ses lèvres; un continuel grincement de dents annoncent une heure de convulsion prochaine; ses yeux se ferment, il tombe, s'agite, roule et bondit sur le plancher qu'il couvre de sang et d'écume. P... ne peut seul le retenir; quatre hommes suffisent à peine pour l'empêcher de se fracasser la tête. Après une convulsion, il reprend lentement ses sens et sa raison, et reproche à ses amis le service qu'ils lui ont rendu en lui conservant la vie.

Extrait des *Anecdotes inédites de la fin du dix-huitième siècle*, p. 116. 1 vol. in-8°, Didot jeune, libraire, an IX (1801).

N° 24.

SANSON CHEZ M. DUPLESSIS.

15 *germinal*. — J'ai rempli la mission dont le pauvre citoyen Desmoulins m'avait chargé. A son domicile, rue du Théâtre-Français, le concierge m'a donné l'adresse du citoyen et de la citoyenne Duplessis, rue des Arcs. Je me suis gardé de monter. J'ai envoyé demander la servante; sans lui apprendre qui j'étais, je lui ai dit qu'ayant assisté à la mort de Desmoulins, il m'avait prié de rendre ce médaillon à la mère de sa femme. Je le lui ai mis dans les mains, et je suis parti. Je n'avais pas fait cent pas, que j'ai entendu courir derrière moi et appeler; c'était la servante; elle m'a dit que M. Duplessis me demandait et voulait me voir; je répondis que j'étais pressé, que je reviendrais un autre jour; mais, en ce moment, le citoyen Duplessis est arrivé lui-même; c'était un homme âgé, d'aspect très-vénérable. Je lui ai répété ce que j'avais conté à la fille; il m'a répondu que je devais avoir autre chose à lui apprendre, que lui, il avait à me remercier. Je me défendais toujours en alléguant mes occupations, mais il insistait avec beaucoup de vivacité, les passants s'arrêtaient, et quelques-uns faisaient mine d'écouter. Ils pouvaient me connaître; j'ai pensé que ce qui était le mieux était de le suivre, et j'ai marché avec lui. Il a voulu me prendre le bras, j'ai retiré le mien, et, comme si, dans la rue étroite, nous ne pouvions cheminer côte à côte, je me suis tenu en arrière. Il demeurait au second étage : il m'a fait entrer dans une grande pièce richement meublée, il m'a montré une chaise, et se laissant tomber dans un fauteuil placé devant une table chargée de papiers, il a caché son visage dans ses mains. Ayant entendu le cri d'un enfant, j'ai aperçu, dans le renfoncement d'une bibliothèque, un berceau dont les rideaux étaient fermés. Le citoyen Duplessis a couru au berceau et en a retiré un petit garçon qui paraissait malade et continuait de gémir. Me le

montrant, il me dit : « C'est leur fils. » Sa voix pleurait, mais ses yeux, rouges comme le fer au feu de forge, étaient secs. Il m'a répété : « C'est leur fils. » Il l'a embrassé avec une sorte de rage; le remettant dans son lit, et après un effort : « Vous étiez là, vous l'avez vu ?... » J'ai fait signe que oui. « En homme de cœur, en républicain, n'est-ce pas? a-t-il ajouté sans prononcer le mot de mort. J'ai répondu que ses dernières paroles avaient été pour ceux qu'il aimait. Après un silence assez long, tout à coup, se tordant les bras et devenant pâle, il s'est écrié : « Et elle? et ma fille? ma pauvre Lucile! Seront-ils impitoyables pour elle comme ils l'ont été pour lui? En pleurer deux, n'est-ce pas trop pour de misérables vieillards? On se croit philosophe, Monsieur, on se croit fortifié par la raison contre cette idée de la destruction... Est-ce qu'il y a de la philosophie, est-ce qu'il y a de la raison lorsque c'est notre enfant qu'on menace? lorsqu'on se trouve impuissant à le défendre, à combattre, à verser son sang pour le sauver?... Mon Dieu! penser qu'il ne nous sera pas permis de recueillir son dernier souffle, qu'elle se débattra, qu'elle agonisera deux heures, tandis que nous nous serons ici, en sûreté, dans cette maison où elle est née, au milieu de ces meubles, sur lesquels elle a joué, devant un foyer qui la réchauffait! se dire que, peut-être, moins heureux que Camille, elle n'aura pas, pour nous apporter son dernier adieu, un autre message que le misérable bourreau qui l'aura tuée!...

Je sentais un frisson courir sur mon corps et mes cheveux qui devenaient froids. Il allait et venait dans la chambre, secouant ses cheveux blancs qui s'étaient dénoués, les poings crispés, l'œil hagard, l'air farouche. En passant devant un buste de la liberté placé sur la cheminée, il le renversa avec fureur, le brisa sur le marbre et avec son pied il en écrasa les débris. J'étais à la fois épouvanté et consterné, je ne trouvais pas une consolation à lui adresser, pas une parole d'espérance à lui dire, regrettant bien amèrement d'avoir cédé aux instances du pauvre homme. On sonna en ce moment; une citoyenne d'une cinquantaine d'années, belle encore, mais le visage décomposé par le désespoir, entra et se laissa tomber dans les bras du citoyen Duplessis en criant : « Perdue! elle est perdue! elle paraît au tribunal dans trois jours! » C'était la mère de la femme de Desmoulins. J'eus terreur à l'idée d'être connu de cette femme que j'avais fait veuve du bonheur de sa fille, que probablement je dois encore faire veuve de sa fille-même, et je me suis enfui comme si j'avais commis un crime. Jamais je n'ai tant souffert qu'en présence de ces infortunés [1].

N° 25.

LETTRE DE FRÉRON A LUCILE.

Je prie madame Desmoulins de vouloir bien agréer l'hommage de mon respect. J'ai l'honneur de la prévenir que ma destination est changée, que je n'irai point à l'Assemblée nationale, parce que je pars pour la campagne avec MM. Danton et Saturne. Elle aura la bonté de se souvenir qu'elle doit se rendre avant dix heures à l'Assemblée, à la salle des députations, que là elle fera avertir M. La Source, secrétaire, qui viendra, et trouvera moyen de la placer par le commissaire des tribunes.

Je renouvelle à madame Desmoulins l'assurance de mon respectueux dévouement.

Stanislas FRÉRON.

Mille amitiés à Camille.

Ce lundi 7 janvier.

N° 26.

LETTRES DE MADAME FRÉRON A LUCILE.

(Inédites.)

De Coubertin, le lundi matin.

Que vous êtes bonne, ma chère Lucile, de mettre autant d'exactitude à me répondre et de soins à me tranquilliser! Je

[1] *Journal* de Charles-Henry Sanson.

compte que vous voudrez bien, aussitôt que vous connaîtrez quelques bonnes nouvelles, me les apprendre. Mon mari ni mon frère ne m'ont point écrit; mais, d'après ce que vous me dites, M. de la Poype va arriver très-incessamment. Grondez-le bien fort, je vous prie, ma chère Lucile, et battez-le même si vous croyez cela nécessaire; je le livre entièrement à vos coups.

Adieu, très-aimable tante; je vous embrasse de tout mon cœur. Parlez-moi donc de votre joli enfant; se porte-t-il bien? Nous irons, j'espère, le voir quelquefois ensemble. Apprenez-moi la première l'arrivée de mon mari; il me sera si doux de vous devoir mon bonheur! Fanny se porte à merveille. J'ai reçu avec tendresse le baiser qu'elle m'a donné de votre part. Mille compliments à votre mari.

Fréron de la Poype.

A Coubertin, par Chevreuse, à Chevreuse.

A madame Desmoulins.

C'est encore moi, belle et bonne Lucile, qui vient vous étourdir de mes plaintes, et des inquiétudes affreuses dont je suis tourmentée; la lettre que votre mari a eu la complaisance de m'écrire n'a pu calmer mes douleurs; il me dit que mon frère lui a donné des nouvelles de mon mari; et il n'en avait pas lui-même avant son départ. Son absence n'a pas encore été assez longue pour qu'il ait eu le temps d'en donner depuis qu'il est parti. Je ne vous cache pas, chère Lucile, que je suis dans un état affreux; par pitié, tâchez de rendre le calme à mon âme, que je vous doive donc la tranquillité.

On dit l'ennemi à quarante lieues de Paris; si cela est, les campagnes ne seront pas sûres; me promettez-vous de m'avertir du danger et de vouloir bien me recevoir chez vous? Je compte sur l'amitié que vous avez bien voulu me témoigner, et j'irai en toute confiance me jeter dans vos bras.

Faites, je vous prie, mille compliments à votre cher mari.

Fréron de la Poype.

A Coubertin, par Chevreuse, à Chevreuse.

Ce 5.

A madame Desmoulins.

N° 27.

LETTRES DE LA VEUVE DE PHILIPPEAUX
A MADAME DUPLESSIS.

ÉDUCATION DE LEURS ENFANTS.

(Inédites.)

Le rendez-vous d'affaire qui devait avoir lieu hier me prive du plaisir de répondre à votre aimable invitation, intéressante amie; mais il ne doit y avoir que moi qui perde à cela; je vous engage et vous prie de vous trouver demain à onze heures chez le député avec lequel je dois me rendre au Comité des inspecteurs de la salle pour notre commun objet. Amenez, je vous en conjure, le cher petit Horace. Que nos deux enfants se trouvent ensemble dans un lieu où leurs infortunés pères aimaient à se rencontrer. Nos âmes jouiront au moins du bonheur d'affronter le malheur même. Adieu, je vous quitte; je ne vois plus ce que j'écris. Adieu, je vais vous porter ce petit mot, cette sommation de vous trouver rue de l'Échelle, chez Nioche, député, entre un fourreur et un parfumeur.

Salut et amitié.

Veuve PHILIPPEAUX.

Ce 2 thermidor.

Ce 29 vendémiaire an VI.

J'espérais, citoyenne et amie, avoir la satisfaction de vous voir dans l'espace du temps que vous aviez besoin ici pour terminer les petits arrangements que vous m'aviez communiqués. Je ne puis plus me flatter d'avoir ce bonheur. Le terme est passé et vous avez sûrement fait votre voyage.

Combien j'avais de choses à vous confier; combien vos conseils m'auraient été nécessaires, et combien j'ai souffert depuis que je ne vous ai vue! Ma santé est bien altérée; les tourments que j'éprouve sont au-dessus de mes forces, et il semble que le sort se plaît à les multiplier. La demande d'un bureau de timbre que j'avais faite ne peut s'effectuer; on me conseille de demander un bureau de loterie; je l'ai fait; j'en dois avoir un, mais à quel prix! Mon inquiétude est extrême; je me suis adressée au citoyen Reubel, qui a fait pour moi preuve de bonne volonté, mais encore sans effet. Cette entreprise me tourne la tête. On exige des receveurs une somme considérable, et je ne puis me flatter d'être exempte de la fournir, comme je le demande au gouvernement par l'organe du citoyen Reubel. Enfin, pour vous donner une idée des courses qu'on me fait faire, et cela très-souvent, tantôt pour le ministre, tantôt pour les administrateurs, il m'a fallu me trouver à neuf heures du soir chez le ministre des finances pour pouvoir lui parler; il faisait ce jour-là un temps affreux. Heureusement que j'avais mon fils pour me rassurer. Je ne finirais point, si je faisais le détail des peines que je suis obligée de prendre; je suis excédée, rendue et exposée à faire un déménagement très-pénible pour m'ensevelir dans un trou dont on me demande cent soixante francs de loyer. Je ne suis point encore décidée; on me conseille d'administrer par moi-même, et je vais sacrifier ma chère tranquillité. Je ne pourrai plus pleurer en liberté ni jouir d'un moment de repos! Que mon existence est pénible! il n'est donc point de terme à mon malheur! Ah! je sais qu'il ne peut exister que celui de la vie!... Pardon, je me laisse entraîner à ma juste douleur; je serais impardonnable avec une autre que la citoyenne Duplessis. L'affection que vous m'avez témoignée m'encourage à vous ouvrir mon âme que cet épanchement soulage. Mon amie m'a félicitée d'avoir eu la satisfaction de vous voir pendant les vacances. Cette excellente amie vous connaît et vous apprécie, et voudrait que je fusse à même de jouir souvent de votre société. Elle me charge de vous dire les choses les plus affectueuses; je vous prie de les agréer comme mes plus tendres hommages.

Je vous salue.

Veuve Philippeaux.

Je ne reçois toujours rien de ma pension; on m'a remise au mois prochain. Je me suis aperçue que je ne vous ai pas porté l'ouvrage de Condillac en entier; il m'est resté un volume que j'ai trouvé parmi les miens. Le citoyen Duplain m'a dit que cet ouvrage est dans votre bibliothèque; comme vous l'auriez double, je puis reprendre celui que je vous ai porté, et s'il ne vous est pas nécessaire, je vous en remettrai le prix. Cela ne me gênera point de le reprendre.

Mon fils destine à Horace trois petits volumes qui lui ont fait grand plaisir quand il apprenait à lire. Je vous les enverrai pour lui par la première occasion; c'est une idée d'Auguste pour faire plaisir à Horace; cet hiver je souhaite qu'il en fasse le même usage que lui, et il saura bientôt lire tout seul. Je l'embrasse et Auguste aussi; il est avec moi depuis quelques jours pour remettre sa santé qui était dérangée. Veuillez agréer ses plus tendres caresses et son respect. Nous vous souhaitons une bonne santé.

Mes compliments et amitiés à mademoiselle Adèle. Si le citoyen Étienne est près de vous, je vous prie de lui faire mes compliments.

Ce 2 ventôse an IX.

Depuis votre dernière visite, j'ai vu deux fois mes chers enfants, et nous nous sommes entretenus du projet d'aller vous voir que nous avions formé et arrêté pour le 5 de ce mois, mais le temps le contrarie bien, et, sans votre avis, malgré le désir d'Horace et d'Auguste que je partage, je n'entreprendrai point le voyage de Bourg-l'Égalité. Ce n'est pas que les mauvais chemins m'effrayent, mais bien la crainte que nos enfants ne s'amusent pas autant qu'ils se le proposent. J'ai promis de vous consulter avant, pour reculer cette chère partie. Il ne me faudra pas moins que votre autorité pour faire valoir mes raisons, quelque bonnes qu'elles soient. Vous vous seriez bien amusée d'entendre Horace s'occuper de son arrivée: il doit entrer vous embrasser, faire peur à sa tante, à la mère Laneau, visiter toute la maison de la cave au grenier; surtout faire bien du bruit. Il dit tout cela avec son extrême vivacité et ne s'apaise qu'en songeant qu'il est loin de vous. Ce n'est plus alors le même enfant; avec un sang-froid très-grand il dit : Je ne puis pourtant m'accoutumer à ne plus voir maman, et je pleure tous les soirs et tous les matins. Cher et trop aimable enfant; à ton naïf et touchant regret je sens aussi arriver mes larmes!... On a dû vous informer de l'emploi de la journée du 30; j'ai eu beaucoup de plaisir à m'occuper de rendre le jour de congé agréable, et malgré une belle société chez la maman de la petite Agathe, où nous avons dîné, j'ai fait jouer la jolie petite famille dont j'ai ramené la moitié coucher chez moi. La soirée s'était promptement écoulée; il était dix heures qu'on désirait encore jouer aux petits jeux. Enfin, ma voiture nous a ramenés, et à onze heures nos petits amis furent couchés chacun dans son lit près l'un de l'autre, dans mon salon, où ils ont bien dormi; à neuf heures du matin, ils sont rentrés au collége, où je les ai fait reconduire joyeux et contents, et se portant très-bien. On devait vous écrire; mon fils, le secrétaire d'Horace, s'était bien promis de vous prier instamment de le venir voir. En répondant à leur empressement de vous posséder, vous comblerez tous mes vœux.

Recevez l'expression de mes sentiments, dictée par l'amitié. Je vous salue.

Veuve Philippeaux.

Je n'ai ressenti aucune incommodité des suites de ma chute, si ce n'est un malaise qu'un rien excite. Je fus brisée de douleur le lendemain.

Paris, ce 8 prairial.

Madame,

Je ne puis résister à la satisfaction de vous apprendre que je viens de réparer la perte que j'avais faite du portrait de mon ami. L'estimable artiste a très-bien réussi cette seconde fois; il est même mieux que la première. C'est un chef-d'œuvre. Cet habile artiste a déployé tout son talent, qui ne me laisse rien à désirer. Croiriez-vous que mon âme n'est plus assez forte pour contempler cette image chérie! Ma santé en est altérée; ma douleur absorbe ma raison. O que nous sommes à plaindre! Si je connaissais moins votre âme, je craindrais de commettre une indiscrétion qu'en rompant un silence que je n'attribue qu'à vos tourments continuels; je n'en ai pas moins éprouvé, et insensiblement le temps fuit et s'accumule. N'aurai-je donc plus le bonheur de vous voir? L'honnête citoyen Becqueret m'a dit qu'il vous a fait mes compliments, et j'ai reçu les vôtres par son organe. Je suis on ne peut plus sensible à votre souvenir, et je voudrais m'en croire à jamais honorée. Votre cher Horace est-il bien? mon Auguste se porte très-bien et travaille de même. Que de consolations cet enfant va me procurer! J'en ai besoin, je vous assure. Je désire que votre santé soit bonne, et vous assure de mes plus tendres sentiments.

Je vous salue. Veuve PHILIPPEAUX.

Mon amie me parle toujours de vous, et me charge bien des fois de la rappeler à votre souvenir. Elle a été très-malade cet hiver; elle est rétablie.

Paris, ce 4 frimaire.

CITOYENNE ET AMIE,

Votre lettre m'a fait le plus grand plaisir. Je l'ai reçue le jour que je quittais mon domicile; j'étais au milieu de l'embarras de mon déménagement : j'avais besoin de ce nouveau témoignage de votre affection; je vous avoue que mon cœur était oppressé par la crainte de vous avoir importunée de mes plaintes. Je ne savais quel reproche me faire ni comment interpréter votre silence; il m'en eût trop coûté pour vous accuser d'indifférence. J'ai couvert votre lettre de larmes d'attendrissement, et mes yeux sont encore baignés en vous nommant mon amie. Que ce titre m'est précieux! Oh! combien je l'estime! je ne désire rien tant que de m'en croire digne.

Au moment où j'étais dans la plus affreuse gêne, on s'occupait au Directoire de me soulager. Les citoyens Reubel, Merlin et François de Neufchâteau ont ordonné à une compagnie pour les salines de la République de me fournir les fonds nécessaires pour le cautionnement et les frais d'établissement du bureau de loterie auquel j'étais nommée, sans quoi ils ne pourraient rien avoir. Cette entreprise est assez majeure pour que ces messieurs s'empressassent de souscrire à cette condition. Je suis, par ce moyen, propriétaire d'un bureau; il est impossible, citoyenne et amie, de vous peindre l'état où m'a mis ce bonheur inespéré; je ne le pouvais comprendre; mon sommeil en a été troublé, mon esprit dérangé; non, je ne pourrais vous peindre le bien et le mal que j'ai senti. L'âme sensible ne perd rien de toutes les situations; la mienne, exercée par le malheur, ne pouvait supporter un passage si rapide de la misère à la fortune!... Enfin me voilà installée; le bureau est établi et ouvert du 1ᵉʳ frimaire, c'est-à-dire il y a quatre jours. Je crois que je m'accoutumerai à cette nouvelle existence. Je me trouve mieux que je ne pouvais le croire. Je vous donne des détails minutieux; ils ne peuvent intéresser qu'une véritable amie, et à ce titre je ne puis rien retrancher. Je vous embrasse du fond de mon cœur et vous assure de ma plus sincère amitié.

Veuve PHILIPPEAUX.

Mille et mille caresses au charmant Horace et à mademoiselle Adèle.

N° 27.

VENTE DE LA MAISON DE BOURG-LA-REINE.

(Autographe de madame Duplessis.)

Dernière décision de madame Duplessis aux personnes qui se sont présentées accompagnées de M. Palloy pour son domaine situé Bourg-la-Reine, canton de Sceaux, bien patrimonial de première souche, ci-devant clos Payen. Il y a toute sûreté pour l'acquéreur; tout y est le plus en règle possible.

Ce domaine contient en superficie tan terre à labour que vigne, prés potager, vingt et un arpents. Il est possible de faire une carrière à plâtre. Il raporte de 4 à 5 mille francs tous les ans. Il y a dix arpent de loué et promesse de baille de 3, 6 ou 9 années. Ce sera au choix de l'acquéreur s'il veut plus de trois ans.

Madame Duplessis en veut le dernier mot cinquante-cinq mille francs, plus mille francs pour épingle podevin et elle cède la récolte faitte engrangée et dans les gueniers, poule et lapin, enfin ce quel a récolté a elle personnelle, ce qui fait un total de. . . . . 56,000 livres.

Sans qu'elle en démorde une obole, aucune autre condition ne sera plus reçue.

Quand au payement, elle recevra de suitte sept mil francs, lesquel ne seront pas mit au contrat de vente qui alégera dautant plus lacquéreur, elle en donnera quittance; bien entendue, sobligean à restitué dans le cas où il y aurait oppossant ce qui n'est pas à crainte, car tout est parregé, plus vingt-quatre mille francs après le terme et délay nécessaire pour mettre le contrat aux hypothèque, quant au vingt cinq mille livres restant, elle accorde deux ans pourvue qu'on lui fasse raison de six pour cent par ans.

L'on fera de suitte un état des objets dépendant du jardin, ustencilles, ferme et pressoir, échelle, tout en général excepté le bois à brûlé, et l'on entrera en possesion de suitte, excepté ce quelle occupe dont elle se restindra de beaucoup pour jusqu'au 15 octobre seulement affin de lui donner le tems de se préparé un local à Paris.

J'ai adressé mon acte à mon homme d'affaires [1].

---

[1] Extrait des papiers *inédits* de Palloy, architecte, démolisseur de la Bastille. Nous possédons une grande partie de ces documents, où l'auteur, dans son éclectisme politique, célèbre tour à tour la Terreur, la Réaction, l'Athéisme et la Religion, la République, la Royauté et l'Empire. Le *patriote Palloy*, comme il s'appelait, est l'image vivante des adorateurs du succès et des courtisans de la fortune. Mais tous ne sont malheureusement pas morts avec lui.

FIN.

TABLE

Avertissement. 1
Préface. 3

CHAPITRE PREMIER. 9

I. L'homme et le terroir. — Voyage à Guise. — La vieille et la nouvelle ville. — Maison natale de Camille Desmoulins. — La famille.

II. Naissance et éducation de Camille. — Le collége Louis-le-Grand. — L'abbé Bérardier. — Débuts de Camille au barreau.

III. La France en 1789. — Les *Cahiers* des États-Généraux. — Assemblée électorale à Guise. — M. Desmoulins le père. — Doléances de la paroisse de Chaillevois. — Le *Livre rouge*.

IV. Brochures et pamphlets. — La *Philosophie au peuple français* de Camille Desmoulins (1788). — L'*Ode aux États-Généraux*. — La jeunesse de Camille. — Chateaubriand. — Le Palais-Royal. — Momoro et la *France libre*. — Le 13 juillet. — La cocarde verte. — La prise de la Bastille.

CHAPITRE DEUXIÈME. 69

I. Analyse de la *France libre*. — Camille et la République. — Le *Discours de la Lanterne aux Parisiens*.

II. Lettres de Camille à son père. — Liaison avec Mirabeau. — Les *Révolutions de France et de Brabant*. — Fréron. — Un pamphlet républicain et un pamphlet royaliste. — Les *Actes des Apôtres*. — Combats à coups de plume. — Camille et la fête de la Fédération en 1790. — Attaques contre Mirabeau. — Mort de Mirabeau.

III. Polémiques et procès. — Mirabeau-Tonneau, Talon, Malouet. — Les duellistes. — Le comédien Desessarts et Sanson le bourreau. — Attitude de Camille.

CHAPITRE TROISIÈME. 129

I. Le roman de Camille. — Lucile Desmoulins. — Portrait de mademoiselle Duplessis. — Portrait de Camille. — Journal d'une jeune fille. — Rêveries. — Lucile et madame Roland. — Le *Cahier rouge*. — Romances du dix-huitième siècle. — Sylvain Maréchal. — Mariage de Camille. — Démêlés avec son curé. — Le contrat.

II. Les journées heureuses. — Calomnies des journaux royalistes. — L'abbé Terray. — Peltier et Rétif de la Bretonne. — Bourg-la-Reine.

III. Le club des Cordeliers. — Correspondance de Camille avec son père. — Loustallot. — La fuite de Louis XVI. — Varennes. — La pétition du Champ de Mars. — Desmoulins proscrit. — Il reparait à la tribune des Jacobins. — Une affiche de Camille. — Rupture avec Brissot. — Danton. — Naissance d'Horace Desmoulins.

III. La cour et la nation. — Ministère Roland. — Hésitations du Roi. — Le 20 juin. — *Fragment inédit de Camille.* — Lettre à Lucile.— Discours aux Jacobins sur la situation de la capitale. — Le 10 août.

IV. Camille au 10 août. — Journal de Lucile. — Camille secrétaire général du ministère de la justice. — Les conseils de Desmoulins le père.

CHAPITRE QUATRIÈME. 203

I. Élection à la Convention nationale. — Camille, député. — Ses espérances. — La Convention. — Montagnards et Girondins. — Les Dantonistes. — Danton.

II. Hérault de Séchelles. — Sa vie, son caractère et ses ouvrages.

III. Pierre Philippeaux, le général Westermann et Fabre d'Églantine.

CHAPITRE CINQUIÈME. 249

I. Proclamation de la République (21 septembre 1792).— La mort du Roi. — Vote de Camille Desmoulins. — Lucile et Marie-Antoinette. Lutte avec la Gironde. — Marat. — Danton et Camille. — La clémence. — Tristesses. — Arthur Dillon. — Camille prend sa défense. — *L'Histoire des Brissotins.* — Le 31 octobre. — *Macbeth.*

II. *Le Vieux Cordelier.* — Saint-Just et Billaud-Varennes. — Lutte avec les *hébertistes.*— Anacharsis Cloots et Anaxagoras Chaumette.— Camille et Tacite. — Les *enragés.* — La liberté. — Camille dénoncé aux Jacobins. — Le *Père Duchesne.* — Le *Comité de clémence.*

III. Derniers numéros du *Vieux Cordelier.* — *Fragments* de Camille non imprimés en 1794. — Camille et Lucile. — Désespoir de Lucile Desmoulins. — Lettre à Fréron. — Brune. — *Cras moriemur!* — — Robespierre et Camille. — Le chant du cygne.

IV. Supplice des hébertistes. — L'arrestation des Dantonistes est résolue. — Mort de la mère de Camille. — Les *Dantonistes* à la prison du Luxembourg. — Lettres de Camille à Lucile. — Le rapport de Saint-Just. — L'instruction. — Le procès. — Lettre de M. Desmoulins le père à Fouquier-Tinville. — Effroi du tribunal. — Témoignage de *Fabricius.* — Les accusés hors la loi.

CHAPITRE SIXIÈME. 353

I. Derniers moments des Dantonistes. — La charrette. — L'échafaud. Mort de Camille et de Danton.

II. *La conspiration des prisons.* — Lucile accusée. — Arthur Dillon. — La veuve de Desmoulins et la veuve d'Hébert. — Mort de Lucile.

III. Les lendemains de batailles. — Madame Duplessis. — Le petit Horace. — Le fils de Camille et le fils de Philippeaux. — *Lettres inédites.* — Mort d'Horace Desmoulins. — Les reliques de Camille.

Documents complémentaires. 393

FIN DE LA TABLE.

LIBRAIRIE PLON

10, RUE GARANCIÈRE, PARIS.

BULLETIN BIBLIOGRAPHIQUE

Extrait du Catalogue général

OUVRAGES ET MÉMOIRES

SUR

LA RÉVOLUTION FRANÇAISE

AUGEARD. — **Mémoires secrets de J. M. Augeard**, secrétaire des commandements de la reine Marie-Antoinette (1760-1800). Documents inédits sur les événements accomplis en France pendant les dernières années du règne de Louis XV, le règne de Louis XVI et la Révolution, jusqu'au 18 brumaire, précédés d'une Introduction par M. Évariste Bavoux. Un volume in-8° cavalier. Prix. . . . . 6 fr.

BEAUCHESNE (A. de). — **Louis XVII, sa vie, son agonie, sa mort.** — **Captivité de la Famille royale au Temple.** Ouvrage enrichi de nombreux autographes du Roi, de la Reine, du Dauphin, de la Dauphine et de Madame Élisabeth, de dessins sur bois intercalés dans le texte, orné des portraits en taille-douce de Louis XVI, Marie-Antoinette, Louis XVII, Marie-Thérèse-Charlotte, Madame Élisabeth, la princesse de Lamballe, gravés sous la direction de M. Henriquel-Dupont, et précédé d'une *Lettre de Mgr Dupanloup, évêque d'Orléans.* 3ᵉ édition. Deux magnifiques volumes grand in-8° jésus. Prix. . . 30 fr.

— *Le même ouvrage.* 6ᵉ édition, deux volumes in-8° cavalier. Prix. 16 fr.

— *Le même ouvrage.* 14ᵉ édition, deux volumes in-18. Prix. . . . 10 fr.
(*Couronné par l'Académie française.*)

— **Galerie de portraits** *pour servir à l'histoire de Louis XVII.* Magnifique album comprenant les portraits de Louis XVI, — Marie-Antoinette, — Louis XVII, — Marie-Thérèse-Charlotte, — Madame Élisabeth, — la princesse de Lamballe, gravés sous la direction de M. Henriquel-Dupont. Grand in-folio tiré à 100 exemplaires *numérotés*, sur chine et avant la lettre. Il ne reste que quelques exemplaires. 80 fr.

— **La Vie de Madame Élisabeth**, sœur de Louis XVI. 2ᵉ édition. Deux volumes in-18, enrichis de deux portraits de Madame Élisabeth, représentant cette princesse, le premier avant la Révolution, le second pendant sa captivité. Prix. . . . . 10 fr.

CADOUDAL (G. de). — **Georges Cadoudal et la Chouannerie,** par son neveu Georges DE CADOUDAL, ancien conseiller général du Morbihan, ancien rédacteur de l'*Union*. Un volume in-8°, orné d'un portrait et d'une carte. Prix. . . . . 8 fr.

CAMPARDON. — **Marie-Antoinette et le Procès du Collier,** d'après la procédure instruite devant le Parlement de Paris. Ouvrage orné de la gravure en taille-douce du Collier, et enrichi de divers autographes inédits du Roi, de la Reine, du comte et de la comtesse de Lamotte. Un volume grand in-8°. Prix. . . . . 8 fr.

— **Le Tribunal révolutionnaire de Paris,** Ouvrage composé d'après les documents originaux conservés aux Archives nationales, suivi de la Liste complète des personnes qui ont comparu devant le tribunal, et enrichi d'une gravure et de fac-simile. Deux forts volumes in-8° cavalier. Prix. . . . . 16 fr.

CHEVERNY (J. N. DUFORT, comte de). — **Mémoires sur les règnes de Louis XV et Louis XVI, et sur la Révolution,** par J. N. DUFORT, comte DE CHEVERNY, introducteur des ambassadeurs, lieutenant général du Blaisois (1731-1802), publiés avec une introduction et des notes par Robert DE CRÈVECŒUR. Deux volumes in-8° carré, enrichis de deux portraits. Prix . . . . 16 fr.

CLARETIE. — **Camille Desmoulins, Lucile Desmoulins,** Étude sur les Dantonistes, d'après des Documents nouveaux et inédits. Un volume in-8°, enrichi d'un portrait de Camille Desmoulins, gravé à l'eau-forte par Rajon, d'un dessin du maréchal Brune représentant Lucile Desmoulins et de fac-simile d'autographes. Prix. . . . . 8 fr.

Il a été tiré quelques exemplaires sur papier de Hollande. Prix. . 16 fr.

COSTA DE BEAUREGARD (M¹ˢ). — **Un homme d'autrefois.** Souvenirs recueillis par son arrière-petit-fils. Un volume in-18. 5ᵉ édition. Prix. . . . . 4 fr.

(*Couronné par l'Académie française, prix Montyon.*)

DAUBAN. — **La Démagogie en 1793, à Paris,** ou histoire jour par jour de l'année 1793, accompagnée de documents contemporains rares ou inédits, recueillis, mis en ordre et commentés par C. A. DAUBAN. Ouvrage enrichi de seize gravures de Valton et autres artistes, d'après des dessins inédits et des gravures du temps. Un fort volume in-8° cavalier. Prix. . . . . 8 fr.

— **Paris en 1794 et en 1795.** Histoire de la rue, du club, de la famine, composée d'après des documents inédits, particulièrement les rapports de police et les registres du Comité de salut public, avec une Introduction. Ouvrage enrichi de neuf gravures du temps et d'un fac-simile. Un volume in-8° cavalier vélin glacé. Prix. . . . . 8 fr.

— **Les Prisons de Paris sous la Révolution,** d'après les relations des contemporains, avec des Notes et une Introduction. Ouvrage enrichi de onze gravures, vues intérieures et extérieures des prisons du temps. Un volume in-8° cavalier. Prix. . . . . 8 fr.

— **Mémoires inédits de Pétion et Mémoires de Buzot et de Barbaroux,** accompagnés des notes inédites de BUZOT et de nombreux documents inédits sur Barbaroux, Buzot, Brissot, etc., précédés d'une Introduction, avec le fac-simile d'un autographe de Barbaroux et les portraits de Pétion, Buzot, Brissot et Barbaroux, gravés par Adrien Nargeot. Un volume in-8°. Prix. . . . . 8 fr.

— **Lettres en grande partie inédites de Madame Roland (Mlle Phlipon) aux Demoiselles Cannet,** suivies des Lettres de Madame Roland à Bosc, Servan, Lanthenas, Robespierre, etc., et de documents inédits; avec une Introduction et des Notes. Deux volumes in-8°, ornés d'un portrait de Madame Roland photographié d'après le tableau de Heinsius, d'une gravure et d'un plan. Prix. . . . . 16 fr.

DURAS (duchesse de). — Journal des prisons de mon père, de ma mère et des miennes. Un volume in-8°, avec portrait en héliogravure. Prix. . . . . 7 fr. 50

ÉCHEROLLES (Alexandrine des). — Une Famille noble sous la Terreur. Un volume in-8°. Prix. . . . . 7 fr. 50
— *Le même ouvrage.* 2e édition. Un volume in-18 jésus. Prix. . . 4 fr.

FARÉ. — Un Fonctionnaire d'autrefois. *P. F. Lafaurie,* 1786-1876. Un volume in-8° cavalier. Prix. . . . . 6 fr.

FEUILLET DE CONCHES. — Louis XVI, Marie-Antoinette et Madame Élisabeth. Lettres et documents inédits publiés par F. Feuillet de Conches. Six volumes grand in-8°, ornés de portraits et d'autographes. Prix. 48 fr.
Quelques exemplaires sur papier teinté extra. Prix. . . . . . 80 fr.

— **Correspondance de Madame Élisabeth de France,** sœur de Louis XVI, publiée par F. Feuillet de Conches, sur les originaux autographes, et *précédée d'une lettre de Mgr Darboy, archevêque de Paris.* Un volume in-8° cavalier, enrichi d'un portrait de Madame Élisabeth gravé par Morse sous la direction d'Henriquel-Dupont, et de fac-simile d'autographes. Prix. . . . . 8 fr.
Quelques exemplaires sur papier de Hollande. Prix. . . . . . 16 fr.

FORNERON (H.). Histoire générale des Émigrés, pendant la Révolution française, par H. Forneron. Deux volumes in-8° carré. Prix. . . . . 15 fr.

— *Le même ouvrage,* 3e édition, 2 volumes in-16. Prix. . . . . . 8 fr.

GRANIER DE CASSAGNAC. — Histoire des causes de la Révolution française. 2e édition. Quatre volumes in-8°. Prix. 24 fr.

GUILHERMY (de). — Papiers d'un émigré (1789-1829). Lettres et notes extraites du portefeuille du baron de Guilhermy, député aux états généraux, conseiller du comte de Provence, attaché à la légation du Roi à Londres, etc., mises en ordre par le colonel de Guilhermy. Un volume in-8°. Prix. 7 fr. 50

HUE. — Dernières Années du règne et de la vie de Louis XVI, par François Hue, l'un des officiers de la chambre du Roi, appelé par ce prince, après la journée du 10 août, à l'honneur de rester auprès de lui et de la famille royale. Troisième édition, revue sur les papiers laissés à l'auteur, précédée d'une notice sur M. Hue, par M. René du Mesnil de Maricourt, *son petit-gendre*, et d'un Avant-propos par M. Henri de l'Épinois. Un volume in-8°. Prix. . . . 6 fr.

HYDE DE NEUVILLE. — Mémoires et Souvenirs du baron Hyde de Neuville. *La Révolution. — Le Consulat. — L'Empire.* Un volume in-8°. Prix. . . . . 7 fr. 50

LANZAC DE LABORIE (L. de). — *Un royaliste libéral en* 1789. **Jean-Joseph Mounier**, sa vie politique et ses écrits, par L. de Lanzac de Laborie, avocat à la Cour d'appel. Un vol. in-8°. Prix. . . 8 fr.
(*Couronné par l'Académie française, prix Thérouanne.*)

LEBON (André). — L'Angleterre et l'émigration française de 1794 à 1801, par André Lebon, ancien élève de l'École libre des sciences politiques, avec une Préface de M. Albert Sorel. Un volume in-8° carré. Prix. . . . . 7 fr. 50

LESCURE (de). — La Vraie Marie-Antoinette, étude historique, politique et morale, suivie d'un recueil de lettres de la Reine, dont plusieurs inédites, et de divers documents. 3ª édition, augmentée d'une Préface de l'auteur. Un volume in-8°. Prix . . . . 5 fr.

— **Correspondance secrète inédite sur Louis XVI, Marie-Antoinette, la Cour et la ville** (de 1777 à 1792), publiée par M. de Lescure, sur le manuscrit de la Bibliothèque impériale de Saint-Pétersbourg. Deux forts volumes grand in-8°. Prix . . 16 fr.

— **Rivarol et la société française** pendant la Révolution et l'Émigration (1753-1801). Études et portraits historiques et littéraires d'après des documents inédits. Un vol. in-8° cavalier. Prix. . . . . . . 8 fr.
(*Couronné par l'Académie française, prix Guizot.*)

MALOUET (Bᵒⁿ). — Mémoires de Malouet, publiés par son petit-fils le baron Malouet. 2ᵉ édition, augmentée de lettres inédites. Deux volumes in-8° cavalier, avec portrait. Prix . . . . 16 fr.

MARTEL (Cᵗᵉ de). — Types révolutionnaires. Étude sur Fouché, par le comte de Martel, ancien préfet. Première partie : *le Communisme dans la pratique en 1793*. Un vol. petit in-8°. . . . 5 fr.
Deuxième partie : *Fouché et Robespierre*. Un vol. petit in-8°. . . 5 fr.

MASSON (F.). — Le Département des affaires étrangères pendant la Révolution (1789-1804), par Frédéric Masson, bibliothécaire du ministère des affaires étrangères. Un volume in-8°. . 10 fr.

— **Le Cardinal de Bernis depuis son ministère** (1758-1794). — *La Suppression des Jésuites. — Le Schisme constitutionnel.* Un vol. in-8° cavalier. Prix . . . . 8 fr.

METTERNICH (prince de). — Mémoires, documents et écrits divers, laissés par le prince de Metternich, chancelier de cour et d'État, publiés par son fils, le prince Richard de Metternich, classés et réunis par M. A. de Klinkowstroem.
Première partie : *Depuis la naissance de Metternich jusqu'au Congrès de Vienne*

(1773 à 1815). (Tomes I, II.) 3ᵉ édition. Deux beaux volumes in-8°
cavalier, avec portrait et fac-simile d'autographes. Prix . . . . 18 fr.

DEUXIÈME PARTIE : *L'Ère de paix* (1816 à 1848).
(Tomes III et IV.) 2ᵉ édition. Deux beaux vol. in-8° cavalier . . 18 fr.
(Tome V.) *La Révolution de Juillet et ses conséquences immédiates.* Un
beau volume in-8° cavalier. Prix. . . . . 9 fr.
(Tomes VI et VII.) *Période du règne de l'empereur Ferdinand.* Deux
beaux volumes in-8° cavalier. Prix. . . . . 18 fr.

TROISIÈME PARTIE : *La Période de repos.* (1848-1859).
(Tome VIII.) Un volume in-8° cavalier. Prix. . . . . 9 fr.
Il a été tiré :
60 *exemplaires numérotés sur papier de Hollande.* Prix. . . 160 fr.
20 *exemplaires numérotés sur papier Whatman.* Prix. . . . 320 fr.

**MICHEL (André). — Correspondance inédite de Mallet
du Pan avec l'empereur d'Autriche** (1794-1798), publiée
d'après les manuscrits conservés aux Archives de Vienne, avec une
préface de M. TAINE, de l'Académie française. Deux volumes in-8° cavalier. Prix. . . . . 16 fr.

MONITEUR (Réimpression illustrée de l'Ancien). Seule histoire authentique et inaltérée de la Révolution française. Cette édition forme
32 vol. gr. in-8°, ornés de 626 grandes gravures hors texte, imitations des
illustrations du temps et puisées dans les dépôts publics et dans les précieuses collections de MM. Hennin et Laterrade. — Les 32 vol. br. 250 fr.
Reliés. Prix. . . . . 300 fr.

**MONTAGU (marquise de). — Anne-Paule-Dominique de
Noailles, marquise de Montagu.** Nouvelle édition. Un volume
in-8°, avec portrait en héliogravure. Prix. . . . . 7 fr. 50

**PUYMAIGRE (Cᵗᵉ Alexandre de). — Souvenirs sur l'Émi-
gration, l'Empire et la Restauration,** publiés par le fils de
l'auteur. Un volume in-8° carré. Prix. . . . . 7 fr. 50

**ROCQUAIN (Félix). — L'Esprit révolutionnaire avant la
Révolution;** les livres condamnés (1715-1789) d'après les arrêts et les
réquisitoires conservés aux Archives nationales. Un volume in-8°. 8 fr.
(*Couronné par l'Académie française, prix Thérouanne.*)

RICARD. — L'abbé Maury (1746-1791). *L'abbé Maury avant* 1789;
l'abbé Maury et Mirabeau. Un volume in-18. Prix. . . . . . 3 fr. 50

**SICOTIÈRE (L. de La). — Louis de Frotté et les Insur-
rections normandes** (1793-1832), par L. DE LA SICOTIÈRE, sénateur
de l'Orne. 3 volumes in-8° avec portraits et carte. Prix. . . . 20 fr.

SOREL. — Essais d'histoire et de critique. Metternich,
Talleyrand, Mirabeau, Elisabeth et Catherine II, l'Angleterre et l'émigration française, la diplomatie de Louis XV, les colonies prussiennes,
l'alliance russe et la Restauration, la politique française en 1866 et 1867,
la diplomatie et le progrès. Un volume in-18. Prix. . . . . . 3 fr. 50

SOREL. — **L'Europe et la Révolution française.** Première partie : *Les mœurs politiques et les traditions.* 2ᵉ édit. Un vol. in-8º.   8 fr.
Deuxième partie : *La Chute de la royauté.* 2ᵉ édit. Un vol. in-8º...   8 fr.
(Couronné deux fois par l'Académie française, grand prix Gobert.)

STOFFLET (E.). — **Stofflet et la Vendée.** Un volume in-18 jésus, enrichi d'une grande carte spéciale. Prix.............   4 fr.

SYLVANECTE. — **Profils vendéens**, par Sylvanecte (madame Georges Graux), avec une Préface de Jules Simon, de l'Académie française. Un volume in-18.................   3 fr. 50

TALLEYRAND. — **La mission de Talleyrand à Londres en 1792.** Correspondance inédite de Talleyrand avec le Département des affaires étrangères, le général Biron, etc. — Ses Lettres d'Amérique à lord Lansdowne. Avec introduction et notes par G. Pallain. Un volume in-8º cavalier, enrichi d'un portrait de Talleyrand, d'après une miniature d'Isabey. Prix...................   8 fr.

Il a été tiré :
50 exemplaires *numérotés* sur papier de Hollande. Prix.....   20 fr.
15 exemplaires *numérotés* sur papier Whatman. Prix......   40 fr.

THUREAU-DANGIN. — **Royalistes et Républicains.** Essais historiques sur des questions de politique contemporaine. *I. La Question de Monarchie ou de République du 9 thermidor au 18 brumaire; II. L'Extrême Droite et les Royalistes sous la Restauration; III. Paris capitale sous la Révolution française.* 2ᵉ édition. Un volume in-18. Prix..   4 fr.

TOURZEL (duchesse de). — **Mémoires de madame la duchesse de Tourzel**, gouvernante des Enfants de France pendant les années 1789, 1790, 1791, 1792, 1793, 1795, publiés par le duc Des Cars. Ouvrage enrichi du dernier portrait de la Reine. Deuxième édition. Deux volumes in-8º carré. Prix................   15 fr.

VATEL (C.). — **Charlotte de Corday et les Girondins**, pièces classées et annotées, par M. Charles Vatel, avocat à la Cour d'appel de Paris. Trois volumes grand in-8º, accompagnés d'un Album contenant treize portraits gravés d'après les originaux authentiques, des vues et plans explicatifs des lieux et des fac-simile d'autographes. Prix (volumes et Album)......................   24 fr.

VILLENEUVE (marquis de). — **Charles X et Louis XIX en exil.** Mémoires inédits du marquis de Villeneuve, publiés par son arrière-petit-fils. Un volume in-8º. Prix.............   7 fr. 50

VYRÉ (F. de). — **Marie-Antoinette, sa vie et sa mort** (1755-1793), par F. de Vyré. 1 volume in-8º. Prix......   7 fr. 50

WELSCHINGER (H.). — **Le duc d'Enghien**, 1772-1804. Un volume in-8º. Prix..................   8 fr.

Sous presse pour paraître prochainement :

Correspondance intime du comte de Vaudreuil et du comte d'Artois pendant l'émigration (1789-1804), publiée par M. Léonce Pingaud. 2 volumes in-8º avec portraits.

HISTOIRE
DE FRANCE

DEPUIS SES ORIGINES JUSQU'A NOS JOURS

PAR

M. C. DARESTE

RECTEUR DE L'ACADÉMIE DE LYON, CORRESPONDANT DE L'INSTITUT

Ouvrage couronné deux fois par l'Académie française
GRAND PRIX GOBERT

Troisième Édition

L'ouvrage comprend neuf forts volumes in · 8°.

Prix : 80 francs

CHAQUE VOLUME SE VEND SÉPARÉMENT :

Tome I. — Depuis les Origines jusqu'aux Croisades. Prix. . . .	9 fr.
Tome II. — Depuis les Croisades jusqu'à Charles VI. Prix. . . .	9 fr.
Tome III. — Depuis Charles VI jusqu'à François Ier. Prix. . . .	9 fr.
Tome IV. — Depuis François Ier jusqu'à Henri IV. Prix.	9 fr.
Tome V. — Louis XIII et Louis XIV jusqu'à la paix de Ryswick. Prix.	9 fr.
Tome VI. — Depuis la paix de Ryswick jusqu'à Louis XVI. Prix. .	9 fr.
Tome VII. — Louis XVI et la Révolution jusqu'à la paix de Bâle en 1795. Prix..	9 fr.
Tome VIII. — Directoire, Consulat, Empire. Prix.	9 fr.
Tome IX. — La Restauration. — Les gouvernements depuis 1830 jusqu'en 1870. Prix.	8 fr.

DERNIÈRES PUBLICATIONS HISTORIQUES

BROGLIE (P^{ce} de). — **Mabillon et la société de Saint-Germain des Prés** à la fin du dix-septième siècle (1664-1797). Deux volumes in-8°. Prix. . . . . 15 fr.

COSTA DE BEAUREGARD (Mis). — *Prologue d'un règne.* **La jeunesse du roi Charles-Albert.** Un volume in-8° elzévirien avec portraits. Prix. . . . . 7 fr. 50

CZARTORYSKI. — **Mémoires du prince Adam Czartoryski et Correspondance avec l'empereur Alexandre Ier.** Préface de M. Ch. DE MAZADE, de l'Académie française. Deux volumes in-8°. Prix. . . . . 15 fr.

JANSSEN (J.) — *L'Allemagne et la Réforme :* **I L'Allemagne à la fin du moyen âge.** Traduit de l'allemand sur la 14e édition, avec une préface de M. G. A. HEINRICH, doyen honoraire de la Faculté des lettres de Lyon. Un volume in-8°. Prix. . . . . 8 fr.

— *L'Allemagne et la Réforme :* **II. L'Allemagne depuis le commencement de la guerre politique et religieuse jusqu'à la fin de la Révolution sociale (1525).** Traduit de l'allemand sur la 14e édition par E. PARIS. Un volume in-8°. Prix. . . . . . . 8 fr.

MAZADE (de). — **Un Chancelier d'ancien régime.** *Le règne diplomatique de M. de Metternich*, par Ch. DE MAZADE, de l'Académie française. Un volume in-8°. Prix. . . . . 7 fr. 50

ROUSSET (Camille). — *Les commencements d'une Conquête.* **L'Algérie de 1830 à 1840**, par Camille ROUSSET, de l'Académie française. Deux volumes in-8°, avec atlas spécial. Prix. . . . . . . 20 fr.

— **La Conquête de l'Algérie** (1841-1857). Deux volumes in-8°, avec atlas spécial. . . . . 20 fr.

— **La Conquête d'Alger.** Un volume in-18 jésus. Prix. . . . 4 fr.

THUREAU-DANGIN (Paul). — **Histoire de la Monarchie de Juillet.** 2e édition. Cinq volumes in-8°. Prix de chaque vol. 8 fr.
(*Couronné deux fois par l'Académie française, grand prix Gobert.*)

VANDAL (Albert). — **Une ambassade française en Orient sous Louis XV.** *La mission du marquis de Villeneuve (1728-1741).* Un volume in-8°. Prix. . . . . 8 fr.

VOGÜÉ (Marquis de). — **Villars**, d'après sa correspondance et des documents inédits. Deux volumes in-8°, accompagnés de portraits, gravures et cartes. Prix. . . . . 16 fr.

WELSCHINGER (H.). — **Le Divorce de Napoléon**, par Henri WELSCHINGER. Un volume in-18. Prix. . . . . 3 fr. 50

PARIS, TYPOGRAPHIE DE E. PLON, NOURRIT ET Cie, 8, RUE GARANCIÈRE.

En vente à la même Librairie

Mémoires de Malouet, publiés par son petit-fils, le baron MALOUET. *Deuxième édition*, augmentée de lettres inédites. Deux beaux volumes in-8° cavalier, avec portrait. Prix. . . . . 16 fr.

Correspondance inédite de la comtesse de Sabran et du chevalier de Boufflers (1778-1788), recueillie et publiée par E. DE MAGNIEU et Henri PRAT. Un beau volume in-8° cavalier, orné d'un portrait de madame de Sabran, gravé à l'eau-forte par Rajon, d'après une peinture de madame Vigée-Lebrun. Prix. . . . . 8 fr.

La Cour et la Ville de Madrid vers la fin du dix-septième siècle, relation du Voyage d'Espagne par la comtesse d'AULNOY; édition nouvelle, revue et annotée par madame B. CAREY. Un beau volume in-8° cavalier, enrichi d'un portrait. Prix. . . . . 8 fr.

La Vie d'un Patricien de Venise au seizième siècle; — les Doges; la Charte ducale; les Femmes à Venise; l'Université de Padoue; les Préliminaires de Lépante, etc., etc.; — d'après les papiers d'État des Archives de Venise, par Charles YRIARTE. Un beau volume grand in-8° cavalier, enrichi d'une eau-forte d'après le VÉRONÈSE, et d'un *fac-simile* d'autographe. 8 fr.

Le Duc de Saint-Simon, son Cabinet et l'historique de ses Manuscrits, d'après des Documents authentiques et entièrement inédits, par Armand BASCHET. Un très-beau volume in-8° cavalier, à grandes marges, imprimé en caractères elzeviriens et enrichi d'une eau-forte de M. J. Mollard. 8 fr.

Histoire du Dépôt des Archives des Affaires étrangères, à Paris, au Louvre, en 1710, à Versailles en 1763, et de nouveau à Paris, en divers endroits, depuis 1796, par Armand BASCHET. Un magnifique volume in-8° cavalier, enrichis de deux portraits gravés à l'eau-forte. Prix . . . . 10 fr.

Souvenirs de l'Hôtel de ville de Paris (1848-1852), par Ch. MERRUAU, ancien secrétaire de la préfecture de la Seine, ancien membre du conseil municipal de Paris, ancien conseiller d'État. Prix. . . . . 8 fr.

Passé et présent, étude d'histoire contemporaine, par MEMOR. Un volume petit in-8° anglais. Prix. 3 fr.

Histoire de la Transmission du Pouvoir impérial à Rome et à Constantinople, par Alphonse PAILLARD, ancien préfet. Un beau volume in-8° cavalier. Prix. . . . . 8 fr.

Thorvaldsen, sa Vie et son Œuvre, par Eugène PLON, membre de l'Académie royale des beaux-arts de Copenhague. Ouvrage enrichi de 37 compositions du maître, dessinées par F. Gaillard, ancien pensionnaire de l'Académie de France à Rome. *Deuxième édition*. Un joli volume in-18. Prix. . . 4 fr.

Madame de Girardin, par IMBERT DE SAINT-AMAND, avec des Lettres inédites de Lamartine, Chateaubriand et mademoiselle Rachel. Un joli volume in-18 elzevirien, enrichi d'un portrait. Prix. . . . . 3 fr.

Gavarni, l'homme et l'œuvre, par Edmond et Jules DE GONCOURT. Un beau volume in-8°, enrichi du portrait de Gavarni, gravé à l'eau-forte par Flameng, d'après un dessin de l'artiste, et d'un *fac-simile* d'autographe. 8 fr.

Théophile Gautier, souvenirs intimes, par Ernest FEYDEAU. Un beau volume in-18 jésus, enrichi d'un portrait de Théophile Gautier, gravé à l'eau-forte par Rajon. Prix. . . . . 3 fr. 50

PARIS. TYPOGRAPHIE DE E. PLON ET Cⁱᵉ, RUE GARANCIÈRE, 8.

www.ingramcontent.com/pod-product-compliance
Lightning Source LLC
Chambersburg PA
CBHW071706230426
43670CB00008B/922